DIE SELBSTGERECHTEN

Sahra Wagenknecht ist promovierte Volkswirtin, Publizistin und Politikerin, Mitglied des Bundestags für die Partei Die Linke, für die sie auch im Europäischen Parlament saß. Von 2010 bis 2014 war sie Stellvertretende Parteivorsitzende, von 2015 bis 2019 Vorsitzende der Linksfraktion. Bei Campus sind ihre Dissertation *The Limits of Choice* und ihre Bücher *Freiheit statt Kapitalismus* (2012) und *Reichtum ohne Gier* (2016/2018) erschienen.

Sahra Wagenknecht

DIE SELBST-GERECHTEN

Mein Gegenprogramm –
für Gemeinsinn und
Zusammenhalt

Campus Verlag
Frankfurt/New York

ISBN 978-3-593-51390-4 Print
ISBN 978-3-593-44667-5 E-Book (PDF)
ISBN 978-3-593-44668-1 E-Book (EPUB)

Das Werk einschließlich aller seiner Teile ist urheberrechtlich geschützt. Jede Verwertung ist ohne Zustimmung des Verlags unzulässig. Das gilt insbesondere für Vervielfältigungen, Übersetzungen, Mikroverfilmungen und die Einspeicherung und Verarbeitung in elektronischen Systemen.
Trotz sorgfältiger inhaltlicher Kontrolle übernehmen wir keine Haftung für die Inhalte externer Links. Für den Inhalt der verlinkten Seiten sind ausschließlich deren Betreiber verantwortlich.

Copyright © 2021. Alle Rechte bei Campus Verlag GmbH, Frankfurt am Main.

Umschlaggestaltung: Guido Klütsch, Köln
Umschlagmotiv: © Nadine Dilly
Satz: DeinSatz Marburg UG | tn
Gesetzt aus der Minion und der FF Unit Pro

Druck und Bindung: Beltz Grafische Betriebe GmbH, Bad Langensalza
Printed in Germany

www.campus.de

INHALT

Vorwort 9

Teil I
DIE GESPALTENE GESELLSCHAFT UND IHRE FREUNDE

1. Moralisten ohne Mitgefühl 21

Die Lifestyle-Linke: weltläufig und sprachsensibel 21

Bessergestellte unter sich 33

Die Wähler ergreifen die Flucht 40

2. Große Erzählungen 50

3. Solidarität, Triumph und Demütigung:
Die Geschichte der Arbeiter 58

Nichts zu verlieren 58

Die Norm als Befreiung 61

Der Abstieg: Wenn Industrien und Zusammenhalt verschwinden 66

4. Die neue akademische Mittelschicht 79

Gut bezahlte Dienstleistungsberufe für Hochschulabsolventen 79

Abschottung nach unten und die Wiederkehr des Bildungsprivilegs 86

Neue Erzählungen: Der Neoliberalismus und die Nach-68er-Linke 92

INHALT **5**

5. Der Linksilliberalismus – Maggy Thatchers größter Erfolg .. 98

Privilegierte Opfer – die Identitätspolitik 98

Parallelgesellschaften und die Auflösung der Gemeinsamkeit 116

Sozialpolitik als Minderheitenprojekt 126

Die »offene Gesellschaft«: Mauern im Inneren 129

6. Zuwanderung – wer gewinnt, wer verliert? 140

Ärzte aus Syrien und Afrika 140

Die vergessenen Flüchtlinge 149

Billige Arbeitskräfte 153

Wohnen im Brennpunkt 164

7. Das Märchen vom rechten Zeitgeist 171

Wer wählt rechte Parteien? 171

Leerstelle im politischen System:
Wenn Mehrheiten keine Stimme mehr haben 179

Hohepriester des Wirtschaftsliberalismus: Elitenprojekt EU 185

Gegen das Establishment – Underdog als Erfolgsrezept 190

Der Zeitgeist: Sehnsucht nach Anerkennung,
Sicherheit und einem guten Leben 195

Teil II
EIN PROGRAMM FÜR GEMEINSAMKEIT,
ZUSAMMENHALT UND WOHLSTAND

8. Warum wir Gemeinsinn und Miteinander brauchen 205

Klüger als der Homo oeconomicus 205

Wenn der Kitt sich auflöst 213

Gemeinschaftswerte: Zugehörigkeit als Zukunftsentwurf 218

9. Nationalstaat und Wir-Gefühl: Weshalb eine totgesagte Idee Zukunft hat 227

Kein Zurück zum Nationalstaat? 227

Bürger ihres Landes: Geschichte und Kultur statt Gene 234

Für ein Europa souveräner Demokratien 240

10. Demokratie oder Oligarchie: Wie wir die Herrschaft des großen Geldes beenden 247

Was früher besser war 247

Meinungsmacht, Filterblasen und gekaufte Wissenschaft 252

Ein schwacher Staat ist ein teurer Staat 256

Republikanische Demokratie: Der Wille der Mehrheit 261

Volksentscheid und Losverfahren 266

11. Fortschritt statt Fake: Leistungseigentum für eine innovativere Wirtschaft 270

Wenn Anstrengung und gute Ideen nicht mehr honoriert werden 270

Warum der Kapitalismus innovationsfaul wurde 273

Ehrliche Umweltpolitik statt Preiserhöhungen und Lifestyle-Debatten 284

Ein neues Leistungseigentum 291

Motivierend und gerecht: Für eine echte Leistungsgesellschaft 295

Wohin mit den Schulden? Für ein stabiles Finanzsystem 301

Warum De-Globalisierung unser Leben verbessert 310

12. Eine digitale Zukunft ohne Datenschnüffler 317

Sie überwachen alles 317

Die andere Digitalisierung: Europas Chance 327

Schluss 330

Weiterführende Literatur 335
Anmerkungen 337

INHALT 7

VORWORT

Während dieses Buch geschrieben wurde, eskalierten in den Vereinigten Staaten die Auseinandersetzungen. Trump-Anhänger standen Trump-Gegnern unversöhnlich gegenüber. Es gab seit Langem keinen demokratischen Regierungswechsel mehr, der von so viel Unsicherheit, Hass und Gewalt begleitet wurde. Am Tag der Amtseinführung des neuen US-Präsidenten glich das Capitol in Washington einer Festung im Kriegszustand.

Auch wenn die Trennlinien in den USA besonders tief und die sozialen Gegensätze besonders groß sind, auch wenn das aufgeheizte Klima dort besonders gefährlich ist, weil viele US-Bürger Waffen besitzen: Amerika ist kein Einzelfall. Es ist leider nicht unwahrscheinlich, dass die Bilder aus den Vereinigten Staaten uns wie durch ein Brennglas in unsere eigene Zukunft schauen lassen, – wenn wir nicht den Mut aufbringen, möglichst bald einen neuen Weg einzuschlagen. Denn auch Deutschland ist tief gespalten. Auch hier zerfällt der gesellschaftliche Zusammenhalt. Auch in unserem Land ist aus dem gesellschaftlichen Miteinander ein über weite Strecken feindseliges Gegeneinander geworden. *Gemeinwohl* und *Gemeinsinn* sind Worte, die aus der Alltagssprache nahezu verschwunden sind. Das, was sie bezeichnen, scheint nicht mehr in unsere Welt zu passen.

Emotionen ersetzen Argumente

Mit Corona wurde es besonders schlimm. Während Millionen Menschen in oftmals schlecht bezahlten Berufen nach wie vor ihr Bestes gaben, um unser gesellschaftliches Leben aufrechtzuerhalten, herrschte in vielen Medien, Online-Portalen und bei Facebook und Twitter Bürgerkriegsstimmung. Der Riss ging durch Familien und beendete Freundschaften. Bist du für oder gegen den Lockdown? Nutzt du die Corona-Warn-App? Lassen Sie sich etwa nicht impfen? Wer den Sinn und Nutzen der Schließung von Kitas und Schulen, von Gaststätten, Geschäften und vielen anderen Gewerben auch nur teilweise in Zweifel zog, musste sich den Vorwurf gefallen lassen, dass ihm Menschenleben egal wären. Wer gleichwohl anerkannte, dass Covid-19 ein gefährliches Virus ist, wurde ähnlich aggressiv von denen attackiert, die in allem nur Panikmache sahen. Respekt vor dem Andersdenkenden? Ein sachliches Abwägen von Argumenten? Keine Chance. Statt miteinander zu reden, schrie man sich nieder.

Doch die Diskussionskultur hat sich nicht erst mit Corona aus unserer Gesellschaft verabschiedet. Schon frühere Kontroversen wurden ähnlich ausgetragen. Es wurde moralisiert statt argumentiert. Geballte Emotionen ersetzten Inhalte und Begründungen. Die erste Debatte, bei der das offensichtlich wurde, war die über Zuwanderung und Flüchtlingspolitik, ein Thema, das nach der deutschen Grenzöffnung im Herbst 2015 fast drei Jahre lang alle anderen überlagerte. Damals hieß das Regierungsnarrativ nicht *Lockdown*, sondern *Willkommenskultur*, und Widerspruch war mindestens so unerwünscht wie zu Corona-Zeiten. Während der politische Mainstream seinerzeit jeden, der Besorgnis äußerte oder auf die Probleme unkontrollierter Zuwanderung hinwies, als Rassisten ächtete, formierte sich auf der Gegenseite des politischen Spektrums eine Bewegung, die den Untergang des Abendlandes bevorstehen sah. Tenor und Tonfall waren ähnlich unversöhnlich wie in der Diskussion über eine sinnvolle Corona-Politik.

Nicht viel sachlicher verlief die Klimadebatte, die das Jahr 2019 dominierte. Nun ging es nicht mehr um den Untergang des Abendlandes, sondern gleich um den der ganzen Menschheit. *Klimafreunde*, die *Panik* für eine angemessene Reaktion hielten, kämpften gegen echte und vermeintliche *Klimaleugner*. Wer weiterhin mit seinem alten Diesel unterwegs war, sein Schnitzel im Discounter kaufte oder sich noch höhere Strom- und Spritpreise nicht leisten konnte, durfte nicht mit Gnade rechnen. Die mittlerweile als größte Oppositionspartei im Bundestag vertretene AfD feuerte im Gegenzug Salven gegen die »*linksgrün-versiffte Meinungsdiktatur*«.

Es scheint, dass unsere Gesellschaft verlernt hat, ohne Aggression und mit einem Mindestmaß an Anstand und Respekt über ihre Probleme zu diskutieren. An die Stelle demokratischen Meinungsstreits sind emotionalisierte Empörungsrituale, moralische Diffamierungen und offener Hass getreten. Das ist beängstigend. Denn der Weg von verbaler Aggression zu handfester Gewalt ist kurz, wie nicht zuletzt die Entwicklungen in den Vereinigten Staaten zeigen. Die Frage stellt sich daher: Woher kommt die Feindseligkeit, die unsere Gesellschaft mittlerweile bei fast jedem großen und wichtigen Thema spaltet?

Wer vergiftet das Meinungsklima?

Die übliche Antwort auf diese Frage lautet: Schuld sei *die erstarkende Rechte*. Schuld seien Politiker wie Donald Trump, der mit seinen Pöbeleien und seinen bösartigen Tweets die Menschen aufgestachelt und Verbitterung und Feindschaft gesät hat. Schuld seien Parteien wie die AfD, die Hass schüren und Hetze verbreiten. Schuld seien schließlich die sozialen Medien, die Lügen und Hasskommentaren einen gewaltigen Resonanzraum bieten und in denen sich jeder nur noch in seiner eigenen Filterblase bewegt.

Das ist alles nicht falsch. Politiker der äußersten Rechten tragen in jedem Fall dazu bei, das politische Klima zu vergiften. Die USA nach Donald Trump sind ein noch tiefer gespaltenes Land als die USA vor Donald Trump. Wenn der AfD-Politiker Björn Höcke Andersdenkende kurzerhand »*ausschwitzen*« möchte, kann einem durchaus das Grausen kommen. Auch dass die sozialen Medien Aggression und Niedertracht fördern, weil sie genau darauf programmiert sind, stimmt. All das hat unsere Diskussionskultur nicht verbessert. Aber es ist trotzdem nur ein Teil der Erklärung. Denn die Wahrheit ist: Das Meinungsklima wird nicht nur von rechts vergiftet. Die erstarkte Rechte ist nicht die Ursache, sondern selbst das *Produkt* einer zutiefst zerrissenen Gesellschaft. Es hätte keinen Donald Trump und auch keine AfD gegeben, wenn ihre Gegner ihnen nicht den Boden bereitet hätten.

Sie haben den Aufstieg der Rechten *ökonomisch* vorbereitet, indem sie soziale Absicherungen zerstört, die Märkte entfesselt und so die gesellschaftliche Ungleichheit und die Lebensunsicherheit extrem vergrößert haben. Viele sozialdemokratische und linke Parteien haben den Aufstieg der Rechten aber auch *politisch* und *kulturell* unterstützt, indem sie sich auf die Seite der Gewinner schlugen und viele ihrer Wortführer seither die Werte und die Lebensweise ihrer einstigen Wählerschaft, ihre Probleme, ihre Klagen und ihre Wut verächtlich machen.

Der Linksliberalismus: weder links noch liberal

Für die Weltsicht dieser neuen Linken, die die Seiten gewechselt haben, hat sich seit einiger Zeit der Begriff des *Linksliberalismus* etabliert. Der Linksliberalismus in diesem modernen Sinn des Worts ist Gegenstand des ersten Teils dieses Buches. Er ist eine relativ junge geistig-politische Strömung, die erst in den letzten Jahrzehnten gesellschaftlichen Einfluss gewonnen hat. Der Name *Linksliberalismus* führt allerdings in die Irre. Genau besehen ist die so bezeichnete Strömung nämlich weder links noch liberal, sondern widerspricht in Kernfragen beiden politischen Richtungen.

Ein wichtiger Anspruch jedes *Liberalismus* etwa ist Toleranz im Umgang mit anderen Meinungen. Den typischen Linksliberalen dagegen zeichnet gerade das Gegenteil aus: äußerste Intoleranz gegenüber jedem, der seine Sicht der Dinge nicht teilt. Auch kämpft der Liberalismus traditionell für rechtliche *Gleichheit*, der Linksliberalismus dagegen für Quoten und Diversity, also für die *ungleiche* Behandlung unterschiedlicher Gruppen.

Zum *linken* Selbstverständnis wiederum gehörte es immer, sich vor allem für die einzusetzen, die es schwer haben und denen die Gesellschaft höhere Bildung, Wohlstand und Aufstiegsmöglichkeiten verwehrt. Der Linksliberalismus dagegen hat seine soziale Basis in der gut situierten akademischen Mittelschicht der Großstädte. Das bedeutet nicht, dass jeder Akademiker mit gutem Einkommen, der in einer großen Stadt wohnt, ein Linksliberaler wäre. Aber in diesem Milieu ist der Linksliberalismus zu Hause und aus dieser vergleichsweise privilegierten Schicht kommen seine Meinungsführer. Linksliberale Parteien wiederum wenden sich vor allem an die Bessergebildeten und Besserverdienenden und werden in erster Linie von ihnen gewählt.

Linksliberale sind also zweierlei nicht: Sie sind keine *linken Liberalen*, also Liberale, die sich nicht nur für Freiheit, sondern auch für soziale Verantwortung interessieren. Solche Liberalen gab es lange Zeit in der FDP und es gibt sie heute wahrscheinlich noch häufiger außerhalb der Freidemokraten. Mit dem modernen Linksliberalismus haben sie nichts zu tun. Linksliberale sind aber auch keine *liberalen Linken*, also Linke, die sich von totalitären und illiberalen Traditionen abgrenzen. Im Gegenteil, dieses Buch ist ein ausdrückliches Plädoyer für eine liberale, tolerante Linke anstelle jener illiberalen *Denkströmung*, die heute für viele das Label *links* besetzt. Liberale Linke im Wortsinn sind also nicht gemeint, wenn in diesem Buch von Linksliberalismus die Rede ist.

Illiberalismus und Intoleranz

Am Niedergang unserer Debattenkultur hat der Linksliberalismus großen Anteil. Linsliberale Intoleranz und rechte Hassreden sind kommunizierende Röhren, die sich gegenseitig brauchen, gegenseitig verstärken und voneinander leben. Ob Flüchtlingspolitik, Klimawandel oder Corona, es ist immer das gleiche Muster: Linksliberale Überheblichkeit nährt rechte Terraingewinne. Und je lauter die Pöbeleien von rechts, desto mehr fühlt sich der Linksliberale in seiner Position bestärkt. Nazis sind gegen Zuwanderung? Also muss jeder Zuwanderungskritiker ein verkappter Nazi sein! Klimaleugner lehnen CO_2-Steuern ab? Also steckt wohl mit ihnen unter einer Decke, wer höhere Sprit- und Heizölpreise kritisiert! Verschwörungstheoretiker verbreiten falsche Informationen über Corona? Wer anhaltende Lockdowns für die falsche Antwort hält, steht also mutmaßlich unter dem Einfluss von Verschwörungstheorien! Kurz: Wer nicht für uns ist, ist ein Rechter, ein Klimaleugner, ein Aluhut … So einfach ist die linksliberale Welt.

Wohl auch wegen dieser Art der Debattenführung steht *links* heute in den Augen vieler Menschen nicht mehr für Gerechtigkeit, sondern vor allem für *Selbstgerechtigkeit*: für einen Stil der Auseinandersetzung, von dem sie sich verletzt, moralisch herabgesetzt und abgestoßen fühlen.

Im Sommer 2020 wandten sich 153 Intellektuelle aus verschiedenen Ländern, unter ihnen *Noam Chomsky, Mark Lilla, Joanne K. Rowling und Salman Rushdie,* in einem öffentlichen Brandbrief gegen die linksliberale Intoleranz und Illiberalität. Ihre Anklage lautete: »*Der freie Austausch von Informationen und Ideen … wird von Tag zu Tag mehr eingeengt. Während wir dies von der radikalen Rechten nicht anders erwarten, breitet sich auch in unserer Kultur zunehmend eine Atmosphäre von Zensur aus.*« Mit Sorge sehen sie »*Intoleranz gegenüber Andersdenkenden, öffentliche Anprangerung und Ausgrenzung sowie die Tendenz, komplexe politische Fragen in moralische Gewissheiten zu überführen*«. Und sie weisen auf die Folgen hin: »*Wir zahlen dafür einen hohen Preis, indem Schriftsteller, Künstler und Journalisten nichts mehr riskieren, weil sie um ihren Lebensunterhalt fürchten müssen, sobald sie vom Konsens abweichen und nicht mit den Wölfen heulen.*«[1]

Rechte und *Linksliberale* ähneln sich aber nicht nur in ihrer Intoleranz. Auch inhaltlich stehen *rechts* und *linksliberal* in keinem grundsätzlichen Gegensatz. *Rechts* im originären Verständnis ist die Befürwortung von Krieg, Sozialabbau und großer Ungleichheit. Das aber sind Positionen, die auch viele Grüne und linksliberale Sozialdemokraten teilen. Nicht rechts ist es dagegen, auszusprechen, dass Zuwanderer für Lohndumping missbraucht werden, dass es kaum möglich ist, eine Schulklasse zu unterrichten, in der über die Hälfte der Kinder kein Deutsch spricht, oder dass wir auch in Deutschland ein Problem mit dem radikalen Islamismus haben. Ob gewollt oder nicht: Eine Linke, die einen realistischen Umgang mit Problemen als *rechts* ächtet, spielt der Rechten die Bälle zu.

Verlust an Gemeinsamkeit

Wer die Gründe für die Entstehung des Linksliberalismus wie für den Verfall unserer Diskussionskultur verstehen will, muss sich den tieferen Ursachen für die zunehmende Spaltung unserer Gesellschaft zuwenden. Er muss sich mit dem Verlust an Sicherheit und Gemeinsamkeit beschäftigen, der mit dem Abbau der Sozialstaaten, der Globalisierung und den wirtschaftsliberalen Reformen verbunden war.

In den Jahrzehnten nach dem Zweiten Weltkrieg gab es in allen westlichen Ländern eine lange Phase wirtschaftlichen Aufschwungs. Damals haben die meisten Menschen optimistisch in die eigene Zukunft und in die ihrer Kinder geschaut. Heute dominieren Zukunftsängste, und viele befürchten, dass es ihren Kindern einmal schlechter gehen wird als ihnen selbst. Dafür gibt es Gründe. Im internationalen Vergleich fallen wir wirtschaftlich zurück. Zukunftstechnologien entstehen immer häufiger woanders und nicht mehr bei uns. Die europäische und die deutsche Wirtschaft drohen, im Handelskrieg zwischen den USA und China zerrieben zu werden. Parallel dazu ist die Ungleichheit in den Ländern des Westens enorm gewachsen und die sozialen Absicherungen für Krankheit, Arbeitslosigkeit und Alter sind brüchig geworden.

Die Gewinner blicken anders auf das Spiel

Es sind vor allem die sogenannten *einfachen Leute*, die der regellose, globalisierte Kapitalismus zu Verlierern gemacht hat. Für viele steigt das Einkommen seit Jahren nicht mehr, sie müssen kämpfen, um ihren Le-

14 DIE SELBSTGERECHTEN

bensstandard zu halten. Gab es vor einigen Jahrzehnten noch reale Aufstiegschancen für Kinder aus ärmeren Familien, ist der persönliche Lebensstandard heute wieder vor allem eine Herkunftsfrage.

Gewinner der neuen Zeit sind in erster Linie die Eigentümer großer Finanz- und Betriebsvermögen. Ihr Reichtum und ihre ökonomische und gesellschaftliche Macht sind in den letzten Jahrzehnten enorm gewachsen. Zu den Gewinnern zählt aber auch die neue akademische Mittelschicht der Großstädte, also das Milieu, in dem der Linksliberalismus zu Hause ist. Der soziale und kulturelle Aufstieg dieser Schicht geht auf die gleichen politischen und ökonomischen Veränderungen zurück, die Industriearbeitern und Servicebeschäftigten, aber auch vielen Handwerkern und kleinen Gewerbetreibenden das Leben schwerer gemacht haben. Doch wer auf der Gewinnerseite steht, hat naturgemäß eine andere Sicht auf die Regeln des Spiels als diejenigen, die die Verliererkarte gezogen haben.

Während die Unterschiede in Einkommen, Perspektive und Lebensgefühl immer größer wurden, wuchs zugleich die räumliche Entfernung. Wohnten vor einem halben Jahrhundert Bessergestellte und weniger Privilegierte häufig im gleichen Bezirk und ihre Kinder saßen im selben Klassenzimmer, sorgen explodierende Immobilienpreise und steigende Mieten dafür, dass Wohlhabende und Ärmere in ihren Vierteln wieder unter ihresgleichen bleiben. Im Ergebnis gibt es immer weniger Kontakte, Freundschaften, Partnerschaften oder Eheschließungen über die Grenzen des eigenen sozialen Milieus hinaus.

In der Filterblase des eigenen Milieus

Hier liegen die wichtigsten Ursachen für den sich auflösenden Zusammenhalt und die zunehmende Feindseligkeit. Menschen aus unterschiedlichen Milieus haben sich immer weniger zu sagen, weil sie in verschiedenen Welten leben. Wenn gut situierte Großstadtakademiker den weniger Begünstigten im realen Leben überhaupt noch begegnen, dann in Gestalt preiswerter Servicekräfte, die ihre Wohnungen putzen, ihre Pakete schleppen und ihnen im Restaurant das Sushi servieren.

Filterblasen gibt es nicht nur in den sozialen Medien. Vier Jahrzehnte Wirtschaftsliberalismus, Sozialabbau und Globalisierung haben die westlichen Gesellschaften so gespalten, dass das reale Leben vieler Menschen

VORWORT **15**

sich mittlerweile nur noch in der Filterblase des eigenen Milieus bewegt. Unsere angeblich *offene* Gesellschaft ist von Mauern durchzogen. Sozialen Mauern, die Kindern ärmerer Familien den Zugang zu Bildung, Aufstieg und Wohlstand viel schwerer machen als in der zweiten Hälfte des letzten Jahrhunderts. Und Mauern der Gefühlskälte, die jene, die gar kein anderes Leben kennen als das im Überfluss, vor denen abschirmen, die glücklich wären, wenn sie einmal ohne Existenzangst leben könnten.

Abbau von Spaltung und Angst

Da das Leben sehr viel unsicherer geworden ist und die Zukunft unberechenbarer, sind in den politischen Auseinandersetzungen heute viel mehr Ängste im Spiel. Und wie Angst das Diskussionsklima verhärten kann, hat der Streit über die richtige Corona-Politik gezeigt. Dessen besondere Aggressivität hatte natürlich damit zu tun, dass es sich bei Corona um eine Krankheit handelt, die bei vielen Hochbetagten und in bestimmten Fällen auch bei Jüngeren zum Tod führen kann. Umgekehrt haben die langen Lockdowns zur Folge, dass viele um ihr soziales Überleben, um ihren Arbeitsplatz oder um die Zukunft ihres Lebenswerks fürchten müssen. Menschen, die Angst haben, werden intolerant. Wer sich bedroht fühlt, will nicht diskutieren, er will sich zur Wehr setzen. Das ist verständlich. Umso gefährlicher wird es, wenn Politiker entdecken, dass man mit dem Schüren von Ängsten Politik machen kann. Und auch das ist keineswegs der politischen Rechten vorbehalten.

Verantwortungsvolle Politik sollte genau das Gegenteil tun. Sie sollte sich um den Abbau von Spaltung und Zukunftsängsten kümmern und um mehr Sicherheit und Schutz. Sie muss Veränderungen einleiten, die den Zerfall unseres gesellschaftlichen Zusammenhalts stoppen und unseren drohenden wirtschaftlichen Abstieg verhindern. Eine ökonomische Ordnung, in der die Mehrheit von der Zukunft eher Verschlechterungen erwartet, ist keine zukunftstaugliche Ordnung. Eine Demokratie, in der ein beachtlicher Teil der Bevölkerung keine Stimme und Vertretung hat, trägt diesen Namen zu Unrecht.

Wir können anders produzieren, innovativer, lokaler und naturverträglicher, und wir können die Ergebnisse besser und leistungsgerechter verteilen. Wir können unser Gemeinwesen demokratisch gestalten, statt die Entscheidung über unser Leben und unsere wirtschaftliche Entwicklung

Interessengruppen zu überlassen, denen es nur um den eigenen Profit geht. Wir können zu einem guten, solidarischen Miteinander zurückfinden, das letztlich allen nützt: denen, die in den letzten Jahren verloren haben und sich heute vor der Zukunft fürchten, aber auch denen, denen es gut geht, die aber nicht in einem gespaltenen Land leben möchten, das irgendwann da enden könnte, wo die Vereinigten Staaten heute stehen. Im zweiten Teil dieses Buches werden Vorschläge unterbreitet, wie ein neuer Weg in eine gemeinsame Zukunft aussehen kann.

Die Mehrheit ansprechen

Mit diesem Buch habe ich natürlich auch Konfliktlinien dargelegt, die zu meinem Rückzug als Fraktionsvorsitzende im Jahr 2019 beigetragen haben. Ich hätte allerdings kein Buch darüber geschrieben, wenn diese Diskussion nicht weit über die Linkspartei hinausgehen würde. Ich halte es für eine Tragödie, dass die Mehrzahl der sozialdemokratischen und linken Parteien sich auf den Irrweg des *Linksliberalismus* eingelassen hat, der die Linke theoretisch entkernt und sie großen Teilen ihrer Wählerschaft entfremdet. Ein Irrweg, der den Neoliberalismus als politische Leitlinie zementiert, obwohl es in der Bevölkerung längst Mehrheiten für eine andere Politik gibt: für mehr sozialen Ausgleich, für eine vernünftige Regulierung von Finanzmärkten und Digitalwirtschaft, für gestärkte Arbeitnehmerrechte sowie für eine kluge, auf den Erhalt und die Förderung eines starken Mittelstands orientierte Industriepolitik.

Statt diese Mehrheiten mit einem für sie attraktiven Programm anzusprechen, haben SPD und Linke der AfD zu ihren Wahlsiegen verholfen und sie zur führenden »Arbeiterpartei« gemacht. Sie haben die Grünen auf geradezu unterwürfige Weise als intellektuelle und politische Avantgarde akzeptiert. Von der Chance auf eigene Mehrheiten haben sie sich damit weit entfernt.

In diesem Buch geht es also auch darum, was das heißt: Linkssein im 21. Jahrhundert. Ein Linkssein jenseits der Klischees und modischen Phrasen. Dazu gehört für mich auch: Was sollte die Linke von einem aufgeklärten Konservatismus lernen? Die im zweiten Teil skizzierte Programmatik wäre für mich die einer echten sozialen Volkspartei. Einer Partei, die nicht zur weiteren Polarisierung der Gesellschaft beiträgt, sondern zur Revitalisierung von Gemeinwerten.

Mit diesem Buch positioniere ich mich in einem politischen Klima, in dem *cancel culture* an die Stelle fairer Auseinandersetzungen getreten ist. Ich tue das in dem Wissen, dass ich nun ebenfalls »gecancelt« werden könnte. Doch in Dantes *Göttlicher Komödie* ist für diejenigen, die sich in Zeiten des Umbruchs »heraushalten«, für die »Lauen«, die unterste Ebene der Hölle reserviert ...

Teil I

DIE GESPALTENE GESELLSCHAFT UND IHRE FREUNDE

1. MORALISTEN OHNE MITGEFÜHL

Die Lifestyle-Linke: weltläufig und sprachsensibel

Doch, die gesellschaftliche Linke kann noch siegen. Sie kann Multis wie den niederländisch-britischen Konsumgüterkonzern Unilever, zu dem die Marke Knorr gehört, in die Knie zwingen. Aufgrund der Rassismusdebatte in den sozialen Netzwerken, teilte das Unternehmen im August 2020 mit, werde der Knorr-Klassiker *Zigeunersauce* ab sofort unter neuem Namen, nämlich als *Paprikasauce Ungarische Art* in den Supermarktregalen zu finden sein. Und Unilever ist nicht der einzige Konzern, der sich dem Druck linksliberaler Meinungsführer und ihres fleißig twitternden Anhangs beugen musste. Mit den gleichen Mitteln wurde auch die langjährige Personalchefin von Adidas, Karen Parkin, im Juni 2020 zum Rücktritt gezwungen. Während der *Zigeunersauce* die politisch inkorrekte Bezeichnung einer Volksgruppe zum Verhängnis wurde, lautete der Vorwurf bei Parkin: Sie habe das Thema Rassismus verharmlost und sich zu wenig um *Diversity*, also um die Karriere nicht-weißer Mitarbeiter, bei Adidas gekümmert.

Freilich, der verschlechterte Tarifvertrag, den Unilever fast zeitgleich zum heroischen Abschied von der *Zigeunersauce* den 550 verbliebenen Mitarbeitern im Knorr-Stammwerk Heilbronn mit der Drohung aufgezwungen hatte, den Betrieb andernfalls ganz zu schließen, besteht unverändert. Er bedeutet für die Knorr-Beschäftigten Personalabbau, niedrigere Einstiegsgehälter, geringere Lohnsteigerungen und Samstagsarbeit. Anders als die *Zigeunersauce* hatte all das allerdings nie für bundesweite Schlagzeilen oder gar für einen Shitstorm der sich links fühlenden Twittergemeinde gesorgt. Und dass die Arbeitsbedingungen bei den asiatischen Zulieferern von Adidas so schlimm sind, dass das Unternehmen im Index des »Fashion Checker« die schlechteste Note in der Kategorie »Löhne, die das Existenzminimum garantieren« kassierte, nun ja, auch dieses Thema eignet sich eher schlecht für virale Empörungsposts. Die *Diversity*-Freunde können sich schließlich nicht auch noch um bettelarme nicht-weiße Arbeiter im fernen Südostasien kümmern.

Bilderstürmer und Philosophenjäger

Man hat ja zu Hause genug zu tun. Nachdem im Frühsommer 2020 ein rassistischer Cop in den Vereinigten Staaten den Afroamerikaner George Floyd brutal ermordet hatte, waren die Tage der Mohren-Apotheken und Mohren-Hotels in Deutschland endgültig gezählt. Wer sich nicht schleunigst nach einem neuen Namen umsah, geriet mächtig unter Druck. Black-Lives-Matter-Aktivisten begannen jetzt auch in Europa, die Statuen von Sklavenhändlern aus der Kolonialzeit vom Sockel zu stürzen. Sie taten das mit einem Eifer und einer Überzeugung, als läge hier der Schlüssel, um der modernen Sklaverei von Bullshit-Jobs, Demütigung und Armut die Grundlage zu entziehen.

Aber der Kampf gilt nicht nur Namen und Denkmälern, über deren Sinnhaftigkeit man tatsächlich streiten kann. Er macht auch vor populären Büchern, Filmen und selbst klassischen Philosophen nicht halt. Die Texte von Mark Twain und das Kinderbuch *Pippi Langstrumpf* können schon seit Längerem nicht mehr in der Originalversion erscheinen, weil gewisse Passagen und Worte den empfindsamen Gemütern der Kinder und Jugendlichen unserer Zeit nicht mehr zumutbar sind.

Die Forderung, den mit acht Oscars prämierten Hollywood-Schinken *Vom Winde verweht* zu verbieten, ließ sich zum Bedauern mancher Aktivisten bisher leider nicht durchsetzen. Auch Immanuel Kant oder Jean-Jacques Rousseau werden an vielen Universitäten im Rahmen des Philosophiestudiums immer noch gelesen, obwohl die beiden Denker der Aufklärung in linken Kreisen längst als *Rassisten* enttarnt wurden. An der Berliner Humboldt-Uni musste vor einiger Zeit die Polizei einschreiten, weil Studenten durch Lahmlegung des Seminarbetriebs verhindern wollten, dass Texte von Kant und Rousseau diskutiert werden. Nicht totzukriegen ist bisher auch der wichtigste Vertreter der klassischen deutschen Philosophie, Georg Wilhelm Friedrich Hegel, trotz der Textstellen, die ihn nach Ansicht italienischer Linksintellektueller unzweifelhaft als *Sexisten* ausweisen, was diese zu einer Facebook-Kampagne unter der Überschrift *Sputiamo su Hegel* (*Wir spucken auf Hegel*) motiviert hat.

Alle Cops auf die Deponie

Im selben Sommer 2020, als der Kampf gegen alles und jeden, dem man das Etikett *rassistisch* anheften konnte, für einige Wochen sogar das Coronavirus aus den Schlagzeilen verdrängt hatte, geriet auch die deutsche Polizei wegen rassistischer Vorfälle unter Generalverdacht. Beherzt forderte daraufhin eine Kolumnistin der *taz*, die Behörde am besten ganz aufzulösen und die Beamten auf Mülldeponien zu entsorgen. Dass mancher Bürger, der sich wegen seiner dunklen Hautfarbe in bestimmten Regionen unseres Landes nicht mehr sicher fühlt, vielleicht über den einen oder anderen *zusätzlichen* Polizisten auf der Straße ganz froh wäre, ist ein Gedanke, der einer Journalistin, die in einem angesagten Viertel von Berlin wohnt, natürlich nie käme.

Was ist heute noch links? Was rechts? Viele Menschen wissen es nicht mehr. Sie halten die alten Kategorien für überholt. Nur in einem sind sie sich sicher: Das, was sie an öffentlichen Äußerungen unter dem Label *links* vernehmen, ist ihnen oft unsympathisch. Und dem Milieu, das sie damit verbinden, misstrauen sie zutiefst.

Die traditionelle Linke

Das war über viele Jahre anders. Links, das stand einmal für das Streben nach mehr Gerechtigkeit und sozialer Sicherheit, es stand für Widerständigkeit, für das Aufbegehren gegen die oberen Zehntausend und das Engagement für all diejenigen, die in keiner wohlhabenden Familie aufgewachsen waren und sich mit harter, oft wenig inspirierender Arbeit ihren Lebensunterhalt verdienen mussten. Als links galt das Ziel, diese Menschen vor Armut, Demütigung und Ausbeutung zu schützen, ihnen Bildungschancen und Aufstiegsmöglichkeiten zu eröffnen, ihr Leben einfacher, geordneter und planbarer zu machen. Linke glaubten an politische Gestaltungsfähigkeit im Rahmen des demokratischen Nationalstaats und daran, dass dieser Staat Marktergebnisse korrigieren kann und muss.

Natürlich waren Linke immer auch Teil der Kämpfe gegen rechtliche Diskriminierungen, etwa der amerikanischen Bürgerrechtsbewegung der fünfziger und sechziger Jahre. Denn der alte liberale Imperativ, dass niemand aufgrund seiner Hautfarbe, Religion oder Lebensweise benachteiligt werden darf, war für sie selbstverständlich. Aber als Linke legten sie Wert auf die Erkenntnis, dass rechtliche Gleichstellung noch lange keine gleichen Lebenschancen garantiert. Denn anders als Liberale und Konservative sahen Linke in der Macht über große Finanz- und Betriebsvermögen und in der extremen Ungleichheit der Verteilung solcher Vermögen eine Schlüsselgröße, ohne deren Veränderung echte Chancengleichheit und Leistungsgerechtigkeit nicht möglich sind.

Auf der Seite der Unterprivilegierten

Natürlich gab es unter Linken immer auch große Unterschiede. Der eher kompromisswillige deutsche Sozialdemokrat dachte und handelte anders als der rebellische französische oder italienische Gewerkschafter. Es gab im linken Spektrum stets auch radikale Splittergruppen, mit denen die meisten Menschen nichts zu tun haben wollten. Aber im Großen und Ganzen war klar: Linke Parteien, egal ob Sozialdemokraten, Sozialisten oder auch, in vielen westeuropäischen Ländern, Kommunisten, vertraten nicht die Eliten, sondern die Unterprivilegierten. Ihre Aktivisten kamen überwiegend selbst aus diesem Milieu, und ihr Ziel war es, dessen Lebensumstände zu verbessern. Linke Intellektuelle teilten dieses Anliegen und unterstützten es.

Es gibt diese *traditionellen Linken* auch heute noch. Vergleichsweise häufig trifft man sie in Gewerkschaften, vor allem auf den unteren Ebenen. In den meisten sozialdemokratischen Parteien sind sie schon in der Minderzahl, zumindest in den Führungsetagen. Bei den Demokraten in den USA etwa haben sie nur noch marginalen Einfluss auf die Politik, mit Bernie Sanders aber immerhin ein prominentes und populäres Gesicht. Die deutsche Partei Die Linke wurde 2007 noch auf Grundlage eines traditionellen Verständnisses von *links* gegründet, aber diejenigen, die an dieser Tradition festhalten möchten, haben in den Parteigremien immer weniger Einfluss. Geradezu eine Rarität sind traditionelle Linke heute in den Medien und an den Universitäten. Im linksliberalen Mainstream unserer Zeit gilt ihre Sicht als altbacken und rückwärtsgewandt.

Konsumgewohnheiten und moralische Haltungsnoten

Dominiert wird das öffentliche Bild der gesellschaftlichen Linken heute von einem Typus, den wir im Folgenden den *Lifestyle-Linken* nennen werden, weil für ihn im Mittelpunkt linker Politik nicht mehr soziale und politökonomische Probleme stehen, sondern Fragen des Lebensstils, der Konsumgewohnheiten und moralische Haltungsnoten. In Reinform verkörpern die grünen Parteien dieses *Lifestyle-linke* Politikangebot, aber auch in den sozialdemokratischen, sozialistischen und anderen linken Parteien ist es in den meisten Ländern zur dominierenden Strömung geworden. Viele traditionelle Linke würden wahrscheinlich sagen, dass das, was im Folgenden beschrieben wird, überhaupt nicht links ist. Das stimmt natürlich, wenn man mit den traditionellen Maßstäben misst. Aber es ist das, was öffentlich unter dem Label *links* firmiert und als links wahrgenommen wird.

Für das politisch-kulturelle Weltbild des Lifestyle-Linken hat sich in jüngerer Zeit der Begriff des *Linksliberalismus* etabliert, wobei *Linksilliberalismus* wesentlich passender wäre, wie wir noch sehen werden. Zu beachten ist, dass dieser moderne Linksliberalismus oder Linksilliberalismus nichts mit der geistig-politischen Strömung zu tun hat, die früher einmal als linksliberal bezeichnet wurde. Linksliberale waren lange Zeit sozial und gesellschaftskritisch orientierte Liberale, jene Freidemokraten etwa, die sich um das Freiburger Programm der FDP sammelten und für eine Koalition mit der SPD Willy Brandts warben. Wenn in diesem Buch von Linksliberalismus die Rede ist, ist der Begriff immer im modernen Verständnis als Bezeichnung für die Weltsicht der Lifestyle-Linken gemeint und nie in dem früheren Wortsinn. Diese Unterscheidung ist wichtig, denn beide Denkrichtungen haben nichts miteinander gemein.

Weltoffen und pro-europäisch

Der Lifestyle-Linke lebt in einer anderen Welt als der traditionelle und definiert sich anhand anderer Themen. Er ist vor allem weltoffen und selbstverständlich *für Europa*, auch wenn jeder unter diesen Schlagworten etwas anderes verstehen mag. Er sorgt sich ums Klima und setzt sich für Emanzipation, Zuwanderung und sexuelle Minderheiten ein. Zu seinen Überzeugungen gehört, den Nationalstaat für ein Auslaufmodell und sich selbst für einen Weltbürger zu halten, den mit dem eigenen Land eher wenig verbindet. Unterlegt wird das oft mit einer Biografie, in der Auslandssemester, eventuell schon der Schüleraustausch während der Schulzeit oder auch Auslandspraktika selbstverständlich sind.

Generell schätzt der Lifestyle-Linke Autonomie und Selbstverwirklichung mehr als Tradition und Gemeinschaft. Überkommene Werte wie Leistung, Fleiß und Anstrengung findet er uncool. Das gilt vor allem für die jüngere Generation, die von umsorgenden, meist gut situierten Helikoptereltern so sanft ins Leben begleitet wurde, dass sie existenzielle soziale Ängste und den aus ihnen erwachsenden Druck nie kennengelernt hat. Papas kleines Vermögen und Mamas Beziehungen geben zumindest so viel Sicherheit, dass sich auch längere unbezahlte Praktika oder berufliche Fehlschläge überbrücken lassen.

Da der Lifestyle-Linke mit der *sozialen Frage* persönlich kaum in Kontakt geraten ist, interessiert sie ihn auch meist nur am Rande. Also, man wünscht sich schon eine gerechte und diskriminierungsfreie Gesellschaft, aber der Weg zu ihr führt nicht mehr über die drögen alten Themen aus der Sozialökonomie, also Löhne, Renten, Steuern oder Arbeitslosenversicherung, sondern vor allem über Symbolik und Sprache.

Triggerwörter und Gendersternchen

Entsprechend wird die Alltagssprache ständig nach Wörtern durchsucht, die irgendjemanden verletzen könnten und die es fortan zu meiden gilt. An ihre Stelle treten dann neue Wortschöpfungen, die zumindest bei den Strenggläubigen unter den Lifestyle-Linken zu einer ganz eigenwilligen Form, sich auszudrücken, führen, die mit der deutschen Sprache nur noch bedingt zu tun hat. Außenstehenden mag sich oft nicht erschließen, worin bei Begriffen wie *Flüchtling* oder *Rednerpult* oder in der Bezeichnung als *Mutter* oder *Vater* die Diskriminierung besteht beziehungsweise warum sich inmitten linker Texte immer wieder dubiose Sternchen finden, aber wer zum *inner circle* gehört, der kennt die Regeln und hält sie ein.

Ein anderes Gebot besteht darin, sogenannte *Triggerwörter* zu umgehen, also Codes, die harmlos klingen, aber angeblich bei bestimmten Gruppen Traumata auslösen oder von Rechten verwandt werden, um ihre menschenverachtende Ideologie zu tarnen. *Heimat* und *Volk* gehören dazu und sind folgerichtig tabu, auch der Begriff *Zuwanderer* ist mindestens heikel, weil doch alle, die nach Europa kommen, *geflüchtet* sind, und *Fremde* oder *Parallelwelten* gibt es schon gar nicht.

Etwas irritierend ist vielleicht, dass sich die Normen korrekten Sprechens immer wieder ändern. Galt gestern noch als up to date, wer für die Nachkommen von Einwanderern den Begriff »Menschen mit Migrationshintergrund« parat hatte, ist das zumindest in Berlin schon wieder überholt. Laut Senatsbeschluss vom Herbst 2020 ist für diese Personengruppe fortan der Name »Menschen mit internationaler Geschichte« zu verwenden. Aus Ausländern wurden mit diesem Ukas übrigens »Einwohnende ohne deutsche Staatsbürgerschaft« und aus illegalen Einwanderern »undokumentierte Migrantinnen und Migranten«.

Fernreisende Bio-Konsumenten

Auch kommen immer wieder neue Modewörter auf, die man selbstverständlich schnellstmöglich kennen und selbst gebrauchen sollte. In jüngerer Zeit in den linksliberalen Sprachschatz aufgenommen wurde etwa die *Misogynie* oder auch *Cis-Frauen* für weibliche Mitbürger, die keine Transsexuellen sind. Wer sich ungescholten an Lifestyle-linken Diskussionen beteiligen will, braucht also vor allem eins: genügend freie Zeit, um in Fragen korrekter Ausdrucksweise immer auf dem Laufenden zu bleiben.

Der typische Lifestyle-Linke wohnt in einer Großstadt oder zumindest einer schicken Unistadt und selten in Orten wie Bitterfeld oder Gelsenkirchen. Er studiert oder hat ein abgeschlossenes Universitätsstudium und gute Fremdsprachenkenntnisse, plädiert für eine Post-Wachstums-Ökonomie und achtet auf biologisch einwandfreie Ernährung. Discounterfleisch-Esser, Dieselauto-Fahrer und Mallorca-Billigflugreisende sind ihm ein Graus. Das heißt nicht, dass er selbst nicht Auto fährt oder nie ein Flugzeug besteigt. Er reist – mit Ausnahme von Coronazeiten – sogar außerordentlich gern und fliegt in der Regel besonders weit, denn Mobilität und Weltläufigkeit gehören ja zu seiner DNA. Aber dabei handelt es sich eben nicht um Ballermann-Tourismus, sondern um *Bildungsreisen*, die dabei helfen, andere Kulturen kennenzulernen, die letztverbliebenen wilden Orang-Utans zu besichtigen oder im Ayurveda-Hotel dem inneren Selbst näherzukommen. Dass im Gegenzug innerstädtische Wege oft mit dem Fahrrad oder dem Elektro-Zweitwagen bewältigt werden, erleichtert das Gewissen.

Von oben herab

Nun ist prinzipiell nichts dagegen einzuwenden, dass Menschen den geschilderten Werten folgen und ihr Leben danach gestalten. Wenn sie es sich leisten können und sich wohl dabei fühlen, warum nicht? Es gibt zweifellos unangenehmere Zeitgenossen als großstädtische Veganer, die ihre Kinder im E-Auto zur Schule fahren, Plastikverpackungen meiden und den weltweiten CO_2-Ausstoß minimieren wollen, auch wenn sie selbst zu ihm nicht unmaßgeblich beitragen.

Was den Lifestyle-Linken in den Augen vieler Menschen und vor allem der weniger Begünstigten so unsympathisch macht, ist seine offensichtliche Neigung, seine Privilegien für persönliche Tugenden zu halten und seine Weltsicht und Lebensweise zum Inbegriff von Progressivität und Verantwortung zu verklären. Es ist die Selbstzufriedenheit des moralisch Überlegenen, die viele Lifestyle-Linke ausstrahlen, die allzu aufdringlich zur Schau gestellte Überzeugung, auf der Seite des Guten, des Rechts und der Vernunft zu stehen. Es ist die Überheblichkeit, mit der sie auf die Lebenswelt, die Nöte, ja sogar auf die Sprache jener Menschen hinabsehen, die nie eine Universität besuchen konnten, eher im kleinstädtischen Umfeld leben und die Zutaten für ihren Grillabend schon deshalb bei Aldi holen, weil das Geld bis zum Monatsende reichen muss. Und es ist der unverkennbare Mangel an Mitgefühl mit denen, die um ihr bisschen Wohlstand viel härter kämpfen müssen, so sie überhaupt welchen haben, und die vielleicht auch deshalb zuweilen härter oder grimmiger wirken und schlechter gelaunt sind.

Auch eine schwer zu leugnende Bigotterie trägt ganz sicher zum geringen öffentlichen Ansehen des Lifestyle-Linken bei. Wer Mühe hat, sich von seinem wenig auskömmlichen Gehalt einmal im Jahr einen Urlaub zu leisten oder trotz lebenslanger Arbeit von einer schmalen Rente leben muss, der schätzt es nicht, wenn ihm Leute Verzicht predigen, denen es im Leben noch nie an etwas gefehlt hat. Und über Zuwanderung als große Bereicherung für unsere Gesellschaft möchte man nicht ausgerechnet von Freunden des Multikulturalismus belehrt werden, die genau darauf achten, dass das eigene Kind eine Schule besucht, in der es mit anderen Kulturen nur im Literatur- und Kunstunterricht Bekanntschaft machen muss.

Natürlich gibt es auch unter Lifestyle-Linken Unterschiede. Nicht jeder, der für mehr Zuwanderung wirbt, Gendersternchen verwendet und der Meinung ist, der Klimawandel sei vor allem eine Frage der Konsumgewohnheiten, wurde mit dem goldenen Löffel im Mund geboren, und auch nicht jeder ist wohlhabend. Es mag sogar einige geben, die nicht an einer Uni waren. Aber solche Lifestyle-Linken befinden sich in der klaren Unterzahl. Typisch sind die anderen.

Prolls und Covidioten

Unterschiede gibt es auch in der Haltung zu den weniger privilegierten Teilen der Bevölkerung. Es gibt die *Lifestyle-Linken*, die die Ärmeren und weniger Gebildeten schlicht verachten. Als Hillary Clinton im US-Wahlkampf 2016 die möglichen Trump-Wähler als *Basket of deplorables* beschimpfte, was frei übersetzt *Ansammlung von Erbärmlichen* bedeutet, war das zwar wahltaktisch unklug, aber sicher einer der wenigen ehrlichen Momente in ihrer ganzen Wahlkampagne. Denn man darf fest davon ausgehen, dass sie genau so über diese Menschen denkt. Auch der Begriff *White Trash* (weißer Abfall) für die weiße amerikanische Arbeiterschicht wurde von Linksliberalen verbreitet.

In Deutschland sind die *alten weißen Männer* ein in Lifestyle-linken Kreisen beliebtes Feindbild. Auch der *Proll* wird gern zur Bezeichnung einer Personengruppe verwendet, über die man sich ungeniert abfällig äußern kann und bei der die sensiblen Rücksichten in puncto verletzender Sprache plötzlich nicht mehr gelten. Ende 2019 kursierte der Name *Umweltsau* für Menschen, die ihr Fleisch bei Aldi, Lidl und Co. kaufen. Anlass war ein satirischer Kindersong des WDR, aber in der linksliberalen Twittergemeinde wurde der Begriff freudvoll und in vollem Ernst aufgegriffen. In der Coronakrise kamen dann noch die *Covidioten* hinzu.

Auf der anderen Seite gibt es natürlich auch Lifestyle-Linke, zu deren ehrlichem Anliegen es gehört, sich für die Armen und Entrechteten dieser Welt einzusetzen, was die Armen und weniger Privilegierten im eigenen Land notgedrungen einschließt. Aber anstatt diese Menschen zu respektieren und sich einfach für ihre Interessen stark zu machen, begegnet man ihnen meist in der Attitüde des wohlwollenden Missionars, der die Ungläubigen nicht nur retten, sondern vor allem auch bekehren will. Der Lifestyle-Linke möchte also nicht nur das Leben der Arbeiter und anderer Benachteiligter verbessern, sondern ihnen zugleich ihre wahren Interessen erklären und ihnen ihre Provinzialität, ihre Ressentiments und Vorurteile

MORALISTEN OHNE MITGEFÜHL **29**

austreiben. Bei den Adressaten kommt das in der Regel ähnlich gut an wie offene Verachtung, und tatsächlich ist es ja auch nur eine Spielart davon.

Alles Nazis

Wenig sympathisch macht den Lifestyle-Linken natürlich auch, dass er fortwährend eine *offene, tolerante Gesellschaft* einfordert, selbst aber im Umgang mit abweichenden Sichten oft eine erschreckende Intoleranz an den Tag legt, die sich mit der der äußersten Rechten durchaus messen kann. Diese Ruppigkeit des Umgangs resultiert daraus, dass der Linksliberalismus nach Auffassung seiner Anhänger letztlich keine Meinung ist, sondern eine Frage des Anstands. Wer vom Kanon ihrer Denkgebote abweicht, ist für Linksliberale daher auch kein Andersdenkender, sondern mindestens ein schlechter Mensch, wahrscheinlich sogar ein *Menschenfeind* oder gleich ein *Nazi*. Aus dieser Sichtweise erklärt sich die Aggression, mit der Positionen, aber auch Personen bekämpft werden, die sich außerhalb des linksliberalen Weltbilds bewegen oder auch nur eines seiner heiligen Gebote verletzen. Im Kampf gegen Nazis ist immerhin (fast) alles erlaubt. Und *liberal* ist der Lifestyle-Linke tatsächlich nur im Dunstkreis seines eigenen Denkens.

Für Kampagnen, deren erklärtes Ziel darin besteht, unliebsame Intellektuelle mundtot zu machen und sozial zu vernichten, gibt es mittlerweile sogar einen Begriff: *cancel culture*. Erfunden wurde diese Strategie in den USA, es gibt sie aber längst auch in Deutschland. Auch in unserem Land werden heute biedere Bürgerliche wie der Ökonom Bernd Lucke oder der CDU-Politiker Thomas de Maizière durch lautstarke und durchaus tätliche Aktivisten am Abhalten von Lehrveranstaltungen und Lesungen gehindert, als würden sie an der Machtergreifung eines neuen Hitler arbeiten. Zeitgenössische Maler werden aus Ausstellungen entfernt, erstklassige Schriftstellerinnen verlieren ihren Verlag, andere werden von Festivals ausgeladen oder Künstlern werden Veranstaltungsräume gekündigt, weil die Twitter-Inquisition ihre *rechte* Gesinnung enttarnt hat. Da hilft es auch nicht, dass die Betroffenen sich selbst bisher allenfalls für konservativ, in einigen Fällen sogar für links hielten.

Und die Attacken der linksliberalen Sittlichkeitswächter treffen nicht nur Prominente. Wenn der couragierte ehrenamtliche Leiter der Essener

Tafel, langjähriges SPD-Mitglied und bis dahin treuer SPD-Wähler nach drei Jahren hoher Zuwanderung Handlungsbedarf sieht, weil das Gedränge in seiner Tafel so groß geworden ist, dass junge männliche Neubürger die Rentner und die alleinerziehenden Mütter vertreiben, wird er nicht nur öffentlich von Leuten heruntergemacht, die im Leben nie eine Tafel aufsuchen werden, sondern ihm wird auch »Fuck Nazis« an die Tür gesprüht. Und als sich Ende 2019 den in die Lausitz gereisten jungen Leuten von »Fridays for Future« und ihrer Forderung nach einem sofortigen Kohleausstieg etwa 1 000 Anwohner entgegenstellen und Bergmannslieder singen, vermutlich ausnahmslos Menschen, deren soziale Existenz am Kohlebergbau hängt, werden sie von den Aktivisten zielsicher als *Kohle-Nazis* identifiziert.

Bücher öffentlich verbrannt

Man muss auch durchaus nicht konservativ denken, sich zu Migrationsproblemen äußern oder das soziale Überleben seiner Heimatregion verteidigen, um zum Ziel heftiger Angriffe zu werden. Schon die These, dass es *natürliche* Unterschiede zwischen Frauen und Männern gibt und nicht nur gesellschaftliche Rollenmuster, kann zu einem veritablen Shitstorm führen, wie *Harry-Potter*-Autorin Joanne K. Rowling erleben musste. Um den Hintergrund der Kampagne zu verstehen, muss man wissen, dass die linksliberale Gendertheorie die Existenz eines biologischen Geschlechts allen Ernstes leugnet. Mittlerweile wurde Rowling wegen angeblicher Transphobie sogar der Tod gewünscht und ihr jüngstes Buch von der Twittermeute nicht nur geächtet, sondern öffentlich verbrannt, ein Akt, dessen finstere Vorgeschichte die Akteure nicht im Geringsten zu stören schien.

Auch der Umgang zwischen den nicht mehr existierenden Geschlechtern ist komplizierter geworden. Ein nett gemeintes Kompliment, an die falsche Adresse gerichtet, kann einen Mann schnell zum Gegenstand rüder *Sexismus*-Vorwürfe machen. Dabei wächst die Zahl der Denkgebote und Benimmregeln in einem Tempo, bei dem Normalbürger – also Leute, die sich tagsüber mit anderen Dingen als mit diskursiver *Awareness* beschäftigen – keine Chance haben mitzuhalten. Am Ende ist es für sie das Beste, einfach nichts mehr zu sagen. Dass laut einer Umfrage aus dem Jahr 2019 mehr als die Hälfte der Bundesbürger Sorge hat, außerhalb des Freundeskreises frei ihre Meinung zu äußern,[1] ist im Lichte der zunehmenden Intoleranz, mit der solche Debatten geführt werden, nicht überraschend.

Mehrheitsmeinungen auf dem Index

Die breite Verunsicherung mag auch daher rühren, dass die vom Linksliberalismus auf den Index gesetzten Auffassungen vielfach just solche sind, die große Teile oder sogar die Mehrheit der Bevölkerung für richtig halten. So lehnen nach Umfragen in allen westlichen Ländern 60 bis 70 Prozent der Bevölkerung hohe Zuwanderung ab und wünschen sich restriktivere Regeln. Genau das genügt freilich, um nach offizieller linksliberaler Lesart als *Rassist* zu gelten. In die gleiche Schublade werden auch Menschen gepackt, die sich unsicher fühlen, wenn sie in einem öffentlichen Verkehrsmittel allein mit einer größeren Gruppe von Männern unterwegs sind, die eine fremde Sprache sprechen. Wegen der offenkundigen Verbreitung solcher »Ressentiments« hat sich in linksliberalen Diskursen dafür der Begriff *Alltagsrassismus* eingebürgert. Denn für den Lifestyle-Linken ist klar, »dass die Ängste und Besorgnisse aller Menschenfeinde ohnehin reine Erfindungen sind«,[2] wie der Soziologe Harald Welzer diese Sicht der Dinge formuliert.

Die meisten Menschen verstehen sich auch eher nicht als Weltbürger, sondern identifizieren sich mit ihrem Land und – ganz schlimm! – ihrer Nationalität. In Deutschland etwa fühlen sich 74 Prozent »stark oder sehr stark« als Deutsche, wie eine Umfrage ausgerechnet der Open Society Foundation zutage gefördert hat.[3] Dieses Ergebnis, das naive Gemüter nicht überraschend finden mögen, schließlich wurden ja Deutsche befragt, ist für den Lifestyle-Linken das beunruhigende Zeichen eines nach wie vor tief verankerten *Nationalismus*.

Wer von der eigenen Regierung erwartet, sie solle sich in erster Linie um das Wohl der hiesigen Bevölkerung kümmern und diese vor internationaler Dumpingkonkurrenz und anderen negativen Folgen der Globalisierung schützen – ein Grundsatz, der unter traditionellen Linken selbstverständlich war – gilt heute als *nationalsozial*, gern auch mit der Endung *-istisch*. Und wer es falsch findet, immer mehr Kompetenzen von den gewählten Parlamenten und Regierungen an eine undurchsichtige Brüsseler Lobbykratie zu übertragen, ist auf jeden Fall ein *Anti-Europäer*.

32 DIE SELBSTGERECHTEN

Bessergestellte unter sich

Insofern ist es auch nicht erstaunlich, dass Lifestyle-Linke fast immer unter sich bleiben, wenn sie auf die Straße gehen. Und zwar ganz gleich, ob sie für das Klima, für LGBTQ+ oder gegen Rassismus demonstrieren. Es ist immer das gleiche Milieu, das sich versammelt: großstädtische Studenten und Akademiker, denen es materiell oft ganz gut geht oder die zumindest über einen familiären Background verfügen, der Sicherheit gibt.

Das gilt auch für die »Fridays for Future«-Bewegung. Während viele euphorische Pressekommentare in der Spitzenzeit der Klimaproteste eine Politisierung der jungen Generation herbeischrieben, gab die reale Reichweite eine solche Einschätzung zu keinem Zeitpunkt her. Tatsächlich haben über 80 Prozent der 18- bis 29-jährigen Jugendlichen nie an einem Schulstreik oder einer »Fridays for Future«-Demo teilgenommen. Lediglich 4,5 Prozent waren mehr als fünfmal dabei, 7,6 Prozent immerhin zweimal.[4]

Exklusives Milieu

Aber es waren nicht nur relativ wenige beteiligt, sondern die Teilnehmer kamen in ihrer Mehrheit auch aus einem ziemlich exklusiven Milieu. Immerhin knapp zwei Drittel der beteiligten Schüler und Studenten rechneten sich in Befragungen selbst der oberen Mittelschicht zu. Es war also eine »Bewegung der Bessergestellten«,[5] die sich auf die Gymnasien und Universitäten konzentrierte, an Haupt- und Realschulen, Gesamt- und Berufsschulen aber nur in Ausnahmefällen stattfand. »Akademikerkinder bleiben unter sich«,[6] beschreibt einer die Kundgebungen, der selbst dabei gewesen ist und sich vom selbstgerechten Gebaren vieler Aktivisten abgestoßen fühlte.

Wenn sich junge Leute zusammentun und für ein gesellschaftliches Anliegen engagieren, ist das natürlich trotzdem eine gute Sache, unabhängig davon, ob es sich dabei vorwiegend um Söhne und Töchter aus besserem Hause handelt, und auch wenn der weniger begünstigte Teil der Generation nicht mitzieht. Und es ist das Privileg derer, die noch relativ am Anfang ihres Lebens stehen, die eigene Weltsicht für den Inbegriff *der* Wahrheit und *der* Wissenschaft und alle Andersdenkenden für Dummköpfe zu halten. Den Jugendlichen sollte man das nicht zum Vorwurf machen, erwachsenen Journalisten, die in ihren zahllosen begeisterten Artikeln über die Klimabewegung diese Selbstüberhöhung kritiklos übernommen haben, indessen schon.

Mangel an Mitgefühl

Was das Ansehen der Klimaproteste nachhaltig beschädigt haben dürfte, war sicherlich die demonstrative Gleichgültigkeit ihrer Wortführer gegenüber den Anliegen von Menschen, für die die Angst vor dem Verlust ihrer sozialen Existenz die Angst vor einer Veränderung des Weltklimas schon deshalb überlagert, weil sie – anders als viele »Fridays for Future«-Demonstranten – mit dieser Angst täglich leben. Menschen, die auf die These, dass der *kleinliche* Kampf um Arbeitsplätze und einen gewissen Lebensstandard zurückstehen muss, wenn es um die Zukunft des Planeten geht, mit anderen Augen blicken, eben weil es sich um *ihre* Arbeitsplätze und *ihren* Lebensstandard handelt. Die Kälte und der Mangel an Mitgefühl, mit denen viele Aktivisten solche Ängste abgebügelt haben, verriet dann eben doch einiges über ihre soziale Herkunft und dürfte die Bewegung für junge Leute, die sich nicht nur um die Zukunft der Welt, sondern auch um die eigene sorgen müssen, nicht attraktiver gemacht haben.

Ziemlich gnadenlos attackierte man auch die ältere Generation, die ob ihres Lebensstils als Hauptverursacher des Klimawandels ausgemacht wurde. Das Feindbild der »Boomer« – der Begriff steht für die Mitte der fünfziger bis Ende der sechziger Jahre Geborenen – wurde in der Bewegung sorgfältig gepflegt, und zwar ganz unabhängig davon, ob es sich um die Erben großer Betriebsvermögen mit Jacht und Privatjet oder um Menschen handelt, die nach einem harten Arbeitsleben einer bescheidenen Rente entgegensehen. In einem Tweet beschwerte sich die Klimabewegung, dass die Senioren in gesellschaftlichen Fragen überhaupt noch mitreden, immerhin müssten sie sich eh bald ins Grab verabschieden.[7] Solche herzerwärmenden Botschaften haben dem Anliegen der Klimaproteste sicher nicht zu größerer Popularität verholfen.

Natürlich gilt auch für »Fridays for Future«: Ja, es gibt auch Mitstreiter und ganze Gruppen, die anders ticken. Es gibt Klimabewegte, die sich zugleich für soziale Anliegen eingesetzt und etwa die Busfahrer im Kampf um höhere Löhne unterstützt haben. Aber typisch sind solche Aktionen für die Bewegung leider nicht. Und Busfahrer-Azubis dürften auf ihren Kundgebungen auch nur selten gesehen worden sein.

34 DIE SELBSTGERECHTEN

Unteilbar gut gelaunt

Aber nicht nur bei den Klimademos bleibt der Lifestyle-Linke weitgehend unter seinesgleichen. Ob man für *Solidarität statt Heimat* auf die Straße geht, für eine Seebrücke übers Mittelmeer oder für eine *offene Gesellschaft*, in der alles *unteilbar* ist, es ist immer das gleiche Milieu, das sich trifft: Die Teilnehmer kommen überwiegend aus Groß- oder Unistädten, sie haben meist akademische Abschlüsse oder arbeiten gerade daran, und das Durchschnittseinkommen der Versammelten liegt zuverlässig oberhalb des Durchschnitts der Bevölkerung, auch wenn das natürlich nicht heißt, dass jeder auf dem Platz wohlhabend ist.

Die relativ gute soziale Stellung der Teilnehmer prägt auch das Bild dieser Demonstrationen, bei denen man in der Regel großen Wert darauf legt, dass es *fröhlich*, *bunt* und *gut gelaunt* zugeht, dass die Transparente nicht nur anklagend, sondern auch witzig sind, dass nicht nur demonstriert, sondern auch *gefeiert* wird. Und man ist stolz darauf, sich dadurch von anderen Veranstaltungen zu unterscheiden, an denen eher Leute teilnehmen, denen man ansieht, dass sie nicht auf der Sonnenseite des Lebens stehen, die mürrisch, zornig oder einfach traurig dreinschauen, sich auch nicht perfekt auszudrücken wissen, nicht gut angezogen und zuweilen *adipös* sind, wie in der linksliberalen Presse dann gern mit herabsetzendem Unterton vermerkt wird. Diese Menschen kommen zu den Kundgebungen der Lifestyle-Linken schon lange nicht mehr.

Verteidigung des Status quo

Die *Welt*, die der großen Berliner »unteilbar«-Demo von 2018 einen begeisterten Kommentar widmete, gibt die Stimmung gut wieder: »Nicht zornig, sondern heiter war die Menge. Nicht wirklich für die Veränderung des Status quo, sondern für dessen Verteidigung gegen Rechtspopulisten. Darüber darf man sich freuen. … Denn es war die nivellierte Mittelschicht, die sich unter Berlins Himmel ein Stelldichein gab, mit ihrem Nachwuchs und ihren spezifisch berlinisch-plebejischen Rändern. Wer auffällig fehlte, waren die, um die es gehen sollte: Flüchtlinge, Migranten, Muslime, die angeblich Ausgegrenzten. … Jeder U-Bahn-Waggon in Berlin ist bunter als dieser Zug, der ›das bunte Deutschland‹ zelebrierte. Die Arbeiterklasse, so es sie noch gibt, fehlte ohnehin so wie das Prekariat.«[8]

Dass die abstiegsgefährdete untere Mitte und die Ärmeren – auch die meisten Einwanderer und deren Kinder und Enkel gehören zu dieser Gruppe – auf solchen Veranstaltungen selten gesehen werden, hat natürlich damit zu tun, dass die Probleme ihres harten und oft brutalen Alltags hier keine Rolle spielen. Dass sie wütend, Lifestyle-Linke dagegen meist gar nicht so unzufrieden sind. Zumal, wie die *Welt* korrekt wahrnimmt, die linksliberale Rhetorik oft sogar in eine Verteidigungshaltung kippt: Da ist das Bestehende plötzlich eine gute Sache, und wir müssen nur darum kämpfen, dass die Unholde von rechts es nicht kaputt machen. Statt die Frage zu stellen, ob die Gesellschaft, in der wir leben, als *offene Gesellschaft* und *Demokratie* wirklich richtig beschrieben wird, versammelt man sich hinter der Botschaft: Wir müssen *unsere* offene Gesellschaft und *unsere* Demokratie gegen die Rechten verteidigen. Menschen, die die »offene Gesellschaft« eher als *closed shop* erleben, der ihnen trotz eigener Anstrengung Aufstieg und Wohlstand verwehrt, und die von der Demokratie abgrundtief enttäuscht sind, weil ihre Interessen ständig ignoriert werden, dürften sich von solchen Botschaften nicht angesprochen fühlen.

Die Gelbwesten

Der Kontrast wird besonders deutlich, wenn man die Kundgebungen der Lifestyle-Linken mit denen der im Herbst 2019 anschwellenden und bis weit in das Jahr 2020 anhaltenden Gelbwestenbewegung in Frankreich vergleicht. Auch an den Gelbwesten-Protesten beteiligten sich Studenten und Akademiker, aber sie dominierten die Bewegung nicht. Die führenden Köpfe der Anfangszeit waren ein LKW-Fahrer und eine alleinerziehende Krankenschwester aus einer Kleinstadt. Das mittlere Einkommen der Demonstranten lag deutlich *unter* dem französischen Schnitt. Die Teilnehmer waren in der Regel nicht zum Feiern aufgelegt und sie hatten auch wenig Grund dazu.

Anders als bei den Demos der Lifestyle-Linken stand bei den Gelbwesten ein soziales Anliegen im Vordergrund, nämlich anfangs die Rücknahme der von Macron verfügten Benzinpreiserhöhung und dann eine generelle Verbesserung der Lebensbedingungen vor allem für die untere Mittelschicht und Geringverdiener, die auch in Frankreich seit Jahren auf der Verliererseite der politischen und gesellschaftlichen Entwicklung stehen. Ihrem eigenen Selbstverständnis nach waren die Gelbwesten weder rechts noch links,

Letzteres wohl vor allem deshalb nicht, weil sie mit dem Label *links* eben die Lifestyle-Linken verbanden. Da die Gelbwesten die Vorgaben des linksliberalen Weltbildes beherzt ignorierten, wurden sie insbesondere von deutschen Lifestyle-Linken sofort rechtsradikaler Sympathien verdächtigt: »In Deutschland wäre eine solche Verbrüderung linker und rechter Gesinnung nicht denkbar«, monierte etwa der damalige Vorsitzende einer deutschen linken Partei, dessen Name heute zu Recht vergessen ist.[9]

Auch bei den großen Anti-Corona-Demonstrationen, etwa jener im August 2020 in Berlin, sah der Vorstand derselben Partei nur »Verschwörungstheoretiker« und »Nazis« auf den Straßen, obwohl jeder, der Bilder dieser Kundgebungen unvoreingenommen betrachtet hat, die große Zahl relativ unpolitischer, aber eben unzufriedener Normalbürger kaum übersehen konnte. Ähnlich naserümpfend werden nahezu alle öffentlichen Aktionen kommentiert, bei denen die Akademikerquote unter 50 Prozent liegt und die vielleicht auch wegen dieser Arroganz von links am Ende tatsächlich häufig von Meinungsführern aus dem rechten Spektrum gekapert werden.

Das gute Gefühl

Dass die weitgehende Abwesenheit der unteren Hälfte der Bevölkerung auf den Kundgebungen der Lifestyle-Linken von dieser noch nicht einmal als Mangel wahrgenommen wird, deutet darauf hin, dass zumindest für einige das Engagement gar nicht mehr dem Ziel dient, ihre Anliegen auch gesellschaftlich umzusetzen. Statt um Veränderung geht es vor allem um Selbstbestätigung, auch die Demo-Teilnahme wird so zu einem Akt der *Selbstverwirklichung*: Man fühlt sich einfach *gut* dabei, wenn man mit Gleichgesinnten für *das Gute* auf die Straße geht.

Oft sind die Forderungen, für die man zu streiten vorgibt, ohnehin so überzogen, dass sie nicht den Hauch einer Realisierungschance haben. Nahezu jedem dürfte klar sein, dass ein wohlhabendes, bereits relativ dicht besiedeltes Land, in das jeder, der möchte, einwandern kann, sich in kürzester Zeit in einen Ort verwandeln würde, an dem keiner mehr gern leben möchte. Aber das ändert natürlich nichts daran, dass man sich enorm *gut* dabei fühlen kann, *offene Grenzen und Bleiberecht für alle* zu fordern.

Auch ist Solidarität selbstverständlich nicht *unteilbar*, jede reale Solidargemeinschaft beruht auf Bindungen, und je enger sie sind, desto größer ist die Solidarität. Es spricht für den Anstand des Menschen, dass Spendenaufrufe, vor allem nach Katastrophen, eine so große Resonanz finden, auch wenn die Empfänger in fernen Ländern leben. Aber niemand würde für solche Zwecke ähnlich viel Geld bereitstellen wie für die Zukunft der eigenen Kinder. Dass die Unteilbar-Freunde selbst nie auf die Idee kommen würden, die *unteilbare* Solidarität, die sie einfordern, auch selbst zu praktizieren und etwa ihr gesamtes Einkommen oberhalb des Existenzminimums an die Welthungerhilfe zu überweisen oder in ihre in der Regel großzügige Altbauwohnung eine Flüchtlingsfamilie einzuquartieren, soll ihnen daher auch nicht zum Vorwurf gemacht werden. Eher schon, dass sie es noch nicht einmal als Widerspruch empfanden, für ihr Anliegen gemeinsam mit Politikern zu demonstrieren, die unter *unteilbarer* Solidarität offenbar auch globale Waffenlieferungen und die Teilnahme an Interventionskriegen verstehen.

Haltung statt Handeln

In jedem Fall wirft die Selbstgerechtigkeit, mit der man uneinlösbare Forderungen formuliert und jeden moralisch ächtet, der sie zu kritisieren wagt, ein Licht auf einen weiteren typischen Zug des Lifestyle-Linken: eine moralisch unantastbare Haltung zu zeigen ist für ihn wichtiger, als seine Anliegen auch umzusetzen. Die richtige Gesinnung wiegt schwerer, als das Richtige zu tun.[10] Von einem linksliberalen Politiker wird in den eigenen Reihen tatsächlich in erster Linie erwartet, dass er sich zu jedem Thema auf eine Weise äußern kann, die den linksliberalen Vorgaben entspricht. In diesem Punkt darf er sich keine Abweichung und keinen Eigensinn leisten, sonst wird es eng. Ob die Politik, die er im realen Leben macht, der hohen Moral gerecht wird oder eher die Armut fördert, ist im Vergleich dazu zweitrangig.

Als die damalige SPD-Vorsitzende Andrea Nahles im Jahr 2018 anzumerken wagte, dass Deutschland nicht alle Zuwanderer aufnehmen könne, erntete sie einen Sturm der Entrüstung und wurde öffentlich beinahe hingerichtet. Dass Nahles gleichzeitig Ministerin in einer Regierung war, unter der mit Ausnahme der Phase 2015/2016 keineswegs jeder, der wollte, einfach einwandern konnte, sondern Asylanträge immer auch abgelehnt und Migranten abgeschoben wurden, regte dagegen kaum jemanden auf. Sagen durfte man das nicht, tun schon – vielleicht, weil auch Lifestyle-Linke insgeheim wissen, dass alles andere ins Chaos führen würde.

Missglückter Karnevalsscherz

Auch der einstigen CDU-Vorsitzenden Kramp-Karrenbauer wurde nichts mehr verübelt als ein misslungener Karnevalsscherz über Unisex-Toiletten. Dass sie als Verteidigungsministerin die Rüstungsausgaben kräftig erhöht hat, dass sie amerikanische Atomwaffen unbedingt in Deutschland behalten wollte und für deren Transport im Kriegsfall neue teure Bomber bestellte, geschenkt. Erst seit jener verhängnisvollen Fastnachtsrede war sie bei den linksliberalen Medien – also nahezu allen – unten durch.

Die frühere Vorsitzende der deutschen Linkspartei beschrieb das Politikverständnis des Lifestyle-Linken einmal offenherzig mit den Worten, es ginge bei politischen Forderungen vor allem »um eine Haltungsfrage und nicht um eine unmittelbare Umsetzungsperspektive«.[11] Weshalb die Menschen Politiker wählen sollen, die sich zwar durch mehr oder minder edle Haltungen hervortun, aber durchblicken lassen, dass sie die reale Umsetzung der von ihnen aufgestellten Forderungen für eine nachrangige Frage halten, ist schwer zu sagen.

Die große Rolle, die Fragen der Symbolik und der Sprache im Politikverständnis des Lifestyle-Linken spielen, hängt sicher auch damit zusammen, dass sich hier ein riesiges Betätigungsfeld eröffnet, auf dem man ungestört Veränderungen durchsetzen kann, ohne jemals mit einer einflussreichen wirtschaftlichen Interessengruppe in Konflikt zu geraten oder die öffentlichen Kassen relevant zu belasten. Den Mindestlohn zu erhöhen oder eine Vermögensteuer für die oberen Zehntausend einzuführen ruft natürlich ungleich mehr Widerstand hervor, als die Behördensprache zu verändern, über Migration als Bereicherung zu reden oder einen weiteren Lehrstuhl für Gendertheorie einzurichten.

Die Wähler ergreifen die Flucht

Dass ein solches Politikangebot für all jene Menschen wenig attraktiv ist, die einst linke Parteien wählten, weil sie sich von ihnen eine Verbesserung ihrer oft schweren Lebensumstände, mehr Sicherheit und Schutz versprachen, ist nicht überraschend. Tatsächlich bleiben Industriearbeiter, Niedriglohnbeschäftigte, ärmere Selbstständige und Arbeitslose nicht nur den Kundgebungen der Lifestyle-Linken fern. Sie haben sich auch als Mitglieder und Wähler der entsprechenden Parteien mehr und mehr verabschiedet. Letztlich liegt darin der Hauptgrund für das Siechtum der Sozialdemokratie in fast ganz Europa, deren Kernwählerschaft früher aus diesen Schichten kam.

Akademikerparteien

Heute sind die meisten linken Parteien Akademikerparteien, die genau von jenem großstädtischen, gut ausgebildeten und sozial eher abgesicherten Milieu gewählt werden, das sich auch auf den Kundgebungen der Lifestyle-Linken versammelt. In Pikettys hochspannendem 1 500-Seiten-Werk *Kapital und Ideologie*, dessen Resonanz im linksliberalen Mainstream bemerkenswert kühl ausfiel, findet sich eine detaillierte Untersuchung der Veränderungen in der Wählerschaft sozialdemokratischer, sozialistischer und anderer linker Parteien.

Piketty hat dafür Daten zum Wahlverhalten aus den USA und Kanada, Neuseeland und Australien sowie den europäischen Staaten Großbritannien, Schweden, Frankreich, Deutschland, Norwegen, Italien, Niederlande, Schweiz und Polen ausgewertet und in all diesen scheinbar so unterschiedlichen Ländern eine verblüffend ähnliche Entwicklung festgestellt. Seine Analyse wirft ein grelles und insgesamt wenig vorteilhaftes Licht auf die Frage, wer sich von der Lifestyle-Linken in ihren verschiedenen Facetten vertreten fühlt – und wer nicht.

Laut Piketty gibt es zwei große Gruppen, die in den 1950er und 1960er Jahren linke Parteien im weitesten Sinne wählten und 1990–2020 nicht mehr. Das sind zum einen die Industriearbeiter und zum anderen einfache Angestellte im Dienstleistungsbereich, bei denen es sich seit den Neunzigern natürlich vielfach auch um ehemalige Industriearbeiter oder deren Kinder handelt. Ob die SPD, Old Labour, die französischen Sozialisten oder die Demokraten in den Vereinigten Staaten: es waren vor allem Menschen in den unteren Lohngruppen und mit geringerer Bildung, die die *traditionelle Linke* ansprechen und erreichen konnte und die sich von ihr vertreten fühlten. Je höher jemand in der Einkommens- und Bildungshierarchie stand, desto geringer war in den fünfziger bis siebziger Jahren die Wahrscheinlichkeit, dass er sich als *Linker* sah und bereit war, einer linken Partei seine Stimme zu geben.

Bessergebildete und Besserverdiener

Schon in den achtziger Jahren begann sich das zu verändern, wobei das Tempo der Veränderung von Land zu Land unterschiedlich war. Heute hat sich das Bildungsgefälle zwischen den Wählern der linken und der Mitte-rechts-Parteien überall umgekehrt. Auch das Einkommensgefälle zwischen der Wählerschaft beider Lager ist sehr viel kleiner geworden und in einigen Ländern ebenfalls bereits gekippt. Heute sind es die Bessergebildeten und in zunehmendem Maße auch die Besserverdienenden, die links wählen, während die untere Hälfte der Bevölkerung den Wahlen entweder fernbleibt oder für Parteien aus dem konservativen und rechten Spektrum stimmt.

Am weitesten haben es die Demokraten in den USA gebracht, die 2016 mit der Wall-Street-Kandidatin Hillary Clinton erstmals in ihrer Geschichte unter den einkommensstärksten 10 Prozent der Wähler ein besseres Ergebnis einfuhren als die Republikaner. Auch New Labour erreichte mit Tony Blair mehr Zustimmung unter den Einkommensstärksten als Labour je bei einer Wahl zuvor, während die Arbeiter in den einstigen Industrieregionen der Partei in Scharen davonliefen. In Deutschland haben die Grünen mittlerweile die FDP als Partei der Besserverdiener abgelöst. Bei vielen Wahlen ist das Durchschnittseinkommen der grünen Wählerschaft heute höher als das der Wähler irgendeiner anderen Partei.

Die verbliebenen Anhänger der SPD sind nicht ganz so wohlhabend wie die der Grünen, sondern eher Lehrer, Beamte und Angestellte im öffentlichen Dienst, oder sie arbeiten in Gesundheits- und Kulturberufen. Wer allerdings wirklich schlecht verdient und kein Abitur hat, ist kaum noch dabei. Ähnlich sieht es bei der deutschen Linkspartei aus, die in ihrer relativ jungen Geschichte bewiesen hat, dass die Wählerschaft sich mit dem Politikangebot und der Ansprache sogar in kurzer Zeit grundlegend verändern kann. Denn unmittelbar nach ihrer Gründung 2007, als Die Linke auf Bundesebene noch einem traditionellen Verständnis linker Politik folgte, erreichte sie viele Menschen, die nie in den Genuss einer höheren Bildung gekommen waren, die in niedrig bezahlen Jobs arbeiteten oder gar keine Arbeit finden konnten. In besonderer Weise galt das für die Bundestagswahlen 2009.

Deutlich schlechtere Ergebnisse

Die Wählerschaft veränderte sich, als die Parteiführung auf die Themen und den Gestus der Lifestyle-Linken zu setzen begann. Heute ist auch die Linkspartei überwiegend eine Akademikerpartei und wird von ähnlichen Bevölkerungsgruppen gewählt wie SPD und Grüne. Da den Millionen vergraulten Wählern aus den unterprivilegierten Schichten allerdings kein annähernd ähnlicher Zuwachs unter den Bessergestellten gegenübersteht, erzielen SPD und Linke heute deutlich schlechtere Ergebnisse als früher, wobei der Absturz der SPD aufgrund des höheren Ausgangslevels natürlich viel dramatischer ist.

Großbritannien ist ein interessantes Beispiel dafür, dass sich Wählerabwanderungen zumindest teilweise rückgängig machen lassen, sobald eine Partei wieder stärker auf das Konzept der *traditionellen Linken* setzt, wie es der damalige Labour-Chef Corbyn 2017 versucht hat. Zwar waren die Labour-Wähler 2017 immer noch zu großen Teilen Akademiker, aber es war zumindest besser als bei den vorangegangenen Wahlen gelungen, auch Menschen aus den niedrigeren Einkommensgruppen anzusprechen. Insgesamt lag das mittlere Einkommen der Labour-Wähler von 2017 deutlich unter dem bei vorangegangenen Wahlen und das Wahlergebnis fiel um einiges höher aus. 2019, als Corbyn durch seine innerparteilichen Gegner zermürbt und durch Presseattacken angeschlagen war und sich nur noch begrenzt durchsetzen konnte, änderte sich das wieder. Während viele der traditionellen Sitze in den ärmsten Regionen Englands, aber auch in Wales nun wieder verloren wurden, konnte Labour die Wahlkreise in London, in denen das Einkommensniveau weit über dem nationalen Schnitt liegt, überwiegend halten und sogar Zugewinne erzielen.

Wirtschaftsliberale Brutalos

Zum wahlpolitischen Siechtum der Lifestyle-Linken hat sicher beigetragen, dass ihr erster großer Auftritt als Regierungspolitiker für viele ihrer ehemaligen Wähler ausgesprochen schlecht ausging. Denn als Lifestyle-Linke in den meisten sozialdemokratischen Parteien die Oberhand gewannen, also in der Zeit der Clintons, Blairs und Schröders, und ihre Parteien in vielen Ländern an die Macht kamen, startete die zweite große Welle wirtschaftsliberaler Reformen nach Thatcher und Reagan.

Moralischer Edelmut verband sich damals mit einer Entfesselung von Renditemacherei und Finanzmärkten, die die soziale Ungleichheit massiv erhöhte und schon allein damit allen Ansprüchen traditioneller linker Politik ins Gesicht schlug. Universalistische Menschheitsliebe und die Kürzung von Renten oder die Legalisierung unsicherer, mies bezahlter Arbeitsverhältnisse vertrugen sich bestens. Die hypersensible Rücksichtnahme in Sprachfragen und die äußerste Feinfühligkeit bei der Benennung von Personengruppen gingen Hand in Hand mit Veränderungen, die vielfach just die Personengruppen besonders hart trafen, um die man sich im Rahmen von *Diversity* und sprachlichen Benimmregeln so rührend zu kümmern vorgab.

Sozialabbau und Niedriglöhne

Als etwa der demokratische US-Präsident Bill Clinton den Sozialhilfebezug auf lebenslang fünf Jahre begrenzte, waren unter den Leidtragenden besonders viele Schwarze, eben weil sie in ihrer großen Mehrheit zum ärmeren Teil der amerikanischen Bevölkerung gehören. Viele von ihnen bekommen seither in Zeiten der Arbeitslosigkeit keinerlei staatliche Unterstützung mehr und sind auf Lebensmittelmarken angewiesen. Als Einwandererfamilien sich unter der SPD-Grünen-Regierung in *Bürger mit Migrationshintergrund* verwandelten und Legionen von Antidiskriminierungs-Beauftragten ihre Arbeit aufnahmen, wurden die Einkommen in vielen dieser Familien durch die von Rot-Grün legalisierten Bullshit-Jobs und Hartz IV erheblich schmaler.

Aber auch der wenig begünstigte Teil der einheimischen Bevölkerung hatte hinreichend Gelegenheit, den Widerspruch zwischen sprachpolitischer Sensibilität und wirtschaftspolitischer Brutalität am eigenen Leib zu erfahren. Als die *Raumpflegerin* in der Alltagssprache noch Putzfrau hieß, war sie meist noch bei der Stadt angestellt und hatte einen sicheren Arbeitsplatz mit auskömmlichem Gehalt. Weder die Gendertheorie noch die vielen Gleichstellungsbeauftragten haben verhindert, dass es vor allem Frauen waren, die in den neuen Niedriglohnsektor abgedrängt wurden, auf dessen Schaffung Ex-Kanzler Gerhard Schröder bis heute stolz ist und gegen den auch die Grünen nie Einwände erhoben.

Progressiver Neoliberalismus

Die geschilderte Kombination von Linksliberalismus und Wirtschaftsliberalismus ergibt ein Politikmodell, für das die amerikanische Philosophin Nancy Fraser den Begriff *progressiver Neoliberalismus* geprägt hat. Dabei steht *Neoliberalismus* für das Einreißen sozialer Schutzzäune und die Abschaffung wirtschaftspolitischer Regeln, die zuvor dem Streben nach Maximalrenditen Grenzen gesetzt hatten. Das Adjektiv *progressiv* dagegen bezeichnet Fortschritte bei der rechtlichen Gleichstellung von Minderheiten sowie Maßnahmen zur politischen Liberalisierung der Gesellschaft.

Der Begriff *progressiver Neoliberalismus* wurde leider von vielen Linken dahingehend missverstanden, den *progressiven* Part dem Linksliberalismus als solchem, also dem politisch-kulturellen Weltbild der *Lifestyle-Linken*, zuzuschreiben. Diese Lesart der Sachlage lief darauf hinaus, dass sich der gute progressive Linksliberalismus zu Beginn des 21. Jahrhunderts mit einem üblen Wirtschaftsliberalismus verbündet habe, mit dem er eigentlich gar nichts zu tun hat. Die neoliberale Wirtschafts- und Sozialpolitik, und nur sie, wurde dann dafür verantwortlich gemacht, dass die sozialdemokratischen Parteien ihr Ansehen und ihre Wähler verloren hatten.

Aus dieser Sicht folgt die Forderung, das diskreditierende Bündnis aufzulösen und den Rucksack des Wirtschaftsliberalismus abzuschütteln, eine Forderung, die in den letzten Jahren innerhalb der Sozialdemokratie immer mehr Unterstützer gewonnen hat. Sobald der Linksliberalismus mit einem Wirtschafts- und Sozialprogramm verbunden werde, das sich wieder stärker am sozialen Ausgleich orientierte, könne der gute Ruf linker Parteien wiederhergestellt und ihr Politikangebot wieder mehrheitsfähig gemacht werden, so die Hoffnung.

Linksliberalismus ohne Wirtschaftsliberalismus?

Es geht also bei diesem Vorschlag ausdrücklich nicht um eine Rückkehr zur Politik der *traditionellen Linken*, sondern um das Festhalten am politisch-kulturellen Weltbild der *Lifestyle-Linken* und um den Abschied lediglich vom wirtschaftsliberalen Programm, etwa von Privatisierungen, Sozialkürzungen oder Steuersenkungen für Reiche. In Deutschland vertreten ein solches Konzept viele führende Politiker der Linkspartei, aber etwa auch die SPD-Vorsitzende Saskia Esken. In Frankreich hatten sich die Sozialisten unter ihrem kurzzeitigen Chef Benoît Hamon im Präsidentschaftswahlkampf 2017 für einen solchen Kurs entschieden.

In den meisten sozialdemokratischen Parteien stehen heute der linke Flügel und die Jugendorganisationen für diesen Ansatz, aber auch führende Funktionäre bewegen sich zunehmend in diese Richtung. Letzteres ist natürlich auch ein Zeichen dafür, dass die Entfesselung von Finanzmärkten und Ökonomie und der dadurch verursachte Zerfall des sozialen Zusammenhalts in vielen westlichen Ländern inzwischen ein Ausmaß erreicht haben, angesichts dessen zumindest partielle Korrekturen unerlässlich sind.

Bezos schwört ab

In welchem Grade sich die öffentliche Stimmung mittlerweile gedreht hat, erkennt man daran, dass rhetorische Kapitalismuskritik inzwischen sogar beim jährlichen Stelldichein der Wirtschaftseliten im winterlichen Davos en vogue ist. Der langjährige Chef des Weltwirtschaftsforums, Klaus Schwab, hatte sich höchstpersönlich mit der Aussage zitieren lassen, »dass das kapitalistische System in seiner jetzigen Form nicht mehr in die heutige Welt passt«.[12] Im Herbst 2020 präzisierte er: »Der Neoliberalismus ... hat ausgedient.«[13] 2019 unterzeichneten fast 200 US-Topmanager, darunter Amazon-Milliardär Jeff Bezos und Larry Fink vom Vermögensverwalter BlackRock, einen Appell, in dem sie auf rührende Weise dem Shareholder Value abschworen. Fortan wollten sie angeblich Mitarbeitern, Kunden und Bürgern genauso dienen wie ihren Aktionären.

Selbstverständlich zahlen die Unternehmen seither keinen Cent mehr Steuern, und auch von spürbaren Gehaltserhöhungen für ihre Mitarbeiter wurde nichts bekannt. Nur ein Jahr zuvor hatte übrigens der Stadtrat von

Seattle, dem Firmensitz von Amazon und Microsoft, eine moderate Zusatzabgabe für sehr große Unternehmen beschlossen, um die in der Stadt grassierende Obdachlosigkeit zu bekämpfen. Dieser *Bedrohung* hatten sich die betroffenen Großunternehmen mit einer 300 000 Dollar teuren Negativkampagne entgegengestellt und Amazon hatte sogar die Verlagerung seiner Zentrale angekündigt, sollte die geplante Abgabe nicht zurückgenommen werden. Am Ende musste Seattle einknicken und die Extrasteuer war gestorben. So viel zur Frage des Abschieds vom Shareholder Value.

Appelle wie der genannte stehen also nicht für eine veränderte Unternehmenspolitik, bemerkenswert sind sie lediglich als Zugeständnis an die veränderte öffentliche Meinung, bei der die ruppigen Botschaften des Neoliberalismus mittlerweile nicht mehr ankommen. Das hat natürlich auch Auswirkungen auf die Positionen der Parteien. Ähnlich wie bei den Unternehmenschefs hat sich allerdings auch bei vielen Sozialdemokraten, soweit sie an Regierungen beteiligt sind, bisher vor allem die wirtschafts- und sozialpolitische *Rhetorik* verändert und nur in geringem Maße die reale Politik.

Erfolge bleiben aus

Es ist zweifellos richtig, dass Sozialabbau und Privatisierungen, die für viele Menschen sozialen Abstieg oder mindestens zunehmende Unsicherheit und Zukunftsängste nach sich zogen, die Lifestyle-Linken in Misskredit gebracht haben. Wirtschaftsliberale wie Schröder oder Blair haben sich im Umgang mit Konzernvorständen und Unternehmerverbänden von ihren konservativen Kollegen in der Regel nur durch ihre noch größere Unterwürfigkeit unterschieden. Im Vergleich dazu wirken die Köpfe des *nicht-wirtschaftsliberalen Linksliberalismus* oft erfrischend unangepasst und geradezu kämpferisch.

Dessen ungeachtet sind die wahlpolitischen Erfolge dieses Programms bislang ähnlich bescheiden wie die des *progressiven Neoliberalismus*. Genauer gesagt: Es gibt keine. Just mit dem Parteilinken Hamon haben die französischen Sozialisten ein vernichtendes Wahlergebnis von 6 Prozent eingefahren. Dabei war Hamon mit einem klassisch linksliberalen, aber durchaus nicht wirtschaftsliberalen Programm angetreten: für höhere Reichensteuern und ein bedingungsloses Grundeinkommen, für mehr Zuwanderung und eine vertiefte europäische Integration sowie dafür, dass islamische Frauen auch in öffentlichen Funktionen Kopftuch tragen können.

Auch die seit Ende 2019 amtierenden neuen SPD-Vorsitzenden, denen man Sympathien für Sozialabbau und andere wirtschaftsliberale Untaten nicht unterstellen kann und von denen insbesondere Frau Esken immer wieder typisch linksliberale Vorschläge und Anmerkungen in die öffentliche Debatte bringt (mehr Zuwanderung, CO_2-Steuern, »Covidioten«), haben ihrer Partei noch nicht mal einen Miniaufschwung gebracht. Das mag auch an der andauernden Großen Koalition liegen, gewiss, aber vielleicht nicht nur. Immerhin hat auch die deutsche Linkspartei – ganz ohne Mitschuld für Rentenkürzungen und Hartz IV – nach der Übernahme der Parteispitze durch Lifestyle-Linke ihre Wähler aus der unteren Mitte und unter den Ärmeren mehr und mehr verloren und schneidet bei Wahlen häufig bescheiden ab – trotz des gleichzeitigen Niedergangs der SPD.

Zwangsehe oder Liebesheirat?

Die Annahme, dass es sich beim *nicht-wirtschaftsliberalen Linksliberalismus* um ein Erfolgsrezept handelt, das linke Parteien wieder mehrheitsfähig und unsere Gesellschaften wieder sozialer machen kann, wird bisher also nicht durch Erfahrungen gestützt. Dafür könnte es Gründe geben. Es stellt sich nämlich die Frage, ob der Bund von Linksliberalismus und Wirtschaftsliberalismus wirklich, wie behauptet, eine Zwangsehe ungleicher Partner oder vielleicht doch eine Liebesheirat war. Es könnte immerhin sein, dass es zwischen Wirtschafts- und Linksliberalismus weit mehr Übereinstimmungen gibt, als die Lifestyle-Linken einräumen mögen. Wäre dem so, müssten wir davon ausgehen, dass es die Grundpfeiler der linksliberalen Erzählung selbst sind, die der Rückkehr zu einer sozial und wirtschaftlich verantwortungsvollen Politik entgegenstehen. Und dass die ausbleibenden Wahlerfolge vielleicht auch damit zu tun haben, dass die Menschen das spüren. Wir werden im Kapitel über den *Linksilliberalismus* ausführlich auf diese Fragen eingehen.

Interessant ist in jedem Fall, dass, wo immer es in den letzten Jahren echte sozialdemokratische oder linke Wahlerfolge in Europa gab, sie nahezu ausnahmslos von Parteien eingefahren wurden, die die linksliberalen Vorgaben in wichtigen Punkten missachteten. Meist betraf das die Frage der Zuwanderung und des Nationalstaats, aber es galt auch für die generelle Ansprache und die Gewichtung der Themen.

Die Außenseiter gewinnen

Labour unter Corbyn etwa präsentierte 2017 nicht nur ein mutiges Sozialstaatsprogramm – das taten sie auch 2019 –, sondern vertrat zum Brexit eine wesentlich aufgeschlossenere Position als zwei Jahre später. Die dänischen Sozialisten erzielten nach Jahren des Siechtums ihren ersten Wahlsieg 2019 unter ihrer Chefin Frederiksen mit einer Botschaft, die knapp zusammengefasst »Mehr Sozialstaat, weniger Einwanderung« lautete. In der linksliberalen Presse wurde ihnen dafür ein »gefährlicher Rechtsschwenk« vorgeworfen. Der französische Linkspolitiker Jean-Luc Mélenchon, der 2017 bei den Präsidentschaftswahlen rund 20 Prozent der Stimmen holte und damit die Stichwahl nur knapp verfehlte, gilt unter Lifestyle-Linken seit Jahren als »linksnational«. Die italienische Fünf-Sterne-Bewegung hat zwar durch ihre unrühmliche Rolle in der italienischen Regierung ihr Ansehen und ihren Rückhalt weitgehend zerstört, aber sie erreichte zuvor Zustimmungswerte, vor allem unter Arbeitslosen und Geringverdienern, von denen die meisten linken Parteien nur träumen können. Auch bei ihr verbanden sich starke soziale Umverteilungsforderungen mit einem politisch-kulturellen Forderungskatalog, der bei Linksliberalen das kalte Grausen auslöst.

Es waren also die *Außenseiter*, politische Kräfte, die sich vom Weltbild der Lifestyle-Linken zumindest in wichtigen Punkten verabschiedet haben, die beim Wähler punkten konnten, während auch der *nicht-wirtschaftsliberale Linksliberalismus* den Beweis, dass er größere Teile der Bevölkerung, insbesondere die untere Mittelschicht und die Ärmeren gewinnen kann, bis heute schuldig geblieben ist.

Nächste Kapitel

Bevor wir uns genauer ansehen, woran das liegen könnte, wenden wir uns zunächst der Frage zu, welche Rolle große Erzählungen für eine Gesellschaft spielen und wie sie unsere Wahrnehmung der Realität und unsere Wertvorstellungen prägen. Wir werden uns dann mit den wichtigsten Erfahrungen der Arbeiterbewegung, ihrem Triumph und den Gründen ihres Abstiegs beschäftigen und mit den technologischen und politökonomischen Entwicklungen, die zum Entstehen einer neuen sozialen Schicht, der neuen akademischen Mittelklasse, geführt haben.

Wenn sich Parteien und Bewegungen verändern, wenn sich ihre Erzählungen wandeln, dann liegen die Gründe dafür nahezu immer in Veränderungen des sozialen Milieus, von dem sie getragen werden. Auch die Wandlung von der traditionellen Linken zur Lifestyle-Linken hat solche Ursachen. Sie ist ein Ergebnis des Aufstiegs der neuen akademischen Dienstleistungsberufe und der mit ihnen und aus ihnen entstandenen neuen sozialen Schicht großstädtischer, überwiegend gut verdienender Hochschulabsolventen, deren Lebenswelt und deren Wertekanon sich in dem spiegelt, was heute als links gilt.

Deshalb ist es wichtig, sich genauer anzusehen, wie sich unsere Gesellschaft in den zurückliegenden Jahrzehnten verändert hat, bevor wir uns näher mit der linksliberalen Erzählung und damit beschäftigen, welche Gruppen der Bevölkerung die vom Linksliberalismus begründete und von der Lifestyle-Linken vorangetriebene Politik tatsächlich begünstigt – und wer zu den Verlierern gehört.

2. GROSSE ERZÄHLUNGEN

Wie Menschen denken und fühlen, hängt davon ab, wie sie arbeiten und leben, wie sie aufgewachsen sind und in welchem Umfeld sie sich bewegen. Seit ihren Anfängen leben Menschen in Gemeinschaften und teilen sich in Gemeinschaften die Arbeit auf, um ihr Überleben zu sichern. Sehr früh bereits entstanden dabei Hierarchien und jede Gesellschaft entwickelte eine für sie charakteristische Art, zu produzieren und die Ergebnisse zu verteilen. Dieses Produktions- und Verteilungsregime hing von den technologischen Möglichkeiten, den natürlichen Rahmenbedingungen und den gegebenen Institutionen, Verhaltensregeln und Traditionen ab. Den Einfluss der letzteren drei Faktoren darf man nicht unterschätzen.

Erfolglose Erfinder

Die wichtigste Institution für die Produktion in antiken Gesellschaften beispielsweise war die Sklaverei, die einerseits Ackerbau in großflächigen Plantagen und große Bauprojekte ermöglichte, zugleich aber keinerlei Anreize bot, Arbeitskraft durch Maschinen zu ersetzen. Die Prinzipien, auf denen die Dampfmaschine beruhte, waren seit Archimedes bekannt. Dennoch hätte im Römischen Reich niemand ein Interesse gehabt, solche Apparate zu bauen und anzuwenden. Auch der automatische Webstuhl, die *Spinning Jenny*, war bereits im 14. Jahrhundert in China erfunden worden. Aber dem damaligen Erfinder Wang Zhen brachte er kein Glück: Niemand interessierte sich für seine Idee. In diesem Fall lag das daran, dass es weder hinreichend große Märkte gab, um die Produkte zu verkaufen, noch Arbeitsmärkte im heutigen Sinn, um die Arbeiter zu rekrutieren.

Selbst die industrielle Revolution in England wäre ohne die globalen Netze wohl ausgeblieben, die sowohl die Versorgung mit billiger Baumwol-

50 DIE SELBSTGERECHTEN

le als auch den weltweiten Absatz wachsender Mengen an Baumwollprodukten sicherstellten. Die fordistische Produktion wiederum, also die Fließbandproduktion industrieller Massenbedarfsgüter in Großbetrieben, die in der zweiten Hälfte des 20. Jahrhunderts der westlichen Welt ihren Stempel aufdrückte, setzte nicht nur die entsprechenden Technologien voraus, sondern auch steigende Löhne, ohne die die Erzeugnisse unverkäuflich geblieben wären.

Der Tod der Wikinger

Wenn die Rahmenbedingungen sich verändern, kann es passieren, dass technologisches Wissen wieder vergessen wird und Gesellschaften sich ökonomisch zurückentwickeln. Das historisch bekannteste Beispiel dafür sind die Jahrhunderte nach dem Zerfall des Römischen Reichs. Aber auch in der chinesischen Geschichte gibt es nach Epochen kultureller und technologischer Blüte immer wieder Rückschläge und Verarmung. In den frühen Zivilisationen der Menschheit, etwa bei den Inkas, hatte Verfall oft mit klimatischen Veränderungen zu tun. Aber selbst in solchen Fällen waren es meist gesellschaftliche Regeln und Institutionen, die eine erfolgreiche Anpassung verhinderten. Als das Klima in Grönland im 14. Jahrhundert rauer und unwirtlicher wurde, starben die Wikinger auf der Insel aus, während die Inuit überlebten, obwohl die Wikinger die höhere Kultur und die produktiveren Ackerbaumethoden hatten.[1]

Jede Epoche hat also ihre ökonomische und gesellschaftliche Ordnung, die dem Leben der Menschen seinen Rhythmus gibt. In jeder bisherigen Ordnung wiederum gab es Gewinner und Verlierer, also soziale Gruppen, die bei der Verteilung der Güter entweder besonders gut abschneiden und weit mehr bekommen, als ihrer persönlichen Leistung entspricht, und solche, die weniger erhalten, weil sie einen beachtlichen Teil ihrer Zeit für die Gewinner arbeiten müssen. Jede Ordnung braucht daher große Erzählungen, die die gerade praktizierte Verteilung rechtfertigen, indem sie sie als gottgegeben, als beste aller möglichen Welten oder als *alternativlos* schildern. Das funktioniert in der Regel so lange, bis eine bislang benachteiligte Gruppe ausreichend Kraft gewinnt, der herrschenden Erzählung ihre eigene Erzählung entgegenzustellen, eine, die *ihrer* Lebenslage und *ihren* Interessen entspricht und sie dazu ermutigt, die Verhältnisse in ihrem Sinne zu verändern. Es gibt aber, wie erwähnt, auch historische Beispiele, in denen eine Ordnung und die durch sie geprägten Werte und Verhaltensmuster so fest verankert waren, dass niemand die Kraft aufbrachte, etwas zu verändern, und am Ende Gewinner wie Verlierer gemeinsam untergingen.

Tatsächlich urteilen die meisten Menschen viel weniger berechnend und viel intuitiver, als lange Zeit angenommen wurde.[2] Es sind die großen Erzählungen, die letztlich darüber entscheiden, was ein Mensch als richtig oder falsch und als gerecht oder ungerecht bewertet. Sie formen die Wahrnehmung der Realität, verankern Werte und fördern oder hemmen bestimmte Verhaltensweisen.

Die Tellerwäscher-Erzählung

Die gute Seite ist, dass sie damit den Zusammenhalt von Gesellschaften festigen. Gemeinsame Werte und ähnliche Verhaltensmuster schaffen Vertrauen und erhöhen die Verbindlichkeit und Verlässlichkeit im Umgang miteinander. Die schlechte Seite ist, dass sie die Verlierer oft über lange Zeit dazu motivieren, sich mit einer Ordnung abzufinden, die ihnen überwiegend Nachteile bringt. Ein Beispiel dafür ist die vor allem in den USA bis heute populäre Erzählung, der Kapitalismus zeichne sich dadurch aus, dass in ihm aus jedem Tellerwäscher ein Millionär werden kann. Wer daran glaubt, kann sich eigentlich nicht beschweren, wenn er sein Leben lang mit schlechten Löhnen abserviert wird, denn es muss dann ja an ihm selbst liegen, dass es mit dem großen Geld nicht geklappt hat.

Jahrhundertelang übernahmen die großen Religionen die Rolle, Werte und Weltbild zu formen, und in Teilen der Welt tun sie das noch heute. Aber auch nicht-religiöse große Erzählungen sind nicht einfach eine Summe von Aussagen über die Welt, die ihre Anhänger für gut begründet halten und sich ihnen deshalb anschließen. Jede große Erzählung lebt von Bildern, Mythen und Emotionen. Das macht sie wirkmächtig und stark, führt aber auch dazu, dass die zugrunde liegenden Annahmen oft nicht mehr hinterfragt werden, ja vielfach gar nicht mehr ins Bewusstsein treten. Das macht Debatten zwischen Menschen, die in völlig unterschiedlichen Weltbildern denken, so schwierig.

Große Revolution oder schwarze Null

Jede Nation hat ihre besonderen Erzählungen, die aus den großen Momenten und den Traumata ihrer Geschichte, aber auch aus Mythen und Legenden geformt sind und der politischen Debatte in jedem Land eine nationale Spezifik geben. So sind die historischen Bezüge, die Bilder und Chiffren, mit denen man in Frankreich seinem politischen Anliegen und seinen Argumenten Gewicht verleihen kann, andere als in Deutschland. In unserem Nachbarland ist die Französische Revolution bis heute Referenzpunkt nahezu jeder oppositionellen Bewegung, die die breite Bevölkerung erreichen möchte. Die große nationale Erfahrung eines erfolgreichen Aufstands der *classe populaire* gegen die Eliten bietet Legitimation für Empörung und Gegenwehr, ihr entlehnt man daher bis heute Symbole und Rhetorik.

Die deutsche Geschichte kennt keine vergleichbare ruhmreiche Rebellion, die Schwelle, sich gegen empfundene Ungerechtigkeiten zur Wehr zu setzen, liegt hierzulande wohl auch deshalb höher. Stattdessen hat sich die Hyperinflation der Weimarer Republik offenkundig tief ins kollektive Gedächtnis eingebrannt. Nur das kann die ungebrochene Popularität der Formel von der »schwarzen Null« erklären, die immerhin seit Jahren vor allem dazu dient, die Investitionsverweigerung des Staates zu kaschieren. Dass ein Politiker in Italien mit einer vergleichbaren Rhetorik Punkte machen würde, ist unwahrscheinlich.

Weltoffen oder schutzlos

Erzählungen sind deshalb erfolgreich, weil sie ihre Botschaften in positiv besetzte Worte kleiden. Wenn ein Land darauf verzichtet, internationale Finanzinvestoren an der Übernahme von Unternehmen oder der Spekulation mit Wohnungen zu hindern, kann man das *Weltoffenheit* nennen. Man kann allerdings auch von *Schutzlosigkeit* sprechen. Der erste Begriff ist positiv und gibt eher die Sicht der Gewinner wieder, der zweite umschreibt, wie sich wahrscheinlich die meisten Verlierer fühlen. Aber wenn Letztere keine öffentliche Stimme haben, sondern die Erzählung von der *Weltoffenheit* die politische Debatte bestimmt, dann beeinflusst das natürlich auch das Denken derer, die bei diesem Prozess unter die Räder kommen. Niemand möchte *schutzlos* sein, aber *weltoffen*, wer kann sich dem schon verweigern …

Ein anderes Beispiel: Man kann ein Unternehmen, das seinen deutschen Standort schließt, um die Produktion zu Billiglöhnen in Rumänien fortzusetzen, oder das seine Mitarbeiter entlässt, um die Aufgaben fortan von einer Tochterfirma mit polnischer Belegschaft erledigen zu lassen, vom Standpunkt der hiesigen Beschäftigten aus als sozial verantwortungslosen Renditejäger ächten. Wenn dagegen die dominierende Erzählung uns erklärt, dass eine Beurteilung *vom Standpunkt der heimischen Arbeitnehmer aus* überholt, national borniert, womöglich gar nationalistisch ist und progressive Menschen die Dinge vielmehr aus *globaler Sicht* betrachten müssen, erscheint Kritik am Verhalten des Unternehmens plötzlich nicht mehr angebracht.

Rechtfertigung von Privilegien

Beide Beispiele machen deutlich, dass hinter Erzählungen immer Interessen stehen. Viele große Erzählungen liefen darauf hinaus, Vorrechte und leistungslose Bezüge privilegierter Gesellschaftsgruppen so zu begründen, als würden sie dem Interesse *aller* entsprechen. Der alte Feudaladel etwa, zu dessen Erbprivilegien es gehörte, staatliche Hoheitsrechte wahrzunehmen, begründete seine hohen Einkommen mit seiner *unersetzlichen* Rolle als Hüter von Stabilität und Sicherheit. Er war in dieser Funktion damals freilich nur deshalb unersetzlich, weil das *Erbprivileg* dafür sorgte, dass es jenseits des Adels niemanden gab, der Recht sprechen und Vergehen ahnden durfte.

Heute würde niemand diese Begründung für feudale Erbpfründe mehr durchgehen lassen. Genau besehen folgte die damalige Erzählung allerdings dem gleichen Muster, nach dem eine einflussreiche Erzählung unserer Zeit die Erben großer Kapitalvermögen, auch wenn sie nie ein Unternehmen von innen gesehen haben, zu *Arbeitgebern* und *Garanten unserer Arbeitsplätze* macht und ihre millionenschweren Kapitaleinkommen aus diesem »Verdienst« herleitet. In beiden Fällen wird aus einem großenteils erblich weitergegebenen Privileg im Zugang zu gesellschaftlichen Machtpositionen eine legitime Einkommensquelle, indem auf die gesellschaftliche Bedeutung der betreffenden Machtposition verwiesen wird: Das politische System braucht Leute, die staatliche Hoheitsrechte wahrnehmen – und die Wirtschaft braucht Kapital. Mittlerweile finden wir es absurd, dass der Zugang zu staatlichen Ämtern lange Zeit vererbbar war. Warum indes die Vererbung wirtschaftlicher Macht weniger abwegig sein soll als die Vererbung politischer Macht, diese Frage wird durch die heute herrschende Erzählung wirkungsvoll verhindert.

Bräuche und Vereinskultur

Die Identifizierung mit Erzählungen und Weltbildern führt in den meisten Fällen nicht über eine bewusste Entscheidung, die jemand irgendwann im Laufe seines Lebens trifft, sondern über den Alltag: über die Familie, den Freundeskreis, die Arbeit, den Wohnort. Der Mensch ist nicht nur ein emotionales, sondern vor allem auch ein soziales Wesen. Große Erzählungen prägen Milieus, und sie werden in Milieus weitergegeben. Das Christentum etwa lebte nicht von der Bibellektüre, sondern von den Institutionen der Kirche, von ihren Bräuchen, Feiertagen und Zeremonien, die dem Leben der Menschen von der Taufe bis zum Tod eine Struktur gaben. Nach der Reformation spaltete sich nicht nur die Religion, sondern Katholiken und Protestanten lebten vielfach auch in getrennten sozialen Welten.

Noch in der Nachkriegszeit war das katholische Milieu, auch das katholische Arbeitermilieu, in der alten Bundesrepublik so lebendig, dass es der CDU/CSU eine bis 1969 ununterbrochene Serie von Wahlsiegen bescherte. Die Sozialdemokratie holte ihre besten Ergebnisse dort, wo der Katholizismus keine Rolle spielte und es vor dem Nationalsozialismus starke, in Gewerkschaften und Vereinskultur verankerte sozialdemokratische Milieus gegeben hatte. In dem Zusammenhang gibt es auch eine interessante Beobachtung aus den Krisenjahren der Weimarer Republik. Damals waren der SPD die Wähler vor allem dort in Scharen davongelaufen, wo die Sozialdemokratie keinen organisatorischen Rückhalt im Arbeitsalltag und im gesamten Leben hatte: etwa bei Heimarbeitern, für die Gewerkschaften keine Rolle spielten, aber auch da, wo es kein dichtes Netz an Bildungs-, Kultur- und Sportvereinen gab, die die Freizeit der Arbeiter organisierten. Das Vereinsleben war in der Weimarer Republik ein Schlüsselfaktor für die Treue zur Partei, in der unmittelbaren Nachkriegszeit dürfte das noch eine gewisse Zeit lang ähnlich gewesen sein.[3]

Wählen in Familientradition

Wer wie wählte, war also immer auch eine Frage des Umfelds, des Arbeitslebens und lange Zeit sogar der Familientradition. Arbeiter und einfache Angestellte dominierten die SPD-Wählerschaft in der frühen Bonner Republik vor allem deshalb, weil Selbstständige, Landwirte und leitende Angestellte ihr damals fast nie ihre Stimme gaben. Die CDU-Wählerschaft dagegen kam aus allen Schichten der Gesellschaft.

Auch andere Religionen haben ihr Fundament nicht in den heiligen Schriften, sondern in Lebenswelten. Der radikale Islamismus wird auch deshalb immer stärker (und gefährlicher), weil er inzwischen selbst in westlichen Ländern über ein eigenes Milieu mit einem ganzen Netz an Institutionen von Koran-Kindergärten über islamische Sommercamps für Jugendliche bis zu islamistischen Vereinen und Moscheen verfügt. Wer in einem solchen Milieu aufwächst, lebt heute weitgehend abgeschottet von der westlichen Mehrheitsgesellschaft, ein großer Unterschied zu aufgeklärten Moslems und früheren Einwanderergemeinschaften, die zwar Kultur und Traditionen pflegten, sich aber mehr und mehr in die Gesellschaften integrierten, in die sie eingewandert waren, und irgendwann in ihnen aufgingen.

Gruppendruck

Die soziale Lebenswelt formt und stabilisiert Weltbilder, aber sie erzeugt natürlich auch Gruppendruck. Wer möchte schon Auffassungen vertreten, die im näheren Umfeld missbilligt oder gar verachtet werden? Beispielsweise gilt es heute als links, Einwanderung zu begrüßen oder die Staatsbürgerschaft und den Nationalstaat für überholte Institutionen zu halten. Wer hier eine andere Meinung vertritt, wird im linksliberalen Milieu als *Rechter* angesehen. Je linker jemand sein möchte, desto radikaler fallen seine diesbezüglichen Forderungen aus, bis zu der Extremposition, dass jeder Mensch das Recht haben muss, seinen Wohnsitz in jedes beliebige Land der Welt zu verlegen und dort nicht nur Zugang zum Arbeitsmarkt, sondern auch Anspruch auf alle vorhandenen sozialen Leistungen haben soll.

Wer begründen wollte, warum eigentlich eine solche Position *links* ist, müsste darüber reden, wem ihre Durchsetzung nützen und wem sie schaden würde. Aber das wird gar nicht für nötig befunden, denn es handelt sich um eine hochemotionale, moralisch aufgeladene Forderung, die aus Sicht der *Lifestyle-Linken* und ihres Milieus gar keiner Begründung bedarf.

Erzählungen formen also unser Denken, und wir neigen dazu, ihre Voraussetzungen nicht zu hinterfragen. Auch der Linksliberalismus ist eine große Erzählung, die Werte und Gerechtigkeitsvorstellungen formt. Bevor wir darauf eingehen, wem diese Werte und Vorstellungen in erster Linie nützen, schauen wir uns an, wie sich unsere Gesellschaft in den zurückliegenden Jahrzehnten verändert hat, welche Bevölkerungsgruppen von diesen Veränderungen profitiert haben und wer die Leidtragenden sind.

3. SOLIDARITÄT, TRIUMPH UND DEMÜTIGUNG: DIE GESCHICHTE DER ARBEITER

Nichts zu verlieren

Auch die Industriearbeiterschaft hatte einmal *ihre* große Erzählung, die in Rudimenten bis heute lebendig ist. Sie entstand in zwei Jahrhunderten gesellschaftlicher Kämpfe, die die Arbeiter zur Verbesserung ihrer sozialen Lage führen mussten, und sie spiegelt ihre Lebenswelt und ihre Erfahrungen in diesen Auseinandersetzungen wider.

Stinkende Städte und Elendslöhne

Zunächst hatte alles ziemlich trostlos angefangen. Die frühkapitalistische Industrialisierung war für die betroffenen Arbeiter ein einziges Desaster. Sie entwertete die Fähigkeiten und das Geschick der Handwerker, die verarmten und als Beschäftigte der Manufakturen und späteren Industriebetriebe nur einen Bruchteil ihrer früheren Einkommen erzielen konnten. Sie raubte den einstigen Kleinbauern zunächst das Gemeindeland, ohne das sie nicht überleben konnten, und zwang die entwurzelten Menschen dann in dreckige, stinkende, übervölkerte Industriestädte, wo sie und ihre Kinder unter hygienisch entsetzlichen Bedingungen leben und für Elendslöhne bis zum Umfallen schuften mussten, fortwährend vom Verlust der Arbeit und damit von Hunger, Obdachlosigkeit und schlimmstenfalls Tod bedroht. Im Vergleich zu diesen Zuständen war das sicherlich entbehrungsreiche, aber sehr viel ruhigere, naturverbundene, in verlässliche Gemeinschaften integrierte Leben ihrer Väter und Großväter geradezu eine Idylle.

Anfangs hatten die Arbeiter auch wenig Grund, auf Verbesserungen in der Zukunft zu hoffen. Trotz des mit der Industrialisierung verbundenen gewaltigen Wirtschaftsaufschwungs stagnierten die Löhne in den meisten Ländern bis in die achtziger Jahre des 19. Jahrhunderts. Der Gesundheitszustand der Arbeiter verschlechterte sich messbar und ihre Lebenserwartung sank. In diesem Umfeld entstanden die ersten Gewerkschaften und Arbeitervereine, die in den meisten Ländern verboten wurden. Auch Streiks waren meist untersagt. Die sozialistische Rhetorik jener Zeit entsprach der Lebenssituation einer Klasse, die politisch kaum Mitbestimmungsrechte und ökonomisch nicht die geringste Chance auf Wohlstand, Sicherheit oder gar Aufstieg hatte. Die Aussage von Karl Marx und Friedrich Engels im *Kommunistischen Manifest*, dass der Arbeiter nichts zu verlieren hat als seine Ketten, entsprach im Jahr 1848, als sie formuliert wurde, durchaus der Realität.

Bismarcks Bestechungsversuch

Es gab zwei wichtige Faktoren, die diese Situation veränderten. Zum einen der trotz Unterdrückung wachsende Organisationsgrad der Arbeiter, der es ihnen ermöglichte, immer häufiger erfolgreiche Arbeitskämpfe zu führen und so steigende Löhne und spürbare Verbesserungen auch gegen massive Widerstände durchzusetzen. Der andere war die zumindest in Teilen der Eliten keimende Erkenntnis, dass eine zahlenmäßig wachsende Klasse von Ausgeschlossenen, Geschundenen und Gedemütigten der herrschenden Ordnung und damit auch den Besitzverhältnissen gefährlich werden konnte.

Einer der Ersten, die sich zu dieser Einsicht durchgerungen hatten, war Otto von Bismarck, der Reichskanzler des Deutschen Reichs. Um, wie er hervorhob, »die arbeitenden Klassen zu gewinnen, oder soll ich sagen, zu bestechen, den Staat als soziale Einrichtung anzusehen, die ihretwegen besteht und für ihr Wohl sorgen möchte«, führte Bismarck 1883 eine gesetzliche Kranken- und Unfallversicherung für Arbeiter und wenig später auch eine Rentenversicherung ein.

Zwar demonstrierte den Arbeitern jeder im polizeilichen Kugelhagel erstickte Streik – und davon gab es im Kaiserreich viele –, dass der preußische Staat mitnichten *ihretwegen bestand*. Auch das Sozialistengesetz von 1878, das die Sozialdemokratie für mehrere Jahre in die Illegalität zwang, war ganz sicher kein *wohl*wollender Akt. Aber trotz allem war die gesetzliche Sozialversicherung für die Arbeiter ein wichtiger Fortschritt.

Ein Machtungleichgewicht

In allen Ländern machten die Arbeiter bereits im 19. Jahrhundert eine Grunderfahrung, die für ihr Weltbild und ihre Werte elementar werden sollte: dass sie nur eine Chance hatten, wenn sie sich mit ihresgleichen zusammentaten. Das zentrale Ziel kapitalistischen Wirtschaftens besteht darin, aus Geld mehr Geld zu machen. Es geht also darum, möglichst billig zu produzieren und möglichst teuer zu verkaufen. Das können Unternehmen durchaus auf Wegen erreichen, die mit dem Allgemeinwohl und auch mit den Interessen ihrer Arbeiter nicht kollidieren. Hohe Gewinnchancen bergen beispielsweise innovative Güter, für die es zunächst keine Konkurrenten gibt und die sich deshalb teuer verkaufen lassen. Bei funktionierendem Wettbewerb dagegen lässt sich der Verkaufspreis nicht beliebig erhöhen, hier wird die Senkung der Kosten zum Schlüssel. Kostensenkungen wiederum lassen sich durch den Einsatz neuer Techniken bewerkstelligen, die die Arbeit produktiver machen und damit den in jedem produzierten Gut enthaltenen Lohnkostenanteil verringern. Der Anreiz, neue Produkte zu entwickeln und arbeitssparender zu produzieren, ist der Grund dafür, dass der Kapitalismus 150 Jahre lang die technologische Entwicklung vorangetrieben und die materiellen Grundlagen für unseren gesellschaftlichen Wohlstand vervielfacht hat.

Aber technologischer Fortschritt ist nicht das einzige Mittel, um Kosten zu verringern und höhere Gewinne zu erzielen. Das gleiche Ergebnis lässt sich auch durch niedrigere Löhne, Abstriche beim Arbeitsschutz oder quälende Überstunden, die nicht bezahlt werden, erzielen. Um solche Kostensenkungen durchzusetzen, hilft dem Unternehmer ein Machtungleichgewicht, das es überall da gibt, wo der Arbeiter auf den Arbeitsplatz mehr angewiesen ist als der Unternehmer auf just diesen Arbeiter.

Burger-Brater oder Sternekoch

Dieses Machtungleichgewicht, das den Arbeiter erpressbar macht, existiert vor allem dort, wo Arbeitsplätze keine besondere Qualifikation, kein überdurchschnittliches Geschick und keine originellen Fähigkeiten erfordern. Je anspruchsvoller eine Tätigkeit und je höher die für sie erforderlichen Qualifikationen, desto kleiner ist der Kreis möglicher Bewerber und desto stärker naturgemäß die Stellung eines Beschäftigten. McDonald's kann seine Burger-Brater jederzeit ersetzen, entsprechend schlecht behandelt und bezahlt das Unternehmen sie. Ein Restaurant, das einen Sternekoch beschäftigt, wird dagegen alles tun, um den geschickten Küchenmeister bei Laune zu halten. Die kapitalistische Industrialisierung motivierte daher von Beginn an nicht nur zum Einsatz arbeitssparender Produktionsmethoden. Sie bevorzugte immer auch Technologien, die die Arbeit soweit möglich entqualifizierten.

Die einzig erfolgversprechende Gegenstrategie der Arbeiter angesichts des Machtungleichgewichts war, sich zusammenzuschließen und die Löhne und Arbeitsbedingungen nicht mehr individuell, sondern kollektiv auszuhandeln. Die Gewerkschaften kämpften also um die Fixierung standardisierter Arbeitsentgelte durch Tarifverträge und gegen die Dequalifizierung der Arbeit. Sie bemühten sich, Bildungszertifikate für bestimmte Arbeiten verbindlich vorzuschreiben und mit festen Gehaltstarifen zu verbinden. Hinzu kam in allen Ländern früher oder später noch ein umfassendes Bündel von Leistungen aus der Sozialversicherung, die großenteils ebenfalls standardisiert und gesetzlich mit dem Arbeitsvertrag verbunden waren. Außerdem gab es gesetzlichen Kündigungsschutz, festgelegte Aufstiegsmöglichkeiten im Betrieb und feststehende Lohnerhöhungen im Zuge einer längeren Betriebszugehörigkeit.

Die Norm als Befreiung

Es waren also Normen, Kollektivregeln, Standards, die die Situation der Industriearbeiter Schritt für Schritt verbesserten und ihrem Leben allmählich Sicherheit, Planbarkeit und Stabilität gaben. Ihren Höhepunkt erreichte diese Entwicklung in den fünfziger bis siebziger Jahren des 20. Jahrhunderts. Damals arbeitete in den westlichen Ländern im Schnitt jeder zweite Beschäftigte in der Industrie, und viele waren gewerkschaftlich organisiert. Der Zusammenhalt in den Belegschaften war groß und die Industriearbeiterschaft als gesellschaftliche Gruppe entsprechend einflussreich. Die aus diesem Milieu entstandenen und damals noch in ihm verankerten linken Parteien erzielten Stimmengewinne und übernahmen in vielen Ländern die Regierung. Eine solide Berufsausbildung versprach zu jener Zeit ein

Leben in sozialer Sicherheit, steigende Einkommen und Aufstiegsmöglichkeiten. Selbst ein Angelernter konnte sich hocharbeiten.

Die Erzählung der Arbeiter

Die große Erzählung der Industriearbeiterschaft, die in Befragungen auch heute noch durchscheint, ihre Blütezeit allerdings im 20. Jahrhundert hatte, entstand aus diesen Erfahrungen.[1] Sie war getragen vom Stolz auf die eigene Arbeit, die den materiellen Wohlstand produziert, auf den die gesamte Gesellschaft angewiesen ist. Und sie lebte vom Selbstbewusstsein einer sozialen Schicht, die es durch ihren Zusammenhalt und ihre Solidarität geschafft hatte, ihren Interessen gesellschaftliche Geltung zu verschaffen: gegen das Management, gegen das Kapital und überhaupt gegen *die da oben*. Wir-Bewusstsein, Gemeinschaftsorientierung, Solidarität und gegenseitige Verantwortung waren Grundpfeiler dieses Weltbilds. Nur Belegschaften, die zusammenhielten, hatten im Betrieb eine Chance gegenüber Vorgesetzten und Management. Vereinzelung bedeutete Wehrlosigkeit. Individualisierte Verträge waren schlechtere Verträge.

Auch in den Wohnvierteln der Arbeiter waren gegenseitige Hilfe und Unterstützung oft überlebenswichtig. Der Zusammenhalt wurde dadurch erleichtert, dass man sich kannte und einander vertraute. Immerhin arbeiteten viele Industriearbeiter ihr Leben lang im selben Betrieb, in dem oft schon der Vater seine Brötchen verdient hatte. Die Arbeiterschaft war daher überwiegend sesshaft und heimatverbunden. Wer aus diesen sozialen Bezügen und Gemeinschaften herausgerissen wurde, etwa weil er zu Hause keine Arbeit mehr fand, war arm dran.

Wunsch nach Sicherheit und Kontinuität

Bis heute bestätigen Befragungen, dass der Wunsch nach Sicherheit und Kontinuität eine zentrale Rolle im Leben der Arbeiter spielt. Geregelte Arbeitszeiten, ein fester Rahmen für Firma, Haus und Familie, die Planbarkeit des eigenen Lebens, das möglichst bis zur Rente durch nichts aus der Bahn geworfen werden soll, gehören zu elementaren Bedingungen für das, was viele Arbeiter unter einem guten Leben verstehen. Ein Leben, das sie mittlerweile immer seltener führen können. »Ich muss heute wissen, was morgen ist«,[2] beschreibt ein Facharbeiter, der sich aus kleinen Verhältnissen hochgearbeitet hat, in einem soziologischen Interviewband seine Lebensmaxime. *Ich muss heute wissen, was morgen ist*, ist die verständliche Leitlinie derer, die schnell und tief fallen können und die *Abwechslung* deshalb nicht in erster Linie mit aufregenden Erlebnissen und interessanten neuen Erfahrungen in Verbindung bringen, sondern mit gefährlicher Unsicherheit, die im sozialen Absturz enden kann.

In allen westlichen Ländern genoss die harte Arbeit der Industriearbeiter Mitte des 20. Jahrhunderts hohen Respekt, ihre Werte und wichtige Elemente ihres Weltbildes prägten die öffentliche Debatte. Das galt für Frankreich und Großbritannien vielleicht noch mehr als für Deutschland.

Die »nivellierte Mittelstandsgesellschaft«

Die große Erzählung der Bundesrepublik der fünfziger bis späten siebziger Jahre war die der »nivellierten Mittelstandsgesellschaft«[3], in der es keine krassen sozialen Gegensätze mehr gibt und jeder, der sich anstrengt und an die Regeln hält, die Chance auf sozialen Aufstieg und ein Leben in solidem Wohlstand erhält. Mit dieser Erzählung verbanden sich Werte wie Leistung, Fleiß, Disziplin, Ordnung, Sicherheit, Stabilität und Normalität, die von der Arbeiterschaft wie von den traditionellen bürgerlichen und kleinbürgerlichen Schichten geteilt wurden. Die Gesellschaft wurde als eine gemeinsame Angelegenheit betrachtet, in der sozialer Zusammenhalt, Gemeinsinn und Verantwortung nicht nur für sich selbst, sondern auch für andere zählen. Außerdem wurde den oberen Zehntausend eine gewisse Zurückhaltung auferlegt. Es war die Zeit von *Maß und Mitte*, in der es als unschicklich galt, Reichtum zur Schau zu stellen – vielleicht auch, weil das die Erzählung vom Verschwinden der großen Unterschiede gestört hätte.

Verantwortung für das gemeinsame Ganze zu tragen, das hieß zum einen, seinem Beruf nicht nur des Geldes wegen nachzugehen, sondern etwas Nützliches zu leisten, auf das man stolz sein konnte. Wer diesen Wertekanon verinnerlicht hatte, wollte nicht einfach nur seine Arbeit machen, er wollte sie *gut* machen. Die Produkte, an deren Herstellung man beteiligt war, sollten sich nicht nur verkaufen lassen, es sollten auch *gute* Produkte sein. Hoch geschätzt wurden daher Professionalität, Gründlichkeit und Solidität. Diese Werte waren in der Arbeiterschaft, aber auch im Handwerk, bei Kleinunternehmern und im Mittelstand lebendig. Was für das französische Nationalbewusstsein Jeanne d'Arc, die Französische Revolution und die Résistance waren, wurden für das deutsche das Wirtschaftswunder, ordentliche Ingenieurarbeit und Qualitätsprodukte, die weltweite Anerkennung genossen.

Die Verantwortung für andere hatte aber noch eine zweite Seite, die vor allem von der Sozialdemokratie, aber auch von den Anhängern der katholischen Soziallehre innerhalb der Union betont wurde: die Verantwortung des Stärkeren für die Schwächeren. Ohne breite Akzeptanz dieser Sichtweise in den Mittelschichten wäre der Ausbau der gesetzlichen Sozialversicherungen und des progressiven Steuersystems kaum möglich gewesen. Denn es war schon damals in erster Linie die Mitte und keineswegs die Oberschicht, die den Sozialstaat und die öffentlichen Aufgaben finanzierte.

Millionenfache Aufstiegserfahrung

Genau besehen war die »nivellierte Mittelstandsgesellschaft« natürlich ein Mythos. Der Unterschied zwischen dem Lebensstandard eines ungelernten Arbeiters und dem der Wirtschaftseliten, deren Besitztümer Nazidiktatur und Weltkrieg vielfach unbeschadet überstanden hatten, war nach wie vor riesig, und es gab nicht nur unverändert großen Reichtum, sondern auch nach Jahren des Wirtschaftswunders immer noch viele Menschen, die sich nach der Decke strecken mussten und ziemlich arm waren. Dass die Erzählung von der »nivellierten Mittelstandsgesellschaft« dennoch so überzeugend wirkte, lag daran, dass im Deutschland der fünfziger bis siebziger Jahre beruflicher Aufstieg eine millionenfache Lebenserfahrung wurde und letztlich jeder in irgendeiner Form vom Wirtschaftswachstum profitierte, wenn auch einige mehr und andere weniger.

Hintergrund dessen war, dass der Staat dem Gewinnstreben Regeln und Beschränkungen auferlegt hatte, dass er mit hohen Körperschaftsteuern und Spitzensteuersätzen aktiv in die Einkommensverteilung eingriff, durch ein Netz sozialer Leistungen Sicherheit gewährleistete und viele lebenswichtige Bereiche von Bildung und Wohnen über die Strom- und Wasserversorgung bis zu Krankenhäusern und Kommunikationsdiensten weitgehend aus der Logik von Profit und Kommerz herausgelöst hatte und in öffentlicher Regie anbot.

Die Aufstiegserfahrung bezog sich anfangs noch kaum auf die Möglichkeit für Kinder aus dem Arbeitermilieu, ein Gymnasium besuchen und studieren zu können. Diese Chance gab es für eine größere Zahl erst Ende der sechziger Jahre. Zunächst wesentlich prägender war die Möglichkeit, mit einer soliden Berufsausbildung und mehreren Jahren Berufserfahrung einen Lebensstandard zu erreichen, der Zugang zu den meisten Annehmlichkeiten der damaligen Konsumgesellschaft eröffnete, vom eigenen Auto über Fernseher und Waschmaschine bis zur Urlaubsreise.

Sicherheit durch Normalität

Eine wichtige Rolle spielte auch ein für viele völlig neues Gefühl sozialer Sicherheit. Die Normalbiografie machte das Leben planbar, das Normalarbeitsverhältnis garantierte allmählich steigende Löhne und vielfach auch eine berechenbare Karriere, die Normalfamilie mit der zumindest in Zeiten der Kindererziehung nicht berufstätigen Frau wurde erstmals auch für Arbeiter und einfache Angestellte erschwinglich. Und alle lebten in der Erwartung, dass es ihren Kindern dereinst noch besser gehen würde als ihnen selbst.

Öffentlicher Wohnungsbau und Eigenheimförderung, aber auch die Bereitstellung von Werkswohnungen sorgten zudem für sozial durchmischte Wohnviertel, in denen der Facharbeiter, der Postbeamte und der leitende Angestellte eines mittelgroßen Betriebs nicht selten Nachbarn in der gleichen Reihenhaussiedlung waren. Und während der Einfluss der Kirchen zurückging und die alte Vereinskultur mehr und mehr zerfiel, also wichtige Institutionen verschwanden, die vorher sozialdemokratische wie katholische Milieus konstituiert, aber auch voneinander abgegrenzt hatten, wurde jetzt der abendliche Fernsehkonsum zur wichtigsten das Denken und Fühlen prägenden Aktivität. Fernsehen wiederum, das waren damals exakt zwei öffentlich-rechtliche Hauptprogramme, die – mit gewisser parteipolitischer Nuancierung – die gleichen Botschaften in die einfachen wie die komfortablen Wohnzimmer sendeten. Auch das trug sicher zu dem breit geteilten Gefühl bei: »Wir sind jetzt alle Mittelschicht.«

Insofern gab es zwar nie eine »nivellierte Mittelstandsgesellschaft«, aber es gab in allen westlichen Ländern eine Epoche, in der es tatsächlich für nahezu alle, und insbesondere für die Arbeiterschaft, aufwärtsging. Sie endete in den achtziger Jahren.

Der Abstieg: Wenn Industrien und Zusammenhalt verschwinden

Bereits Mitte der Siebziger zeigten sich die ersten Anfänge einer Entwicklung, die den gesellschaftlichen Einfluss der Industriearbeiterschaft in den folgenden Jahrzehnten mehr und mehr zurückdrängen und viele ihrer Arbeitsplätze vernichten sollte. Im Zuge dessen wurde ihnen auch ein Großteil ihrer erkämpften Rechte und Sicherheiten wieder genommen und viele Arbeiter erlebten einen harten sozialen Abstieg. Zugleich verloren die Kultur und die Werte der Arbeiter öffentlich an Ansehen und Wertschätzung, ja wurden von den Meinungsführern der neuen Zeit als rückschrittlich, unmodern und provinziell abqualifiziert. Dieser Wandel wird meist neutral als Übergang von der Industrie- zur Dienstleistungsökonomie und als Internationalisierung und Individualisierung der Gesellschaft umschrieben. Erklärt wird diese Entwicklung üblicherweise mit dem Aufkommen neuer Technologien, insbesondere der Automatisierung und der Digitalisierung.

Die industrielle Wertschöpfung bricht ein

Richtig an dieser Beschreibung ist, dass in allen westlichen Ländern seit 1975 und noch einmal beschleunigt seit den neunziger Jahren die industrielle Wertschöpfung einbrach und stattdessen die Dienstleistungsbranchen wuchsen: von der Finanzwirtschaft über die einfachen Service-Berufe bis zu den digitalen Diensten. In Großbritannien und Frankreich ging bis 2012 jeder zweite Industriearbeitsplatz verloren, in Deutschland war es jeder vierte. Am stärksten betroffen waren die Branchen Textil, Schiffbau, Bergbau und Stahl. Im Vereinigten Königreich verschwanden sie vollständig. Die Automobil-, die Pharma-, Chemie- und Maschinenbauindustrie konnten sich teilweise behaupten, vor allem in Deutschland. Zur Stabilisierung des deutschen Maschinenbaus hat vor allem der Aufstieg der sogenannten *Hidden Champions* beigetragen, mittelständischer Weltmarktführer, die sich auf technologisch hochanspruchsvolle Produkte für globale Marktnischen spezialisierten.

Richtig ist auch, dass die Automatisierung der Werkhallen den Bedarf an menschlicher Arbeit im Fertigungsprozess, vor allem den Bedarf an einfacher, weniger qualifizierter Arbeit verringerte. Hinzu kam, dass

die Nachfrage nach klassischen industriellen Massenkonsumgütern Sätti-
gungstendenzen zeigte. Solange noch nicht jeder Haushalt seinen Fernseher, seine Waschmaschine und sein Auto hatte, war die Nachfrage von Jahr
zu Jahr gestiegen, weil mit jeder Einkommenserhöhung mehr Menschen in
der Lage waren, die entsprechenden Güter zu kaufen. Das veranlasste die
Industrie zu hohen Investitionen in den Ausbau ihrer Kapazitäten und ver-
sorgte die Hersteller von Investitionsgütern mit guten Aufträgen. Bereits
Ende der sechziger Jahre kam dieser Prozess zum Stillstand. Sobald ein
bestimmtes Ausstattungsniveau erreicht ist, werden neue Geräte eben nur
noch nachgefragt, wenn alte kaputtgehen oder ein technologisch erkennbar überlegenes Produkt auf den Markt kommt. Investitionen in den Ausbau der Kapazitäten werden dann nicht mehr gebraucht.

Globalisierung: Politiker stellen die Weichen

Der Anteil von Automatisierung und Rationalisierung an den Beschäfti-
gungsverlusten in der Industrie westlicher Volkswirtschaften beträgt allerdings maximal ein Viertel.[4] Alle darüber hinaus zerstörten Arbeitsplätze
gehen auf politische Entscheidungen und Weichenstellungen zurück, die
so oder anders hätten getroffen werden können.

Eine zentrale Rolle bei der Deindustrialisierung der westlichen Welt
spielte die *Globalisierung*, also die Internationalisierung der Wertschöpfungsketten. Unternehmen, die bisher in den Industrieländern produziert
hatten, verlagerten Teile ihrer Produktion in ärmere Länder, vor allem
nach China und andere Länder Ostasiens, oder ließen Teile der Fertigung
fortan von ausländischen Zulieferern erledigen. Auf diesem Wege wurde die teure Arbeitskraft der westlichen Industriearbeiter durch rechtlose
Billigarbeitskräfte ersetzt. Anders als bei Lohndumping im eigenen Land
hatten die Arbeiter keine Chance, sich dagegen durch Arbeitskämpfe und
Kollektivvereinbarungen zu wehren. Weitere Kostenersparnisse im Zuge
der Globalisierung ergaben sich dadurch, dass nicht nur Sozial-, sondern
auch Umweltstandards und andere Rechtsvorschriften unterlaufen werden
konnten, die in den westlichen Ländern galten und die Produktion teurer
machten. Außerdem eröffnete die Internationalisierung der Produktion
den Konzernen ein weites Feld, Steuern zu vermeiden.

Dass Unternehmen, in denen es vor allem darum geht, aus Geld mehr Geld zu machen, die Chancen der Globalisierung begierig nutzten, überrascht nicht. Technologisch wurde die Globalisierung durch die neuen digitalen Kommunikationsmittel möglich, die die zentrale Steuerung und Vernetzung globaler Produktions- und Lieferketten erlaubten. Aber nicht die Technologie, sondern die Politik hatte letztlich die entscheidenden Weichen gestellt. Es waren Politiker, die die Kapitalverkehrskontrollen aufgehoben und den Weg für internationale Direktinvestitionen geöffnet haben. Es waren Politiker, die darauf verzichteten, die Unterschiede in den Produktionskosten durch Zölle auszugleichen oder auch nur das internationale Steuerdumping einzudämmen. Es waren Politiker, die sich um Investitionsschutzabkommen und den weltweiten Schutz von Marken-, Patent- und Urheberrechten bemühten, um die Auslandsinvestments der Konzerne in einen möglichst vorteilhaften rechtlichen Rahmen einzubetten. Sie taten das, weil Wirtschaftsunternehmen und ihre Lobbyisten all ihren Einfluss, ihr Geld und ihre ökonomische Macht zum Einsatz brachten, um die entsprechenden Entscheidungen herbeizuführen. Aber die Politik hätte das nicht tun müssen.

Profit statt Produktivität

Die Globalisierung der Produktion war also ein unter dem Druck der Konzerne politisch ermöglichter Prozess. Ihr Motiv waren nicht Produktivitätsfortschritte, sondern Interessen. Sie hob nicht den allgemeinen Wohlstand, sondern machte einige reicher und viele ärmer. Zu denen, die von ihr profitierten, gehörten vor allem die Anteilseigner der multinationalen Industrieunternehmen. Großer Verlierer war die Industriearbeiterschaft der westlichen Welt. Geschädigt wurden aber auch viele Inhaber kleiner und mittlerer Unternehmen, die eher lokal verwurzelt waren und von der neuen Billigkonkurrenz vom Markt gefegt wurden.

Die Gesamtbilanz lässt sich an den Einkommens- und Vermögensstatistiken der zurückliegenden Jahrzehnte ablesen: In allen westlichen Ländern verschob sich das Verhältnis von Kapital- und Arbeitseinkommen deutlich zum Vorteil der Kapitaleinkommen – anstelle der Löhne und Gehälter stiegen also Dividenden, Ausschüttungen aus GmbH-Anteilen und Zinseinnahmen, im 21. Jahrhundert vor allem die ersten beiden. Hinter dieser Verschiebung verbirgt sich zum einen wachsende Ungleichheit, denn der Löwenanteil der Kapitaleinkommen fließt in die Taschen der reichsten 1 Prozent aller Familien. Ein zunehmendes Gewicht der Kapitaleinkommen bedeutet aber auch, dass die Gesellschaft sich immer stärker vom Anspruch einer Leistungsgesellschaft entfernt, denn Kapitaleinkommen sind *leistungslose* Einkommen, die den Begünstigten aufgrund ihres *Vermögens* zufließen.

Die Globalisierung hat den Reichtum der Oberschicht und der Wirtschaftseliten extrem vergrößert. Sie hat zudem in China und anderen Ländern Südostasiens zu einem beispiellosen Wirtschaftsaufschwung und zur erstmaligen Entstehung einer relevanten Mittelschicht geführt. Für die Mehrheit der Bevölkerung der westlichen Länder und ganz besonders für die Arbeiterschaft war sie dagegen hauptsächlich mit Nachteilen verbunden. Ihr Leben wurde härter und stressiger, ihr Wohlstand unsicherer und für nicht wenige ging er ganz verloren. Die Verbilligung der Produkte durch die Globalisierung war bei Weitem nicht ausreichend, um ihre Wohlstandsverluste durch verlorene Arbeitsplätze und sinkende Arbeitseinkommen auch nur annähernd auszugleichen.

Wirtschaftsliberale Reformagenda

Es gibt neben Technologie und Globalisierung noch einen dritten Faktor, der für das Schrumpfen der industriellen Wertschöpfung in den Industrieländern verantwortlich ist. Das war eben jene wirtschaftsliberale Reformagenda, zu der auch die Weichenstellungen in Richtung Globalisierung gehörten, die aber weit darüber hinausging. Das Gesamtprogramm reichte von der Entfesselung der Finanzmärkte über den Abbau sozialer Leistungen und großflächige Privatisierungen bis hin zu veränderten Regeln am Arbeitsmarkt. Diese politische Agenda, die zunächst von konservativen und später von sozialdemokratischen Politikern vorangetrieben wurde, hat die Deindustrialisierung stark befördert.

Arbeitsmarktreformen beispielsweise ermöglichten den Unternehmen, reguläre Vollzeitarbeitsplätze, die durch die erkämpfte kollektive Rahmenordnung geschützt waren, durch Leiharbeit, Werkverträge, Teilzeit, Minijobs und andere ungesicherte und vielfach befristete Beschäftigungen zu ersetzen. Allerdings funktionierte das zunächst nicht innerhalb der Industrie: Hier waren die Gewerkschaften lange Zeit so stark, dass sie ihre tariflich geschützten Bastionen verteidigen konnten. Zusätzlich zur Verlagerung großer Teile der Fertigung ins Ausland gingen die Industrieunternehmen also dazu über, bisher ins Unternehmen integrierte Aufgaben – von der Gebäudereinigung über die Logistik bis zum Wachpersonal – an andere Firmen zu vergeben. Diese Firmen galten als Dienstleister, die Industrietarife mit ihren hohen Standards galten für sie daher nicht.

Outsourcing: weniger Lohn für gleiche Arbeit

Der Effekt des *Outsourcings* war letztlich der gleiche wie der der Globalisierung: Tariflich geschützte, gut bezahlte Arbeitsplätze wurden durch Niedriglohnjobs ersetzt, nur in diesem Fall überwiegend im eigenen Land. Obwohl sich am eigentlichen Tätigkeitsprofil nichts änderte, verringerte dieser Prozess statistisch ebenfalls die industrielle Wertschöpfung, weil die Arbeit ja jetzt von Angestellten von Dienstleistungsunternehmen erledigt wurde. Es wird geschätzt, dass ein Fünftel bis ein Viertel der verlorenen Industriearbeitsplätze auf das Outsourcing zurückgeht.[5]

Die Gebäudereinigung etwa gehört zu den großen Wachstumsbranchen der Dienstleistungsgesellschaft. 2008 waren in diesem Bereich in Deutschland anderthalbmal so viele Menschen beschäftigt wie 15 Jahre zuvor. Das lag allerdings nicht daran, dass die Manager vorher ihre Büros selber geputzt hatten, sondern dass Reinigungsarbeiten früher sowohl in Unternehmen als auch in kommunalen Verwaltungen von eigenen Reinigungskräften erledigt worden waren – bezahlt nach dem jeweils gültigen Tarif, versteht sich. Durch die Auslagerung verschlechterten sich Lohnniveau und Arbeitsbedingungen gravierend.

Kein Modernisierungsprojekt

Sowohl die Globalisierung als auch das Outsourcing hatten zur Folge, dass viele Unternehmen von anderen Firmen, teilweise am anderen Ende der Welt, abhängig wurden. Hatten zu Beginn der siebziger Jahre große Automobilbauer noch etwa 60 Prozent der Wertschöpfung in Eigenregie vollzogen, lag diese Quote am Beginn des 21. Jahrhunderts nur noch zwischen 20 und 30 Prozent. Andere Hersteller haben den kostensparenden Auslagerungswahn noch exzessiver betrieben. Die Fertigungstiefe des deutschen Sportartiklers Adidas etwa liegt bei weniger als 5 Prozent. Gesteuert wird der Konzern aus Herzogenaurach, alles andere ist quer über den Erdball verteilt, rund 630 Betriebe aus 52 Ländern liefern zu.

Der Wandel von der Industrie- zur Dienstleistungsgesellschaft wurde also durch drei Prozesse vorangetrieben: die Automatisierung der Fertigung, die Globalisierung der Wertschöpfung und das Outsourcing. Während der erste die Wirtschaft insgesamt produktiver und leistungsfähiger gemacht hat, ging es bei den beiden anderen nicht um moderne Technologien, sondern um eine aggressive Strategie zur Neuverteilung der Einkommen innerhalb der Industriestaaten: zugunsten der Inhaber großer Finanz- und Betriebsvermögen, bei denen der Löwenanteil der Gewinne multinationaler Unternehmen und Banken landete, und zulasten der bisherigen Mittelschicht, darunter vor allem der Industriearbeiter, von denen sich viele entweder auf dem Arbeitsamt oder in jenen ungeschützten, mies bezahlten Servicejobs wiederfanden, deren rechtliche Grundlage die wirtschaftsliberalen Reformen geschaffen hatten.

Das ist ein entscheidender Unterschied zum vorangegangenen Übergang von der Agrar- zur Industriegesellschaft, der aus der Anwendung moderner Technologien resultierte und die Gesellschaft auf historisch beispiellose Weise reicher gemacht hat, auch wenn dieser Reichtum zunächst ebenfalls nicht allen zugutekam. Anders als der Aufstieg der Industriegesellschaft war der Übergang zur Dienstleistungsgesellschaft also durchaus kein generelles Modernisierungsprojekt, sondern zumindest teilweise ein ökonomischer Rückschritt, der die produktiven Kapazitäten der westlichen Volkswirtschaften nicht stärkte, sondern schrumpfen ließ.

Den Gewerkschaften das Rückgrat brechen

Die ersten Matadore der neuen politischen Agenda, die auf den Abbau sozialer Sicherheit und die Entfesselung von Gewinnstreben und Finanzmärkten zielte, waren die 1979 ins Amt gekommene britische Premierministerin Margaret Thatcher und der ab 1981 regierende US-Präsident Ronald Reagan. Dass die beiden Länder, in denen der Wirtschaftsliberalismus sich besonders frühzeitig und besonders rücksichtslos durchgesetzt hat, auch am schlimmsten deindustrialisiert wurden, war kein Zufall.[6]

Thatcher selbst machte nie einen Hehl daraus, dass es ihre ausdrückliche Absicht war, die alten Industrien zu zerschlagen, um so den Gewerkschaften und der englischen Arbeiterbewegung das Rückgrat zu brechen. Bis Ende der siebziger Jahre waren die Arbeiter im Vereinigten Königreich immerhin so gut organisiert, dass sich kaum eine Regierung leisten konnte, ihre Interessen zu ignorieren. Es waren streikende Bergarbeiter, die 1974 die Torys aus dem Amt gejagt hatten. Thatchers aggressivster Angriff galt denn auch dem Bergarbeitermilieu, dem sie mit der Schließung und Privatisierung der englischen Kohlegruben den Krieg erklärte. Die Bergarbeiter wehrten sich mit einem einjährigen Streik, den die Regierung mit gehorteten Kohlevorräten und Importen ins Leere laufen ließ. Es war der letzte große Kampf der englischen Bergleute um ihre soziale Existenz und ihren gesellschaftlichen Einfluss, in dem sie am Ende beides verloren. 80 Prozent der Arbeitsplätze im englischen Bergbau wurden während Thatchers Regierungszeit vernichtet.

Die wichtigste Waffe der Premierministerin gegen die britische Industrie insgesamt aber war der sogenannte *Big Bang* in der Londoner City, im Zuge dessen Thatcher nahezu alle wichtigen Regeln aufhob, die den Finanzgeschäften vorher einen strengen und vernünftigen gesetzlichen Rahmen auferlegt hatten. Jetzt wurden Finanzwetten und spekulativen Investmentstrategien Tür und Tor geöffnet, was nicht nur höhere Gewinne im Vergleich zur Realwirtschaft ermöglichte, sondern auch Kapital aus aller Welt anzog und dadurch das britische Pfund so verteuerte, dass vielen Betrieben der Realwirtschaft die Luft ausging. Allein bis 1983, innerhalb der ersten fünf Jahre der Regierung Thatcher, verschwand ein Drittel aller britischen Industriearbeitsplätze.

In den USA hatte Reagans Politik des starken Dollar, an dem vor allem die Wall Street interessiert war, einen ähnlichen Effekt. Damals nahm das Elend in den nordenglischen Industrierevieren und im amerikanischen Rust Belt seinen Anfang. Die Industriearbeiterschaft als gesellschaftlich einflussreiche Kraft verschwand von der historischen Bühne und aus der öffentlichen Wahrnehmung. In den anderen Ländern der westlichen Welt vollzog sich – teils weniger brutal und staatlich besser abgefedert – der gleiche Prozess.

Isolierte Beschäftigte

Zu den Wachstumsbranchen der Dienstleistungsökonomie gehören neben den Reinigungsdiensten die Bereiche Transport, Logistik, Zustellung, Wachdienste, Pflege und Betreuung. Hier wie in der Gastronomie oder in den Lebensmittel- und Textildiscountern ist in den meisten westlichen Ländern ein riesiger Niedriglohnsektor entstanden, in dem ehemalige Industriearbeiter und ihre Nachkommen mit den Kindern von Landwirten, die ihre Höfe nicht halten konnten, und ruinierten Kleinunternehmern konkurrieren. Auch die meisten Frauen aus der Arbeiterschicht, die wegen der sinkenden Einkommen ihrer Männer nach Arbeit suchen, tun dies in diesem Sektor, ebenso die große Mehrheit der Migranten.

In diesen Branchen ist das Machtungleichgewicht zwischen Unternehmer und Arbeiter aus den frühen Tagen des Kapitalismus wieder brutale Realität: Da die Gewerkschaften schwach und die Belegschaften unorganisiert sind, was dadurch befördert wird, dass die Beschäftigten in vielen Dienstleistungsberufen nicht gemeinsam, sondern isoliert arbeiten, liegen die Löhne für einfache Tätigkeiten meist auf dem Niveau der jeweiligen nationalen Mindestlöhne. Auch die Arbeitsbedingungen haben sich verschlechtert. Unbezahlte Überstunden und extremer Druck sind heute in vielen Serviceberufen an der Tagesordnung.

Durchhalten, bis der Krankenwagen kommt

Einblicke in den Alltag jenseits der Komfortzonen unserer Gesellschaft bietet ein 2014 erschienener Sammelband über »Lebensmodelle in der Dienstleistungsgesellschaft«,[7] für den Beschäftigte aus dem Einzelhandel, den Post- und Zustelldiensten, der Gebäudereinigung und dem Pflegebereich befragt wurden. Von Vorgaben ist da die Rede, die schlicht nicht zu bewältigen sind (»Es hat sich etabliert, dass Arbeit nicht mehr geschafft wird«), von der ständigen Angst, durch jüngere, fittere Arbeitskräfte ersetzt zu werden (»Wenn der Körper nicht mehr funktioniert, ist man schnell raus«), und von Arbeitgebern, die mit größter Selbstverständlichkeit verlangen, dass im Fall von Krankheit Urlaubstage genommen werden. Auch von alltäglicher Müdigkeit und Schmerzen (»Wenn sie nach Hause kommen, dann legen sie sich auf die Couch, weil Rücken und Knie schmerzen. Das gilt von der Zustellung über Gebäudereinigung bis in den Einzelhandel der Lebensmittelketten«), von körperlichem Verschleiß (»Schon mit Mitte 20 haben viele Probleme mit Knien und Rücken«) und davon, dass »Substanzenmissbrauch in Form von Schlaftabletten und Schmerzmitteln … in den ›einfachen‹ Diensten nicht selten zum alltäglichen Ernährungsplan« gehört.

Freizeit gibt es selten, für manche eigentlich nie, was auch an den häufigen Zweit- oder sogar Drittjobs liegt. Der Gedanke an beruflichen Aufstieg ist komplett verschwunden, man braucht seine gesamte Kraft dafür, Monat für Monat sein soziales Überleben zu organisieren. Durchhalten, Durchbeißen, immer neue Schwierigkeiten irgendwie bewältigen wird zur Lebensmaxime. Zukunftspläne, Hoffnungen, gar Erwartungen an die Politik gibt es längst nicht mehr. »Mit Tabletteneinnahme über Wasser halten, bis der Krankenwagen kommt ...«,[8] fassen die Autoren die Überlebensstrategie der Beschäftigten in den genannten Branchen zusammen. Manchesterkapitalismus im 21. Jahrhundert.

Gefühl der Verwundbarkeit

Viele frühere Industriearbeiter haben durch den Wegfall ihrer Arbeitsplätze und ihren Wechsel in die einfachen Serviceberufe einen dramatischen sozialen Absturz erlebt: All das, wofür sie zwei Jahrhunderte lang gekämpft hatten – Sicherheit, kollektive Normen, standardisierte Arbeitsverträge, Aufstiegsmöglichkeiten – wurde ihnen innerhalb weniger Jahrzehnte wieder streitig gemacht. Und über denjenigen, die ihre Industriearbeitsplätze behalten haben und damit bis heute in einem besser geschützten und besser bezahlten Sektor arbeiten, hängt drohend und unheilvoll das Damoklesschwert, dass es ihnen oder mindestens ihren Kindern irgendwann ähnlich gehen könnte. Zumal Leiharbeit und Werkverträge mittlerweile auch in die industriellen Kernzonen vordringen und sich die Niedriglöhne bis in die klassischen Industrieberufe hineingefressen haben.

Ständige Reorganisationen der Betriebsabläufe und unterschiedlichste Arbeitsverträge für praktisch gleiche Tätigkeiten tragen dazu bei, das Zusammengehörigkeitsgefühl in den Belegschaften zu untergraben. Auch die Aufstiegsoptionen für Facharbeiter ohne akademische Ausbildung wurden nahezu komplett gekappt. Es sei bestürzend, wie sich heutzutage wieder die Beklemmung, die Angst und das Gefühl der Verwundbarkeit in der Arbeiterschaft ausbreitet: mit diesen Worten beschreiben die Autoren eines Buches über die Beschäftigten des Peugeot-Werkes im französischen Sochaux-Montbéliard den Tenor der Gespräche, die sie vor Ort mit den Peugeot-Arbeitern geführt haben.[9]

Wie zum letzten Mal im 19. Jahrhundert lässt sich die Verschlechterung der Lebenssituation der Arbeiter heute wieder an zunehmenden Erkrankungen und einer sinkenden Lebenserwartung ablesen. Ein Extrembeispiel ist der ärmste Bezirk im schottischen Glasgow, in dem besonders viele Menschen leben, die durch die Entwicklung der letzten Jahrzehnte aus der Bahn geworfen wurden. Hier beträgt die Lebenserwartung aktuell gerade noch 54 Jahre, 30 Jahre weniger als in den reichen Londoner Vierteln Kensington und Chelsea.

Tode aus Verzweiflung

In den USA ist die Lebenserwartung von Frauen und vor allem Männern aus der alten Mittelklasse und der Arbeiterschaft seit Jahren rückläufig. Ein wichtiger Grund dafür sind die *Deaths of Despair*, die »Tode aus Verzweiflung«, denen die Ökonomen Anne Case und Angus Deaton in einem Anfang 2020 erschienenen Buch auf den Grund gegangen sind.[10] Sie haben die Sterblichkeitsdaten der Gesundheitsbehörden durchforstet und nachgewiesen, dass die sinkende Lebenserwartung der amerikanischen Mittelschicht vor allem auf eine seit Ende der neunziger Jahre auffällig steigende Sterblichkeit weißer Arbeiter im Alter zwischen 45 und 54 Jahren zurückzuführen ist. Dafür finden sie drei Hauptgründe: exzessiver Alkoholkonsum und seine Folgeerkrankungen, Überdosen an Schmerz-, Betäubungs- oder auch Aufputschmitteln, die man in den USA dank erfolgreicher Lobbyarbeit der Pharmakonzerne besonders leicht von Ärzten verschrieben bekommt, und eine wachsende Zahl an Suiziden. Allein von 1990 bis 2014 verdreifachten sich die Todesfälle bei weißen Männern und Frauen dieser Altersgruppe. 2014 starben in diesem Lebensabschnitt in den USA mehr Menschen durch Medikamentenmissbrauch, Alkohol und Suizid als an Herzerkrankungen.

Den Ursprung dieses Elends führen auch Deaton und Case auf Veränderungen am US-Arbeitsmarkt zurück. Beschäftigte, die früher auch ohne Hochschulabschluss ein auskömmliches Leben führen konnten, hätten diese Möglichkeit heute nicht mehr. Die Ökonomen verweisen darauf, dass die Reallöhne der ärmeren Hälfte der US-Bevölkerung ein halbes Jahrhundert lang nicht mehr gestiegen sind und weiße Männer ohne Hochschulabschluss zwischen 1979 und 2017 rund 13 Prozent ihrer Kaufkraft verloren haben. Was die Leute umbringe, sei die »Verzweiflung darüber, dass ein gutes, einfaches Leben nicht mehr existiert«.[11] Eben weil es ordentlich bezahlte, sichere Jobs für Menschen ohne Universitätsbildung kaum noch gibt.

Reiche leben länger

Die Situation in Großbritannien und den USA ist aufgrund der stärkeren Deindustrialisierung und des nahezu völligen Fehlens eines schützenden Sozialstaats sicher dramatischer als etwa in Deutschland. Aber grundsätzlich anders ist die Lage auch hier nicht, seit uns die Agenda 2010 amerikanischen Verhältnissen ein beachtliches Stück nähergebracht hat. Auch in unserem Land liegt die Lebenserwartung des reichsten Fünftels der Männer immerhin 11 Jahre über der des ärmsten, bei den Frauen beträgt der Unterschied 8 Jahre. Und auch hier gehört der Konsum von Schmerz- und Schlafmitteln, wie wir gesehen haben, gerade in den besonders harten und schlecht bezahlten Tätigkeiten zur täglichen Überlebenshilfe, mit allen negativen Folgen für Gesundheit und Lebenserwartung.

Nur hat sich in Deutschland bisher niemand die Mühe gemacht, die Auswirkungen systematisch zu erforschen. Bezeichnenderweise war es in den USA auch genau ein Ereignis, das die Welt der alten amerikanischen Arbeiterschicht, die über Jahrzehnte niemanden interessierte, wieder in den Fokus öffentlicher Aufmerksamkeit katapultierte: die Wahl Donald Trumps zum US-Präsidenten im Jahr 2016. Es wäre gut, wenn wir hierzulande nicht auf ein vergleichbares Ereignis warten würden.

Ohne Abi keine Chance

Obwohl Deutschland bis heute stolz ist auf seine duale Ausbildung, eröffnen Berufsabschlüsse unterhalb des Abiturs auch hierzulande keine solide Lebensperspektive mehr. Da, wo Facharbeiter gesucht werden, sind die Löhne kläglich. Und da, wo Facharbeit noch ordentlich bezahlt wird, stechen Abiturienten und Hochschulabsolventen heute die Bewerber mit mittleren Bildungsabschlüssen aus. In Reaktion auf diese Situation gibt es für manche Ausbildungsgänge mittlerweile kaum noch Bewerber, während über die Hälfte aller Schüler in die Gymnasien drängt und anschließend in der Regel ein Studium beginnt. Viele von ihnen arbeiten später in Berufen, für die eine solide Fachausbildung nützlicher gewesen wäre.

Der Schwund der Industriearbeitsplätze und die Zunahme jener Arbeitsverhältnisse, die im Englischen *Bullshit-Jobs* genannt werden, haben also dazu geführt, dass nicht mehr der berufliche Aufstieg, sondern sozialer Abstieg oder die Angst davor zur prägenden Erfahrung von Millionen Menschen wurde. Das Leben in wechselnden, schlecht bezahlten Serviceberufen, in denen die eigene Qualifikation nicht mehr gefragt ist, und erst recht längere Phasen der Arbeitslosigkeit sind für die Betroffenen aber nicht nur aus sozialen Gründen schwer erträglich. Die veränderte Situation wird als besonders entwürdigend empfunden, weil in der Arbeiterschicht die alten Werte und Orientierungen immer noch lebendig sind.

Man kann nicht sauber arbeiten

Alle Prognosen zum Siegeszug einer individualistischen Ethik werden von Befragungen widerlegt, die Soziologen in Unternehmen durchgeführt haben. Plastisch schildern die Autoren des Buches über die Peugeot-Arbeiter, wie diese den Zerfall des Zusammenhalts und der Solidarität im Betrieb, die Erosion der Gewerkschaften und den Niedergang ihrer Wohnviertel nicht nur als soziale Katastrophe, sondern geradezu als persönliche Demütigung empfinden. Aber auch, wie sehr es sie stört, dass sie ihre Arbeit nicht mehr mit der gewünschten Präzision erledigen können, weil für die neue Renditeorientierung im Unternehmen Tempo wichtiger geworden ist als Qualität.

Auch in deutschen Industriebetrieben monieren Mitarbeiter, dass durch die Beschleunigung von Entwicklungs- und Fertigungsprozessen frühere Qualitätskriterien, Detailtreue und Kontrolle auf der Strecke bleiben. Sie missbilligen Innovationen ohne echte Verbesserungen.[12] Das alte Arbeitsethos der Industriearbeiter kollidiert hier mit dem Shareholder-Value-Regime großer Unternehmen, in denen heute vor allem Finanzkennzahlen den Rhythmus vorgeben.

Auch viele Servicebeschäftigte erleben solche Konflikte. So schildert eine Reinigungskraft ihr tägliches Dilemma: »Man kann nicht sauber arbeiten, obwohl man möchte, und muss dies noch verantworten. … wenn du Geld verdienen willst, musst du pfuschen. Anders geht's nicht.«[13] Eine Arbeit auszuführen, die nicht ordentlich erledigt werden kann, ist für sie Quelle permanenter Frustration. Und obwohl die Dienstleistungsbeschäftigten mit ihren Einkommen kaum über den Monat kommen, ist es auch für sie eine Frage des Stolzes, dass sie für sich selbst sorgen können und eben nicht vom Staat leben müssen. So kämpfen sie ständig um die *Normalität* eines bescheidenen *guten Lebens*, ohne sie jemals wirklich erreichen zu können.[14]

Die Werte zerbrechen

Solche Orientierungen und Werte zerbrechen erst bei denen, die über Jahre aus dem Berufsleben hinausgedrängt wurden und sich nur noch mit staatlichen Leistungen, Schwarzarbeit und Gelegenheitsjobs über Wasser halten. Aus der Lebensrealität dieser Menschen, für die nicht nur Armut, sondern auch ein Gefühl der Ausgrenzung, ja des Ausgeschlossenseins zur Normalität geworden ist, entsteht allmählich ein neues Sozialverhalten, dessen Ethik den Wertvorstellungen der klassischen Mittelschicht und der Arbeiterschaft völlig entgegengesetzt ist und das von Angehörigen dieser Schichten missbilligt und abgelehnt wird.

Weil zielgerichtete Anstrengungen als sinnlos und die Verhältnisse schlicht als unfair empfunden werden, beginnt bei den dauerhaft Ausgegrenzten die Fähigkeit zu zählen, sein Gegenüber hereinzulegen und zu übervorteilen oder durch maximale Cleverness bei minimalem Aufwand Geld zu machen. Der Dumme ist hier der Gutgläubige, der Vertrauensselige, der Langsame oder eben derjenige, der durch harte Arbeit sein Geld verdient.[15]

Eine Lebensweise zu verachten, auf die man ohnehin keine Chance mehr hat, erleichtert es zweifellos, mit der eigenen Situation klarzukommen. Die Etablierung dieser unsozialen Werte und Einstellungen ist also ebenfalls Ergebnis der *modernen kapitalistischen Dienstleistungsgesellschaft*, die zahllosen Menschen ein Leben in Wohlstand und Würde verwehrt. Bisher hat sich der neue Wertekanon nur in einem relativ kleinen Milieu etabliert, er gewinnt allerdings unter den jungen Ärmeren an Zustimmung. Je mehr er sich verfestigt und je größer die Gruppen sind, die ihn übernehmen, desto problematischer werden die Folgen für die Gesellschaft sein.

4. DIE NEUE AKADEMISCHE MITTELSCHICHT

Gut bezahlte Dienstleistungsberufe für Hochschulabsolventen

Die wachsende Zahl einfacher Servicejobs, deren schlecht bezahlte Inhaber seither für elementare Aufgaben von der Sauberkeit über den Lebensmittelverkauf, den Transport von Päckchen und Pizzas bis zur Pflege unserer älteren Mitbürger zuständig sind, ist allerdings nur die eine Seite der Medaille. Die Dienstleistungsgesellschaft führt nicht nur zu sozialen Abstiegen. Sie eröffnet auch Raum für beruflichen Aufstieg, Prestige und Wohlstand. Denn im Zuge der Veränderungen entstanden ebenfalls, und das ist die andere Seite, in bisher nicht da gewesenem Umfang neue gut bezahlte Dienstleistungsberufe für Hochschulabsolventen.

Finanzmarkt, Digitalwirtschaft und Medien

Heute arbeiten in den meisten westlichen Ländern zwischen 25 und 30 Prozent der Erwerbstätigen, teils abhängig beschäftigt, teils freiberuflich oder selbstständig, in diesen neuen Akademikerberufen, also ähnlich viele wie in den einfachen Servicejobs. Zu den Branchen, in denen seit den achtziger Jahren in großer Zahl gut bezahlte Arbeitsplätze für Beschäftigte mit Hochschulabschluss entstanden sind, gehört die Finanzwirtschaft, die seit Thatchers Deregulierung der Londoner City global expandiert, eine Entwicklung, die selbst durch die große Krise 2007/2008 nur mäßig gedämpft wurde. Über Jahre gehörte der Wechsel ins Investmentbanking zu den attraktivsten Berufsoptionen für Absolventen der Mathematik- und Physikstudiengänge. Ein noch schnelleres Wachstum erlebte ein Bereich, den es vor 30 Jahren kaum gab: die digitalen Dienste. Mit dem Aufstieg der digitalen Technologien wuchs auch der Bedarf an Softwareprogrammierern und IT-Spezialisten. Zu den großen Wachstumsbranchen der letzten Jahre zählen außerdem unternehmensbezogene Dienstleistungen im Bereich Marketing, Werbung, Beratung und Anwaltstätigkeiten. Auch hier sind viele zusätzliche Arbeitsplätze für Akademiker entstanden, ebenso wie in der Medien-, Kultur- und Unterhaltungsindustrie.

Zeitweilig florierten auch Neueinstellungen in der öffentlichen Verwaltung und im Bildungssystem. Zwar sind hier die Gehälter im Vergleich zur Privatwirtschaft eher bescheiden, aber dafür gibt es ein hohes Maß an Jobsicherheit, das die Arbeitsplätze attraktiv macht. Insbesondere in den achtziger Jahren fanden zahllose junge Akademiker in den neu geschaffenen Stellen der Studienräte, Gleichstellungsbeauftragten, Umweltreferenten oder Sozialarbeiter ihren Broterwerb.

Trendviertel oder Kleinstadt

Die neue akademische Mittelschicht, die mit all diesen neuen, gut bezahlten Dienstleistungsberufen entstanden ist, unterscheidet sich durch ihre Ausbildung, ihr Tätigkeitsprofil, ihren Wohnort, aber auch in Habitus, Werten und Lebenseinstellung gravierend sowohl vom traditionellen bürgerlichen und kleinbürgerlichen Milieu als auch von der Arbeiterschaft.

Während Arbeiter und klassische Mittelschicht heute eher in Kleinstädten, an den Rändern der Großstädte oder eben in den Industrierevieren leben, pulsiert das Leben der neuen Mittelschicht in den Innenstadtvierteln der großen Metropolen und in den Universitätsstädten. Auch wenn sich das im Zuge von Corona und Homeoffice verändern könnte: Bisher wurde das urbane Leben im kernsanierten Altbau dem Häuschen im Grünen deutlich vorgezogen. Der Aufstieg der neuen akademischen Mittelschicht war daher auch der Aufstieg der neuen Trendviertel mit ihren hochpreisigen Wohnquartieren und ihrer ganz auf die Bedürfnisse der neuen zahlungskräftigen Bewohner zugeschnittenen Infrastruktur: von der bilingualen Kita über die Waldorf-Schule bis zu Bioladen und Sushi-Bar. Heute leben die urbanen Akademiker in diesen Vierteln weitgehend unter sich, denn wer den Anschluss an ihr Einkommensniveau nicht schafft, kann sich die hohen Mieten nicht leisten.

80 DIE SELBSTGERECHTEN

Gewinner der Globalisierung

Die Entstehung der akademischen Mittelschicht ist wie der gesamte Wandel von der Industrie- zur Dienstleistungsgesellschaft Ergebnis sowohl technologischer Veränderungen als auch politischer Weichenstellungen. Ihr Aufstieg ist eng mit der Globalisierung verbunden. Es waren die Schwierigkeiten, mit unterschiedlichen internationalen Rechtssystemen klarzukommen, die neuen Möglichkeiten globaler Steuervermeidung oder auch die Tücken des internationalen Patentrechts, die den Beratungsbedarf auf Seiten großer Unternehmen massiv erhöhten. Insofern war der Boom der Beratungs- und Anwaltsdienstleistungen eine direkte Folge der Internationalisierung der Produktion.

Auch die wirtschaftsliberalen Reformen haben zum Aufschwung der akademischen Dienstleistungsberufe beigetragen. Erst die Deregulierung des Finanzsektors etwa hat viele spekulative Finanzgeschäfte ermöglicht, von denen in der Folgezeit Scharen von Quants, Hochfrequenzhändlern und Fondsmanagern gut leben konnten. Auch die immer größere Rolle, die Werbung und Marketing in unserer Gesellschaft spielen, ist letztlich Ergebnis von Globalisierung und wirtschaftsliberaler Politik. Denn sie sorgen dafür, dass mit Massenkonsumgütern heute kaum noch Geld zu verdienen ist. Die Kaufkraft der unteren Hälfte der Bevölkerung stagniert, und dieser Markt wird zu großen Teilen durch Billigprodukte aus Fernost abgedeckt. Echte Gewinne macht heute nur noch, wer sich Zugang zu den Brieftaschen der Bessergestellten verschafft. Ein besonders profitabler Markt ist dabei just die Nachfrage der neuen, gut verdienenden Großstadtakademiker.

Shoppen für eine bessere Welt

Passend zur Wertschätzung, die Individualismus und Besonderheit in diesem Milieu genießen, haben geschickte Werbefachleute hier den Anspruch etabliert, dass ein Erzeugnis nicht nur funktional und nützlich sein, sondern seinen Käufer auch aus der breiten Masse der trivialen Konsumenten herausheben muss. Hoch im Kurs stehen Produkte, die Gesundheit und Fitness fördern (oder zumindest vorgeben, das zu tun), aber der ultimative Kick wird da erreicht, wo der Kauf dem Käufer das wohltuende Gefühl vermittelt, ein *guter Mensch* zu sein. *Shoppen für eine bessere Welt*, Lifestyle-Produkte, die eine exklusive moralische Identität vermitteln, das ist es, was hier zählt. Noch bevor der Lifestyle die linke Politik eroberte, hatten ihn Unternehmen als erfolgreiche Marketingstrategie entdeckt.

Heute ist eine raffinierte Vermarktung für viele Unternehmen wichtiger als gute Techniker und Ingenieure, zumal der Kunde die tatsächliche Qualität ohnehin allenfalls im Nachhinein beurteilen kann. Doch damit die Lifestyle-Welle weiter rollt, müssen die smarten Werbestrategen ständig neue Geschichten und Moden erfinden, um bei der gebildeten Kundschaft immer neue Euphorie zu entfachen: für Müsliriegel mit Nachhaltigkeitssiegel, für das Lebensgefühl, einen Tesla zu fahren, oder für die Hinwendung zum Veganismus, den die Lebensmittelkonzerne leidenschaftlich mit einer Flut industriell erzeugter Nahrungsmittel unterstützen, die sich durch viel Gluten, künstliche Aromen und hohe Gewinnspannen auszeichnen. Oder wie wär's mit Paläo-Produkten für die eher Bodenständigen und Tretrollern statt Teslas für die innerstädtische Bewegungsfreiheit? Wird der Kauf bestimmter Produkte gar zu einem politischen Statement, dem sich nicht mehr entziehen kann, wer in bestimmten Kreisen *dazugehören* will, hat der Werbefachmann ganze Arbeit geleistet.

Um hochpreisige Produkte, die genau besehen niemand braucht, an den geneigten Mann oder eine ebensolche Frau zu bringen, zählt vor allem die Verkaufsidee, das Storytelling, der Marketing-Trick, und dafür, sich solche Kniffe auszudenken, werden Legionen an kreativen Köpfen sehr gut bezahlt.

Zufall und Glück statt Entgelttarif

Die Lebens- und Arbeitsbedingungen der neuen akademischen Mittelschicht stehen in nahezu jeder Hinsicht im Kontrast zu denen der Industriearbeiterschaft. Konnte sich Letztere ihren Mittelschichtstatus nur dank kollektiver Anstrengungen und standardisierter Arbeitsverträge erkämpfen, leben die akademischen Dienstleistungsberufe von dem, was der Soziologe Andreas Reckwitz die Herrschaft der *Singularitäten* nennt.[1]

Hier, in der sogenannten *Wissensökonomie*, gibt es keine Gewerkschaften, keine Entgelttarife, keine Normen der Leistungsbeurteilung, keine Regeln für den beruflichen Aufstieg. Verträge werden individuell ausgehandelt, vieles hängt von Glück und Zufall ab. Die Bewertungsmaßstäbe sind oft willkürlich und die Einkommensspanne zwischen gut und schlecht bezahlten Anwälten, Journalisten oder Kreativgenies ist riesig. Ein Investmentbanker kann mit 28 Jahren Millionen einstreichen und mit 30 wieder auf der Straße sitzen. Mitarbeiter angesagter Werbefirmen können üppig verdienen, es gibt aber auch Werbegrafiker, die über Clickportale im Internet kaum den Mindestlohn bekommen. Nicht jeder, der sich mit einem abgeschlossenen Hochschulstudium im Rücken um die qualifizierten, gut bezahlten Dienstleistungsjobs bemüht, wird also Teil der neuen akademischen Mittelschicht. Zu ihr gehören nur die, die solche Arbeitsplätze auch tatsächlich ergattern können.

Wer allerdings über längere Zeit dazugehört, erreicht auch einen hohen Grad sozialer Sicherheit, da die guten Einkommen solide private Vorsorge ermöglichen und die erworbenen Sozialkontakte auch berufliche Neuorientierungen erleichtern. Denn lebenslang bleibt hier so gut wie niemand auf seiner Stelle. Es ist die Welt der *Projektteams*, der zeitlich begrenzten Kooperationen und vielfach auch der wechselnden Arbeitsorte. Sesshaftigkeit und Heimatverbundenheit sind hier nicht gefragt. Wobei die Innenstadtviertel der Metropolen sich inzwischen in einem solchen Grade ähneln, dass das, was für die meisten Menschen den Wert von Heimat ausmacht – eine vertraute Umgebung, in der man sich wohl- und sicher fühlt und die Nachbarn so ähnlich ticken wie man selbst –, in den urbanen Innenstädten sogar bei häufigem Ortswechsel gewährleistet ist. Aber das Lebensgefühl, das diese Arbeitswelt erzeugt, ist das von Ungebundenheit, Freiheit und Weltbürgertum.

Bullshit-Jobs für Besserverdiener

Auch das Arbeitsethos der Industriearbeiter und der traditionellen bürgerlichen Schichten mit seinen Werten Gründlichkeit, Zurückhaltung und Disziplin sowie dem Anspruch, etwas für die Mitmenschen *Sinnvolles, Nützliches* zu schaffen, wäre in vielen der neuen Branchen ein echter Karrierekiller. In der Finanzwirtschaft etwa waren seit den Achtzigern vor allem *Spieler* gefragt, die bei hochriskanten Wetten die Nerven behalten und die der Nutzwert ihrer Geschäfte für die Allgemeinheit nicht interessiert. Auch diejenigen, die als Steuer- und Patentanwälte oder als Unternehmensberater Konzernen bei der Renditeoptimierung helfen, leben sicher glücklicher, wenn sie über die Folgen ihrer Ratschläge für Beschäftigte, kleinere Konkurrenten und das Gemeinwesen nicht nachdenken.

In der *creative economy* sind Originalität, Einfallsreichtum und Einzig-artigkeit gefragt, die in der Werbebranche allerdings auch keinem höheren Ziel dienen als dem, mehr oder minder nützliche Produkte in eine so ver-führerische Story einzubetten, dass am Ende auch Leute sie kaufen, die sie überhaupt nicht brauchen. Softwareprogrammierer müssen zwar ihr Fach verstehen, aber auch hier sind die höchstbezahlten Ideen oft die schäd-lichsten, denn das Kerngeschäft von Internetkonzernen und auch vieler di-gitaler Start-ups besteht nicht darin, unser Leben zu erleichtern, sondern es auszuforschen, alles über uns zu speichern und mit unseren Daten Ge-schäfte zu machen.

Natürlich gibt es in der neuen akademischen Mittelschicht auch viele ehrenwerte und gesellschaftlich sinnvolle Berufsbilder. Aber insgesamt ist schon frappierend, in welchem Grade ausgerechnet die bestausgebildeten und bestbezahlten Köpfe der *Dienstleistungsgesellschaft* von Tätigkeiten ab-sorbiert werden, die für die Allgemeinheit im besten Falle nutzlos und viel-fach sogar äußerst schädlich sind. Bezieht man den Begriff *Bullshit-Job* auf den Tätigkeitsinhalt statt auf die Bezahlung, sind solche Jobs tatsächlich in weit größerer Zahl in der gefeierten *Wissensökonomie* als in den einfa-chen Diensten zu finden. Denn ungeachtet der miesen sozialen Rahmen-bedingungen sind Letztere immerhin für die Aufrechterhaltung des gesell-schaftlichen Lebens existenziell, wie Öffentlichkeit und Politik zu Beginn der Coronakrise erschrocken feststellen mussten.

Perspektive für Bildungsaufsteiger

Es waren die vielen neuen akademischen Dienstleistungsberufe vom öf-fentlichen Dienst über die *creative economy* bis zur Finanzwirtschaft, die den Bildungsaufsteigern der siebziger und achtziger Jahre eine berufli-che Perspektive gaben. Insbesondere viele Kinder aus dem Arbeitermili-eu nutzten damals die mit der Öffnung von Gymnasien und Hochschulen verbundenen Möglichkeiten.

Die breite Mittelschicht der sechziger und siebziger Jahre, die vom bür-gerlichen Milieu bis zur Industriearbeiterschaft reichte, erlebte also keinen generellen Abstieg, sondern spaltete sich: Während die einen sozial und gesellschaftlich nach unten gedrückt wurden, konnten andere, auch dank des erleichterten Zugangs zu akademischen Bildungsdiplomen, in die gut bezahlten Dienstleistungsberufe aufsteigen und so ihren Status im Vergleich zum Elternhaus deutlich verbessern.

Die klassische Mittelschicht

Neben den gut verdienenden Akademikern und den Deklassierten in den Niedriglohnzonen gibt es natürlich auch immer noch beachtliche Teile der *klassischen Mittelschicht.* Zu ihr gehören viele Selbstständige, Handwerker, Landwirte und jene Teile der (überwiegend älteren) Facharbeiterschaft, denen auch ohne Abitur noch gut bezahlte Industriearbeitsplätze offenstanden. Diese Menschen, meist mit mittleren Bildungsabschlüssen, führen zwar unverändert ein materiell gutes Leben, stehen heute aber unter weit größerem Druck als in vergangenen Zeiten. Sie müssen um ihren Wohlstand wesentlich härter kämpfen, weil ihre Lebenshaltungskosten höher und ihre Gewerbe auch wegen der Billigkonkurrenz aus anderen Ländern unsicherer geworden sind. Viele erleben, wie die eigenen Kinder daran scheitern, sich ein vergleichbares Leben aufzubauen.

Ungeachtet ihres Lebensstandards steht daher auch die klassische Mittelschicht nicht auf der Gewinnerseite des gesellschaftlichen Wandels. Auch das unterscheidet sie von den gut verdienenden Großstadtakademikern, zu deren Lebensgefühl es gehört, die zurückliegenden Jahrzehnte in erster Linie als Jahrzehnte der Emanzipation und der neuen Freiheiten, Chancen und Möglichkeiten zu betrachten. Denn für sie waren sie das ja auch.

Inzwischen allerdings ist die Expansion der gut bezahlten Akademikerberufe zum Stillstand gekommen. Lediglich die Digitalwirtschaft befindet sich unverändert auf Wachstumskurs. In der öffentlichen Verwaltung dagegen werden seit Jahren eher Stellen abgebaut als neue geschaffen. Auch der Finanzsektor ist zwar immer noch viel zu groß, aber er wächst kaum noch. In den Medien sind gut bezahlte Arbeitsplätze rarer und schlechtbezahlte häufiger geworden. Die aktuelle Wirtschaftskrise hat erhebliche Auswirkungen auch auf die Auftragslage der unternehmensnahen Dienstleistungen. Und je mehr die Expansion stockt, desto größer wird das Gedränge um die verbliebenen Plätze an der Sonne.

Abschottung nach unten und die
Wiederkehr des Bildungsprivilegs

Noch etwas hat sich, vor einigen Jahren schon, verändert: Der Fahrstuhl nach oben funktioniert nicht mehr. Zwar beendet über die Hälfte aller Schüler eines Jahrgangs heute die Schule mit der Hochschulreife. Viele von ihnen studieren, auch in großer Zahl junge Menschen, deren Eltern keine Akademiker waren. Aber die Zeiten, in denen ein Hochschulabschluss ein halbwegs verlässliches Ticket für den Eintritt in ein gutes Leben war, sind vorbei. Heute gilt eher: Wer kein Abitur hat, hat ganz sicher keine Chance. Aber auch, wer sein Studium mit guten Noten abschließt, kann arm enden.

Die neue akademische Unterschicht

Denn unterhalb der neuen Mittelschicht gibt es inzwischen eine wachsende Gruppe spartanisch lebender Hochschulabsolventen, die man mit Fug und Recht als *neue akademische Unterschicht* bezeichnen kann. Es sind Menschen, die sich mit wechselnden, vielfach webbasierten Aufträgen irgendwie über Wasser halten, aber materiell kaum besser leben als die Beschäftigten in den einfachen Serviceberufen, nur dass sie nicht auch noch ihren Körper schinden müssen.

Es spricht einiges dafür, dass die Coronakrise mit ihren ruinösen Folgen etwa für die Veranstaltungs- und Kulturbranche das Wachstum dieses Milieus der verarmten Gebildeten massiv beschleunigen wird. Die akademische Unterschicht ist eine relativ neue Schicht. Sie ist garantiert kein Gewinner der Entwicklung der letzten Jahre. Aber wie es oft der Fall ist, orientiert sie sich an den Erzählungen und Werten der sozialen Gruppe, zu der sie eigentlich gehören und in die sie aufsteigen will. Deshalb ist der Linksliberalismus auch in diesem Milieu ausgesprochen populär.

Allerdings hat die neue akademische Unterschicht immer schlechtere Karten, sich ihre Hoffnung auf einen gut bezahlten Arbeitsplatz in der Wissensökonomie erfüllen zu können. Das liegt daran, dass die akademische Mitte etwa seit der Jahrtausendwende erfolgreiche Strategien entwickelt hat, sich nach unten abzuschotten.

Weitergabe von Privilegien

Dass privilegierte Schichten, die in Phasen sozialer Offenheit entstanden sind und deren Mitglieder zu großen Teilen auf soziale Aufstiegsbiografien zurückblicken, irgendwann versuchen, selbst ein exklusives Milieu zu werden, das seine Privilegien nur noch an die eigenen Nachkommen weitergibt, ist kein neuer Vorgang, sondern historisch das Übliche. Mit der Offenheit wächst die Konkurrenz, mit der Schließung nach unten dagegen die Chance, den eigenen Statusgewinn auch für die Kinder abzusichern.

In den Jahrhunderten vor der industriellen Revolution wurde dieses Problem meist dadurch gelöst, dass gehobene Schichten sich in einen neuen Erbadel verwandelten, der für sich das Recht in Anspruch nahm, Stellung und Einkommen direkt an die Nachkommen weiterzugeben. Das war natürlich die bequemste Lösung, für die es allerdings seit der Aufklärung keine gesellschaftliche Akzeptanz mehr gibt. Das Großbürgertum des Industriezeitalters fand seine Lösung für dieses Problem im Eigentumsrecht. Auch die Vererbung großer Betriebsvermögen sichert die Weitergabe von Status und entsprechendem Einkommen. In der Oberschicht läuft das noch heute so.

Die gesellschaftliche Mitte dagegen ist zwar wohlhabend, aber nicht reich. Sie hat normalerweise kein sicheres Mittel, ihren Lebensstandard an ihre Nachkommen zu übertragen. Eben deshalb konnte die klassische Mittelschicht sich gegen den Abstieg eines Teils ihrer Mitglieder nicht erfolgreich wehren. Auch die *akademische Mittelschicht* hat nicht genug Vermögen, um ihren Status zu vererben. Sie kann ihren Kindern eine Starthilfe geben, eine schöne Eigentumswohnung, ein interessantes Aktiendepot. Das sichert die soziale Existenz, aber es wirft keinesfalls ausreichend Erträge ab, um damit auf dem Level der Eltern zu leben. Anders als die klassische hat die neue akademische Mittelschicht es trotzdem geschafft, sich gegen Aufsteiger von unten weitgehend abzuschotten und damit die Chance der eigenen Nachkommen auf einen gut bezahlten Arbeitsplatz beachtlich zu erhöhen. Ihr wichtigster Hebel dafür ist die Wiederkehr des Bildungsprivilegs.

Teure Fremdsprachen

Über Jahrhunderte war höhere Bildung eine Domäne der Wohlhabenden. Und schon immer erfüllte dieses Bildungsprivileg die Funktion, im Kampf um lukrative Stellen mögliche Konkurrenten aus den unteren Schichten fernzuhalten. In den sechziger und siebziger Jahren des letzten Jahrhunderts wurde dieses Privileg im Zuge politischer Reformen, zu denen vor allem die Abschaffung von Studiengebühren und die Ausweitung des Zugangs zu Studienfinanzierungen gehörte, allmählich aufgebrochen. Zwar blieb das dreigliedrige deutsche Schulsystem mit seiner frühen Auslese und seiner starken Fokussierung auf Hausaufgabenhilfe durch die Eltern ein Nachteil für Kinder aus Familien, die solche Unterstützung nicht leisten konnten. Trotzdem gelang es damals immer mehr jungen Leuten aus einfachem Hause, sich ihren Weg bis zum akademischen Abschluss zu bahnen.

Vordergründig ist das bis heute so. Abitur und Studium sind auch heute kein Privileg der Wohlhabenden, wie sich schon an der ungebremst wachsenden Zahl der Abiturienten und auch der Studenten ablesen lässt. Zwar ist der Anteil der Arbeiterkinder unter Letzteren wieder gesunken. Aber viel wichtiger für die soziale Abschottung der akademischen Mittelschicht ist etwas anderes. Das *neue Bildungsprivileg* besteht darin, dass heute in den gut bezahlten akademischen Dienstleistungsberufen Fähigkeiten und Qualifikationen verlangt werden, die man auf dem staatlichen Bildungsweg schlicht nicht erwerben kann.

Zu normalen Gymnasien und Hochschulen haben nach wie vor viele junge Menschen unabhängig vom Elternhaus Zugang. Aber die Bildungstitel, die ihnen damit offenstehen, haben auf dem Arbeitsmarkt für die wirklich lukrativen Akademikerjobs nur noch einen untergeordneten Wert. Immer mehr Stellenausschreibungen setzen beispielsweise fließende Kenntnisse mehrerer Fremdsprachen, darunter vor allem perfektes Englisch voraus. Also nicht das solide Kommunikations-Englisch, das ein fleißiger Schüler sich im normalen Lernprogramm aneignen kann. Sondern ein Englisch, in dem man sich ähnlich souverän bewegt wie ein Muttersprachler. Das lässt sich nicht aus Büchern lernen. Das erwirbt man am besten bereits im mehrsprachigen Kindergarten oder im Zuge eines Schüleraustauschs während der Schulzeit und perfektioniert es durch längere Auslandssemester. All diese Bildungswege allerdings haben eines gemeinsam: Sie werden nicht staatlich angeboten, sondern durch private Träger, und sie sind dementsprechend teuer. Selbst im Erasmus-Studium, das ein EU-Projekt ist, decken die öffentlichen Zuschüsse nur einen Bruchteil der Lebenshaltungskosten. Es sind also fast ausschließlich wohlhabende Eltern, die ihren Kindern solche Möglichkeiten bieten können.

Wer kann sich lange Praktika leisten?

Und das ist nicht alles. Ähnlich wichtig wie gute Fremdsprachen- und vor allem Englischkenntnisse ist der Nachweis interessanter Praktika, möglichst im In- und Ausland. Wer in seinem Lebenslauf allenfalls ein studienbegleitendes Praktikum bei der Arbeiterwohlfahrt in Bottrop auflisten kann, braucht sich für viele Berufe der *Wissensökonomie* gar nicht erst zu bewerben. Wirklich spannende Praktika indessen stehen Kindern aus benachteiligten Familien aus mehreren Gründen kaum offen. Zum einen braucht es soziale Kontakte, um zu den Redaktionsräumen einer renommierten Zeitung, den Abgeordnetenbüros in Brüssel oder den Frankfurter Bankentürmen Zugang zu finden; zumindest helfen solche Kontakte dabei.

Zum anderen, und das ist entscheidend, sind die meisten Praktika unbezahlt oder bestenfalls minimal vergütet. Nach dem Studium erst mal für zwei, drei oder mehr Jahre über diverse Praktika an der Attraktivität des eigenen Lebenslaufs zu arbeiten kann sich nur leisten, wer in dieser Zeit von Mamas und Papas Schecks über Wasser gehalten wird. Der Siegeszug des Praktikums bedeutet daher nicht nur, dass junge Akademiker heute nach dem Studium oft noch lange nicht auf eigenen Beinen stehen. Er trägt auch erfolgreich zur Abschottung der besonders beliebten Akademikerberufe in Politik, Justiz, Verwaltung oder Medien und zum Ausschluss von Bewerbern aus ärmeren Familien bei.

Wachsende Kluft zwischen guten und schlechten Schulen

Ein dritter Faktor, der das neue Bildungsprivileg fördert, besteht in der wachsenden Kluft zwischen guten und schlechten Schulen. Dieser Faktor spielte in der zweiten Hälfte des 20. Jahrhunderts eine weit geringere Rolle. Damals wohnten wohlhabendere und weniger gut gestellte Familien oft im gleichen Viertel, weil die Politik durch Mietregularien und öffentlichen Wohnungsbau genau dafür sorgte. Ärmere und bessergestellte Kinder saßen daher häufig im gleichen Schulzimmer. Privatschulen spielten in Deutschland traditionell eine geringe Rolle, sie und ihre Internate waren Domäne der sehr Reichen. Heute boomt der Sektor der Privatschulen, auf denen die Söhne und Töchter aus zahlungskräftigem Hause eine besonders exklusive Bildung erhalten.

Aber auch die Grundschule und das staatliche Gymnasium sind im teuren Innenstadtbereich ungleich besser ausgestattet und bieten ein deutlich höheres Lernniveau als die Grund- oder Gesamtschule im sozialen Brennpunkt, was auch an den potenten Fördervereinen der zahlungskräftigen Eltern liegt. Zwar können so auch ärmere Kinder Abitur machen, aber aus vielen objektiven Gründen lernen sie weniger als ihre Altersgenossen im privilegierteren Bezirk. Spätestens im Studium rächt sich das.

Unterschiedliche Fähigkeiten und der weltläufige Habitus

In den Vereinigten Staaten ist die Kluft zwischen den Fähigkeiten von Kindern aus gut situierten und aus ärmeren Familien bei den 2001 Geborenen rund 30 bis 40 Prozent größer, als es bei den 25 Jahre Älteren der Fall war.[2] Auch in Deutschland wird der Abstand zwischen leistungsschwachen und leistungsstarken Schülern seit Jahren größer, auch hier in direkter Abhängigkeit vom Bildungs- und Einkommensniveau des Elternhauses.

Als die neue akademische Mittelschicht gerade im Entstehen begriffen war, spielte zudem ein Faktor noch kaum eine Rolle, der traditionell dazu beiträgt, dass Eliten bei der Besetzung begehrter Posten Mitglieder aus den eigenen Reihen bevorzugen: Man vertraut eher Menschen, die einem selbst in Habitus und Verhalten ähnlich sind. Heute trägt auch das zur Abschottung nach unten bei. Wer in einem bessergestellten Akademikerhaushalt aufgewachsen ist, ist meist schon als Kind viel gereist, kennt ferne Länder und andere Kulturen und bringt somit den lässigen Gestus der Weltläufigkeit und kosmopolitischen Souveränität mit, der in diesen Kreisen so geschätzt wird. Gegenüber einem Bewerber aus der Provinz, dessen Familie lieber Badeurlaub als Bildungsreisen machte, dürfte der urbane Weltbürger schon allein deshalb die besseren Karten haben.

Akademischer Erbadel

Dass die Aufstiegsoptionen gekappt sind und die wirklich attraktiven Dienstleistungsberufe Hochschulabsolventen aus ärmeren Familien nicht mehr offenstehen, lässt sich inzwischen sogar statistisch messen. Einen Generationenvergleich, der die Veränderungen zeigt, gibt es etwa für Großbritannien. Wer 1970 im Vereinigten Königreich geboren wurde und heute eine gehobene Position innehat, stammt aus einem Haushalt, dessen Einkommen um durchschnittlich 27 Prozent oberhalb des Mittels lag. Es sind also vor allem die Kinder der Wohlhabenden, die seit Mitte der neunziger Jahre auf solche Stellen vorgerückt sind. Bei den Älteren, also der Generation der Aufstiegsjahrgänge, war das noch anders. Unter den 1958 Geborenen, die heute privilegierte Positionen besetzen, betrug der Abstand des Familieneinkommens ihrer Eltern vom gesellschaftlichen Schnitt nur 17 Prozent. In dieser Generation gab es also noch weit mehr Aufsteiger aus kleinen Verhältnissen, die den Durchschnitt nach unten drückten.

Noch extremer ist der Unterschied in besonders einflussreichen Akademikerberufen. So stammen Journalisten und Fernsehleute in Großbritannien, die 1958 geboren sind, aus Familien mit einem gerade mal um 5,5 Prozent überdurchschnittlichen Haushaltseinkommen. In dieser Generation repräsentiert der Journalismus also mit Blick auf die Herkunft einen guten Querschnitt der Bevölkerung. Nur eine Generation später hat sich das völlig gewandelt: Bei den 1970 geborenen britischen Journalisten lag das elterliche Familieneinkommen um 42,4 Prozent über dem Durchschnitt, sie kommen also bevorzugt aus der oberen Mittelschicht.[3] Für Deutschland gibt es zwar keine langfristigen Vergleichsdaten, aber immerhin Zahlen aus der neueren Zeit, die eine ähnliche Abschottung nach unten bestätigen. Laut jüngsten Befragungen an Journalistenschulen in Köln, München und Hamburg kamen 68 Prozent der angehenden Publizisten aus der *höchsten* von vier Herkunftsgruppen, aus der unteren dagegen kein einziger.[4]

Politisch einflussreiche Meinungsführer

Die akademische Mittelklasse ist also heute ein weithin exklusives Milieu, das sich überwiegend aus sich selbst reproduziert und in das Aufstiege von weniger begünstigten Positionen aus kaum noch möglich sind. In seinem Alltag lebt dieses Milieu weitgehend unter sich. Es gibt immer weniger Begegnungen, immer weniger Freundschaften oder gar Partnerschaften über die eigene soziale Gruppe hinaus.

Neben der Oberschicht verfügt heute vor allem die akademische Mittelschicht über politischen Einfluss und Meinungsmacht. Während die Oberschicht ihren Interessen vor allem über ihre ökonomischen Ressourcen, ihr Geld und ihr Netz von Lobbyisten Nachdruck verleiht, ist es die akademische Mittelschicht, die die Schlüsselstellen in Medien und Politik besetzt. Sie ist in nahezu allen westlichen Ländern zum öffentlichen Meinungsführer und zum Träger großer Teile des Politikbetriebs geworden.

Neue Erzählungen: Der Neoliberalismus und die Nach-68er-Linke

Aus der Lebenswelt der akademischen Mittelschicht sind zwei große Erzählungen hervorgegangen. In den achtziger und neunziger Jahren bestimmte der *Neoliberalismus* die öffentliche Debatte. Diese Erzählung spiegelte allerdings in erster Linie die Interessen der besonders gut verdienenden, in Finanzwirtschaft und unternehmensnahen Dienstleistungen beschäftigten Akademiker wider. Es war also eher eine Erzählung der oberen Mitte und der Oberschicht, die etwa bei Akademikern, die im öffentlichen Dienst angestellt waren, nie wirklich populär werden konnte.

Die zweite große Erzählung des akademischen Großstadtmilieus ist der *Linksliberalismus*. Sie hat den alten Neoliberalismus spätestens mit Beginn des 21. Jahrhunderts als öffentlich dominierende Erzählung abgelöst und ist sicher auch deshalb so erfolgreich, weil sie unmittelbar an die Werte und das Lebensgefühl der Großstadtakademiker anknüpft. Zwischen Neoliberalismus und Linksliberalismus gibt es einige Unterschiede, aber auch große Überschneidungen. Beide reflektieren die Sicht sozialer Schichten, die von den Veränderungen der letzten Jahrzehnte im Großen und Ganzen profitiert haben, und beide sind mit Wirtschaftsliberalismus und Globalisierung nicht nur prinzipiell vereinbar, sondern legitimieren genau diese politische Agenda. Wir werden im nächsten Kapitel zeigen, weshalb das auch für den Linksliberalismus gilt. Beim Neoliberalismus liegt es auf der Hand.

»There is no such thing as society«

Als die Thatchers und Reagans das Zepter übernahmen, Ende der siebziger, Anfang der achtziger Jahre, brach nicht nur das Zeitalter eines neuen Wirtschaftsliberalismus, der entfesselten Finanzmärkte, der Globalisierung und des Sozialabbaus an. Die neue Politik brachte zu ihrer Begründung und Rechtfertigung auch neue Botschaften und Werte mit, die sich deutlich von dem unterschieden, was all die Jahre zuvor gegolten hatte. Die Grundideen stammten von ultraliberalen Ökonomen wie Friedrich August von Hayek und Milton Friedman, aber auch aus den Werken der libertären Bestsellerautorin Ayn Rand.

Statt »Maß und Mitte« galten jetzt Gier und Bereicherungssucht als noble Charakterzüge, zumindest in der Privatwirtschaft. Der *gierige Staat* und sein *inquisitorisches* Steuer- und Abgabensystem avancierten dagegen zum neuen Feindbild. Die Klage, auf diesem Wege würden *Leistungsträger enteignet*, um *Faulenzer* durchzufüttern, war fester Bestandteil des neuen Sounds. Der Staat galt aber nicht nur als übergriffig und unersättlich, sondern auch als grundsätzlich ineffizient. Bisher öffentliche Aufgaben sollten daher im Interesse ihrer besseren Erledigung dem Markt übertragen werden. Mit dieser Erzählung waren nicht nur die bekannten Forderungen nach Steuersenkungen, Privatisierungen und Sozialkürzungen verbunden. Es war das Bild von der Gesellschaft selbst, das sich grundlegend veränderte. Der Wahrnehmung der Gesellschaft als Verantwortungs- und Solidargemeinschaft setzte Thatcher die pointierte Formel entgegen: »*There is no such thing as society*« – »Es gibt überhaupt keine Gesellschaft«.

Eigenverantwortung und Erfolg

Wo es keine Gesellschaft gibt, gibt es natürlich auch keine Verantwortung für andere. Weder für die Allgemeinheit noch für Hilfsbedürftige. An ihre Stelle trat jetzt die *Eigenverantwortung* als zentraler Wert. Gemeinsinn galt nicht nur als überholt, sondern nachgerade als schädlich. Die neue Botschaft war, dass für alle dann am besten gesorgt ist, wenn jeder sich ausschließlich um sich selbst und seinen Vorteil kümmert. Zur Begründung diente eine ins Klischee verzerrte Lesart der berühmten Metapher von Adam Smith, nach der der Markt mit *unsichtbarer Hand* die Handlungen eigensüchtiger Individuen auf das allgemeine Wohl hinlenken würde.

Jeder war jetzt nur noch für sich verantwortlich, allenfalls innerhalb der Kleinfamilie gab es noch Solidaritätsverpflichtungen. Darüber hinaus existierten allein die Gesetze des Marktes, die den von allen Loyalitäten befreiten Individuen den Rahmen vorgaben, in dem sie miteinander kooperieren konnten. Die Rechtsordnung wiederum sollte sicherstellen, dass sich niemand beim Verfolgen seiner eigensüchtigen Interessen unlauterer Mittel bedient.

Statt um Fleiß und Disziplin ging es jetzt um eine oberflächliche Scheinkreativität und Erfolg. Das spiegelte zum einen die wachsende Rolle und Macht des Finanzmarktes wider, auf dessen Parkett eben eher der Typus des Spielers als der des bedächtigen und gründlichen Ingenieurs zu Hause ist und Glück, Zufall oder Betrug weit mehr helfen als Anstrengung und Ehrlichkeit. Zum anderen verbarg sich hinter dem Abschied von den früheren Werten aber auch das Eingeständnis, dass die Tugenden der klassischen Mittelschicht keinen sozialen Aufstieg mehr garantierten, ja oft nicht einmal den bereits erreichten Lebensstandard absichern konnten.

Der neue Held: eigennützig, mobil, flexibel

Das Streben nach Sicherheit galt jetzt ohnehin als Unart notorischer Besitzstandswahrer, gefragt waren stattdessen *Risikobereitschaft*, *Flexibilität* und *Mobilität*. Statt sich in einem Normalarbeitsverhältnis auszuruhen, das es ohnehin immer seltener gab, sollte jeder zum *Arbeitskraft-Unternehmer* werden, zur *Ich-AG*, was in der Regel natürlich nur bedeutete, unterhalb von Mindestlöhnen und ohne soziale Absicherung zu arbeiten. Der Wunsch nach Planbarkeit des Lebens oder einem stabilen, berechenbaren Umfeld wurde als altes Anspruchsdenken abgekanzelt, das die dringend nötige *Modernisierung* von Wirtschaft und Gesellschaft behindert. Nahezu alle Werte, die in der Arbeiterschaft und den früheren Mittelschichten hochgehalten wurden, galten jetzt als muffig und überholt.

Der Held der neuen Zeit war stark, eigennützig, erfolgreich, risikofreudig, mobil und flexibel. Wer reich wurde, hatte alles richtig gemacht, wer sozial abstürzte, war selber schuld. Aus der Gesellschaft als Gemeinschaftsprojekt war eine Assoziation von Egoisten geworden, denen alles erlaubt war, was das Gesetz nicht ausdrücklich untersagte. Es ist offenkundig, dass diese Erzählung auch traditionell bürgerlich-konservativen Werten widerspricht.

Die Mobilitäts- und Flexibilitätsansprüche kollidieren mit dem Anspruch, eine stabile Familie zu gründen, ebenso wie mit Heimatverbundenheit und lokaler Verwurzelung. Auch für religiösen Glauben, die Wertschätzung von Traditionen, bildungsbürgerlichen Humanismus oder den Bezugsrahmen einer Nation war in der neuen Erzählung kein Raum mehr.

Verlust an Überzeugungskraft

Bereits Ende der neunziger Jahre verloren die neoliberalen Botschaften in vielen Ländern an Überzeugungskraft. Denn dass die unter ihrem Vorzeichen durchgesetzte Politik ihre Versprechen nicht einlösen konnte, wurde immer offensichtlicher. Zwar gab es eindeutige Gewinner der neuen politischen Agenda, aber das waren in erster Linie die Wirtschaftseliten, die Eigentümer von Kapital und Unternehmen, deren Einkommen sich infolge sinkender Lohnkosten und Steuern vervielfachte und deren Vermögen explodierte. Auch die obere Mittelschicht profitierte vom Abbau des Sozialstaats, von Steuersenkungen und Privatisierungen. Denn anders als die wirklich Reichen hatte sie zuvor den Löwenanteil der Einkommensteuern und Sozialabgaben getragen. Sie selbst war dagegen auf soziale Leistungen und öffentliche Infrastruktur immer weniger angewiesen.

Jenseits der Wirtschaftseliten und der oberen Mitte freilich gab es weithin vor allem Verlierer, darunter auch die nicht ganz so wohlhabenden Teile der akademischen Mittelschicht. Nicht jeder einfallsreiche Werbestratege kann so viel privates Vermögen bilden, dass er im Sozialstaat nur noch eine überflüssige Einrichtung sieht. Und der Gleichstellungsbeauftragte im öffentlichen Dienst hat die Bedeutung des Staates naturgemäß schon immer anders bewertet als der Unternehmensberater von McKinsey, auch wenn beide sich als Weltbürger fühlen.

Das war die Ausgangslage für eine Welle sozialdemokratischer Wahlsiege in ganz Europa zu Beginn des neuen Jahrtausends. Mit ihnen wurde der Linksliberalismus zur gesellschaftlich dominanten Erzählung, anfangs in einer Melange mit dem Neoliberalismus, dessen ruppige und schon vordergründig unsoziale Botschaften allerdings nach und nach in den Hintergrund traten. Heute lebt die neoliberale Erzählung noch in einzelnen Milieus und den liberalen Parteien, aber selbst da nur noch selten in der ursprünglichen Hardcore-Version. Immerhin hat spätestens die Finanzkri-

DIE NEUE AKADEMISCHE MITTELSCHICHT **95**

se 2008/2009 der entsetzten Allgemeinheit vor Augen geführt, wie dramatisch die *unsichtbare Hand des Marktes* versagen kann und wie teuer verantwortungslose Spieler, die sich um nichts als ihre Bereicherung kümmern, die Gesellschaft zu stehen kommen. Die Politik allerdings hat sich trotz des Wechsels der Erzählungen kaum verändert.

Die 68er – Aufstand gegen die Norm

Der langsame Abschied der SPD vom traditionellen Programm begann bereits in den siebziger Jahren, als die Generation der 68er- und Nach-68er-Studenten die ehemalige Arbeiterpartei kaperte und der Arbeiteranteil unter ihren Mitgliedern auf 28 Prozent sank. Ein Teil der damaligen Akademiker entstammte immerhin dem Arbeitermilieu, ihre Eltern waren klassische SPD-Wähler, deren Nachwuchs die neuen Bildungschancen nutzte. Die Wortführer der 68er-Bewegung waren indessen wohlhabende Bürgerkinder, die kulturell gegen ihre Elterngeneration aufbegehrten. Viele kamen aus dem Großbürgertum, in dem die Ablehnung »*kleinbürgerlicher Enge*« und der »*provinziellen Werte*« der Mittelschicht durchaus Tradition hatte, allerdings als Abgrenzung nach unten und keineswegs als Ausdruck einer Rebellion im Namen der Unterdrückten.

In der 68er-Bewegung wurde daraus der große Aufstand gegen Normalität und Konformität, gegen Traditionalismus und den *Mief* der alten Zeit. Das richtete sich einerseits gegen die Bigotterie der Sechzigerjahre-Gesellschaft, in der außerehelicher Sex noch immer als Sünde galt, während zahllose Altnazis in Einflusspositionen des Bildungssystems, der Justiz und in den politischen Parteien überdauert hatten. Der Angriff der neuen Bewegung galt aber nicht nur dem rechten und erzkonservativen Milieu, sondern richtete sich gegen den gesamten Wertekanon von »Maß und Mitte« und gegen die damalige Gesellschaft, die immerhin den Arbeitern mehr Rechte, Konsummöglichkeiten und Aufstiegsoptionen eröffnet hatte, als sie sie jemals zuvor gehabt haben. Anders als in Frankreich waren sich 68er-Bewegung und Arbeiterschaft in Deutschland daher von Beginn an fremd, ja, die meisten Arbeiter standen den protestierenden Studenten mit ihren Kommune-Ideen, ihrer Revolutionsromantik und ihrer schwer verständlichen Sprache mit Abneigung und Feindseligkeit gegenüber.

Mit dem Zustrom der durch die 68er-Ideen geprägten Jungakademiker begann die Entfremdung der Sozialdemokratie von der Arbeiterschicht, auch wenn starke Gewerkschaften und deren innerparteilicher Einfluss für die nächsten Jahrzehnte noch sicherstellten, dass die Brücken nicht eingerissen wurden. Dennoch wurde aus der alten Arbeiterpartei mehr und mehr eine Partei des öffentlichen Dienstes, der Lehrer und Sozialarbeiter. Aus diesem Milieu rekrutierte sich Anfang der achtziger Jahre auch die Gründergeneration der Grünen, deren Aktivisten der Arbeiter- und Industriekultur schon gar keine Sympathie entgegenbrachten.

Noch später, als die akademische Mittelschicht sich verbreiterte und immer stärker auch privatwirtschaftlich verankert war, als immer mehr Akademiker in politische Funktionen kamen, die mit der Arbeiterschicht noch nicht einmal mehr eine Kindheitserinnerung verbanden, wandelten sich auch die Botschaften weiter. Besonders die Grünen sind heute in den meisten Ländern *die* Partei der akademischen Mittelschicht, die von Softwareprogrammierern und Marketingfachleuten und von Journalisten und höheren Beamten gleichermaßen gewählt wird. Aber nicht nur die Grünen, alle Lifestyle-linken Parteien sind heute Parteien des urbanen Akademikermilieus. Ein Großteil ihrer Mitglieder und vor allem ihre Funktionsträger kommen aus dieser Schicht. Die linksliberale Erzählung ist die Erzählung dieses Milieus, sie entspricht seiner Lebenswelt und seinem Lebensgefühl, aber sie formt und strukturiert es auch.

Damit allerdings hat die Linke die Seiten gewechselt. Während die traditionelle Linke die Unterprivilegierten, die Menschen mit geringeren Bildungschancen und weniger Einkommen vertreten hat, steht die linksliberale Linke auf der Seite der Gewinner der sozialen Veränderungen der letzten Jahrzehnte. Die Verlierer haben damit ihre authentische politische Stimme verloren und wenden sich entweder ganz von der Politik ab oder nach rechts.

Gesellschaftlich begann der Siegeszug des Linksliberalismus, als die Botschaften des Neoliberalismus verbraucht waren und keine Anziehungskraft mehr entfalten konnten. Wir werden uns im folgenden Kapitel die wichtigsten Aussagen dieser neuen Erzählung und die Werte, die sie propagiert, genauer ansehen. Am Ende werden wir feststellen, dass der Linksliberalismus dem Gesellschaftsbild des Neoliberalismus nähersteht, als viele seiner Anhänger glauben, und dass er ebenso wie der Neoliberalismus die Interessen der Gewinner der Veränderungen der letzten Jahrzehnte widerspiegelt.

5. DER LINKSILLIBERALISMUS – MAGGY THATCHERS GRÖSSTER ERFOLG

Privilegierte Opfer – die Identitätspolitik

Auch der Linksliberalismus ist eine große Erzählung, deren öffentlicher Widerhall umso stärker wurde, je mehr die Botschaften des hemdsärmeligen Neoliberalismus verblassten. Wegen ihrer mangelnden Toleranz und ihrer Feindseligkeit gegenüber anderen Meinungen sollte diese Erzählung eigentlich *Linksilliberalismus* heißen. Der Name Linksliberalismus wird in diesem Buch nur deshalb übernommen, weil er sich seit einigen Jahren zur Beschreibung jenes Weltbilds etabliert hat, um das es auf den folgenden Seiten gehen soll. Es sei nochmals darauf hingewiesen, dass der moderne Linksliberalismus nicht mit der geistig-politischen Strömung verwechselt werden darf, die im 20. Jahrhundert unter diesem Namen firmierte. Damals bezeichnete das Adjektiv linksliberal das, was es aussagt: *linke Liberale*. Das waren etwa die FDP-Mitglieder, die für das im Wortsinn *linksliberale* Freiburger Programm warben und eine Koalition mit der SPD unterstützten. Linke Liberale, also Liberale, die Freiheit nicht mit dem Faustrecht des Stärkeren verwechseln, sondern zugleich soziale Verantwortung einfordern, gibt es auch heute noch. Sie sind in diesem Abschnitt nicht gemeint.

Ebenso wenig angesprochen sollten sich *liberale* Linke fühlen, als Linke, die sich von illiberalem und totalitärem Denken abgrenzen. Dieses Buch ist ein Plädoyer für eine liberale, tolerante Linke. Die Linksliberalen um die es im Folgenden geht, also die Linksliberalen im modernen Wortsinn, sind genau besehen weder links noch liberal.

Für Vielfalt gegen die Rückwärtsgewandten

Wie bei jeder aus dem Denken und Fühlen bestimmter Milieus entstandenen Erzählung gibt es auch für den Linksliberalismus kein Lehrbuch, das seine Thesen in zusammengefasster Form präsentiert. Die linksliberale Erzählung lebt in der öffentlichen Debatte, in den Äußerungen von Politikern und Journalisten aus dem links-sozialdemokratisch-grünen Meinungsspektrum und in den Büchern von Publizisten aus diesem Lager. Insofern handelt es sich natürlich auch in diesem Fall um eine Erzählung mit vielen Variationen und Facetten, die allerdings einem Grundton folgt und ein klar umrissenes Weltbild und einen Wertekanon präsentiert, anhand dessen ihre Anhänger zwischen gut und schlecht, fortschrittlich und reaktionär unterscheiden.

Auf den ersten Blick ist die linksliberale Erzählung das Gegenprogramm zur neoliberalen. Statt von Egoismus, Erfolg und freien Märkten ist in ihr viel von Solidarität die Rede, auch von Moral und Verantwortung, von universellen Menschenrechten, Minderheitenschutz, Anti-Diskriminierung und Rücksichtnahme. In seinem Selbstverständnis sieht sich der Linksliberalismus auf der dem Neoliberalismus entgegengesetzten Seite des politischen Spektrums: links und progressiv. Und wie jede erfolgreiche Erzählung präsentiert der Linksliberalismus einen bunten Strauß positiv besetzter, identitätsstiftender Begriffe und ein klar umrissenes Feindbild. Linksliberale nehmen für sich in Anspruch, für Vielfalt, Weltoffenheit, Modernität, Klimaschutz, Liberalität und Toleranz zu stehen. Allem, was nach linksliberalem Verständnis *rechts* ist, wird hingegen der Kampf angesagt: Nationalismus, Rückwärtsgewandtheit, Provinzialität, Rassismus, Sexismus, Homophobie, Islamophobie.

Glaube, Nation und Heimat sind den Linksliberalen Chiffren für Rückständigkeit. Normalität gilt als unattraktiv, Standards als Einschränkung, Individualität und Selbstverwirklichung werden dagegen großgeschrieben. Besondere Bedeutung in linksliberalen Debatten nehmen Fragen der Abstammung, des Geschlechts und der sexuellen Orientierung ein und überlagern die Diskussion sozioökonomischer Probleme bei Weitem. Außerdem geht es viel um Sprache und Regeln korrekter Ausdrucksweise. Der Linksliberalismus ist das Weltbild der Lifestyle-Linken, die wir im ersten Kapitel beschrieben haben.

DER LINKSILLIBERALISMUS **99**

Mit Sprache die Welt verändern

Die Ursprünge der Denkrichtung, die heute unter dem Label Linksliberalismus firmiert, reichen bis tief ins 20. Jahrhundert zurück. Es überrascht wenig, dass die Hypersensibilität in Fragen von Sprache und Symbolik von Beginn an ein Elitenprojekt war. Denn entstanden ist sie nicht in Arbeitskämpfen um bessere Löhne und auch nicht in der amerikanischen Bürgerrechtsbewegung von Martin Luther King, der sich weit weniger dafür interessierte, wie man Schwarze nennt, als dafür, in welchen sozialen Verhältnissen sie leben. Es waren just die amerikanischen und britischen Eliteuniversitäten, die als Erste damit begannen, Sprache zu reglementieren, Texte zu zensieren und Tabus vorzuschreiben, und zwar weit über die Zurückweisung tatsächlich rassistischer Begriffe hinaus.

Hintergrund dieser Manie war eine philosophische Theorie, die in den sechziger Jahren von französischen Professoren entwickelt wurde und in der These gipfelte, dass der Mensch mittels Sprache die Realität nicht beschreibt, sondern schafft. Und zwar durchaus in dem radikalen Sinn, dass jenseits der Sprache gar keine reale Welt existiert, auf die wir uns beziehen. Letztlich bedeutet das: Wer Herrschafts- und Machtverhältnisse überwinden will, muss eben anders reden. Die Begründer dieser Theorie nannten sich Poststrukturalisten oder auch Dekonstruktivisten, die bekanntesten unter ihnen waren Michel Foucault und Jacques Derrida.

Derrida verbreitete seine Botschaften unter anderem auf Vortragsreisen in den Vereinigten Staaten, wo sie auf fruchtbaren Boden fielen und viele Schüler fanden, die seinen Ansatz begeistert weiterentwickelten. 1992 gab es bereits an 130 US-Universitäten sogenannte Sprach-Kodizes: Verordnungen, die festlegten, was man auf dem Campus sagen darf und was nicht.[1] Verstöße wurden mit Strafen geahndet. Wer das falsche Magazin las oder ein gut gemeintes Kompliment machte, konnte von nun an ernste Probleme bekommen. An den angelsächsischen Top-Universitäten wurden auch die ersten Kämpfe gegen *Mikroaggressionen* ausgefochten und *safe spaces* eingerichtet, um die zarten Seelen von Studenten, deren Eltern die Eintrittsgebühr von mehreren zehntausend Dollar pro Semester aufbringen konnten, vor Verletzungen zu bewahren.

Mikroaggressoren auf dem Elite-Campus

Für Uneingeweihte: Mikroaggressionen sind Worte, durch die sich jemand, der einer als *Opfergruppe* qualifizierten Minderheit angehört, durch einen Sprecher, der nicht zu dieser Minderheit zählt, verletzt fühlt. Die *Opfer* sind natürlich keine echten Opfer, also Menschen, die unter Ausbeutung, Ausgrenzung und Unterdrückung leiden, denn solche Opfer betreten den Elite-Campus höchstens, um die Hörsäle zu putzen oder eine verstopfte Toilette zu reparieren. Der Opferstatus, um den es hier geht, wird vielmehr von äußerst privilegierten Personen aufgrund ihrer Hautfarbe, Ethnie oder sexuellen Orientierung in Anspruch genommen. Auch Frauen können sich Männern gegenüber auf diesen Status berufen. *Safe spaces* wiederum sind Räume, in denen die Angehörigen von Minderheiten vor verbalen Übergriffen sicher sind, weil Männer oder Weiße oder Heteros keinen Zugang haben.

Eine *Mikroaggression* muss kein beleidigendes Wort sein und die Herabsetzung muss auch nicht in der Absicht des Sprechers liegen. Es genügt, wenn ein Angehöriger einer Minderheit etwas in den falschen Hals bekommt. Eine Selbstverteidigung des Sprechers ist zwecklos, denn es zählt nicht, was er gemeint hat, sondern wie der Angesprochene es empfindet. Und über Empfindungen lässt sich bekanntlich nicht streiten. Sagt jemand, dass für ihn die ethnische Herkunft oder sexuelle Orientierung seines Gesprächspartners keine Rolle spielt, ist das im Rahmen dieser Theorie bereits eine handfeste Mikroaggression, immerhin könnte sich das Gegenüber dadurch in seiner speziellen Identität als Homosexueller oder Pakistani herabgesetzt fühlen. Selbst ein Lob kann böse ankommen. Wenn ein weißer Student mit einem schwarzen Tennis spielt und ihm am Ende Respekt für seine starke Rückhand zollt, kann der Belobigte das als Kränkung werten, weil mit der Hervorhebung ja gemeint sein könnte, dass Schwarze ansonsten eher schlecht Tennis spielen.

Die meisten Schwarzen in den Vereinigten Staaten wären vermutlich froh, sie hätten solche Probleme, aber an den Unis der westlichen Welt sind Mikroaggressionen seither ein Top-Thema und *safe spaces* ein Muss. In besonderer Weise gilt das für jene Hochschulen, die ohnehin ein *safe space* für den globalen Nachwuchs der Oberschicht sind, der sie, gleich welcher Ethnie sie angehören und welche sexuellen Vorlieben sie haben, in jedem Fall vor der Zumutung schützt, mit jungen Leuten aus ärmerem Hause in Kontakt treten zu müssen.

Der bekannte amerikanische Schriftsteller Philip Roth hat die Atmosphäre, in der solche Auseinandersetzungen geführt werden, in seinem Roman *Der menschliche Makel* geschildert. Dessen Hauptfigur, der allgemein geschätzte jüdische Altphilologe Coleman Silk, muss sich wegen angeblich »rassistischer Äußerungen« inquisitorischen Befragungen stellen, nachdem er zwei regelmäßig dem Seminar fernbleibende Studenten als »*dunkle* Gestalten, die das Seminarlicht scheuen« bezeichnet hatte. Das Ganze endet damit, dass Silk seine Professur entnervt aufgibt und seine Frau einen Schlaganfall erleidet, an dem sie verstirbt.

Anerkannte Opfergruppen

Die Theorie hinter dem geschilderten Ansatz nennt sich *Identitätspolitik*. Sie steht im Zentrum des Linksliberalismus und liefert praktisch das Grundgerüst, auf dem das linksliberale Weltbild beruht. Die Identitätspolitik läuft darauf hinaus, das Augenmerk auf immer kleinere und immer skurrilere Minderheiten zu richten, die ihre Identität jeweils in irgendeiner Marotte finden, durch die sie sich von der Mehrheitsgesellschaft unterscheiden und aus der sie den Anspruch ableiten, ein Opfer zu sein. Wichtig, um zur anerkannten Opfergruppe zu werden, ist eigentlich nur, dass es sich um *individuelle* Merkmale handelt, nicht um solche, die mit sozioökonomischen Strukturen zusammenhängen. Also die Herkunft aus sozial schwierigen Verhältnissen, Armut oder ein Job, in dem man seine Gesundheit ruiniert, sind eher ungeeignet, um im Rahmen der Identitätspolitik als Opfer zu gelten. Da sich an identitätspolitischen Diskursen allerdings kaum Arme oder Geringverdiener beteiligen, hat das noch niemanden gestört. Sexuelle Orientierung, Hautfarbe oder Ethnie dagegen funktionieren immer. Wer nun mal weiß und hetero ist, kann es behelfsweise über den Lebensstil versuchen, also etwa als Veganer gegen die Mehrheit der Fleischesser. Auch religiöse Überzeugungen, soweit sie im betreffenden Land nur von einer Minderheit geteilt werden, können einen zum *Opfer* und damit unangreifbar machen.

Letzteres ist der eigentliche Clou der Identitätspolitik: Mitglieder einer Opfergruppe zu kritisieren ist ein Tabu und der schlimmste Fauxpas, den Vertreter der Mehrheit begehen können. Das wird damit begründet, dass Mehrheitsmenschen sich per se nicht in das Innenleben und die Weltsicht

102 DIE SELBSTGERECHTEN

einer Minderheit hineinversetzen können, weil sie lebenslang ganz andere Erfahrungen gemacht haben und daher zwischen ihrer Gefühlswelt und jener der diversen Minderheiten unüberwindbare Mauern existieren. Der Versuch, solche Mauern einzureißen, gilt nicht nur als aussichtslos, sondern als aggressiver Akt, den es unbedingt zu vermeiden gilt. Es mag sein, dass sich hinter dieser These das unbeabsichtigte Eingeständnis verbirgt, dass die Jünger dieses Dogmas tatsächlich außerstande sind, Mitgefühl für Menschen aufzubringen, die unter anderen, meist weniger vorteilhaften Bedingungen leben müssen als sie selbst. Diese Unfähigkeit zur Empathie freilich in eine besondere Tugend umzudeuten und sie zum gesellschaftlichen Maßstab zu erheben ist dann doch ein kühnes Unterfangen.

Jedem seine Wahrheit

Wo es noch nicht mal die Chance zum Mitempfinden gibt, existiert schon gar keine Möglichkeit der rationalen Verständigung. Da jede Opfergruppe sich auf ihre ganz spezifischen Gefühle und Gedanken berufen kann, zu denen Nicht-Dazugehörige gar keinen Zugang haben, zerschellt an dieser Mauer die Macht des begründeten Arguments. Auch diese Konsequenz wurde übrigens bereits von den genannten französischen Philosophen gezogen, die die gesellschaftlichen Machtverhältnisse über die Sprache revolutionieren wollten. Denn wenn es außer der sprachlich konstruierten gar keine Realität gibt, verliert auch die Unterscheidung zwischen wahr und falsch ihren Sinn. Die Poststrukturalisten arbeiteten daher mit großer Emphase daran, alle Begriffe und Thesen zu *dekonstruieren*, die den Anspruch von Objektivität erheben.

Aus dieser Denkrichtung entstand später auch die Gendertheorie, in der sogar das Geschlecht als »gewalthafte Zuweisung« der »heteronormativen Gesellschaft« dekonstruiert und die Behauptung, es gäbe biologische Unterschiede zwischen Frau und Mann, zu einem Akt diskursiver Machtausübung erklärt wurde. Wo es keine Wahrheit mehr gibt, hat am Ende jeder seine. Man könnte diese Denkrichtung auch als frühe Begründerin des *postfaktischen* Zeitalters bezeichnen – aber das würden ihre Anhänger natürlich nicht gern hören.

Selbstkritik und Buße

Trotz ihrer fragwürdigen philosophischen Grundlagen und ihrer bizarren Schlüsse war der gesellschaftliche Erfolg der Identitätspolitik überwältigend. Von den Universitäten ist sie in die Parteien, Bewegungen, Kultureinrichtungen und Medien eingesickert, vor allem in jene, die sich dem linken Spektrum zurechnen. Hier ist diese Art des Denkens heute dominant. Wer keiner anerkannten Minderheit angehört, muss seither tunlichst darauf achten, Fehltritte zu umschiffen. Hat man einmal nicht aufgepasst, helfen nur Selbstkritik und Buße.

Nun mag man das Ganze einfach für lächerlich halten und für ein Luxusproblem von Leuten, die ansonsten keine Sorgen haben. Vor allem jene Teile der Bevölkerung, die in ihrem Alltag mit ganz anderen Aggressionen fertig werden müssen als damit, dass sie jemand lobt oder sich in sie hineinzuversetzen sucht, dürften den geschilderten Debatten wenig abgewinnen. Glücklicherweise haben die meisten von ihnen noch nie etwas von *Identitätspolitik* gehört, und die eigenwilligen Thesen, die sich hinter diesem Begriff verbergen, sind ihnen in ihrer vollen Schönheit unbekannt. Diskussionen allerdings, die aus der praktischen Anwendung dieser Theorie resultieren, finden nicht selten eine größere Öffentlichkeit und erreichen so am Ende auch Otto Normalverbraucher.

Wer darf Othello spielen?

Nach den Vorgaben der Identitätspolitik gilt es etwa an Theatern mittlerweile als Sakrileg, wenn Shakespeares Othello, also ein Schwarzer, von einem Weißen gespielt wird. Das folgt aus der genannten These, dass ein Vertreter der Mehrheitsgesellschaft außerstande ist, sich in das Innenleben eines Mitglieds einer Minderheit hineinzuversetzen. Versucht er es trotzdem, und sei es als Schauspieler, muss dieser aggressive Übergriff mit allen Mitteln der öffentlichen Kampagne zurückgewiesen werden.

Aus dem gleichen Grund kassierte die bekannte amerikanisch-dänische Schauspielerin Scarlett Johansson eine wüste Twitter-Kanonade, als sie die Absicht hegte, in einem Kinofilm die Rolle des Zuhälters Dante »Tex« Gill zu übernehmen, der nicht nur ein Mafioso, sondern zunächst auch eine Frau war und später mit dem in den Bordellen verdienten Geld seine Geschlechtsumwandlung bezahlte. Eine solche Rolle dürfe definitiv nur eine Transgenderperson spielen, lautete der Vorwurf, also ein Mann, der selbst mal eine Frau war, oder umgekehrt. Am Ende sagte Johansson die Rolle zerknirscht ab und entschuldigte sich öffentlich. Von dem Filmprojekt hat man seither nichts mehr gehört.

Auch normale Leute können sich dem Vergehen einer *kulturellen Aneignung* schuldig machen, wenn sie beispielsweise die typische Frisur oder Kleidung einer Minderheit tragen. Wer weiß ist und seinen Kopf mit Rastalocken schmückt, sollte dem Campus mancher Universitäten besser nicht zu nahe kommen. Identitätspolitischer Eifer brachte auch einen Kindergarten aus Hamburg in die bundesweiten Schlagzeilen, weil er den Eltern empfahl, ihren Kindern zum Fasching keine Indianerkostüme mehr anzuziehen. Bei den meisten Menschen dürften solche Debatten genau zwei Reaktionen auslösen: Verwunderung und Befremden.

Heiligsprechung der Ungleichheit

Die Identitätspolitik ist indessen nicht einfach nur eine verrückte Theorie, deren wilde Vorkämpfer Schauspielerinnen um ihre Rolle bringen oder Kindern das Faschingsvergnügen vermiesen. Die Identitätspolitik ist, wie erwähnt, ein Kernbestandteil des Linksliberalismus. Mit ihr und aus ihr ist der Linksliberalismus als eigenständige Erzählung entstanden. Wenn wir über Linksliberalismus reden, reden wir also nicht über den Kampf um die rechtliche *Gleichstellung* von Minderheiten, sondern über die Forderung nach *Privilegierung* von Minderheiten. Wir reden nicht über das Ringen um Gleichheit, sondern über die Heiligsprechung von *Ungleichheit*.

Mit dem identitätspolitischen Ansatz widerspricht der Linksliberalismus gleich drei Annahmen, die für das traditionelle linke Denken elementar waren und sind. Die erste betrifft den zentralen Wert der *Gleichheit*. Wie schon die Liberalen gingen auch die *traditionellen Linken* davon aus, dass Menschen ein grundsätzliches Recht auf gleiche Lebenschancen haben und diese nicht durch das Elternhaus und die Herkunft vorherbestimmt werden dürfen. Früher hatten Emanzipationskämpfe daher immer das Ziel, Unterschiede, die auf Geburt und Herkunft zurückzuführen sind, also auch die Hautfarbe oder die Ethnie der Vorfahren, gesellschaftlich bedeutungslos zu machen. Die Identitätspolitik dagegen bläst solche Unterschiede zu bombastischen Trennlinien auf, die weder durch Verständigung noch durch Empathie überbrückt werden können. Nicht die Gleichheit, sondern die Unterschiedlichkeit und Ungleichheit der Menschen wird damit zu einem Wert an sich, dem fortan durch Quoten und *Diversity* Rechnung zu tragen ist.

Ethnie statt Eigentumsverteilung

Wie der klassische Liberalismus wollte auch die traditionelle Linke Vorrechte und Begünstigungen, die nicht auf eigene Leistung und Anstrengung zurückgehen, überwinden. Anders als Ersterer sah sie allerdings in der Gleichheit vor dem Recht nur einen ersten, unzureichenden Schritt zu diesem Ziel. Gerade deshalb galt ihr hauptsächliches Interesse sozioökonomischen Strukturen, sie betonte die Bedeutung der Verteilung von Eigentum und ökonomischer Macht, die dazu führen können, dass Ausbeutung und soziale Ungerechtigkeit auch bei völliger rechtlicher Gleichheit das Leben der Menschen bestimmen.

Die Identitätspolitik tut auch hier exakt das Gegenteil. Sie lenkt die Aufmerksamkeit weg von gesellschaftlichen Strukturen und Besitzverhältnissen und richtet sie auf individuelle Eigenschaften wie Ethnie, Hautfarbe oder sexuelle Orientierung. Ging es der *traditionellen Linken* darum, die Menschen zu ermutigen, ihre Identität vor allem über ihre soziale Stellung zu definieren, also etwa als Arbeiter, sieht die Identitätstheorie die wichtigste identitätsstiftende Bestimmung des Menschen in Merkmalen, die außerhalb und unabhängig von seinem sozialen und gesellschaftlichen Leben existieren. So werden soziale Gruppen gespalten, was gerade dort fatale Auswirkungen hat, wo Zusammenhalt existenziell für die Wahrnehmung der eigenen Interessen ist. Wenn die Belegschaft eines Unternehmens sich in erster Linie nach Ethnie oder Hautfarbe sortiert, statt sich gemeinsam gegen den Kürzungsplan des Managements zur Wehr zu setzen, hat sie bereits verloren.

Mimosenhaftes Beleidigtsein

Der dritte fundamentale Unterschied betrifft die Wertschätzung von Rationalität und Vernunft. Stand die traditionelle Linke in der Tradition der Aufklärung und setzte auf die Kraft rationaler Argumente, auch in dem

Selbstbewusstsein, im Vergleich zur gesellschaftlichen Rechten die besseren zu haben, begräbt die Identitätspolitik den Anspruch, eine rationale Debatte auch nur führen zu können, und überhöht diffuse Empfindungen und mimosenhaftes Beleidigtsein.

Moralisieren ersetzt Argumentieren, und statt mit Gründen versucht man Andersdenkende mit Tabus zu schlagen. Auch der linksliberale Feldzug gegen Philosophen der Aufklärung wie Kant und Hegel ist durchaus keine bloße Marotte und hat wohl nicht nur damit zu tun, dass diese Denker die heutigen Maßgaben politisch korrekten Sprechens nicht beherzigt haben. Im Kern geht es um die Absage an den Anspruch, in Debatten weitestmöglich die eigene *Vernunft* zu gebrauchen, wenn die Aufklärungsphilosophie als eurozentristisches und kolonialistisches Projekt verworfen wird.

Elitäres Stammesdenken

Verblüffend ist, dass es die Anhänger der Identitätspolitik nicht einmal beunruhigt, in welcher Tradition solche Thesen stehen. Denn Menschen über ihre Hautfarbe oder ihre Abstammung – nichts anderes ist die Ethnie – zu definieren, ist durchaus kein neuer Ansatz. Es war von Beginn an, wenn auch mit umgekehrtem Vorzeichen, das Herangehen der extremen Rechten und der Rassenideologie. Von dieser Seite gab es auch schon immer giftige Angriffe auf die Aufklärungsphilosophie. Dass genau das heute als *links* gilt, ist schon eine bemerkenswerte Umkehrung tradierter Werte.

Als Martin Luther King 1963 seinen berühmten *Traum* formulierte, beinhaltete der den Wunsch, dass seine vier Kinder eines Tages in einer Welt leben werden, »in der sie nicht wegen der Farbe ihrer Haut, sondern nach dem Wesen ihres Charakters beurteilt werden«. Das wäre auf jeden Fall nicht die Welt linksliberaler Identitätspolitiker, bei denen sich alles darum dreht, ob jemand weiß oder schwarz, homo- oder heterosexuell ist oder ob er aus einer alteingesessenen oder einer eingewanderten Familie stammt. Danach definiert sich nicht nur, wer über was sprechen und urteilen darf, sondern auch, wer als *privilegiert* und wer als *Opfer* gilt, wer also Anspruch auf besondere Förderung erheben kann.

In dieser Logik ist ein weißer heterosexueller Postzusteller mit 1 000 Euro netto im Monat, der abends Medikamente nehmen muss, weil sein Rücken nach der Plackerei schmerzt, privilegiert gegenüber der Tochter einer aus Indien zugewanderten wohlhabenden Arztfamilie oder dem homosexuellen Sohn eines höheren Beamten, der gerade sein Auslandssemester in den USA beendet hat. Es ist nicht zuletzt die Schamlosigkeit, mit der sich Vertreter privilegierter Gruppen öffentlich zu Opfern stilisieren und daraus Ansprüche und Vorrechte ableiten, die diesen Ansatz in Misskredit gebracht hat und viele Menschen, vor allem unter den tatsächlich Unterprivilegierten, empört.

Blackstone kämpft für Diversity

So ist es seit einiger Zeit üblich, Gremien allein danach zu beurteilen, wie viele Frauen oder wie viele Nachfahren eingewanderter Familien in ihnen repräsentiert sind. Mit großem Bohei wurden in mehreren Bundesländern Paritätsgesetze auf den Weg gebracht, die vorschreiben, dass auf den Wahllisten der Parteien exakt so viele Frauen kandidieren müssen wie Männer. Auch für eine Frauenquote in Aufsichtsräten wurde lange gekämpft, seit 2015 wird ein Mindestanteil von Frauen in Höhe von 30 Prozent für das höchste Aufsichtsgremium großer Unternehmen gesetzlich vorgeschrieben. Im November 2020 einigte sich die deutsche Regierung darauf, diese Regelung auch auf die Unternehmensvorstände auszuweiten.

Zudem muss jede Partei, jede Zeitungsredaktion und jede Rundfunkanstalt heute darauf achten, dass ihr Personal in exponierten Positionen nicht ausschließlich Müller, Maier oder Schuster heißt, sondern ein hinreichender Anteil ausländischer Namen für Weltoffenheit und Multikulturalität bürgt. Wer das nicht beachtet, gilt als muffig und reaktionär. Es spricht für den gesellschaftlichen Einfluss des Linksliberalismus, dass solche Botschaften mittlerweile sogar von mächtigen Akteuren der Finanzwirtschaft beherzigt werden. Kürzlich verkündete die US-Heuschrecke Blackstone, das Thema *Diversity* fortan ganz groß zu schreiben und darauf zu achten, dass bei allen neuen Firmenzukäufen jedes dritte Vorstandsmitglied kein weißer heterosexueller Mann mehr sein dürfe.[2] Ob das für die vielen Beschäftigten, die nach solchen Übernahmen in der Regel ihren Arbeitsplatz verlieren, ein Trost ist, darf allerdings bezweifelt werden.

Um nicht missverstanden zu werden: Natürlich ist es wünschenswert, dass Frauen stärker in den Parlamenten und in Führungspositionen vertreten sind. Und natürlich ist es richtig, die *Diskriminierung* von Menschen aufgrund ihrer sexuellen Orientierung, ihrer Herkunft oder schlicht ihres Namens zu überwinden. Letzteres fällt beispielsweise bei Bewerbungen oder bei der Wohnungssuche unverändert ins Gewicht, wo eine Aische Özgür oder ein Ali Al-Abadi noch heute mit weit höherer Wahrscheinlichkeit aussortiert wird als ein Martin Hofer.

Aber zumindest Benachteiligungen im Bewerbungsverfahren wären einfach dadurch zu beheben, dass man anonyme Bewerbungen gesetzlich zum verpflichtenden Standard macht. Dann würden die eigentlichen Bewerbungsunterlagen, die den Personalern im Unternehmen vorliegen, schlicht keine Angaben mehr zum Namen, zum Geschlecht und natürlich auch kein Bild mehr enthalten. Immerhin in der ersten Runde, in der darüber entschieden wird, wer die Chance auf ein Vorstellungsgespräch bekommt, wäre damit Gleichbehandlung garantiert. Danach sollte es dann ohnehin auf den persönlichen Eindruck ankommen.

Tamtam in den höheren Rängen

Ein solches Herangehen freilich stünde im exakten Gegensatz zum identitätspolitischen Spuk um Diversity und Frauenquoten, der übrigens den Aisches und Alis oder auch den Mandys und Ninas aus weniger gutem Hause und mit geringeren Bildungsabschlüssen schon deshalb nichts hilft, weil sich das ganze Tamtam ja ausschließlich in den höheren Rängen von Wirtschaft, öffentlicher Verwaltung und Politik abspielt. Da, wo eine Reinigungskolonne ihre Putzkräfte rekrutiert oder ein Lieferdienst seine Pizza-Austräger, fragt niemand nach Diversity, die dürfte in diesem Bereich ohnehin übererfüllt sein.

Es geht um die lukrativen Posten, und diejenigen, die hier im Namen von Gerechtigkeit und Vielfalt eine Vorzugsbehandlung einfordern, kommen fast ausnahmslos aus der Mittel- und oberen Mittelschicht. Warum es allerdings *links* sein soll, die Tochter eines Sparkassendirektors oder den Enkel eines afrikanischen Minenbesitzers gegenüber dem weißen, heterosexuellen Sohn eines Facharbeiters zu bevorzugen, wenn es um die Besetzung einer gut dotierten Stelle geht, wissen nur die Identitätspolitiker. An den nicht mehr vorhandenen Aufstiegschancen des ärmeren Teils der Bevölkerung ändert das Quoten- und Diversity-Theater jedenfalls nichts.

Soziale Homogenisierung

Die ganze Debatte hat dennoch einen Effekt, der keineswegs unwichtig ist. Sie sorgt nicht nur dafür, dass Menschen ständig nach Geschlecht, Abstammung und sexueller Orientierung in unterschiedliche Schubladen sortiert werden. Sie macht die Frage, wie *vielfältig* anhand solcher Kategorien die Mischung ausfällt, auch zum entscheidenden Kriterium dafür, ob ein Kabinett, eine Bundestagsfraktion, ein Unternehmensvorstand oder auch eine Zeitungsredaktion als *progressiv* durchgeht oder als *rückschrittlich* gilt. Diese Debatte hat dazu geführt, dass eine andere und sehr viel wichtigere Frage zumindest im linksliberalen Mainstream kaum noch gestellt wird: Wie steht es eigentlich um die Vielfalt anhand sozialer Kriterien? Also, wie viele Kinder aus ärmeren Familien schaffen es irgendwann in die höhere Politik, in eine renommierte Zeitungsredaktion oder gar in den Aufsichtsrat eines Unternehmens? Wie viele Männer und Frauen aus nicht-akademischen Berufen – Arbeiter, Handwerker, Krankenpfleger, Kita-Erzieherinnen – sitzen im Bundestag, und entspricht das wenigstens ansatzweise ihrem Anteil an der Bevölkerung, die das Parlament immerhin vertreten soll?

Der Verdacht drängt sich auf, dass diese Fragen auch deshalb nicht mehr gestellt werden, weil die Antwort die fröhliche Diversity-Feier stören könnte. Dann ist es nämlich vorbei mit der schönen linksliberalen Fortschrittserzählung, nach der die Führungsetagen der westlichen Welt über die Jahre gerade dank des unermüdlichen Einsatzes der Linksliberalen immer vielfältiger, bunter und damit natürlich auch besser geworden seien. Denn es stimmt zwar: Dem Bundestag gehören heute weit mehr Frauen und auch mehr Nachkommen aus Einwandererfamilien an als in den siebziger Jahren. Es gibt auch mehr Abgeordnete, die mit ihrer Homosexualität offen umgehen, was damals kaum möglich war. Auch die Bundeskabinette sind weiblicher geworden und ein schwuler Minister ist heute nichts Besonderes mehr. Aber genauso richtig ist eben: Die untere Hälfte der Bevölkerung ist aus dem Parlament nahezu komplett verschwunden. Nicht-Akademiker, seien es nun Handwerker, Facharbeiter oder diejenigen, die im normalen Leben in schlecht bezahlten Service-Jobs schuften, muss man mit der Lupe suchen. Weit überrepräsentiert mit einem Anteil von gut 70 Prozent sind dagegen Hochschulabsolventen: Juristen, Lehrer, Sozial- und Politikwissenschaftler.

Kabinettsmitglieder aus Kleinbürgertum und Arbeiterschicht

Gemessen an der *sozialen* Vielfalt waren Parlament und Regierung früher tatsächlich sehr viel bunter. Das betrifft sowohl die Repräsentanz nicht-akademischer Berufsgruppen als auch die soziale Herkunft, also den Anteil der Politiker, die in vergleichsweise armen Familien aufgewachsen waren. Bis zum Ende der Ära Kohl kam eine Mehrheit der Minister im Bundeskabinett aus der Arbeiterschaft und kleinbürgerlichen Mittelschicht, ab 1992 waren es sogar mehr als zwei Drittel. Im ersten Kabinett Schröder veränderte sich das noch nicht grundlegend, allerdings wurden, nachdem Hans Eichel als Finanzminister auf Oskar Lafontaine gefolgt war, vier der fünf zentralen Ministerien von Politikern geleitet, die in einem privilegierten Umfeld aufgewachsen waren. Im zweiten Schröder-Kabinett blieben von fünf Arbeiterkindern noch drei übrig, die Hälfte der Kabinettsmitglieder stammte nun aus wohlhabenden Verhältnissen. In der ersten Merkel-Koalition kamen schließlich fast zwei Drittel aus der oberen Mittelschicht und der Oberschicht, nach den Rücktritten von Müntefering, Seehofer und Glos verschob sich das soziale Gefüge weiter.[3]

Wenn wir in Großbritannien die Kabinette von Old Labour mit denen seit Thatcher und vor allem Blair vergleichen oder in den USA die Regierung Carter mit der von Obama oder Trump, sehen wir den gleichen Trend. Kamen etwa im ersten Labour-Kabinett nach dem Ende des Zweiten Weltkriegs alle wichtigen Minister aus der Arbeiterschicht und hatten ihr Berufsleben als Landarbeiter, Bergleute und Einzelhandelsmitarbeiter begonnen, gehörten der ersten Thatcher-Regierung zu fast 90 Prozent Leute an, die auf eine Privatschule gegangen waren, 71 Prozent kamen aus privatwirtschaftlichen Führungspositionen und 14 Prozent waren Großgrundbesitzer. Auch in den USA sind Politiker mit Wurzeln in Arbeiterschaft und im Kleinbürgertum weitgehend verschwunden, an ihre Stelle traten Multimillionäre.

Herkunft und Abstimmungsverhalten

Natürlich ist es nicht so, dass ein Politiker, der selbst in einfachen Verhältnissen aufgewachsen ist, deshalb zwangsläufig auch eine Politik für Ärmere macht. Gerhard Schröder ist das bekannteste Beispiel dafür, dass auch das genaue Gegenteil möglich ist. Trotzdem spricht einiges dafür, dass der soziale Erfahrungshintergrund für politische Entscheidungen nicht unwichtig ist und in jedem Fall eine größere Rolle spielt als die Frage, ob ein Mann oder eine Frau am Schalthebel der Macht sitzt oder aus welchem Land jemandes Vorfahren kommen.

Eine Studie über die Stimmabgabe von Kongressabgeordneten in den USA jedenfalls findet belegbare Zusammenhänge zwischen der sozialen Herkunft und vor-politischen beruflichen Laufbahn von Abgeordneten und ihrem Abstimmungsverhalten. Die Untersuchung weist außerdem nach, dass US-Bundesstaaten, in denen mehr Unternehmer und leitende Angestellte in den Parlamenten sitzen, generell weniger für die Wohlfahrt ausgeben, eine niedrigere Arbeitslosenunterstützung haben und die Unternehmen geringer besteuern.[4] Auch für die Bundesrepublik gilt: Solange sie mehrheitlich von Leuten aus dem Kleinbürgertum und der Arbeiterschicht regiert wurde, also bis Ende der neunziger Jahre, war sie ein sozialeres Land als heute.

In den öffentlichen Verwaltungen und den besser bezahlten Positionen von öffentlichem Dienst und Privatwirtschaft gibt es eine ähnliche Entwicklung wie in der Politik. Zwar war in den Vorständen und Aufsichtsräten von Unternehmen die Oberschicht schon immer weitgehend unter sich, aber bis ins mittlere Management haben es früher nicht selten Leute geschafft, die aus kleinen Verhältnissen kamen. Erst recht galt das für den gehobenen öffentlichen Dienst und die öffentliche Verwaltung. Inzwischen sind solche Karrieren immer seltener. Wir haben im letzten Kapitel auf Vergleichszahlen dazu aus Großbritannien und die soziale Herkunft junger Journalisten in Deutschland verwiesen. Den Trend gibt es in allen westlichen Ländern: Die Jüngeren, die heute vorrücken, kommen überwiegend bereits aus wohlhabenden Familien, meist aus dem akademischen Milieu der Großstädte.

Gute Stellen nur noch fürs eigene Milieu

Der ganze Diversity-Rummel mit seinen frohen Botschaften von Buntheit, Vielfalt, Offenheit und Liberalität verschleiert daher wirkungsvoll die reale Entwicklung: Tatsächlich haben wir es nämlich seit gut zwei Jahrzehnten mit einer wieder spürbar zunehmenden sozialen *Homogenität* bei der Besetzung von gefragten Positionen zu tun. Wie bereits im letzten Kapitel angesprochen: Die gut ausgebildete gehobene Mittelschicht, zu der in den siebziger und achtziger Jahren viele erfolgreiche Aufsteiger aus einfachen Verhältnissen hinzugekommen waren, schottet sich mittlerweile erfolgreich nach unten ab und sorgt dafür, dass die interessanten, gut dotierten Stellen in Politik und Medien, in der Verwaltung, im öffentlichen Dienst, aber auch in den qualifizierten Dienstleistungsberufen der Privatwirtschaft fast nur noch Nachkommen aus dem eigenen Milieu offenstehen.

Die Aussichten von Kindern aus ärmeren Verhältnissen, sich einen der begehrten Plätze zu sichern, sind heute sehr viel geringer als noch vor 30 oder 40 Jahren. Wer sich das vor Augen führt, versteht vielleicht die Wut, mit der die Opfer der gesellschaftlichen Entwicklung reagieren, wenn sich sozial privilegierte Gesellschaftsmitglieder mit hohem Einkommen und guter Absicherung öffentlich als diskriminierte Opfer inszenieren.

Gruppensprecher ohne Mandat

Im Kern läuft die ganze Identitätsdebatte also darauf hinaus, dass sich Leute zum Sprecher einer Gruppe machen, deren weniger begünstigte Mitglieder eigentlich ganz andere Interessen haben und von ihnen gar nicht vertreten werden. Aber da Letztere keinen Zugang zur Öffentlichkeit besitzen, sind es die gut ausgebildeten, sprachmächtigen Meinungsführer aus der Mittelschicht, die öffentlichkeitswirksam definieren, was angeblich das Interesse *der* Frauen oder *der* Nachfahren von Einwanderern oder *der* Homosexuellen ist, und dabei natürlich von ihren eigenen Interessen ausgehen. Etwa im Kampf um lukrative Jobs, in dem sie mit anderen Mitgliedern aus dem gleichen Milieu konkurrieren. Natürlich eröffnen Paritätsgesetze mehr Mittelschichtfrauen den Zugang zu Parlamentsmandaten, aber dass auch nur eine Supermarktkassiererin davon profitiert, darf ebenso bezweifelt werden wie der Umstand, dass die so gewählten Parlamente sich dann mehr um die Interessen von Supermarktkassiererinnen kümmern.

Die schlichte Wahrheit ist: Es gibt kein gemeinsames Interesse *der* Nachfahren von Einwanderern aus muslimischen Ländern oder *der* Homosexuellen oder gar *der* Frauen, das über die rechtliche Gleichstellung und generelle Nichtdiskriminierung hinausgeht. Der homosexuelle Lastwagenfahrer, der jeden Tag Hunderte Autobahnkilometer schrubbt und

Angst hat, dass osteuropäische Dumping-Konkurrenten ihn bald endgültig seinen Job kosten, lebt in einer völlig anderen Welt und sieht natürlich auch die Europäische Union mit anderen Augen als der homosexuelle Politikstudent, dessen gut situierte Eltern ihm gerade ein Praktikum in Brüssel finanzieren. Und was hat die Redakteurin einer angesehen Zeitungsredaktion, deren Großvater in den Sechzigern aus der Türkei nach Deutschland gekommen ist, mit dem Sohn nordafrikanischer Einwanderer gemein, der sich mit befristeten Jobs bei Starbucks und McDonald's sowie Hartz IV durchs Leben schlägt? Von Gemeinsamkeiten mit einem illegal in Deutschland lebenden Flüchtling aus einem afrikanischen Bürgerkriegsgebiet, der nachts in Parks mit Drogen dealt, um zu überleben, ganz zu schweigen.

Der identitätspolitische Linksliberalismus, der die Menschen dazu anhält, ihre Identität anhand von Abstammung, Hautfarbe, Geschlecht oder sexuellen Neigungen zu definieren, konstruiert aber nicht nur gemeinsame Interessen, wo es überhaupt keine gibt. Er spaltet zugleich da, wo Zusammenhalt dringend notwendig wäre. Er tut das, indem er angebliche Minderheiteninteressen fortlaufend in Gegensatz zu denen der Mehrheit bringt und Angehörige von Minderheiten dazu anhält, sich von der Mehrheit zu separieren und unter sich zu bleiben. Nachvollziehbarerweise führt das bei der Mehrheit irgendwann zu dem Gefühl, die eigenen Interessen ihrerseits *gegen* die der Minderheiten behaupten zu müssen.

»… wie man keine Solidarität erzeugt«

Die Gräben, die die amerikanische Gesellschaft durchziehen, sind heute wahrscheinlich ähnlich tief wie in den fünfziger Jahren und sehr viel tiefer als noch vor ein oder zwei Jahrzehnten. Wer dafür allein Donald Trump die Schuld gibt, macht es sich zu einfach. Schon Trumps Wahl 2016 war das Ergebnis dieser sozialen und kulturellen Spaltung, und die Art, wie die Rassismus-Debatte im Jahr 2020 geführt wurde, hätte ihm trotz seiner in der Coronakrise deutlich gesunkenen Popularität fast zu einer Wiederwahl verholfen. Denn in dieser Debatte ging es irgendwann nicht mehr um rassistische Morde und Polizeigewalt, es ging schon gar nicht um die durch die Wirtschaftskrise ausgelöste soziale Misere, die besonders die schwarze, aber eben auch beachtliche Teile der weißen Bevölkerung traf.

114 DIE SELBSTGERECHTEN

Es ging nicht um Gemeinsamkeit, es ging um größtmögliche Differenz: Schwarz gegen Weiß, Minderheit gegen Mehrheit. So, als wäre jeder Weiße oder auch nur jeder weiße Polizist ein potenzieller Schwarzen-Mörder. Diejenigen, die sich durch diese Art der Diskussion für Untaten in Haftung genommen sahen, mit denen sie nichts zu tun hatten, wurden dadurch natürlich nicht gewonnen, sondern vor den Kopf gestoßen. *Black Lives Matter* sei ein »Textbuch-Beispiel, wie man keine Solidarität erzeugt«,[5] hatte der amerikanische Publizist Mark Lilla schon drei Jahre zuvor gewarnt. Indem sich die Anklage gegen die weiße amerikanische Bevölkerung als Kollektivschuldigem richtete, erreichte die Bewegung vor allem, dass sie von vielen Weißen abgelehnt wurde. Trumps damaliger Chefstratege, Steve Bannon, hatte allen Grund zu frohlocken: »Je länger die Demokraten über Identitätspolitik sprechen, desto früher kriege ich sie. Ich will, dass sie jeden Tag über Rassismus sprechen. Wenn die Linke sich auf die Themen Rasse und Identität konzentriert …, können wir sie zermalmen.«[6]

Was, wenn Bannon recht hat?

In einem bemerkenswerten Essay unter dem Titel »*Was, wenn Bannon recht hat?*«[7] von 2017 bezieht sich die *New York Times* auf diese Aussage von Bannon und stellt ebenfalls fest: Wenn weiße Arbeiter das Wort *diversity* hören, »dann verstehen sie darunter Privilegien, die Minderheiten gewährt werden, und zwar auf ihre Kosten«. Und die amerikanische Publizistin Arlie Hochschild, die längere Zeit in den Südstaaten gelebt und dort viele konservative Tea-Party-Anhänger und spätere Trump-Wähler kennengelernt hat, beschreibt die typische Gemütslage dieser Menschen: »Du bist ein mitfühlender Mensch. Aber jetzt verlangt man von dir, Mitleid für alle diejenigen aufzubringen, die sich *vorgedrängt* haben. … irgendwann sagst du dir, dass du die Schotten gegen menschliches Mitgefühl dicht machen musst …«[8] Dass solche Debatten dazu führen können, dass sich der Groll der Benachteiligten nicht nur gegen die als solche wahrgenommenen *Privilegien* von Minderheiten, sondern auch gegen die Minderheiten selbst richtet, liegt auf der Hand. Genau darauf hat Rechtsaußen Bannon gesetzt.

Das Konzept »Spalte – und mach die Rechte stark« funktioniert auch in Europa. Zumal um die eigene Karriere bemühte Mittelschichtangehörige keineswegs die Einzigen sind, die sich zum Sprecher von migrantischen Minderheiten aufschwingen. Die Linksliberalen haben dafür noch weit unangenehmere »Opfervertreter« im Repertoire.

Parallelgesellschaften und die Auflösung der Gemeinsamkeit

Der Linksliberalismus begnügte sich nicht damit, Menschen etwa mit Blick auf ihre Abstammung in Schubladen zu stecken. Sehr früh ging die von ihm beeinflusste Politik auch dazu über, öffentliche Gelder anhand solcher Schubladen zu verteilen. Statt Einwanderern und ihren Kindern dabei zu helfen, sich in die Mehrheitsgesellschaft zu integrieren, wurden (meist religiöse) Organisationen mit viel Steuergeld ausgestattet, die Einwanderergruppen als Abstammungsgemeinschaften vertreten sollten und die natürlich schon aus Selbsterhalt ihre wichtigste Aufgabe darin sahen, die Identität der von ihnen repräsentierten Gruppe *in Abgrenzung* zur Mehrheit und zu anderen ethnischen Gruppen zu verfestigen. Es spricht manches dafür, dass es eine gemeinsame Identität vieler »Minderheiten« ohne das rührige, durch Staatsgeld alimentierte Wirken solcher Verbände gar nicht gäbe.

Neue Feindseligkeit

Der britische Publizist Kenan Malik beschreibt in *Das Unbehagen in den Kulturen* am Beispiel der englischen Stadt Birmingham, wie so etwas funktioniert. 1985 hatte es in den Armenvierteln der Stadt, in denen besonders viele Zuwanderer leben, soziale Unruhen gegeben. Zwar war es bei den Gewaltausbrüchen keineswegs um unterdrückte Identitäten, sondern in erster Linie um Probleme wie Perspektivlosigkeit, Armut und fehlende Arbeitsplätze gegangen, aber da man sich im Kampf gegen solche Unbilden offenbar machtlos fühlte, versuchte es der Rat der Stadt mit einer neuen Politik des Multikulturalismus. In deren Rahmen rief er neun Schirmorganisationen ins Leben, die je eine ethnisch und oft auch religiös definierte Minderheit – etwa die Bangladescher, die Pakistanis, die Afrokariben, die Sikhs oder die Iren – repräsentieren sollten. Den Schirmorganisationen wurde die Aufgabe übertragen, die Politik zu beraten und beim Verteilen öffentlicher Gelder mitzureden.

Genau besehen hatten sie dafür zwar weder ein Mandat noch eine demokratische Legitimation. Die *Minderheiten*, die sie vertreten sollten, hatten sich bis dahin auch gar nicht unbedingt als Gemeinschaft verstanden. Unter den Einwanderern aus Bangladesch etwa gab es strenggläubige Moslems, aber auch säkulare Familien, die westliche Werte hochhielten. Aber das alles störte die handelnden Politiker nicht. Und zumindest der zweite Punkt, die Abwesenheit einer gemeinsamen Identität der Minderheiten, sollte sich auch bald ändern. Denn nachdem der Rat der Stadt dazu übergegangen war, politische Macht und finanzielle Mittel nach Abstammung zu verteilen, begannen die Menschen tatsächlich, sich mehr und mehr in diesen Kategorien zu definieren und sich verstärkt von der Mehrheitsgesellschaft sowie von anderen ethnischen Gruppen abzugrenzen.[9]

Der »Erfolg« des Projekts war also die Separierung der Wohnbevölkerung nach Stammesgemeinschaften, die von meist religiös eingefärbten Organisationen repräsentiert wurden, einander mit zunehmender Feindseligkeit belauerten und um die öffentlichen Töpfe konkurrierten. Es dauerte nicht lange, da waren in den Armenvierteln gewaltsame Auseinandersetzungen zwischen solchen Gruppen, etwa zwischen Asiaten und Schwarzen, an der Tagesordnung.

Die Teile der Bevölkerung, die als Abkömmlinge englischer Vorfahren keiner anerkannten Minderheit angehörten und sich von niemandem mehr vertreten fühlten, verfolgten das ganze Treiben mit wachsender Wut, zumal sie in ihren Wohnvierteln inzwischen selbst in der *Minderheit* waren und Arbeitslosigkeit und Armut natürlich auch an ihnen nicht vorübergingen.

Islamistisches Paralleluniversum

Ähnlich wie in Birmingham lief es in vielen sozialen Brennpunktvierteln, auch außerhalb Großbritanniens. Für die Banlieue von Paris gibt es zu diesem Thema eine interessante Untersuchung des Islam-Forschers Bernard Rougier, der am Zentrum für Arabische und Orientalische Studien an der Sorbonne lehrt. Nach vier Jahren Recherche, zu der er seine Studenten *undercover* in die Vorstädte geschickt hatte, legte er Ende 2019 eine 353 Seiten starke Arbeit über *Die eroberten Territorien des Islamismus* vor. Darin beschreibt er, wie Salafisten und andere radikale Moslemgruppen französische Viertel unter ihre Kontrolle bringen und wie in den betroffenen Wohngebieten ein von der französischen Gesellschaft weitgehend abgeschottetes Paralleluniversum entstanden ist, in dem die westliche Lebensart als verwerflich gilt und weiße Franzosen als Eindringlinge betrachtet werden. Frauen aus Einwandererfamilien sei es in solchen Wohngebieten inzwischen nahezu unmöglich, sich ohne Schleier in der Öffentlichkeit zu zeigen, so als lebten sie in einer islamistischen Diktatur und nicht mitten in Europa.[10]

Rougier weist darauf hin, dass der Siegeszug islamistischer Organisationen auch hier auf einem Pakt mit der Politik beruht. Linksliberale Bürgermeister würden sich mit extremistischen Religionsführern verbünden, um sich Wählerstimmen zu sichern, und ihnen im Gegenzug Mitspracherechte bei der Vergabe öffentlicher Gelder, bei der Belegung von Sozialwohnungen und sogar bei der Besetzung von Posten in der Stadtverwaltung übertragen. Solche Kompetenzen stärkten dann natürlich nicht nur die persönliche Macht der betreffenden Islamisten, sondern vor allem auch den Einfluss des von ihnen propagierten radikalen politischen Islam als Kitt eines zunehmend nach eigenen Regeln funktionierenden Milieus.

Zwar fühlten sich viele Muslime von den islamistischen Wortführern und deren Vorschriften gemaßregelt, sie trauten sich aber nicht, dagegen aufzubegehren, weil der Gruppenzwang groß sei. Die nicht-muslimischen Franzosen wiederum, die es in diesen Vierteln natürlich auch noch gibt, ergreifen die Flucht und ziehen in andere Gegenden, soweit ihnen das finanziell irgend möglich ist. Zurück bleibt das bittere Gefühl, aus der früheren Heimat verdrängt worden zu sein. Zumal der Preis, den sie für ihren Umzug zahlen, in der Regel aus höheren Mietkosten besteht, die das ohnehin nicht üppige Familienbudget zusätzlich schmälern.

Nachdem im Herbst 2020 mehrere brutale islamistische Anschläge die französische Gesellschaft erschütterten, rückte die Frage der unverhältnismäßigen Toleranz gegenüber radikalen Islamorganisationen und ihren Vertretern wieder einmal ins Zentrum der öffentlichen Aufmerksamkeit. Einige besonders militante Verbände wurden daraufhin verboten. Dass die Debatte allerdings ein grundsätzliches Umdenken und eine Neuorientierung der Politik einleitet, ist bisher nicht zu erkennen.

Tolerierter Hass

In Deutschland sind die Verhältnisse aus verschiedenen Gründen mit den französischen Banlieues noch nicht vergleichbar. Zum einen gab es in Frankreich aufgrund der kolonialen Vergangenheit schon im 20. Jahrhundert mehr Einwanderung. Zum anderen ist die Arbeitslosigkeit in Frankreich seit vielen Jahren höher, insbesondere auch unter Migranten. Diese Situation begünstigt die Verbreitung des Islamismus.

Aber auch in unserem Land haben sich in den letzten Jahrzehnten Parallelgesellschaften etabliert. Denn auch hier wurden militante Vereine wie der Moscheeverband DITIB, dessen Imame Hass und Spaltung predigen und direkt der türkischen Regierung unterstehen, lange Jahre mit Steuergeld gefüttert und sogar mit öffentlichen Bildungsaufgaben betraut. Zwar hat der Bund seine Unterstützung für DITIB 2018 eingestellt, in einigen Bundesländern gibt es solche Kooperationen aber bis heute. Radikalere islamistische Strömungen, etwa die Salafisten, werden zwar nicht staatlich unterstützt, aber auch sie können ihre Hassbotschaften ungestört verbreiten – vielfach unter der schützenden Hand linksliberaler Politiker. Dass sich kein Vertreter der Mehrheit anmaßen darf, die Religion einer Minderheit zu kritisieren, und sei sie noch so reaktionär, ist eben einer ihrer unumstößlichen Glaubenssätze.

Islam von Cordoba oder reaktionärer Islamismus?

Und die Islamisten haben erstaunlich schnell gelernt, auf der Klaviatur des identitätspolitischen Opferdiskurses zu spielen. Wer Hassprediger kritisiert und gar Verbote fordert, steht unversehens als »islamophob« oder gar als Vertreter eines »antiislamischen Rassismus« am Pranger. Dass zwischen dem aufgeklärten Islam von Cordoba, der zu den Wurzeln auch der europäischen Kultur gehört, und dem stockreaktionären Islamismus, der sich heute verbreitet, ähnlich große Welten liegen wie zwischen der Evangelischen Kirche in Deutschland und der Christian-Identity-Bewegung,[11] ist eine Einsicht, die in diese Debatte bisher leider nicht vorgedrungen ist.

Im Ergebnis vertreten die meisten Linksliberalen zu Unterdrückungssymbolen wie dem islamischen Schleier eine Position, die sich im genauen Gegensatz zu dem befindet, was früher als links galt: Stritt man einst für ein Kopftuchverbot in öffentlichen Ämtern, um es Frauen und Mädchen

DER LINKSILLIBERALISMUS **119**

aus islamischen Familien zu erleichtern, aus solchen Zwängen auszubrechen, kämpft man heute für die »Freiheit« der Frau, sich verschleiern zu dürfen, auch wenn sie etwa als Lehrerin Autorität verkörpert.

Dass die Begründerin und Ikone der Gendertheorie, Judith Butler, sogar die Burka bejubelte, nämlich als Symbol, »dass eine Frau bescheiden ist und ihrer Familie verbunden; aber auch, dass sie nicht von der Massenkultur ausgebeutet wird«,[12] sei als besonders peinliche Fußnote dieses Niedergangs am Rande erwähnt.

Doppelte Spaltung

Im Ergebnis ist ein durch Abstammung und Religion geprägtes Selbstverständnis heute in den migrantischen Milieus, selbst in der dritten und vierten Generation, viel ausgeprägter als bei den direkten Nachfahren der Einwanderer in den siebziger und achtziger Jahren. Die nämlich teilten vielfach säkulare Werte, pflegten einen westlichen Lebensstil und verstanden sich als Teil der Gesellschaft, in der sie lebten. Das hatte natürlich nicht nur mit der Abwesenheit islamistischer Eiferer, sondern auch viel mit realen Lebenschancen und Aufstiegsmöglichkeiten zu tun. So wie für Kinder ärmerer Familien generell, waren diese eben auch für Zuwandererkinder vor dreißig, vierzig Jahren deutlich größer. Trotz identitätspolitischer Schirmherrschaft wären die Hasspredigten der Islamisten vermutlich ins Leere gegangen, hätten sie nicht auf eine Realität aufbauen können, die von Arbeitslosigkeit und fehlenden Lebenschancen, von materiellen Entbehrungen und den aus dieser Mixtur gespeisten Gefühlen der Enttäuschung, Ausgrenzung und Frustration geprägt war.

Es waren eben nicht zuletzt viele Einwanderer und ihre Nachfahren, die die Auswirkungen von Sozialabbau und Wirtschaftsliberalismus zu spüren bekamen. In der Folge erfüllten die islamistischen Moscheen in Vierteln, für die Armut, schlechte Schulen, Kriminalität und Drogen charakteristisch wurden, auch die Funktion von Selbsthilfeorganisationen, die Gemeindemitglieder bei der Wohnungs- und Arbeitssuche und deren Kinder bei den Hausaufgaben oder der Freizeit- und Feriengestaltung unterstützten. Dass sie solche Aufgaben wahrnehmen, macht ihre Rolle natürlich nicht besser. Das große Problem ist ja gerade, dass die Unterstützung der Einwanderer Organisationen überlassen wird, deren ausdrückliches Ziel darin besteht, die Abgrenzung zur westlichen Mehrheitsgesellschaft und die Ablehnung und Verachtung der Mehrheitskultur religiös zu verfestigen.

Zur Zeit der Blairs und Schröders, als die Linksliberalen auch grimmige Wirtschaftsliberale waren, haben sie die Spaltung der Gesellschaft also gleich von zwei Seiten vorangetrieben. Sozial, indem sie der unteren Hälfte der Bevölkerung die Aussicht auf Wohlstand und Aufstieg nahmen und damit auch vielen Einwanderern und ihren Nachkommen die Hoffnung, anerkannter und geachteter Teil der Gesellschaft zu werden. Und kulturell, indem sie penetrant vermeintliche Minderheiteninteressen der Mehrheit entgegenstellten, die Bevölkerung nach *Abstammungsgemeinschaften* sortierten und als deren Sprachrohr islamistische Organisationen förderten, die ihrerseits alles dafür taten, die westliche Kultur und ihre Werte zu delegitimieren und die Einwandermilieus gegen die Mehrheitsgesellschaft aufzubringen.

Scheitern von Integration

Statt kleiner zu werden, vergrößerte sich so der Abstand zwischen Einheimischen und Zugewanderten. Viele Nachkommen türkischer Einwanderer in Deutschland sprechen heute schlechter Deutsch als die Kinder der »Gastarbeiter«, die in den sechziger Jahren gekommen waren. Die zunehmende Spaltung zeigt sich auch an Details. In Frankreich ist die zweite Generation muslimischer Einwanderer weniger als die erste bereit, ihre Kinder in Schulkantinen essen zu lassen. In Großbritannien tragen immer mehr Frauen mit Vorfahren aus Bangladesch einen Schleier, obwohl das in Bangladesch gar nicht üblich ist. An diesem Beispiel wird auch klar, dass das Anliegen gar nicht darin besteht, an Bräuchen und Traditionen der Herkunft festzuhalten, sondern die Praktiken ausdrücklich dazu dienen, sich von der einheimischen Bevölkerung abzugrenzen.[13]

Im Ergebnis leben heute immer mehr Menschen in westlichen Ländern, die sich eigentlich woanders zu Hause fühlen: sei es, weil sie tatsächlich aus anderen Kulturen kommen, oder sei es, weil sie in einem weitgehend von der Mehrheitsgesellschaft abgeschotteten Milieu aufgewachsen sind. Was von vielen Linksliberalen als *Multikulturalität* schöngeredet wird, ist in Wahrheit das Scheitern von Integration.

Es geht also nicht darum, ob Menschen anders kochen, eine andere Musik hören oder andere Feste feiern. Solche Vorlieben sind Privatsache, und hier kann Vielfalt tatsächlich bereichernd sein. Selbst in den meisten deutschen Kochtöpfen findet man inzwischen häufiger Spaghetti Bolognese oder Chicken Tandoori als Eisbein mit Sauerkraut. Auch ob jemand zu Ramadan fastet, Nouruz feiert oder Weihnachten erst am 7. Januar begeht, ist keine Frage, die den sozialen Zusammenhalt bedroht. Die Vereinigten Staaten hatten in ihrer Geschichte immer wieder große Einwanderungswellen, und die irischen oder chinesischen Einwanderer pflegten ihre Kultur, ihre Bräuche und ihre Traditionen und drückten ihren Wohngebieten damit oft einen einzigartigen Stempel auf. Aber, und das war der entscheidende Unterschied: Sie wurden dennoch irgendwann selbstbewusste Mitglieder der Gesellschaft, in der sie ihre neue Heimat gefunden hatten. Dass mit John F. Kennedy erstmals ein Nachfahre irischer Einwanderer US-Präsident werden konnte, wurde 1961 noch als echter Durchbruch empfunden. Heute wäre es kaum noch erwähnenswert.

Wenn dagegen Einwanderer und Einheimische einander nicht mehr näherkommen, sondern die verschiedenen Milieus sich voneinander entfernen, wenn gemeinsame Erlebnisse, Freundschaften und Ehen zwischen ihnen seltener statt häufiger werden, dann wachsen Ablehnung, Ressentiment und Feindseligkeit. Im Zuge dieser Entwicklung wird der Zusammenhalt von Nachbarschaften, Gemeinden und der Gesellschaft insgesamt mehr und mehr zerstört.

Die Solidarität zerbricht

Das ist auch auf betrieblicher Ebene ein Problem. Die herrlich bunte *Diversity*, die *Linksliberale* so lieben, also Unternehmen, deren Mitarbeiter aus den unterschiedlichsten Herkunftsländern und Kulturräumen kommen, gibt es nämlich vor allem jenseits der Komfortzonen unserer Gesellschaft: in den schlecht bezahlten Serviceberufen des Niedriglohnsektors. Hier kommt nicht selten mehr als ein Drittel der Belegschaft aus Einwandererfamilien oder direkt aus dem Ausland. Oft können sich die Beschäftigten noch nicht einmal verständigen, weil Deutschkenntnisse in vielen dieser Jobs keine Einstellungsvoraussetzung sind. Wer in all dem kein Problem, sondern eine Bereicherung sieht, gehört garantiert nicht zu der Bevölkerungsschicht, die in solchen Branchen ihren Lebensunterhalt verdienen muss. Ihr nämlich wird es dadurch nahezu unmöglich gemacht, für eine Verbesserung ihrer

Lebenssituation und höhere Löhne zu kämpfen. Wir werden auf diese Probleme im folgenden Kapitel über Zuwanderung ausführlich eingehen.

Dass die Ermutigung religiöser Gefühle ein probates Mittel zur Spaltung von Belegschaften ist, wurde relativ früh erkannt. Bereits in den späten siebziger Jahren, als eine Streikwelle die Autofabriken in Großbritannien lahmlegte, ermunterte die Regierung das Management, den islamischen Glauben zu stärken und Gebetsräume einzurichten, um die Moslems von der Teilnahme an gemeinsamen Aktionen mit ihren nicht-muslimischen Kollegen abzuhalten.[14] Das hat seine Logik: Je fremder sich die Kollegen sind oder werden, desto weniger Vertrauen gibt es unter ihnen und desto unwahrscheinlicher ist es, dass sie sich zu gemeinsamen Aktionen zusammenschließen. Allein auf sich gestellt, sitzt der Arbeitnehmer dagegen immer am schwächeren Hebel.

Aber die Kultivierung der Unterschiede, die das gesellschaftliche Miteinander durch ein Nebeneinander separater, sich voneinander abgrenzender Gruppen ablöst, spaltet nicht nur Belegschaften. Sie zerstört das Zusammengehörigkeitsgefühl der Gesellschaft insgesamt und damit die wichtigste Voraussetzung für gesellschaftliche Solidarität und Sozialstaatlichkeit.

New Deal und Zusammenhalt

Schon Roosevelts New Deal, der in den USA erstmals gewisse soziale Leistungen und ein stark progressives Steuersystem einführte, wurde gesellschaftlich nur deshalb unterstützt, weil damals eine Mehrheit der amerikanischen Bevölkerung die Sicht teilte, als Amerikaner nicht nur in einer Marktgesellschaft zu leben, sondern auch einer Verantwortungs- und Solidargemeinschaft anzugehören. Dass Gefühle nationaler Zusammengehörigkeit missbraucht werden können und historisch missbraucht wurden, ist bekannt. Auch Eigenschaften wie Anstand und Ehrlichkeit lassen sich missbrauchen. Das macht sie noch nicht zu schlechten Charakterzügen. Gleiches gilt für die gemeinsame Identität, die die Bevölkerung in einem Land zusammenhält. Man kann sie ausnutzen, um Kriege zu führen oder Menschen für Interessen einzuspannen, die nicht ihre Interessen sind. Aber man kann ohne sie auch keinen modernen Sozialstaat aufbauen.

Wie gezeigt brachte das Zeitalter des Wirtschaftsliberalismus dann nicht nur eine neue Politik, sondern mit dem *Neoliberalismus* auch eine neue Erzählung hervor. Ihre zentrale Stoßrichtung bestand darin, der Sicht auf die Gesellschaft als einer Verantwortungs- und Solidargemeinschaft die Legitimation zu entziehen. Die radikale Botschaft des Thatcherismus war: Es gibt überhaupt keine Gesellschaft, es gibt nichts, was die in einem Land lebenden Individuen miteinander verbindet außer dem Markt, über den sie miteinander ins Geschäft kommen, und die gemeinsame Rechtsordnung, auf deren Grundlage sie sich bewegen müssen.

Im Rahmen dieser Erzählung war es nur konsequent, dass der Staat sich aus vielen Aufgaben zurückgezogen hat: Wo es kein Gemeinwesen gibt, gibt es auch kein Gemeinwohl, im Sinne dessen die öffentlichen Aktivitäten, etwa im Wohnungsbau, der Gesundheitsversorgung, den kommunalen Diensten oder der schulischen Bildung, gerechtfertigt werden können. Auch für eine Umverteilung von Einkommen über Steuern gibt es dann keine Rechtfertigung mehr, ebensowenig wie für starke gesetzliche Solidarsysteme. Allenfalls Armenfürsorge in engen Grenzen lässt sich unter solchen Denkvoraussetzungen noch humanitär begründen.

Spätestens an dieser Stelle fällt auf, wie sehr die Erzählung des Linksliberalismus der neoliberalen ähnelt. Während es für die Neoliberalen nur noch Individuen und ihre Familien gibt, die nichts miteinander verbindet als der Markt, gibt es für die Linksliberalen nur noch Individuen und identitätspolitisch definierte Minderheiten, die ebenfalls nichts mehr miteinander gemein haben, ja, die sich noch nicht einmal mehr rational verständigen oder in Menschen außerhalb ihrer eigenen Gruppe einfühlen können. Ihre ganze Identität lebt vielmehr gerade von ihrem Anderssein, von ihrer Abgrenzung gegenüber der Mehrheit.

Und während in der neoliberalen Erzählung die Individuen nur für sich und ihre nächsten Angehörigen verantwortlich sind und es nunmehr moralisch legitim ist, sich nur noch um sich selbst zu kümmern, sind auch die identitätspolitischen Gruppen und Grüppchen ausschließlich dafür da, ihr kleines egoistisches Süppchen zu kochen. Ein Interesse der *Allgemeinheit*, das über die Summe der Interessen all dieser heterogenen Minderheiten hinausgeht, gibt es in der linksliberalen Erzählung nicht mehr, vielmehr erscheint jeder Appell an Zusammengehörigkeit und Gemeinschaft *in den Grenzen eines Landes* als reaktionär und *rechts*.

Weltbürger gegen den nationalen Sozialstaat

Die identitätspolitische Abwertung von Mehrheitsinteressen ist zugleich ein wunderbares Alibi für wohlhabende Gesellschaftsschichten, sich aus der Finanzierung des Gemeinwesens, das jetzt ja keine gemeinsame Angelegenheit mehr ist, zurückzuziehen und diesem Rückzug sogar noch eine progressive internationalistische Note zu geben. Den *alten weißen Männern* aus der unteren Mitte oder Unterschicht mit ihren »nationalistischen« Gemeinschaftswerten muss man schließlich nicht auch noch eine soziale Statussicherung oder eine gute Rente finanzieren, zumal es ihnen sowieso schon viel besser geht als Milliarden armen Teufeln in vielen Teilen der Welt!

Wenn gut situierte *Weltbürger* gegen den nationalen Sozialstaat wettern, geht es natürlich nie um Eigennutz, sondern immer um *Solidarität*, nämlich mit den wirklich Armen dieser Welt – die nur leider so gar nichts davon haben, wenn in den westlichen Ländern die sozialen Netze zerrissen und die Steuern für Besserverdiener gesenkt werden. Dass zumindest Teile der akademischen Mittelschicht inzwischen wohlhabend genug sind, um sich jenseits der gesetzlichen Solidarsysteme und öffentlichen Angebote privat zu versorgen, hat zur Resonanz dieser neuen Erzählung sicher beigetragen.

Gerade in einer Gesellschaft, die bunter und vielfältiger wird, wäre es umso wichtiger, ein politisches Gemeinschaftsgefühl wiederherzustellen. Die identitätspolitische Debatte bewirkt das Gegenteil. Aber ohne ein Set gemeinsamer Werte, ohne Bindungen und Loyalitäten gibt es auch keine Bereitschaft zur Solidarität. Das Ergebnis ist also das, woran Thatcher und Co. gearbeitet haben: eine entfesselte Marktgesellschaft. Dass die ehemalige britische Premierministerin die Frage nach ihrem größten politischen Erfolg einmal mit »Tony Blair und New Labour«[15] beantwortete, war daher keineswegs nur eine zugespitzte Pointe, sondern Ausdruck einer tiefen Wahrheit.

DER LINKSILLIBERALISMUS 125

Sozialpolitik als Minderheitenprojekt

Anders als der wirtschaftsliberale will der *nicht-wirtschaftsliberale Linksliberalismus* den Sozialstaat nicht zerstören. Er macht allerdings eine sozialere Politik selbst zu einem Minderheitenprojekt und dadurch unpopulär. Denn auch der nicht-wirtschaftsliberale Linksliberalismus, also jener, der Sozialabbau, Privatisierungen und Steuersenkungen für Reiche ablehnt, bewegt sich im Rahmen der identitätspolitischen Minderheitenlogik. Er ergänzt sie nur durch eine zusätzliche schutzbedürftige Minderheit: die der Armen und Ausgegrenzten. Dass diese Menschen überhaupt als Opfer anerkannt werden, ist natürlich löblich, aber das Muster bleibt das gleiche: Auch die Armen werden als von der Mehrheitsgesellschaft isolierte und abgesonderte Gruppe verstanden.

Nicht-wirtschaftsliberale Linksliberale fordern daher nicht einen leistungsorientierten, statuserhaltenden Sozialstaat, wie es ihn früher in Deutschland in Ansätzen gab: mit einem stark regulierten Arbeitsmarkt, in dem tariflich bezahlte Arbeit mit hohem Kündigungsschutz der Standard ist, einer Arbeitslosenversicherung, die sich über lange Zeiträume am letzten Einkommen orientiert und einer Rente, deren ausdrückliche Aufgabe darin besteht, den Lebensstandard im Alter zu sichern. Ein solcher Sozialstaat verhindert Armut weit effektiver als der heutige, aber er ist nicht *nur* für die Armen da. Es ist ein Sozialstaat *für die Mehrheit*, der auch an ihre Wertvorstellungen anknüpft: In ihm werden Ansprüche erworben, die auf Leistung basieren und nicht nur auf Bedürftigkeit, er soll nicht nur Armut verhindern, sondern auch der Mittelschicht soziale Sicherheit geben. Genau das macht ihn auch für die Mitte attraktiv.

Mindestforderungen

Der *nicht-wirtschaftsliberale Linksliberalismus* konzentriert sich stattdessen auf bloße Armutsvermeidung: eine soziale Grundsicherung für Arbeitslose, die etwas höher sein soll als Hartz IV und ohne Sanktionen ausgezahlt wird, eine Grundrente im Alter, die etwas über der Armutsgrenze liegt, sowie ein höherer Mindestlohn. Nun sind das alles vernünftige Forderungen und es wäre eine Verbesserung, wenn sie umgesetzt würden. Aber wenn sich das Sozialprogramm auf solche Forderungen beschränkt, kommt dabei eben auch nicht mehr heraus als ein Sozialstaat für Arme, der ihr Leben etwas erträglicher macht. Für die Mittelschicht, selbst die untere Mitte, wäre er kaum eine Hilfe, denn die Leistungen bewegen sich auf einem Niveau, das für sie einen sozialen Absturz bedeutet.

Bei der Rente ist ein solcher Zustand in Deutschland schon fast erreicht: Egal ob jemand durchschnittlich oder schlecht verdient hat, ob er 35 Jahre Vollzeit oder nur ab und an in einem Minijob gearbeitet hat, die Altersbezüge für künftige Rentner unterscheiden sich höchstens noch um 200 bis 300 Euro. Denn in den wenigsten Fällen werden Rentenansprüche das Hartz-IV-Niveau plus Miete bzw. die künftige Grundrente noch um mehr als diesen Betrag übersteigen. Wer nicht vorher schon arm war, für den bedeutet der Renteneintritt also eine gravierende Verschlechterung – es sei denn, er hat genug verdient, um privat vorzusorgen. Es ist verständlich, dass viele Durchschnittsverdiener unter diesen Bedingungen in den gesetzlichen Rentenbeiträgen nur noch eine Last sehen: Sie bringen ihnen wenig, aber sie kosten.

Ganz anders verhält sich das bei einem Rentensystem wie dem österreichischen, das für langjährig Versicherte auch heute noch den Lebensstandard garantiert und in dem ein durchschnittlicher Rentner monatlich 800 Euro mehr erhält als in Deutschland. So eine Rentenversicherung wäre sogar für viele Selbstständige attraktiv und für alle deutlich vorteilhafter als provisionsfressende Riesterprodukte oder Sparkonten mit Nullzinsen.

Auch Hartz IV hat uns dem Minimal-Sozialstaat ein erhebliches Stück näher gebracht. Während die frühere Arbeitslosenhilfe sich immerhin am letzten Einkommen orientierte, bekommt heute ein Versicherter, der viele Jahre hohe Beträge in die Arbeitslosenversicherung eingezahlt hat, nach einem Jahr Arbeitslosigkeit exakt so viel wie jemand, der im Leben noch nie einen Job hatte.

Rechte und Pflichten

Die alte Sozialstaatsidee beruhte auf dem grundsätzlichen Gedanken der Gemeinschaft und der Gleichheit. Alle Mitglieder hatten Rechte und Pflichten, und ihre Rechte ergaben sich daraus, dass sie ihre Pflichten wahrnahmen, soweit sie dazu in der Lage waren. Wer arbeitslos oder krank wurde, hatte das Recht auf Absicherung, eben weil er zuvor eingezahlt hatte und das auch wieder tun würde, sobald er gesund ist oder einen neuen

Arbeitsplatz findet. Anders als heute gab es keine Pflicht, *jede* Arbeit anzunehmen. Eine Arbeit allerdings, die der eigenen Qualifikation Rechnung trug und in etwa das frühere Einkommen gewährleistete, durfte nicht abgelehnt werden.

Diese Vorstellung entsprach den traditionellen Werten von Fairness und Gegenseitigkeit, die in großen Teilen der Bevölkerung tief verankert sind. Die linksliberale Sozialstaatsidee ist auch deshalb wenig populär, weil sie mit diesen Werten bricht. Für sie gibt es nämlich nur noch Rechte und keine Pflichten mehr. Jeder hat danach das gleiche Recht auf Mindestsicherung, egal ob er jemals in die Sozialsysteme eingezahlt hat und auch unabhängig davon, ob er das überhaupt möchte. Ein solcher Ansatz widerspricht nicht nur der breit geteilten Meinung, dass es zwischen Geben und Nehmen ein Gleichgewicht geben muss. Der einseitige Rechte-Diskurs ist auch unehrlich, da mit Zahlungsansprüchen verbundene Rechte immer nur geltend gemacht werden können, wenn es Leute gibt, die die Zahlungen erarbeiten und leisten.

Bedingungsloses Grundeinkommen

Die sozialpolitische Forderung, die der linksliberalen Logik am nächsten kommt, ist die nach einem bedingungslosen Grundeinkommen. Es ist kein Zufall, dass diese Forderung auch viele Anhänger im wirtschaftsliberalen Lager hat. Das bedingungslose Grundeinkommen ist der zu Ende gedachte minimalistische Sozialstaat, oder besser ausgedrückt: die Abschaffung des Sozialstaats zugunsten einer thatcheristischen Marktgesellschaft mit humanitärer Armenfürsorge.

Da eine Leistung, die jeder bekommt, ohne dass die Gesellschaft Anspruch auf eine Gegenleistung erhebt, allenfalls dann akzeptiert wird, wenn sie sich auf einem sehr niedrigen Niveau bewegt, ist gerade die *Bedingungslosigkeit* die Garantie dafür, dass die Absicherung dürftig bleibt und sehr wahrscheinlich noch nicht einmal die Armutsgrenze erreicht. Alle halbwegs solide durchgerechneten Grundeinkommensmodelle liegen unterhalb oder gerade so auf dem Niveau, das heute Hartz VI plus Miete gewährleistet. Für höhere Leistungen gäbe es im Falle echter *Bedingungslosigkeit* wohl auch keine gesellschaftliche Unterstützung. Denn wo Rechte nicht mehr an Pflichten gebunden sind, verschwindet ihre Akzeptanz.

Der linksliberale Mindestsicherungsstaat ist für die Oberschicht und die obere Mittelschicht billiger als ein echter Sozialstaat, für die Mitte und die untere Mitte aber ist er kein attraktives Projekt. Wer sozialen Leistungen die gesellschaftliche Unterstützung entziehen will, muss es genau so machen.

Die »offene Gesellschaft«: Mauern im Inneren

Der Linksliberalismus stellt den Gemeinschaftswerten, die er wahlweise als überholt abqualifiziert oder als *nationalistisch* und *wohlstandschauvinistisch* verdammt, seine Idee einer *offenen Gesellschaft* entgegen: eine Gesellschaft, zu der jeder, der möchte, hinzukommen kann, die ohne gemeinsame Werte und Bindungen auskommt und nur von Recht und Gesetz zusammengehalten wird und die jedem, der sich einfindet, die gleichen Rechte einräumt.

Da eine solche Gesellschaft problemlos über nationale Grenzen hinaus ausgedehnt werden kann, werden diese Ideen oft mit der Forderung nach einer globalen oder mindestens europäischen Staatsbürgerschaft verbunden. Die Idee der »offenen Gesellschaft« und der linksliberale Kosmopolitismus, für den es nur noch *eine* Welt und *eine* Menschheit gibt, gehören daher zusammen. Auf den ersten Blick klingt das ungemein progressiv. Alle Menschen werden Brüder, es gibt keine Grenzen mehr, jeder hat die gleichen Rechte.

Die Tataren lieben

Was der Linksliberalismus nicht so deutlich anspricht, sind die Konsequenzen dieses Konzepts. Eine Gesellschaft ohne Mitgliedschaft *kann* kein Schutzraum sein. Wo jeder hinzukommen kann, gibt es kein Miteinander und auch keine besondere Hilfe füreinander. Und zwar aus einem ganz praktischen Grund: Jedes echte Solidarsystem muss die Zahl der Einzahler und Empfänger in einer gewissen Balance halten, um nicht zusammenzubrechen. Normalerweise wird das dadurch gewährleistet, dass solche Systeme nur einem bestimmten Kreis von Menschen offenstehen. Wer potenziell die ganze Menschheit einbezieht, nimmt in Kauf, dass Solidarsysteme, die im globalen Vergleich überdurchschnittliche Leistungen bieten, nicht länger existieren können. Denn soziale Absicherungen auf dem Niveau der westlichen Länder wären auf globaler Ebene selbstverständlich *unfinanzierbar*. Immerhin liegt das mittlere Einkommen der Welt gegenwärtig bei rund 1 400 Dollar – pro Jahr![16]

Aus gutem Grund hat selbst die Europäische Union darauf verzichtet, allen EU-Bürgern das Recht auf Zugang zu sozialen Leistungen in anderen europäischen Ländern einzuräumen, soweit die Ansprüche nicht durch eigene Arbeit erworben werden. Denn eine *Offenheit* der Sozialsysteme hätte dramatische Folgen gehabt. Hartz IV etwa bedeutet für Menschen, die ihr Leben mit dem Standard vergleichen, der hierzulande als normal angesehen wird, entwürdigende Armut. Für einen Bulgaren dagegen übersteigen die knapp 400 Euro plus Miete bei Weitem das Durchschnittseinkommen. Könnte jeder EU-Bürger in Deutschland Hartz IV beantragen, müssten die für hiesige Verhältnisse ohnehin schon spärlichen Leistungen drastisch sinken, um Überforderung zu vermeiden. Immer noch starke Sozialstaaten wie Dänemark oder Schweden hätten schon gar keine Überlebenschance.

Wer den Blickwinkel des Kosmopolitismus ernst nimmt, dürfte ohnehin Schwierigkeiten bekommen, einen vernünftigen Maßstab für die Höhe sozialer Leistungen zu finden. Deren Angemessenheit lässt sich nämlich nur in Bezug zum jeweiligen *nationalen* Standard begründen. Wäre allein das Denken im globalen Maßstab angebracht, wäre sozialstaatlicher Ausgleich innerhalb der reicheren Länder in der Tat kein Gebot der Gerechtigkeit, sondern eine ungerechtfertigte Privilegierung von Leuten, die zumindest im weltweiten Vergleich nicht zu den wirklich Armen gehören.

In Wahrheit folgt aus der Idee der menschlichen Gleichheit aber keineswegs, dass wir die gleichen Verpflichtungen gegenüber allen Menschen haben. Sich mehr um Nahestehende als um Fernstehende zu kümmern ist nicht unmoralisch, sondern ein normales und legitimes menschliches Verhalten. Wer angibt, in jedem Menschen einen Bruder zu sehen, kaschiert damit oft genug nur, dass ihm in Wirklichkeit niemandes Schicksal wirklich nahegeht. Vor diesem als *Internationalismus* verkleideten Egoismus hatte schon der französische Aufklärungsphilosoph Jean-Jacques Rousseau gewarnt: »Nehmt euch vor diesen Kosmopoliten in Acht, die in ihren Schriften aus weiter Ferne Pflichten herholen, deren Erfüllung sie in Bezug auf ihre eigne Umgebung verächtlich zurückweisen. Ein solcher Philosoph liebt die Tataren, um dessen überhoben zu sein, seine Nachbarn zu lieben.«[17]

In diesem Zusammenhang fällt auch auf, dass sich das großzügige Angebot der linksliberalen Wohlstandsbürger, mit allen zu teilen, natürlich nie auf ihr privates Vermögen bezieht, sondern immer auf das »*Vermögen der kleinen Leute*«, wie Helmut Schmidt den Sozialstaat einmal zu Recht genannt hat. Es ist also das Vermögen *anderer* und nicht etwa das eigene, das hier mit der Geste mildtätiger Opferbereitschaft zur globalen Umverteilung freigegeben wird.

Verschämte Globalisierungsfreunde

Wenn es keinen Unterschied mehr zwischen Staatsbürgern und Nicht-Staatsbürgern eines Landes gibt, dann gibt es natürlich auch keine Verpflichtung des Staates mehr, *seine* Bevölkerung in besonderer Weise zu schützen. Nicht nur starke nationale Solidarsysteme verlieren damit ihre Rechtfertigung, sondern auch alle Einschränkungen globaler Märkte und globalen Kapitalverkehrs, die ja allein deshalb existieren bzw. gefordert werden, weil sie dem Schutz der *heimischen* Arbeitnehmer, der *heimischen* Verbraucher oder auch der *heimischen* Mieter dienen.

Als die Regierung des Landes Berlin vor einiger Zeit erwog, wegen der ausufernden Immobilienspekulation und der rasant steigenden Mieten die Investitionsmöglichkeiten ausländischer Immobilienfonds in der Hauptstadt einzuschränken, wurde dieser Vorschlag von der linksliberalen *Frankfurter Rundschau* mit dem Argument gerügt, Berlin würde damit nicht nur Investoren vergraulen, sondern auch zeigen, »dass es gar nicht die *weltoffene* Metropole ist, für die der Rest des Planeten es hält. Sondern ein Ort, an dem die Deutschen unter sich bleiben wollen.«[18]

Die Chiffre der *Weltoffenheit* und das linksliberale Weltbürger-Gehabe sind also vor allem eins: eine besonders trickreiche, weil mit edlen Motiven versehene Rechtfertigung genau der Entwicklung, die wir seit gut dreißig Jahren erleben: eine Rechtfertigung für die Freiheit globalen Renditestrebens, das durch keine staatlichen Einschränkungen mehr behindert wird, und für die Weigerung der Regierungen, sich für die Verlierer dieser Entwicklung in ihren Ländern zuständig zu fühlen, denen nicht nur ihre gut bezahlten Industriearbeitsplätze, sondern auch ihre sozialen Sicherheiten genommen wurden. All das erscheint plötzlich nicht mehr als rücksichtslose Zerstörung sozialer Errungenschaften, sondern als fortschrittliches Projekt zur Überwindung von *Nationalismus* und *Wohlstandschauvinismus*.

Wirtschaftsliberalismus progressiv begründen

Mit dem vermeintlichen Ideal des Kosmopolitismus und der »offenen Gesellschaft« stellt der Linksliberalismus also eine Erzählung bereit, mittels deren sich Wirtschaftsliberalismus, Sozialabbau und Globalisierung als *gerecht* und *progressiv* begründen lassen. Warum diese Erzählung schlechte Karten hat, unter den Leidtragenden, also in der Arbeiterschaft, bei einfachen Angestellten und in der klassischen Mittelschicht, populär zu werden, sollte jetzt verständlich sein.

Im Übrigen leben und arbeiten auch die *kosmopolitischen* Wirtschaftseliten und die akademische Mittelschicht keineswegs so weltbürgerlich, wie das Image, das sie pflegen, nahelegt. Zwar gehören Auslandsaufenthalte, durchaus auch längere, in diesen Schichten zum normalen Lebenslauf, aber wenn es um die Posten geht, mit denen sie den größten Teil ihres Lebenseinkommens verdienen, befinden sie sich überwiegend im Land der Geburt. Top-Manager ausländischer Herkunft sind selbst bei den großen, transnational aufgestellten Wirtschaftsunternehmen nach wie vor eher selten, in den USA oder Frankreich gibt es sie fast gar nicht. [19]

Denn auch für die akademische Mittelschicht sind soziale Netzwerke und Beziehungen auf dem Weg in die wirklich interessanten Stellungen von unverändert großem Wert, und über solche verfügt der Nachwuchs in erster Linie im Land seiner Eltern. Auch das zeigt, dass das zelebrierte Weltbürgertum vor allem ein Alibi ist, um sich der Bindungen und damit auch der empfundenen Verpflichtungen gegenüber den weniger privilegierten Bevölkerungsschichten im eigenen Land zu entledigen. Der linksliberale Kosmopolitismus ist daher weniger ein echter Lebensstil als ein kulturelles Abgrenzungsmerkmal nach unten, eine Art Code, der anzeigt, dass man zur Elite oder jedenfalls zu den *besseren Kreisen* gehört.

132 DIE SELBSTGERECHTEN

Gegen die Rückwärtsgewandten

Dass der Linksliberalismus die Position der Gewinner der Veränderungen einnimmt, verrät er übrigens auch dadurch, dass die Polemik gegen die *Rückwärtsgewandten* oder auch die *Ewiggestrigen* fest zur linksliberalen Erzählung gehört. Wer sich von denen abgrenzt, die sich die gut bezahlten Industriearbeitsplätze und die besseren Sozialstaaten der siebziger Jahre zurückwünschen, macht damit deutlich, dass sich die Gesellschaft in seinen Augen in den zurückliegenden Jahrzehnten insgesamt zum Guten verändert hat. Zwar wird die steigende gesellschaftliche Ungleichheit durchaus kritisiert. Aber alles in allem erzählt der Linksliberalismus die Geschichte der zurückliegenden 30 bis 50 Jahre in erster Linie als große Befreiungs- und Emanzipationsgeschichte, die die Gesellschaft insgesamt offener und liberaler gemacht habe.

Begründet wird das unter anderem mit der Emanzipation der Frau, der Individualisierung, den gestärkten Rechten sexueller, religiöser und ethnischer Minderheiten oder auch dem Zusammenwachsen Europas im Rahmen der europäischen Union und dem Zugewinn an Multikulturalität und Internationalität.

Natürlich trifft zu, dass es neben gravierenden Rückschritten im Hinblick auf die materiellen Lebensbedingungen in den zurückliegenden Jahrzehnten auch Veränderungen gab, die echte Verbesserungen waren. Unter Mitwirkung linksliberaler Politiker wurden politische Regeln beseitigt, die rechtliche Ungleichheiten zementiert und Menschen diskriminiert und entmündigt hatten. So gibt es heute für gleichgeschlechtliche Paare in vielen Staaten die Möglichkeit zu heiraten oder zumindest eine Verbindung einzugehen, die rechtlich nicht anders behandelt wird als eine Ehe. Wenn man bedenkt, dass der 1872 unter Bismarck eingeführte Paragraph 175, der homosexuelle Handlungen unter Strafe stellte, in Deutschland erst 1994 abgeschafft wurde, wird das Ausmaß des Wandels deutlich, der 2017 schließlich in die Legalisierung der »Ehe für alle« mündete. Auch die früher extrem restriktiven Vorschriften für Abtreibungen wurden in den meisten Ländern gelockert, obwohl in dieser Frage inzwischen in einigen Ländern ein Rollback droht. Außerdem gab es progressive Veränderungen im Strafrecht und im Strafvollzug.

Bei all diesen Maßnahmen handelte es sich allerdings schlicht um liberale und mitnichten um spezifisch linksliberale Projekte. Dass der Staat kein Recht hat, sich in private Lebensentwürfe einzumischen, und jeder so denken, lieben und leben soll, wie es ihm gefällt, solange er andere nicht schädigt, ist immerhin eine Kernthese des klassischen Liberalismus, die auch schon von der *traditionellen Linken* unterstützt wurde. Begonnen hatte die Liberalisierung westlicher Gesellschaften daher auch, lange bevor der Linksliberalismus die politische Bühne betrat. Erste wichtige Schritte in diesem Zusammenhang waren die Aufhebung der Rassentrennung in den USA, liberalere Scheidungsgesetze und die rechtliche Gleichstellung der Frau, die in der Bundesrepublik immerhin bis 1958 ohne Zustimmung des Ehemanns weder ein Konto eröffnen noch eine Arbeit aufnehmen durfte.

Verlust an Gleichheit und Sicherheit

Aber so wichtig und notwendig die genannten Veränderungen waren: Den gesellschaftlichen Wandel der zurückliegenden Jahrzehnte einseitig in eine große Fortschritts- und Emanzipationsgeschichte umzudeuten ist die Lebenslüge der Gewinner, mit der eine Entwicklung schöngeredet wird, die für die Mehrheit der Menschen weit mehr Verluste als Verbesserungen gebracht hat.

Was der Linksliberalismus als Abschied von der Gleichförmigkeit und dem Konformismus der Massenkonsumgesellschaft feiert, war für die meisten Menschen mit mittleren und niedrigen Bildungsabschlüssen der Verlust an Gleichheit, Sicherheit und materiellem Wohlstand. Sie sind nicht alte Zwänge losgeworden, sondern ihnen wurden erkämpfte Rechte genommen. Im Rahmen der alten *Normalität* und der Standardisierung von Abschlüssen, Lebensläufen und sozialen Ansprüchen hatten sie gute Löhne, verlässliche Rahmenbedingungen und echte Aufstiegschancen. Die Zerstörung des Normalarbeitsverhältnisses und das Abhandenkommen der Normalbiografie haben *ihre* Wahlfreiheit zwischen verschiedenen Lebensentwürfen nicht erhöht, sondern eingeschränkt. Auch für die klassische Mittelschicht ist das Leben eher nicht freier und abwechslungsreicher, sondern anstrengender und unsicherer geworden.

Der individuelle Lebensweg ist heute wieder viel stärker durch die Herkunft vorherbestimmt als in der »*normierten*« Gesellschaft der Siebziger. Denn es waren gerade die öffentlichen Angebote etwa im Bildungsbereich und die starken gesetzlichen Solidarsysteme, die die Abhängigkeit vom familiären Background verringerten und damit vor allem den Menschen in-

134 DIE SELBSTGERECHTEN

dividuelle Freiheitsräume und neue Lebenschancen eröffneten, die sich nicht auf ein ressourcenstarkes familiäres Hinterland stützen können. Mit der Erosion der Sozialstaaten und dem neuen Bildungsprivileg ist genau das wieder verloren gegangen.[20]

Neue Mauern

Im Ergebnis ist die vermeintlich offene Gesellschaft nicht nur ökonomisch und kulturell tiefer gespalten als die westlichen Gesellschaften in der zweiten Hälfte des zwanzigsten Jahrhunderts, sie ist auch sozial undurchlässiger. Während die Außengrenzen für Nicht-Staatsbürger poröser wurden, sind die Grenzen zwischen den sozialen Schichten zu Mauern geworden, die sich immer schwerer überwinden lassen. Die gefeierte *Offenheit* der »offenen Gesellschaft« ist also ein Euphemismus. Offen steht der klassischen Mittelschicht und der Arbeiterschaft vor allem der Weg nach unten, weil die sozialen Netze nicht mehr tragen. Aufstiegshoffnungen dagegen scheitern an der erfolgreichen Abschottung der wohlhabenden Milieus.

Wenn man unter der *Liberalisierung* einer Gesellschaft versteht, dass der Einzelne *größere* Chancen hat, sein Leben selbstbestimmt zu gestalten, dann hat in den letzten Jahrzehnten für die Mehrheit der Bevölkerung keine Liberalisierung stattgefunden, sondern für sie ist eine bereits erreichte Liberalität wieder verloren gegangen. Der neue Gegensatz lautet damit auch nicht: *offene* oder *geschlossene* Gesellschaft. Die »offene Gesellschaft« bringt vielmehr eine neue Schließung mit sich. Die Grenzen und Spaltungslinien haben sich nur nach innen verlagert.

Auch das Ideal der Freizügigkeit, das es angeblich jedem Menschen erlauben soll, dort zu wohnen, wo er oder sie möchte, ist unehrlich: großzügige Einwanderungsgesetze mögen Migranten mehr Möglichkeiten geben, ihren Wohnsitz in reichere Länder zu verlegen. Was ihnen allerdings noch lange nicht freisteht, ist der Zugang zu den teuren Wohnbezirken der großen Städte. Um sie von da fernzuhalten, braucht es freilich keiner Außengrenzen. Das erledigt die *ökonomische* Abschottung durch hohe Mieten viel eleganter.

Emanzipation für Akademikerinnen

Selbst die umjubelte Emanzipation der Frau war in erster Linie eine Emanzipation der Akademikerinnen. Frauen mit guter Bildung haben heute tatsächlich viel bessere Möglichkeiten, auf eigenen Füßen zu stehen, sich in einem interessanten Beruf zu verwirklichen und ein selbstbestimmtes Leben zu führen, als es Frauen in den fünfziger oder sechziger Jahren in Westdeutschland möglich war.

Für Frauen ohne Hochschulabschluss und erst recht für Frauen ohne Abitur hat die Emanzipation dagegen kaum oder gar nicht stattgefunden. Denn die wenigsten von ihnen dürften es als Befreiung empfinden, dass sie neben der Arbeit im eigenen Haushalt auch noch die Wohnungen wohlhabender Familien putzen oder in anderen Niedriglohnjobs schuften müssen, weil das Einkommen des Mannes die Familie nicht mehr ernähren kann. Ja, Erwerbstätigkeit kann eine Chance für Selbstbestimmung und Selbstverwirklichung sein. Aber ganz sicher nicht in den ausbeuterischen und vielfach demütigenden Arbeitsverhältnissen, in denen die meisten Nichtakademiker-Frauen heute zum Lebensunterhalt ihrer Familien beitragen müssen.

Hinzu kommt, dass soziale Belastungen, vom Arbeitgeber abverlangte Flexibilität und häufige Nacht-, Samstags- oder Sonntagsarbeit gerade in den schlecht bezahlten Serviceberufen intakte Familienstrukturen vielfach zerstört haben. Jenseits der Wohlstandszonen unserer Gesellschaft bedeutet der Abschied von der *Normalfamilie* daher für viele Frauen nicht Unabhängigkeit und Selbstverwirklichung, sondern zusätzliche Härten und Lebensängste, die oft genug in die Armutsfalle münden, sich als alleinerziehende Mutter durchs Leben schlagen zu müssen.

Wer sich dann weder Nannys noch Haushaltshilfen leisten kann und auch keine Eltern hat, die einspringen, ist ganz schnell ganz unten. Denn auch die Infrastruktur, die Frauen oder auch Männern hilft, mit der Situation als Alleinerziehende zurechtzukommen, ist heute weitgehend privatisiert. Dass in Deutschland mittlerweile jede dritte alleinerziehende Mutter auf Hartz IV angewiesen ist und Alleinstehende mit Kindern viel häufiger an Burn-out oder anderen psychischen Erschöpfungskrankheiten leiden als Frauen und Männer in stabilen familiären Beziehungen, gibt dem Feldzug gegen Ehe und Familie als »repressive Rollenmodelle« einen ziemlich faden Beigeschmack.

Neu verpackter Neoliberalismus

Genau besehen ist die linksliberale Erzählung also nichts als eine aufgehübschte Neuverpackung der Botschaften des Neoliberalismus. Die abgegriffenen und diskreditierten Begriffe des Marktradikalismus wurden durch neue ersetzt, die dem alten Sound eine progressive Note verleihen. So wurde aus Egoismus Selbstverwirklichung, aus Flexibilisierung Chancenvielfalt, aus zerstörten Sicherheiten der Abschied von Normalität und Konformität, aus der Globalisierung Weltoffenheit und aus Verantwortungslosigkeit gegenüber den Menschen im eigenen Land Weltbürgertum.

Wie der Neoliberalismus schreibt auch der Linksliberalismus die Geschichte der letzten Jahrzehnte von der Warte der Gewinner aus. Größter Gewinner in allen Ländern sind die Wirtschaftseliten, die Eigentümer großer Finanz- und Betriebsvermögen, die Anteilseigner der globalen Wirtschaftsunternehmen und Banken, die von Wirtschaftsliberalismus, Sozialabbau und Globalisierung ausnahmslos profitiert haben.

Was den Linksliberalismus vom Neoliberalismus unterscheidet, ist seine kulturelle Affinität zur Arbeits- und Lebenswelt der akademischen Mittelschicht, die ebenfalls zu den Gewinnern der Veränderungen zählt, wenn auch nicht so ungebrochen und eindeutig, wie das bei der Oberschicht der Fall ist. Nur die obere akademische Mittelschicht ist so wohlhabend, dass sie im Sozialstaat und den öffentlichen Angeboten nur noch eine überflüssige Einrichtung sieht. Auch viele großstädtische Akademiker mit guten Einkommen, gerade in Deutschland, leben in Mietwohnungen und spüren den Druck der Immobilienhaie am eigenen Geldbeutel. Ein beachtlicher Teil der akademischen Mittelschicht arbeitet in der öffentlichen Verwaltung und im öffentlichen Dienst und hat daher ein existenzielles Interesse an einem solide finanzierten Staat, der seine Aufgaben wahrnimmt.

Click- und Crowdworker

Erst recht gilt all das für die wachsende Schicht schlecht verdienender Großstadtakademiker, die sich der akademischen Mittelschicht kulturell verbunden fühlen, obwohl sie kaum noch eine Chance haben, in ihre Reihen aufzusteigen. Diese neue akademische Unterschicht ist sicher keine Gewinnerin der Entwicklungen der letzten Jahre. Die Lebensverhältnisse eines Industriearbeiters in den Siebzigern waren materiell besser und sein

Status abgesicherter als das Leben der unzähligen Click- und Crowdworker unserer Zeit oder auch der Germanistik- und Sozialwissenschaftsabsolventen, die sich von Befristung zu Befristung hangeln und nebenbei Taxi fahren oder bei einem Lieferdienst jobben, um sich über Wasser zu halten.

Die neue akademische Unterschicht hat aufgrund der Spezifik ihrer Arbeitsverhältnisse derzeit kaum Zugang zu den gesetzlichen Sozialversicherungen und daher anscheinend eher Interesse am Ausbau einer staatlichen Mindestsicherung als an der Wiederherstellung eines funktionierenden Sozialstaats. In ihrem Leben gibt es bisher auch keine kollektiven Arbeitsverträge und keine standardisierten Gehaltstabellen, für deren Erhalt oder Wiederherstellung sie streiten könnten. Gemeinsame Arbeitskämpfe zur Verbesserung der eigenen Lage gehören nicht zu ihrer Erfahrungswelt. Kulturell stehen die ärmeren Großstadtakademiker den Gemeinschaftswerten der klassischen Mittelschicht und der Arbeiterschaft daher ähnlich distanziert gegenüber wie die akademische Mittelschicht. Ihre Hoffnung ist der individuelle Aufstieg auf einen der gut bezahlten Akademikerarbeitsplätze.

Von den Wirtschaftseliten vereinnahmt

Der Linksliberalismus bestimmt heute das Weltbild und das Denken großer Teile der akademischen Mittel- und Unterschicht. Die linksliberale Fortschrittserzählung, die in der Entwicklung der letzten Jahrzehnte vor allem eine Befreiung sieht, prägt das Lebensgefühl dieses Milieus. Die individualistische Selbstverwirklichungsethik formt seine Werte und Gerechtigkeitsvorstellungen. Die Identitätspolitik legt fest, welche Fragen als wichtig und welche als unwichtig empfunden werden. Und die Attitüde des weltbürgerlichen Kosmopolitismus entscheidet darüber, was als fortschrittlich und was als reaktionär eingeordnet wird. Das bedeutet nicht, dass jeder, der einen Hochschulabschluss hat und in einer größeren Stadt wohnt, wie ein Linksliberaler denkt. Aber der Linksliberalismus ist gegenwärtig die in diesem Milieu einflussreichste Erzählung.

Solange das so bleibt, erfüllt er die Funktion vieler großer Erzählungen der Geschichte: Er bindet auch diejenigen in eine bestehende Ordnung ein, die eigentlich ein elementares Interesse an ihrer Veränderung haben. Denn nicht nur für Beschäftigte mit einfachen und mittleren Bildungsabschlüssen und die klassische Mitte, auch für die akademische Unter- und die untere akademische Mittelschicht ist der aktuelle Politikmix aus Wirtschaftsliberalismus, schwachen Sozialstaaten und Globalisierung mit gravierenden Nachteilen verbunden. Und obwohl sich weniger wohlhabende Großstadtakademiker auf der einen Seite und Arbeiter, einfache Servicebeschäftigte und klassische Mittelschicht auf der anderen in ihren kulturellen Werten, ihrem Lebensgefühl und ihrem beruflichen Alltag in vielem unterscheiden, haben sie letztlich weit mehr gemeinsame Interessen als solche, die sie trennen. Der Linksliberalismus stellt sicher, dass eine Politik, die vor allem den Reichen nützt, nicht nur von der öffentlich meinungsstarken und politisch einflussreichen akademischen Mitte, sondern sogar von vielen ärmeren Hochschulabsolventen mitgetragen wird.

Frisches Image für alte Politikempfehlungen

Der alte Neoliberalismus und die politische Agenda entfesselter Märkte und globaler Renditejagd hatten bereits zu Beginn des 21. Jahrhunderts ihren gesellschaftlichen Rückhalt verloren. Es spricht viel dafür, dass diese Politik ohne die neue linksliberale Rückendeckung nicht hätte fortgeführt werden können. Dass es trotz allem weiterging wie zuvor, ist die »Leistung« der neuen Erzählung, die den neoliberalen Politikempfehlungen ein frisches, progressives Image und damit neue Attraktivität verliehen hat.

Aber der Linksliberalismus vereinnahmt nicht nur, er spaltet auch. Denn während er das akademische Milieu einschließlich seiner unteren Ränder an die Interessen der Wirtschaftseliten bindet, entfremdet er die in diesem Milieu verankerten linken Parteien der traditionellen Mittelschicht, der Arbeiterschaft und den ärmeren Nichtakademikern, die sich von der linksliberal-weltbürgerlichen Erzählung weder sozial noch kulturell angesprochen fühlen, sondern sie – zu Recht! – als Angriff auf ihre Lebensbedingungen, ihre Werte, ihre Traditionen und ihre Identität empfinden. Der Linksliberalismus sichert damit die soziale Spaltung der Mittelschicht kulturell-politisch ab und verhindert, dass politische Mehrheiten für einen anderen Zukunftsentwurf entstehen können.

6. ZUWANDERUNG – WER GEWINNT, WER VERLIERT?

Ärzte aus Syrien und Afrika

Der Linksliberalismus mag in manchen Fragen variantenreich sein, in einer wird Abweichung unter keinen Umständen geduldet: Die Forderung nach einer lockeren Einwanderungspolitik und eine generell positive Sicht auf Migration gehören zum Denkkanon der *Lifestyle-Linken* wie der Glaube an die Auferstehung zum Christentum. Wer hier abweicht, wird exkommuniziert. Zwar geht nicht jeder *Lifestyle-Linke* so weit, gleich *offene Grenzen für alle* zu fordern, aber je linker sich jemand heute positionieren will, desto näher steht er der These, dass es zu den elementaren Menschenrechten gehört, sich das Land, in dem man leben und arbeiten will, aussuchen zu können. Wer also nach Europa oder direkt nach Deutschland möchte und aus ärmeren oder politisch instabilen Weltregionen kommt, den sollten wir aufnehmen. Alles andere widerspräche elementaren moralischen Geboten wie dem der Hilfsbereitschaft und Solidarität.

Das Heimatland als Geburtsprivileg?

Scheinbar gibt es für diese Position sogar eine solide linke Begründung. Auch die *traditionelle Linke* hat Geburtsprivilegien immer als ungerecht kritisiert: dass Menschen dadurch Vorteile haben, weil sie in eine reiche Familie hineingeboren werden, während Kinder aus ärmerem Hause in ihren Bildungschancen und Lebensperspektiven deutlich benachteiligt sind, wurde stets als ein gesellschaftlicher Missstand empfunden, dem politisch entgegengewirkt werden muss. Diese Logik kann man natürlich auf den globalen Maßstab übertragen. Auch der Umstand, in einem reichen Land zur Welt gekommen zu sein, ist in diesem Sinne ein Geburtsprivileg, denn die Bevölkerung der westlichen Welt hat bei allen sozialen Problemen, die es auch in diesen Ländern gibt, ganz andere Chancen auf Wohlstand, medizinische Versorgung und ein langes Leben als jemand, der in Bangladesch oder gar dem Niger geboren wurde.

Tatsächlich ist die krasse Ungleichheit der Lebenschancen in der heutigen Welt eine gewaltige Ungerechtigkeit, mit der sich kein Mensch mit sozialem Gewissen und kein verantwortungsvoller Politiker abfinden kann. Und selbstverständlich wäre eine Politik dringend erforderlich, die der Armut, dem Hunger und der alltäglichen Gewalt in vielen Regionen dieser Erde mit geeigneten Maßnahmen begegnet, und nicht eine, die das Elend durch Freihandelsverträge, Arzneipatente, wirtschaftliche Ausplünderung, Landraub, Rüstungsexporte und Rohstoffkriege zusätzlich verstärkt. Die entscheidende Frage ist eben nur: Ist die Förderung und Erleichterung von Migration in diesem Zusammenhang eine *geeignete Maßnahme*?

Um die unterschiedlichen Lebensperspektiven von Kindern aus ärmerem und wohlhabenderem Hause auszugleichen, würde ja auch niemand ernsthaft vorschlagen, alle bessergestellten Eltern zu verpflichten, so viele Nachkommen ärmerer Familien bei sich zu Hause aufzunehmen, bis sie allen Kindern nur noch einen Standard und eine Hilfestellung fürs Leben geben können, die dem gesellschaftlichen Durchschnitt entspricht. Und korrekt wäre die Analogie zur Migration sogar erst dann, wenn nicht einmal alle, sondern nur Familien der Mitte und unteren Mitte zu einer solchen solidarischen Großtat verpflichtet würden, während die wirklich Wohlhabenden zufrieden zuschauen können, wie die Geburtsprivilegien *ihrer* Sprösslinge durch diese Angleichung von Mittel- und Unterschicht weiter wachsen.

Migration als »positives globales Phänomen«?

Wenn wir den linksliberalen Argumenten folgen, soll eine großzügige Aufnahme von Zuwanderern sogar weit mehr sein als eine Hilfe für die Menschen, die so ihr Leben verbessern können. Sie erzeugt angeblich eine echte Win-win-Situation, die allen Seiten nützt: den Herkunftsländern, die damit Druck aus ihren Arbeitsmärkten nehmen und von den Rücküberweisungen der Ausgewanderten profitieren. Und den Einwanderungsländern mit ihrer oft alternden Bevölkerung, die sich über zusätzliche, hoch motivierte junge Arbeitskräfte freuen dürfen. UN-Generalsekretär Antonio Guterres feierte Anfang 2018 in einem Werbebeitrag für den globalen Migrationspakt im niederländischen *NRC Handelsblad* Migration als ein »positives globales Phänomen, das das Wirtschaftswachstum antreibt, Ungleichheiten verringert und verschiedene Gesellschaften miteinander verbindet«. Klingt gut, aber ist das so?

Dass Menschen ihre Heimat verlassen, um in einem anderen Land zu leben, ist keine neue Entwicklung, das gab es schon immer. Zu manchen Zeiten waren es sehr viele Menschen, die sich auf den Weg machten, etwa als die germanischen Völker sich nach dem Untergang des Römischen Reichs in Europa ausbreiteten oder im 11. bis 14. Jahrhundert, als sie Teile Osteuropas kolonisierten. Oder bei den verschiedenen Einwanderungswellen in die Vereinigten Staaten. Auch gab es immer wieder unfreiwillige Migration, wenn Menschen etwa vor religiöser Verfolgung fliehen mussten. Bekannte Beispiele aus der europäischen Geschichte sind die Vertreibung der Hugenotten aus Frankreich im 16. und die Ausweisung der Protestanten aus Salzburg im 18. Jahrhundert. In der ersten Hälfte des 20. Jahrhunderts kam es dann in großem Stil zu ethnisch begründeten Vertreibungen, Menschen wurden also aufgrund ihrer Abstammung, Sprache und Kultur zwangsumgesiedelt.

Flüchtling oder Zuwanderer

Wie die Beispiele zeigen, existieren zwei Arten von Migration, die man nicht durcheinanderwerfen darf. In dem einen Fall *müssen* Menschen ihrer Heimat den Rücken kehren, weil sie dazu gezwungen werden oder wegen Verfolgung und Krieg dort nicht mehr sicher leben können. Im anderen gehen sie *aus freien Stücken* weg, weil sie woanders auf ein besseres Leben hoffen. Wer vor Folter und Tod flieht, hat keine Wahl. Wer ein besseres Leben sucht, handelt aus nachvollziehbaren Motiven, aber er müsste das nicht tun. Das ist ein wichtiger Unterschied, weshalb seriöse Wissenschaftler Wert darauf legen, Flucht und Migration auseinanderzuhalten.

Die weltpolitischen Veränderungen der letzten dreißig Jahre haben beides verstärkt: Es gibt einerseits mehr *Flüchtlinge*, also Menschen, die ihre Heimat verlassen müssen. Ein Hauptgrund sind die zahllosen Kriege und Bürgerkriege, die das Leben in vielen Teilen der Welt heute zu einer extrem gefährlichen Angelegenheit machen. Wichtige Fluchtländer wie der Irak, Afghanistan, Syrien oder Libyen sind nicht zufällig identisch mit den Schauplätzen westlicher Interventionskriege, die stabile staatliche Strukturen aufgelöst und ein Chaos hinterlassen haben, in dem sich seither verfeindete Religions- und Volksgruppen bekämpfen. Auch anhaltende Dürre oder Umweltkatastrophen sind ein Grund zur Flucht, und auch solche Notlagen treffen wegen der klimatischen Veränderungen heute mehr Menschen als früher.

Andererseits gibt es aber auch mehr *Migranten*. Das sind Menschen, die ihre Heimat in Richtung reicherer Länder verlassen, weil sie sich dort eine bessere Perspektive erhoffen. Großenteils müssen sie dafür die Dienste krimineller Schleuserbanden in Anspruch nehmen, die ihre Infrastruktur im letzten Jahrzehnt deutlich ausgebaut haben. Der Zusammenbruch der staatlichen Ordnung in Libyen als wichtigstem Transitland aus Afrika und der Geschäftsboom in den Jahren 2015/2016, als Deutschland einseitig das Dublin-System der EU aufkündigte und praktisch alle ankommenden Einwanderer aufnahm, waren wichtige Faktoren dafür.

Geschäftstüchtige Hugenotten

Während es nachgerade zynisch wäre, bei Flucht und Vertreibung, die immer mit unglaublichem Leid, Angst und Entbehrungen verbunden sind, von einem »positiven Phänomen« zu sprechen, könnten immerhin die *freiwilligen* Wanderungsbewegungen die von den Linksliberalen gepriesenen positiven Auswirkungen haben. Und es gab und gibt tatsächlich Einwanderungsländer, die von Migration wirtschaftlich profitiert haben. Das war vor allem dann der Fall, wenn die Zuwanderer aus einer höher entwickelten, technologisch überlegenen Region stammten und moderne Techniken ins Zielland mitbrachten.

So haben die geschäftstüchtigen Hugenotten vielen Regionen, in denen sie sich ansiedelten, technologische Modernisierung und wirtschaftlichen Aufschwung beschert. Es gab sogar Migration, die genau aus solchen Erwägungen gefördert wurde. Um die zurückgebliebene russische Landwirtschaft zu modernisieren, bot die russische Zarin Katharina II. im 18. Jahrhundert Landwirten, die bereit waren, nach Russland überzusiedeln, eine Reihe von Vergünstigungen und Vorrechten an. Die Werbung betraf vor allem Bauern aus deutschen Fürstentümern, deren Anbaumethoden deutlich produktiver waren als die russischen zu jener Zeit. So entstanden die Wolgakolonien der Deutschen.

Auch die anfangs, nach Ermordung der meisten Ureinwohner, extrem dünn besiedelten USA haben zweifellos von den Einwanderungswellen profitiert. Es waren europäische Zuwanderer, die das riesige Land zunächst landwirtschaftlich erschlossen und ihm dann ermöglichten, seine Industrie in einem Tempo aufzubauen, das ohne den steten Zustrom neuer Arbeitskräfte undenkbar gewesen wäre. Allein zwischen Mitte des 19. Jahrhunderts und dem Beginn des Ersten Weltkriegs kamen schätzungsweise 55 Millionen Europäer über den Atlantik, die den nordamerikanischen Industrierevieren als Arbeiter zur Verfügung standen oder selbst Unternehmen gründeten. Heute profitieren reiche Länder wie Kanada, die USA, aber auch viele europäische Länder von der regulären Einwanderung Hochqualifizierter, die über Regelungen wie die amerikanische Green Card oder die EU-Blue-Card Zugang erhalten und teure Qualifikationen etwa als Ärzte oder IT-Spezialisten mitbringen.

Mediziner wandern aus

In angelsächsischen Industrieländern kommen heute annähernd die Hälfte der Ärzte und rund ein Drittel des Gesundheitspersonals aus dem Ausland, vielfach aus Afrika. Allein in London gibt es mehr Ärzte aus Malawi, als in dem Land selbst noch praktizieren. Auch Deutschland holt sich sein medizinisches Personal immer häufiger aus ärmeren Ländern. Hier ist der Anteil ausländischer Ärzte zwischen 2000 und 2017 steil von 3,9 auf 12,5 Prozent angestiegen. Die Mehrheit kommt zwar aus anderen europäischen Ländern, aber über 3 000 hierzulande praktizierende Ärzte stammen aus Afrika und ähnlich viele verdanken ihre Ausbildung Universitäten in Syrien. Unter solchen Bedingungen kann man sich dann auch einen Numerus clausus im Medizinstudium erlauben, der in jedem Wintersemester von rund 43 000 Bewerbern auf einen Studienplatz 34 000 zurückweist.

Aber schon diese Zahlen geben einen Hinweis darauf, dass die vorgebliche Win-win-Situation doch ziemlich einseitig sein könnte. Mittlerweile wandern zwischen einem Fünftel und der Hälfte der Hochqualifizierten aus Afrika und Mittelamerika aus, und das bei einem Anteil der Universitätsabsolventen an der Bevölkerung, der in Sub-Sahara-Afrika nur bei 4 Prozent liegt. Dass bettelarme Länder die teure Ausbildung für Spezialisten finanzieren, deren erworbene Qualifikationen dann reichen Ländern

144 DIE SELBSTGERECHTEN

zugutekommen, ist Neo-Kolonialismus pur und passt nicht so wirklich in das schöne Bild von Hilfe, Solidarität und gegenseitigem Vorteil.

Subvention des Nordens

Aber nicht nur die reguläre, auch die irreguläre Migration, die eine lange, potenziell lebensgefährliche Reise über Wüsten und das Mittelmeer in Kauf nimmt und sich der Hilfe krimineller Schlepperbanden bedienen muss, ist für die Herkunftsländer in der Regel keine Hilfe, sondern ein Problem. Denn auch auf diesen Weg machen sich nicht die wirklich Armen, die dazu überhaupt nicht in der Lage wären. Immerhin liegt in vielen afrikanischen Ländern das mittlere Jahreseinkommen bei gerade mal 2 000 Dollar. Um davon ein internationales Flugticket zu finanzieren, müsste man viele Jahre sparen, von den deutlich teureren Schlepperkosten ganz zu schweigen. Wo die Armut am größten ist, etwa in der Sahelzone, gibt es daher auch so gut wie keine Auswanderung.

Vor gut einem Jahr hat das UN-Entwicklungsprogramm UNDP 3 000 repräsentativ ausgewählte Einwanderer, die auf irregulären Routen von Afrika nach Europa gekommen waren und heute in Zeltlagern im spanischen Lepe oder in Mietwohnungen in Madrid, Rom oder Frankfurt leben, zu ihrer Biografie und ihren Motiven befragt. Die Ergebnisse wurden unter dem Titel *Scaling Fences* (Zäune erklimmen) im Oktober 2019 veröffentlicht und sind ausgesprochen aufschlussreich.[1]

Fast drei Viertel (71 Prozent) der befragten Einwanderer kamen aus dem vergleichsweise bessergestellten und friedlichen Westafrika, allen voran aus Nigeria und dem Senegal. Sie waren zum Zeitpunkt ihres Aufbruchs großenteils zwischen 20 und 29 Jahre alt und besser gebildet als der Bevölkerungsdurchschnitt in ihren Heimatländern. 58 Prozent gingen in ihrer Heimat einer regelmäßigen Arbeit nach oder befanden sich in einer Ausbildung. Ihr Verdienst war meist höher als das mittlere Einkommen im Herkunftsland. Im Schnitt verdienten sie 60 Prozent mehr als ihre Mitbürger, waren also vergleichsweise gut situiert. »Bildung und Arbeit, beides also war bei einem großen Teil der Migranten, die Europas Zäune überwunden haben, eigentlich vorhanden«, fasste der *Spiegel* die Ergebnisse der Untersuchung zusammen.[2]

Der mexikanische Entwicklungsökonom Raul Delgado Wise, der als Unesco-Koordinator für Migration und Entwicklung arbeitet, fällt ein vernichtendes Urteil: »Wenn man sich die Daten anschaut, ist Migration eine Subventionierung des Nordens durch den Süden.«[3] Er rechnet vor, dass die Überweisungen von Mexikanern aus den USA in ihre Heimat sich gerade mal auf ein Drittel dessen belaufen, was die USA an Bildungsausgaben aufwenden müsste, um Arbeitskräfte mit dem Bildungsniveau der mexikanischen Einwanderer hervorzubringen.

Rücküberweisungen als Entwicklungshemmnis

Dass die zunehmende Abhängigkeit von Rücküberweisungen für die Heimatländer außerdem eher ein Entwicklungshemmnis als eine Unterstützung darstellt, ist das Ergebnis einer Studie des IWF unter dem Titel »Are Remittances Good for Labor Markets«. Es führt Belege dafür an, dass dieses Geld die reguläre Erwerbsarbeit verringert und den Anteil informeller Beschäftigungsverhältnisse erhöht. Am Ende sinken im betreffenden Land die Löhne und das Produktivitätswachstum verlangsamt sich. Als Instrument zur Verbesserung der Wirtschaftslage vor Ort könne man die Rücküberweisungen daher kaum sehen, eher als süßes Gift.[4]

Trotz Migrationspakt sind auch durchaus nicht alle UN-Organisationen von der Förderung der Migration als angeblichem Entwicklungshilfeprojekt überzeugt. In dem Strategiepapier »Mainstreaming Migration into Developing Planning« der mit Migration befassten UN-Einheiten etwa wurde bereits 2010 gewarnt, dass Abwanderung und Heimüberweisungen die Inflation antreiben, ohne die Produktivität zu erhöhen, und dass sie das Bildungssystem und wichtige Wirtschaftszweige der Entwicklungsländer durch Braindrain, also den Verlust qualifizierter Arbeitskräfte, schädigen.

Arme Länder als Migrationsverlierer

Auch die irreguläre Migration ist also für die Herkunftsländer kein Vorteil. Im Gegenteil, sie entzieht den Gesellschaften ihre ehrgeizigsten, aktivsten und tendenziell besser ausgebildeten Mitglieder aus der oberen Mittelschicht. »Fast alle kleinen, armen Länder sind letztlich zu Migrationsverlierern geworden«,[5] schreibt der Direktor des Zentrums für afrikanische Ökonomien an der Oxford University, Paul Collier. Eine lockerere Einwanderungspolitik kann also den wirklich Armen dieser Welt nicht nur nicht helfen, sie verschlechtert sogar die Situation derer, die gar keine andere Wahl haben, als in ihrer Heimat zu bleiben.

Der nachteilige Effekt von Migration für wirtschaftlich schwächere Länder lässt sich im Übrigen sogar in Europa nachweisen. Zu den europäischen Freiheiten gehört bereits seit den Römischen Verträgen von 1957 die sogenannte Arbeitnehmerfreizügigkeit, also die Möglichkeit, in einem anderen Mitgliedsland eine Arbeit aufzunehmen und dann auch den Wohnort zu wechseln. Über viele Jahrzehnte war das völlig unproblematisch. Wer sich in einem anderen Land verliebte oder da einfach bessere Jobaussichten hatte, wechselte seinen Wohnort. Insgesamt glich sich das weitgehend aus, es gab nie eine massenhafte Wanderungsbewegung von einem Teil Europas in einen anderen. Grund dafür waren die relativ ähnlichen Lebensverhältnisse und Löhne innerhalb der alten EU. Unter solchen Bedingungen ist die Freizügigkeit für Arbeitnehmer ein echter Freiheitsgewinn, auch wenn insgesamt nur ein sehr kleiner Teil der Bevölkerung davon Gebrauch macht.

Die große Wanderung gen Westen

Die Situation änderte sich grundlegend mit der Osterweiterung der EU 2004 und dem anschließenden Beitritt von Rumänien und Bulgarien 2007. Die Arbeitnehmerfreizügigkeit galt damit auch für diese Länder, in Bezug auf Großbritannien, Irland und Schweden sofort, im restlichen Westeuropa mit gewissen Übergangsfristen. Von nun an konnten Beschäftigte ihren Arbeitsplatz in einem Wirtschaftsraum frei wählen, in dem die Spannweite der Stundenlöhne für ähnliche Tätigkeiten von 1 oder 2 Euro in den ärmsten bis zum mehr als Zehnfachen in den wohlhabenderen Ländern reichte.

Was daraufhin einsetzte, war so absehbar wie offenbar politisch gewollt: ein massenhafter Zustrom osteuropäischer Arbeitnehmer in die Arbeitsmärkte Westeuropas. Waren im Jahr 2000 gerade mal 1 Prozent aller EU-Bürger in einem anderen Mitgliedsstaat geboren, erhöhte sich diese Zahl bis 2014 auf das Dreieinhalbfache. In Großbritannien waren zu dieser Zeit, zwei Jahre vor der Brexit-Abstimmung, ganze 6 Prozent der Bevölkerung EU-Ausländer, insgesamt 3,3 Millionen Menschen.

Es waren auch hier vor allem die jungen, qualifizierteren Beschäftigten, die sich auf den Weg gen Westen machten. Besonders gefragt war medizinisches Personal, aber auch viele andere Berufsgruppen wanderten aus

Osteuropa ab. Zumal sie in Großbritannien oder Deutschland selbst dann deutlich mehr verdienen konnten als zu Hause, wenn sie eine Arbeit weit unterhalb ihrer eigentlichen Qualifikation aufnahmen. Also schuften polnische Lehrer seither in britischen Verpackungsfabriken oder putzen deutsche Büroräume und rumänische Elektrotechniker zerlegen bei Tönnies Schweinehälften.

»Europa hat uns zerstört«

Schätzungsweise 20 Millionen Menschen waren es, die Osteuropa in den letzten 25 Jahren verlassen haben, die meisten davon nach dem Beitritt ihrer Länder zur EU. Fast jeder zweite Bulgare zwischen 20 und 45 Jahren (41,5 Prozent) kehrte seinem Land den Rücken. Auch in anderen osteuropäischen Ländern war der Verlust durch Abwanderung in gerade dieser Altersgruppe hoch. Lettland verließen bis 2017 ganze 38 Prozent der 20- bis 45-Jährigen, Rumänien 28 Prozent, Litauen 24 Prozent und Polen 17 Prozent.[6] Ein Beamter der nordrumänischen Stadt Certeze, die von 90 (!) Prozent der arbeitsfähigen Bevölkerung verlassen wurde, zieht eine bittere Bilanz: »Europa hat uns zerstört.«[7]

Zu den Folgen gehört, dass in weiten Teilen Osteuropas mittlerweile ein eklatanter Mangel an Ärzten, Kranken- und Altenpflegern herrscht. In Bulgarien und Rumänien mussten wegen der dramatisch gesunken Zahl praktizierender Ärzte viele Krankenhäuser schließen. Als Corona auch in diesen Ländern grassierte, bedeutete das für Tausende Menschen schlicht das Todesurteil. Tschechien und die Slowakische Republik bemühen sich seit Jahren verzweifelt, ukrainische oder russische Ärzte anzuwerben. Und viele osteuropäische Länder versuchen, Pflegepersonal von den Philippinen zu holen, um die Lücke zu schließen.

Aderlass

Keine Volkswirtschaft kann einen solchen Aderlass an jungen, qualifizierten Arbeitskräften unbeschadet überstehen. Eine IWF-Studie von 2016 versucht, die Größenordnung des Schadens zu beziffern. Leider lagen für die Studie nur Daten bis zum Jahr 2012 vor, als die Wanderungswelle wegen der Übergangsfristen etwa für Rumänien und Bulgarien noch gar nicht in voller Wucht rollte. Die Ergebnisse sind dennoch unzweideutig: Nach Ansicht der IWF-Ökonomen hätten die Länder Osteuropas ohne die Abwanderung zwischen 1995 und 2012 ein um 7 Prozent höheres Wachstum gehabt.[8] Die Migration hat also die Annäherung der Lebensverhältnisse in Europa nicht erleichtert, sondern deutlich erschwert, zumal der ökonomische Rückschlag in den Jahren nach 2012 aufgrund der größeren Wanderungsbewegungen noch um einiges dramatischer ausfallen dürfte.

Dass es dazu keine aktuellen Studien gibt, mag auch damit zusammenhängen, dass offenbar wenig Interesse besteht, die wunderbare Erzählung von der Migration als großem Freiheitsgewinn und Vorteil für alle Seiten zu problematisieren. Die Dimension der Abwanderung aus Osteuropa zeigt übrigens auch, welche Ausmaße Migration annimmt, sobald sie zwischen Ländern mit unterschiedlichem Entwicklungsniveau ohne größere Hemmnisse und auf legaler Grundlage vonstattengehen kann. Was es bedeuten würde, ein solches Modell auf noch ärmere Länder zu übertragen, lässt sich auf Grundlage dieser Erfahrungen durchaus erahnen.

Die vergessenen Flüchtlinge

Anders als bei Migration kann es bei Flucht nicht um die Frage gehen, ob Menschen zu ihr motiviert oder eher an ihr gehindert werden sollten. Wenn jemand zu Hause seines Lebens nicht mehr sicher ist, muss ihm, soweit das von außen geht, eine Flucht ermöglicht und ein sicherer Hafen angeboten werden.

Lange Zeit waren es vor allem Künstler, Intellektuelle oder politische Aktivisten, die aufgrund ihrer Überzeugungen in der Heimat verfolgt wurden. Für sie wurde das Recht auf Asyl erfunden, das jedem zusteht, der aus solchen Gründen sein Land verlassen muss. Selbst wenn das in einzelnen Ländern, etwa nach dem gewaltsamen Sturz des demokratischen Präsidenten Irans, Mossadegh, oder nach dem Putsch von Pinochet in Chile eine größere Zahl von Menschen betraf, sind solche Fluchtbewegungen in der Regel kein Massenphänomen. Die Frage, ob die Aufnahme der Betroffenen für dieses oder jenes Land zu bewältigen ist, stellt sich daher gar nicht.

Kriege und Bürgerkriege

In der heutigen Welt hat Flucht großenteils einen anderen Charakter. Schon seit längerer Zeit sind es vor allem Kriege und Bürgerkriege und mit ihnen verbundene ethnische oder religiöse Pogrome, die Menschen dazu zwingen, ihr Zuhause zu verlassen. Über 60 Millionen Menschen weltweit befinden sich aus solchen Gründen derzeit auf der Flucht. 90 Prozent von ihnen stranden in den ebenso armen Nachbarregionen oder Nachbarländern ihrer Heimat. Diese Menschen werden von der internationalen Gemeinschaft seit Jahrzehnten schmählich im Stich gelassen. Sie überleben entweder in tristen Lagern, in denen Hunger, Lethargie und Hoffnungslosigkeit den Alltag prägen und die inzwischen vielerorts zu Rekrutierungszentren islamistischer Terrororganisationen geworden sind – oder sie tauchen in großen Städten unter, wo sie meist illegal und ohne Arbeitserlaubnis leben und sich mit Schwarzarbeit durchschlagen müssen.

Knapp 10 Prozent aller Flüchtlinge schaffen es, sich aus dieser trostlosen Lage zu befreien und nach Europa weiterzureisen. Aber für sie gilt das Gleiche wie für die, die ihre Heimat freiwillig in der Hoffnung auf ein besseres Leben verlassen: Aufgrund der Beschwernisse und Gefahren, die die Reiseroute nach Europa mit sich bringt, und der Kosten, die sie verursacht, begeben sich auf diesen Weg definitiv nicht diejenigen, die am dringendsten Hilfe bräuchten: nicht die Mittellosen, nicht die Kranken, nicht die Alten, und auch nur wenige Frauen und Kinder.

Risikobereite junge Männer

Nahezu kein Klimaflüchtling, der zu Hause dem Hungertod entflieht, wird jemals Europa erreichen, weil er die lange und teure Reise weder physisch überstehen noch die Schlepper finanzieren kann. Keineswegs zufällig ist die furchtbare Flüchtlingstragödie, die der Krieg im Jemen verursacht hat, in Europa weithin unbekannt, obwohl sie über 2 Millionen Menschen betrifft: die Jemeniten sind einfach zu arm, um sich in größerer Zahl Wege nach Griechenland oder Italien zu bahnen.

Das von Paul Collier gemeinsam mit dem ebenfalls in Oxford lehrenden Migrationsexperten Alexander Betts verfasste Buch *Gestrandet* beschäftigt sich mit dem Schicksal von Kriegs- und Bürgerkriegsflüchtlingen. Es enthält auch eine detaillierte Analyse, welcher Teil der syrischen Flüchtlinge, die bis 2015 unter miserablen Bedingungen in der Türkei, Jordanien oder dem Libanon überlebt hatten, sich nach Angela Merkels »Wir-schaffen-das-Pressekonferenz« in Richtung Deutschland aufmachte. Der Befund der beiden Wissenschaftler deckt sich mit dem, was die zitierte UN-Studie über Einwanderer aus Afrika ans Licht gebracht hatte. Betts und Collier fassen zusammen: »Tatsächlich waren die Menschen, die die Dienste der Menschenschmuggler in Anspruch nahmen, besonders risikobereit, nämlich junge Männer, und sie waren vergleichsweise wohlhabend.«[9]

Wegen der damaligen Auswanderungswelle befindet sich heute rund die Hälfte aller Syrer mit höherer Bildung in Europa, großenteils in Deutschland. Auch die gut 3 000 syrischen Ärzte, die hierzulande praktizieren, dürften überwiegend zu dieser Zeit gekommen sein. Viele Syrer sind in Deutschland dennoch bis heute arbeitslos, weil eine überdurchschnittliche syrische Qualifikation noch lange nicht bedeutet, dass sie auch mit den Anforderungen des deutschen Arbeitsmarktes zusammenpasst. Aber für den Wiederaufbau in ihrer Heimat und damit für das Leben der Millionen Daheimgebliebenen und der allmählich Zurückkehrenden ist dieser Aderlass ihres Landes an Bildung und Qualifikation natürlich eine Katastrophe.

Den am wenigsten Bedürftigen helfen

Es ist mehr als verständlich, dass Menschen aus einem kriegszerstörten Land, denen als Flüchtlinge in den Anrainerstaaten katastrophale Lebensbedingungen zugemutet werden – in vielen Lagern gab es weder medizinische Versorgung noch Schulen, und selbst die Essensrationen wurden immer schmaler –, jede sich bietende Chance nutzen, diesem Elend zu entkommen. Die Frage ist nur, wie verantwortungsvoll und humanitär eine Politik ist, die mit enormem Aufwand den 10 Prozent der am wenigsten bedürftigen Flüchtlinge hilft. Wäre auch nur ein Bruchteil der Mittel zur Verbesserung der Lage *aller* syrischen Kriegsflüchtlinge in der Türkei, in Jordanien und im Libanon eingesetzt worden und würde jetzt der Wiederaufbau in Syrien aktiv unterstützt, statt ihn mit anhaltenden Wirtschaftssanktionen nahezu unmöglich zu machen, hätte sogar mit weniger Geld sehr viel mehr Menschen geholfen werden können.

Diese Schieflage betrifft die deutsche Flüchtlingspolitik insgesamt. Offizielle Zahlen zu den zusätzlichen Kosten, die die öffentliche Hand seit der Aufnahme von 1,7 Millionen Nicht-EU-Bürgern allein zwischen 2013 und 2017 zu stemmen hat, gibt es leider nicht. Der linke Ökonom Conrad Schuhler schätzt sie auf 47 Milliarden Euro pro Jahr.[10] Andere Schätzungen sind höher oder niedriger, aber keine liegt unterhalb von 25 Milliarden Euro jährlich. Das ist eine unvorstellbar große Summe verglichen mit dem, was Deutschland für Hilfsmaßnahmen ausgibt, die den Ärmsten in aller Welt zugutekommen. So erhielt das UNHCR, das für die zahllosen Elendslager zuständig ist, von Deutschland 2018 ganze 15 Millionen Euro, das ist noch nicht einmal ein Tausendstel der in Deutschland ausgegebenen Summe. Und in vielen Jahren davor war es sogar noch weniger. Das Welternährungsprogramm, das sich um knapp eine Milliarde hungernde Menschen kümmern muss, bekam 222 Millionen.

Eine unehrliche Debatte

Europa oder gar Deutschland kann nicht einen Großteil der über 60 Millionen Flüchtlinge aufnehmen, die weltweit unterwegs sind und sich oft in einer unzumutbar schlimmen Lage befinden. Was die Industrieländer allerdings tun könnten und wozu sie humanitär verpflichtet wären, ist, die Organisationen, die sich um die Flüchtlinge kümmern, finanziell so auszustatten, dass sie ihre Aufgabe erfüllen können. Auch Repräsentanten armer Länder, etwa der ruandische Präsident Paul Kagame, der 2018 für ein Jahr zum Vorsitzenden der Afrikanischen Union gewählt wurde, weisen immer wieder darauf hin, dass jeder Euro, der in Afrika oder anderen armen Regionen ausgegeben wird, 100-mal mehr bewirkt und 100-mal mehr Menschen hilft als in Europa.

Wer jetzt sagt, man könne ja beides tun, viele Flüchtlinge aufnehmen und vor Ort helfen, macht sich und anderen etwas vor. Denn Entscheidungen über die Verwendung staatlicher Mittel bewegen sich immer in Alternativen. Das gilt unabhängig davon, wie groß das verfügbare Budget ist und ob es beispielsweise durch geringere Rüstungsausgaben oder höhere Reichensteuern vergrößert wird. Der Gesamtbetrag bleibt immer begrenzt, und das bedeutet: Jeder Euro, der für eine Sache ausgegeben wird, fehlt für alle anderen. Sozialwohnungen, Lehrer, Kita-Plätze und Pflegepersonal sind schließlich ebenfalls Mangelware und müssen finanziert werden. Die Behauptung, dass die Politik theoretisch beide Posten in unbegrenztem Umfang hochfahren könnte, ist also jenseits der Realität. In Wahrheit haben sich viele Industrieländer ihre Ausgaben für die Integration von Zuwanderern sogar auf ihr Entwicklungshilfebudget *anrechnen* lassen. Zugunsten der Milliarden im eigenen Land wurden also die Mittel *gekürzt*, die den wirklich Armen zugutekommen.

Elendslager Dadaab und Zaatari

Aber noch etwas ist interessant: das frappierende Ungleichgewicht zwischen der Häufigkeit von Forderungen zur Aufnahme von mehr Flüchtlingen etwa aus Lesbos oder Lampedusa und der Zahl linksliberaler Diskussionsbeiträge, die sich mit der Situation in Elendslagern wie Dadaab in Kenia beschäftigen, wo über 200 000 Menschen seit vielen Jahren unter grauenvollen Bedingungen wie in einem Gefängnis leben, oder Zaatari, einem Lager im Norden Jordaniens mit rund 80 000 Flüchtlingen, die meisten davon Kinder. Dass Sie die Namen dieser beiden Lager wahrscheinlich noch nie gehört haben, ist ein Resultat dessen, worüber linksliberale Meinungsführer reden – und worüber eben nicht. Wer ein Problem wirklich lösen will, muss zunächst einmal dafür sorgen, dass es in der öffentlichen Debatte präsent ist. Wenn genau das in Bezug auf die schlimmsten Elendslager unterbleibt, ist das ganze Gerede, man solle Flüchtlingsaufnahme und Hilfe vor Ort nicht gegeneinanderstellen, ziemlich unehrlich.

Billige Arbeitskräfte

Wir haben gesehen, dass die Abwanderung junger, eher überdurchschnittlich qualifizierter Arbeitskräfte für die Herkunftsländer ein großes Problem darstellt. Auch in den Einwanderungsländern ist es allerdings nicht so, dass alle Schichten der Bevölkerung von der Zuwanderung profitieren. Auch hier gibt es Gewinner und Verlierer. Die wichtigste Interessengruppe, die seit jeher ein ausgeprägtes Interesse an Migration hat, für deren Förderung und Erleichterung kräftig lobbyiert und oftmals sogar selbst die Rekrutierung im Ausland übernimmt, ist das Unternehmerlager. Und immer ging es dabei vor allem um eins: um billige Arbeitskräfte und die Spaltung der Arbeitnehmerschaft.

Als Streikbrecher missbraucht

Dass Unternehmen Einwanderer als Lohndrücker oder auch als Streikbrecher missbrauchen, hat eine lange Geschichte. Der stete Zustrom neuer Arbeitskräfte aus Europa zwischen 1845 und 1914 hat die US-Industrie eben nicht nur mit zusätzlichen Arbeitskräften versorgt, sondern war auch ihr wichtigstes Instrument, um die Löhne niedrig zu halten. Schon die frühe Industrialisierung in England wäre ohne die vielen irischen Arbeiter, die sich in den englischen Industrierevieren um Jobs bemühten, in dieser Form kaum möglich gewesen. In beiden Fällen sorgte die Zuwanderung dafür, dass das Arbeitskräfteangebot trotz des schnellen industriellen Wachstums so groß blieb, dass die Arbeiter lange Zeit keine Chance hatten, steigende Löhne durchzusetzen.

Auch die Beschäftigung billiger Arbeitskräfte aus Osteuropa hat Tradition. Bereits in den drei Jahrzehnten vor dem I. Weltkrieg hat die westeuropäische Industrie auf diese Karte gesetzt. Rund 3,5 Millionen Polen waren es damals, die ihre Heimat verließen, um Kohle im Hinterland von Calais oder im Ruhrpott zu schürfen, Rüben und Kartoffeln in Sachsen oder Preußen zu ernten oder in den Schlachthöfen Westeuropas Fleisch zu zerlegen. Immerhin jeder fünfte Kumpel, der in die Zechen des Ruhrbergbaus einfuhr, war damals polnischer Herkunft.[11]

Die Weimarer Republik stoppt die Zuwanderung

Seinerzeit haben die Gewerkschaften für Regelungen gekämpft, die es Unternehmen erschweren, Zuwanderer zu beschäftigen. Dass die Migration aus Osteuropa in der Weimarer Republik weitgehend gestoppt wurde, war vor allem Ergebnis ihres Drucks und der Unterstützung der Sozialdemokratie für dieses Anliegen. Nach dem Ende des Ersten Weltkriegs wurde gesetzlich verfügt, dass inländische Arbeiter bei Einstellungen generell Vorrang besitzen sollten. Mit dem Arbeitsnachweisgesetz von 1922 wurden zudem paritätisch von Unternehmern und Gewerkschaften besetzte Ausschüsse berufen, die die Beschäftigung von Ausländern genehmigen mussten. Gab es im Kaiserreich 1,2 Millionen ausländische Arbeitskräfte in Deutschland, waren davon 1924 nur noch 174 000 übrig. Während der gesamten Zeit der Weimarer Republik überstieg ihre Zahl nicht mehr relevant die Grenze von 200 000.[12]

Die Nazis lösten das Problem billiger Arbeit später auf ihre eigene brutale Art und verschleppten 8 Millionen Zivilisten aus Polen und der Sowjetunion, die neben 2 Millionen zur Arbeit verpflichteten Kriegsgefangenen nahezu ohne Bezahlung in den Rüstungsschmieden und auf den Feldern des Dritten Reiches schuften mussten. Viele kamen dabei ums Leben oder ruinierten dauerhaft ihre Gesundheit. Entschädigungen dafür erhielten sie oder ihre Nachfahren auch später kaum.

Gastarbeiter für die dreckigsten Jobs

Nach dem Ende des Zweiten Weltkriegs setzte man wieder auf freiwillige Migration, zunächst allerdings in einem sehr engen Rahmen. Dem dienten in Deutschland die diversen Anwerbeabkommen, das wichtigste davon 1961 mit der Türkei. Damals wurde das Anliegen allerdings noch nicht hinter humanitären Schönsprüchen von *Hilfe* und *Solidarität* versteckt, sondern es war völlig klar, worum es ging: um Billigarbeitskräfte, die sich am besten auch gar nicht ansiedeln, sondern nur zeitweilig für die dreckigsten und schlechtestbezahlten Jobs zur Verfügung stehen sollten, um dann wieder zu gehen. Immerhin 2,5 Millionen sogenannte Gastarbeiter arbeiteten in Deutschland, als der sozialdemokratische Bundeskanzler Willy Brandt 1973 diese Politik mit einem kompletten Anwerbestopp beendete. In der heutigen SPD würde er dafür wohl als AfD-nah angegiftet.

Andere europäische Länder ermöglichten auf Druck ihrer Unternehmen in den sechziger Jahren Zuwanderung vor allem aus ihren ehemaligen Kolonialgebieten. Auch in den USA wurde sie 1965 durch ein neues Einwanderungsgesetz erheblich erleichtert. Überall war die Öffnung für Migration die Reaktion auf sinkende Arbeitslosigkeit und deren Folge, dass die Arbeiter und ihre Gewerkschaften stärker und kämpferischer wurden.

Weniger Zusammenhalt

Der Effekt der Zuwanderung besteht allerdings nicht nur darin, Engpässe am Arbeitsmarkt zu verhindern und dadurch die Verhandlungsmacht der Beschäftigten zu schwächen. Fast noch wichtiger war zu allen Zeiten, dass ausländische Arbeiter zunächst nicht gewerkschaftlich organisiert waren und sich der übrigen Belegschaft kaum verbunden fühlten. Ein größerer

ZUWANDERUNG – WER GEWINNT, WER VERLIERT? 155

Anteil an Zuwanderern in den Betrieben bedeutete daher weniger Zusammenhalt unter den Beschäftigten und damit eine schwächere Position in Lohnauseinandersetzungen.

Das zunächst fehlende Zusammengehörigkeitsgefühl hatte dabei nicht nur und manchmal gar nicht in erster Linie kulturelle Gründe. Es hat mit objektiv unterschiedlichen Interessenlagen zu tun. Kommen Zuwanderer, wie es meist der Fall ist, aus wirtschaftlich weniger entwickelten Gebieten, bringen sie andere Erwartungen in Bezug auf Bezahlung und Arbeitsbedingungen mit, als einheimische Arbeiter sie haben. Wer gerade in ein Land eingewandert ist, eventuell sogar nur zeitweilig dort lebt und seine Familie woanders hat, misst das, was ihm geboten wird, vor allem daran, was er andernfalls in seiner Heimat hätte. Er begnügt sich deshalb vielfach mit deutlich schlechteren Einkommen und hat kein Interesse an Lohnkämpfen. Für die übrige Belegschaft ist das eine Konkurrenz, die es ihr erschwert, ihre Lebensverhältnisse zu verbessern.

Dass Beschäftigte aus Rumänien sich nicht wehren, wenn ihre Bezahlung den deutschen Mindestlohn unterschreitet, hat genau solche Gründe: Zu Hause zu arbeiten oder gar arbeitslos zu sein ist eben noch schlimmer als die Verhältnisse in den deutschen Schlachtfabriken, auch wenn die nach unseren Maßstäben unerträglich sind. Taiwanesische Zimmermädchen sind im deutschen Reinigungsgewerbe vor allem deshalb beliebte Arbeitskräfte, weil sie die geringsten Ansprüche stellen. Auch sind Pflegekräfte von den Philippinen, über deren Anwerbung mittlerweile auch in Deutschland nachgedacht wird, sicher noch fügsamer und preiswerter als die heute eingestellten aus den Balkanstaaten. Und wer kein Deutsch spricht, den kann der Vorgesetzte besonders gut über den Tisch ziehen, weil er seine Lohnabrechnung oft gar nicht versteht.

Wenn Menschen länger in einem Land leben, verändert sich das natürlich. Spätestens die zweite Generation vergleicht ihre Lebensumstände nicht mehr mit denen im Herkunftsland ihrer Eltern, sondern mit ihren Altersgenossen im gleichen Land. So wurden in Deutschland viele einstige türkische »Gastarbeiter« und ihre Kinder später Gewerkschaftsmitglieder, Betriebsräte und Vertrauensleute. Auch in französischen Industriebetrieben gab und gibt es viele Gewerkschaftsaktivisten, deren Vorfahren einst in Algerien und anderen Maghreb-Staaten gelebt hatten. Aber eine solche Entwicklung braucht Zeit und setzt gute Integration und starke Gewerkschaften voraus.

Die Blockade der Gewerkschaften

In der zweiten Hälfte des 20. Jahrhunderts, als die Gewerkschaften überall einflussreich waren und Ausbeutung und Renditemacherei politisch in Grenzen gehalten wurden, hatten Zuwanderer daher in der Regel kaum Zugang zum normalen Arbeitsmarkt der Industrieländer. Vielfach arbeiteten sie zwar im gleichen Betrieb, aber unter rechtlich klar abgegrenzten Bedingungen. Sie standen damit nicht in direkter Konkurrenz zu den Einheimischen. Je organisierter die Gewerkschaften in bestimmten Branchen waren, desto strikter fielen die Einschränkungen aus. In manchen Bereichen gelang es ihnen sogar, die Beschäftigung von Zuwanderern komplett zu verhindern. Sie taten das nicht, weil sie *rassistisch* gewesen wären, wie man eine solche Strategie heute diffamieren würde, sondern weil sie nur dann eine Chance hatten, höhere Löhne und bessere Arbeitsbedingungen für ihre Mitglieder durchzusetzen.

Eine Untersuchung über Migration in die Vereinigten Staaten[13] belegt einen direkten Zusammenhang zwischen dem gewerkschaftlichen Organisationsgrad in einzelnen Branchen und der Nicht-Beschäftigung von Zuwanderern. So gab es in der US-Automobilindustrie im Norden, in der die Gewerkschaften in den Jahrzehnten nach dem Zweiten Weltkrieg hoch organisiert und kämpferisch waren, nahezu keine ausländischen Arbeitskräfte. Anders war das im Süden, wo der gewerkschaftliche Einfluss deutlich schwächer war. Auch in Europa wurden Fließbandjobs in der Industrie vielfach von Zuwanderern erledigt, allerdings stellten hier gesetzliche Regelungen sicher, dass die Unternehmen sie nur selten als direkte Konkurrenten einheimischer Arbeitskräfte missbrauchen konnten.

Aristokratie der Blue-Collar-Arbeiter

Ein anderes Beispiel ist der Bausektor. Er war schon damals in Europa ein Bereich, in dem sehr viele Zuwanderer arbeiteten und die Löhne mies waren. Ganz anders in den Vereinigten Staaten. In den Fünfzigern und Sechzigern waren Bauarbeiter dort die Aristokratie der Blue-Collar-Arbeiter. In diesem Sektor wurden hohe Löhne gezahlt – und es gab es so gut wie keine Öffnung für Migranten, weil starke Gewerkschaften Qualifikationsanforderungen durchgesetzt hatten, die ausländische Arbeitskräfte in der Regel nicht erfüllen konnten. Das Beispiel Bausektor zeigt auch: Es ist nicht eine Frage des Arbeitsprofils, sondern der Lohnhöhe, ob für bestimmte Tätigkeiten genügend einheimische Arbeitskräfte gefunden werden können. Der US-Bausektor hatte damals keinerlei Probleme, freie Stellen neu zu besetzen, sie waren sogar außerordentlich gefragt.

Relativ offen für Zuwanderer waren schon damals viele einfache Tätigkeiten im Servicebereich, vom Zimmermädchen im Hotel bis zur Küchenhilfe im Restaurant. Hier war der gewerkschaftliche Einfluss traditionell schwach. Aber solange es genügend gut bezahlte Industriearbeitsplätze gab und man dort mit einer normalen Berufsausbildung oder selbst als Angelernter einen relativ sicheren und solide bezahlten Job finden konnte, waren die Dienstleistungsjobs für Einheimische weniger relevant und sie hatten auch volkswirtschaftlich ein viel geringeres Gewicht als heute.

Diversity und Niedriglohn im Servicebereich

Drei Jahrzehnte neoliberaler Politik haben viele der einstigen Einschränkungen und Regelungen abgeräumt. Die Gewerkschaften sind heute nicht nur sehr viel schwächer als in ihren Blütezeiten, die linksliberale Erzählung von der Verpflichtung zu Weltoffenheit und Diversität führt auch dazu, dass sie sich kaum noch trauen, die Beschäftigung von Zuwanderern auch nur zu problematisieren. Heute stehen heimische Arbeitnehmer und Zuwanderer in vielen Bereichen in unmittelbarer Konkurrenz, mit allen negativen Folgewirkungen. Insbesondere im Dienstleistungssektor ist die Heterogenität der Belegschaften mittlerweile oft so groß, dass gemeinsame Arbeitskämpfe schwer und entsprechend selten geworden sind. Die Zahl der vertretenen Herkunftsländer reicht dabei vom unteren zweistelligen Bereich in der Postzustellung bis zu 56 Nationalitäten in manchen Reinigungsunternehmen.[14] Dass in all diesen Sektoren Niedrigstlöhne gezahlt werden, ist ein Ergebnis dieser Entwicklung.

Während Linksliberale solche Zusammenhänge gern leugnen, kann man den Betroffenen, die täglich mit diesen Problemen zu tun haben, nichts vormachen. In Befragungen beschweren sich Mitarbeiter der Versandhandelsbranche, in der große Teile der Belegschaft heute aus dem Ausland kommen, dass wegen der Migration der Wettbewerb um Arbeitsplätze schärfer geworden ist.[15] Im Verhältnis zu den ausländischen Kollegen werden auch Kommunikationsprobleme aufgrund mangelnder Deutschkenntnisse beklagt. Die nationale, ethnische und sprachliche Spaltung der Belegschaft wird als bewusste Strategie des Managements wahrgenommen, um gewerkschaftliche Organisierung und Streiks zu unterlaufen: »Mit denen hat man keinen Ärger, die streiken net, die stellen keine Forderungen, die halten den Mund.«[16] In dem bereits zitierten Sammelband über *Lebensmodelle in der Dienstleistungsgesellschaft* bezeichnet eine Reinigungskraft das eigene Unternehmen als »deutschfeindlich«: »Weil mehr Ausländer eingestellt werden wie Deutsche. Die Deutschen wollen sie alle wegrationalisieren. … Weil die sich nichts gefallen lassen.«[17] Unter solchem Druck lässt man sich zähneknirschend am Ende doch mehr gefallen, als man eigentlich möchte.

Sie sind billiger und arbeiten hart

Quantitativ spielte die Zuwanderung aus Ost- und Südosteuropa bei der Absenkung der Löhne für einfache Servicejobs vermutlich eine noch größere Rolle als die internationale Migration. Das krasseste Beispiel ist Großbritannien. Denn das Vereinigte Königreich ist nicht nur ein Land mit einem kaum regulierten Arbeitsmarkt. Es hat diesen Arbeitsmarkt auch noch sieben Jahre früher für osteuropäische Arbeitnehmer geöffnet als andere Länder. Bereits 2016 wurden im Vereinigten Königreich 20 Prozent aller Jobs für Niedrigqualifizierte von Ausländern erledigt. Die Belegschaften von Abfüll- und Verpackungsfabriken bestanden zu 43 Prozent aus Migranten, in der Fertigungsindustrie waren es 33 Prozent. Ein großer Getränkehersteller in London hatte seine ganze Belegschaft in Litauen angeheuert.[18] Auch im staatlichen Gesundheitswesen NHS wurden viele Zuwanderer, vor allem aus Osteuropa und Afrika, eingestellt. Jede dritte Krankenschwester kam aus dem Ausland.

Mit offenem Zynismus hat etwa der Tory-Abgeordnete David Davis diese Praxis gerechtfertigt. Er vergleicht die angeblich motivationslosen britischen Arbeitnehmer mit »den vielen Einwanderern, die eine ganz andere Einstellung zur Arbeit haben. Aus Arbeitgebersicht sind sie billiger und arbeiten hart. Da fragt man sich schon, warum soll man einen Briten einstellen, der mehr kostet und weniger bringt?«[19] Und Gus O'Donnell, ein hoher Staatsbeamter von New Labour, räumt ohne Umschweife ein, dass Arbeitsmigration den heimischen Beschäftigten schadet, und rechtfertigt

das ähnlich zynisch wie der Tory-Mann, aber natürlich linksliberal edel
mit dem großen Weltbürger-Horizont: »Als ich im Finanzministerium war,
habe ich bei der Einwanderung für eine möglichst offene Tür argumentiert. ... Ich denke, es ist meine Aufgabe, das globale Wohl zu maximieren,
nicht das nationale Wohl.«[20]

Sinkende Löhne, weniger Ausbildungsplätze

Die Arbeitsmigration führt zu wachsender Konkurrenz auf dem Arbeitsmarkt mit entsprechenden Folgen. Nach offiziellen Zahlen der britischen
Behörden sind die Löhne in den betroffenen Branchen während der Peri-
ode der höchsten Zuwanderung um 15 Prozent eingebrochen.[21] Aber nicht
nur das. Auch ein anderes Phänomen, das in einem solchen Umfeld immer
wieder auftritt, ließ nicht lange auf sich warten: das Ende eigener Ausbil-
dungsanstrengungen. Zeitgleich zum Anstieg der Zuwandererzahlen hat
etwa der NHS London ein Viertel seiner Ausbildungsstellen gestrichen.
Die betriebsgestützte Ausbildung, die in Großbritannien noch nie sehr
stark war, ist im Zuge dieser Entwicklung ganz zusammengebrochen.

Für einen beachtlichen Teil der britischen Bevölkerung, vor allem für
diejenigen, die auf einfache Jobs angewiesen sind, hatte der migrations-
politische Großversuch also dramatische Folgen. Ihre Löhne sanken oder
verfestigten sich auf niedrigem Niveau. Viele fanden gar keine Arbeit
mehr, weil Unternehmen lieber die deutlich fügsameren Migranten ein-
stellten. Und auch die Aussichten der jüngeren Generation, einen soliden
Ausbildungsplatz zu bekommen, wurden noch schlechter, als sie es ohnehin schon waren. Dass die Migrationsfrage damit zur Schlüsselfrage der
Brexit-Debatte wurde, war nach dieser Vorgeschichte wenig erstaunlich.
»›Leave Europe‹ bedeutet, die Kontrolle über die Migration zu gewinnen;
›Remain‹ dagegen unbegrenzte Einwanderung, sinkende Löhne und kulturelle Spannungen«, charakterisierte der britische Publizist Paul Mason
die Alternative, vor die sich viele Menschen bei ihrer Brexit-Entscheidung
gestellt sahen. Wie das Votum ausging, hätte unter diesen Umständen niemanden verwundern dürfen.

Die Verhältnisse in Deutschland mögen mit den britischen noch nicht
vergleichbar sein. Aber die Entwicklung geht in eine ähnliche Richtung. Immerhin ist der deutsche Niedriglohnsektor einer der größten in ganz Euro-

pa. Jeder fünfte Beschäftigte arbeitet heute in diesem Bereich. Seine Existenz geht zum einen auf die Arbeitsmarktreformen in der Zeit der SPD-Grünen-Koalition unter Gerhard Schröder zurück, die viele Schutzrechte von Beschäftigten aufgehoben und den Unternehmen die Möglichkeit gegeben hatte, großflächig reguläre Vollzeitjobs durch irreguläre Beschäftigungsverhältnisse zu ersetzen. Seither boomen Minijobs, Leiharbeit, Werkverträge oder Befristungen mit entsprechenden Auswirkungen auf das Lohnniveau. Dass die Löhne allerdings in vielen Branchen um bis zu 20 Prozent sanken und selbst ein jahrelang anhaltendes Wirtschaftswachstum daran nichts ändern konnte, das war allein wegen der hohen Migration nach Deutschland möglich. Denn nur sie stellte sicher, dass die Unternehmen die Arbeitsplätze zu den niedrigen Löhnen unverändert besetzen konnten.

Fachkräftemangel?

Statistiken belegen, dass Zuwanderer in Deutschland entweder in schlecht bezahlten Servicejobs oder in Leiharbeit und Werkverträgen Arbeit finden und generell weit unterdurchschnittlich verdienen. Da sie sich heute allerdings, anders als in den sechziger Jahren, in unmittelbarer Konkurrenz zu den einheimischen Beschäftigten befinden, hat das billige Arbeitsangebot direkte Auswirkungen auch auf deren Einkommen. Der Vizechef der Generaldirektion Volkswirtschaft der Bundesbank kommt in einer im Internet dokumentierten Präsentation aus dem Jahr 2018 zu dem klaren Schluss: Die »Nettoeinwanderung aus EU-Staaten war in den letzten Jahren ein Faktor, der die Lohnsteigerungen stark dämpfte.«[22]

Mittlerweile sind die deutschen Löhne in vielen Bereichen derart schlecht, dass es immer schwieriger wird, auch einheimische Fachkräfte zu motivieren, sich für solche Stellen zu bewerben. Es ist schon interessant, dass nach den Zahlen der Bundesagentur für Arbeit das Lohnniveau in allen sogenannten Mangelberufen vom Bau bis zur Fleischverarbeitung – also da, wo die Unternehmen lauthals über »Fachkräftemangel« klagen – einige Hundert Euro *unter* dem mittleren Lohn liegen, der sonst für Arbeitnehmer mit beruflicher Fachausbildung bezahlt wird. Normalerweise führt Arbeitskräftemangel zu steigenden Löhnen. Heute dagegen motiviert er das Unternehmerlager vor allem, nach noch mehr Zuwanderung zu rufen.

In den USA erfüllt gegenwärtig vor allem die Migration aus Mittel- und Lateinamerika die Funktion, den anschwellenden Servicesektor mit billiger und – da die Migration überwiegend illegal erfolgt – weitgehend rechtloser Arbeitskraft zu versorgen. Obwohl die USA jenseits der Einwanderung Hochqualifizierter nahezu keine legale Migration zulassen, ist auch die illegale Migration politisch gewollt und wurde deshalb über Jahrzehnte weder von den Demokraten noch den Republikanern unterbunden.

Vorschlag der Koch-Brüder

Anders als die Mehrheit der Demokraten hatte der linke Senator Bernie Sanders den Mut, die ökonomischen Interessen, die hinter der Migrationsförderung stehen, anzusprechen. In einem Interview im Vorfeld des Präsidentschaftswahlkampfes 2016, in dem er um ein Haar die Wall-Street-Kandidatin Hillary Clinton besiegt hätte, verwies er auf die Koch-Brüder, zwei Großindustrielle mit einem Vermögen von damals 40 Milliarden Dollar, die zu den Hauptsponsoren der Republikaner gehörten, und stellte klar: »*Offene Grenzen? Nein. Das ist ein Vorschlag der Koch-Brüder. … Was die Rechte in diesem Land liebt, ist doch eine Politik der offenen Grenzen. Bring jede Menge Leute, die für 2 oder 3 Dollar die Stunde arbeiten. Das wäre toll für die. Daran glaube ich nicht. … Ich glaube, wir müssen mit dem Rest der Industrieländer zusammenarbeiten, um die weltweite Armut anzugehen. Aber das gelingt nicht, indem wir die Menschen in diesem Land ärmer machen.*«[23]

Den Zusammenhang von Migration und Lohndumping auch nur anzusprechen gilt im linksliberalen Mainstream heute als unanständig. Bei den Wirtschaftseliten hat man an kritischen Debatten schon gar kein Interesse, denn für sie ist die anhaltende Zuwanderung ja ein Hauptgewinn. Also herrscht eine Mauer des Schweigens und nur wenige Ökonomen wenden sich dem Thema zu. Soweit die Folgen von Zuwanderung auf die Löhne überhaupt analysiert werden, wird in der Regel das *durchschnittliche* Lohnniveau einer Volkswirtschaft als Referenzgröße genommen. Die dann nachweisbaren Auswirkungen sind meist gering. Denn es sind eben nicht alle, sondern vor allem die Beschäftigten ohne höhere Qualifikation, die unter der Konkurrenz zu leiden haben.

Einige Wirtschaftswissenschaftler aus Oxford haben sich vor einiger Zeit dieses Themas angenommen. Ihre Studie bestätigt, dass Einwanderung zwar das Lohnniveau insgesamt kaum beeinflusst, dass allerdings Arbeitnehmer in gering und durchschnittlich qualifizierten Positionen messbar leiden. Sie kommen zu dem Schluss, dass deren Lohnniveau um 5 Prozent sinkt, wenn der Einwanderungsanteil um 10 Prozent ansteigt.[24] Es ist also kein Zufall, dass diejenigen, die ohnehin schon für niedrige Löhne arbeiten, Zuwanderung anders bewerten als Besserverdiener, die sich über ein billiges Kindermädchen oder einen preiswerten Klempner freuen.

Konkurrent oder billige Haushälterin

Die Auswirkungen von Zuwanderung betreffen nicht zufällig in erster Linie die sogenannten Jedermann-Arbeitsmärkte, also einfache Tätigkeiten, in denen Arbeitnehmer leicht austauschbar und jederzeit durch andere zu ersetzen sind. Es sind eben die Beschäftigten dieser Branchen, für die Zusammenhalt existenziell ist, um Lohndrückerei nicht wehrlos ausgeliefert zu sein. Sie sind es, die Schutz brauchen: durch starke Gewerkschaften, Tarifverträge, Arbeitsgesetze. Dieser Schutzmantel ist in den letzten Jahrzehnten durchlöchert und jenseits der Industrie nahezu zerstört worden. Durch Politiker mit neoliberaler Agenda, aber auch durch die hohe Zahl an zugewanderten Arbeitskräften.

Je höher qualifiziert hingegen eine Arbeit ist und je mehr sie von spezifischen Fähigkeiten und individueller Geschicklichkeit abhängt, desto stärker ist die Verhandlungsposition eines Arbeitnehmers, auch wenn er ganz allein steht. Wie bereits im Kapitel über die *Geschichte der Arbeiter* erwähnt: Ein Sternekoch braucht keine Gewerkschaft, für einen Burgerbrater von McDonald's wäre sie der Schlüssel für höhere Löhne. Denn einen Sternekoch zu verlieren, kann sich kein Restaurant leisten. Der Brater hingegen kann jederzeit durch eine billigere und willigere Arbeitskraft ersetzt werden.

Deshalb beeinflusst Migration auch nicht die Gehälter der Sterneköche, genauso wenig wie die der Journalisten, Werbegrafiker, Oberstudienräte oder anderer Berufsgruppen der sogenannten Wissensökonomie. Im Gegenteil, für sie ist die Auswirkung eher positiv, weil viele Dienstleistungen billiger werden: von der Putzhilfe über den Zusteller, der die online bestellten Päckchen in die schicke Altbauwohnung schleppt, bis zur Kellnerin, die in der Sushi-Bar die Spezialitäten serviert. Für die akademisch gebildete Mittelschicht steigt also durch mehr Migration die Kaufkraft der eigenen Einkommen.

Das mag einer der Gründe sein, weshalb viele aus diesem Milieu Zuwanderung so energisch begrüßen. Ein akzeptabler Grund, sie zu fördern, ist es allerdings nicht, schon gar nicht für politische Kräfte, die sich ihrem Selbstverständnis nach als *Linke* verstehen. Denn was die Wohlhabenderen gewinnen, verlieren die, die in den Jedermann-Arbeitsmärkten arbeiten müssen. Und das sind die gesellschaftlich Schwächeren und Ärmeren.

Wohnen im Brennpunkt

Doch nicht nur verschärfte Konkurrenz um Arbeitsplätze und sinkende Löhne sind ein aus hoher Migration resultierendes Problem für die untere Hälfte der Bevölkerung. Die negativen Folgewirkungen betreffen auch ihre Wohnsituation und die Bildung ihrer Kinder. Und zwar aus genau dem gleichen Grund: Die Migranten wandern eben nicht in eine *offene* Gesellschaft ein, wie uns die linksliberale Erzählung weismachen möchte. Sie wandern in eine sozial tief gespaltene Gesellschaft ein, deren wohlhabende Milieus sich längst abgeschottet haben und getrennt von den weniger Begünstigten leben und arbeiten. Und wie Einwanderer nicht in *den* Arbeitsmarkt immigrieren, sondern – mit Ausnahme weniger Spezialisten – in den Arbeitsmarkt für einfache Tätigkeiten, suchen sie ihr neues Zuhause auch nicht auf *dem* Wohnungsmarkt, sondern da, wo auch sonst eher Geringverdiener und Ärmere leben.

Nachfrage nach Wohnungen in Armenvierteln

Das sind nicht die hippen Innenstadtviertel, in denen hochpreisiger Wohnraum sicherstellt, dass die Mittelschicht unter sich bleiben kann. Es sind schon gar nicht die Villenviertel, in denen die Oberschicht lebt. Es sind vor allem die Wohnbezirke, für die sich im politischen Sprachgebrauch der Begriff *soziale Brennpunkte* durchgesetzt hat: Gegenden, in denen sehr viele Menschen leben, die arbeitslos sind oder ihre niedrigen Einkommen mit Hartz IV aufstocken müssen, darunter bereits überdurchschnittlich viele Einwandererfamilien.

Wenn mehr Zuwanderer kommen, gibt es daher mehr Nachfrage nach Wohnungen in den Armutsvierteln, was auch dort nicht ohne Einfluss auf die Miethöhe bleibt. Zum anderen konkurrieren dann mehr Menschen um die begrenzte und aktuell schrumpfende Zahl verfügbarer Sozialwohnungen. Die Wartelisten werden also noch länger. Es ist deshalb nicht erstaunlich, dass die bereits längere Zeit in einem Land lebenden Migranten hohe Neuzuwanderung ebenso ablehnen wie der weniger begünstigte Teil der einheimischen Bevölkerung.

Die finanziell schwächsten Gemeinden tragen die Kosten

Eine öffentlich kaum beachtete Studie von Marcel Helbig vom Wissenschaftszentrum Berlin für Sozialforschung hat für 86 Städte untersucht, wie sich die Zuwanderer, die zwischen 2014 und 2017 nach Deutschland kamen, räumlich verteilt haben.[25] Das Ergebnis fällt wenig überraschend aus und lässt sich in einem Satz zusammenfassen: Die Migranten, egal ob aus Afrika, Asien oder Osteuropa, sind vor allem *in die ärmsten Stadtviertel* gezogen. Besonders ausgeprägt war dieser Zusammenhang laut der Untersuchung in Ostdeutschland: Während hier in den sozial bessergestellten Stadtteilen der Ausländeranteil nicht spürbar anstieg, wuchs er in den sozial am meisten benachteiligten Lagen um das Zehnfache des ursprünglichen Wertes. In westdeutschen Städten stieg der Ausländeranteil in den einkommensschwächsten Vierteln um 4,1 Prozentpunkte, in den besseren Lagen gab es auch da nahezu keine Veränderung.

Das hat zum einen zur Folge, dass ausgerechnet die finanziell ohnehin schon am wenigsten handlungsfähigen Kommunen den Löwenanteil der zusätzlichen Kosten tragen müssen. Zum anderen konzentrieren sich Transferleistungsbezieher dadurch immer stärker in bestimmten Vierteln. Beides bedeutet: hohe Mehrausgaben für Gemeinden, die ohnehin schon mit klammen Kassen und hoher Verschuldung zu kämpfen haben. Das zwingt zu Ausgabenkürzungen an anderer Stelle, vielfach zulasten öffentlicher Investitionen. Das Ergebnis ist ein noch stärkerer Verfall der öffentlichen Infrastruktur im betreffenden Viertel, der die Lebensqualität weiter verringert.

Überforderte Schulen

Hauptleidtragende sind dabei nicht zuletzt die Kinder. Dass die Bildungschancen heute wieder in hohem Grade vom Elternhaus abhängen, hat viele Gründe. Ein wichtiger darunter ist die generelle Unterfinanzierung von Bildung in Deutschland und der akute Lehrermangel. Dieses Problem wiederum trifft die Schulen der ärmeren Wohnbezirke viel geballter als die in den Wohlstandsvierteln. Eine Untersuchung zur Schulsituation in den unterschiedlichen Gegenden von Berlin belegt, dass an Schulen, in denen die ärmeren Kinder lernen, sehr viel häufiger Stunden ausfallen oder von einem anderen als dem regulären Lehrer übernommen werden als an den Schulen ihrer bessergestellten Altersgenossen. Auch ist der Anteil der Lehrer ohne abgeschlossene pädagogische Ausbildung in den ärmeren Vierteln mehr als doppelt so hoch wie in Schulen für den privilegierteren Nachwuchs.[26]

Die Schulen in den Brennpunkten sind aber nicht nur unterdurchschnittlich ausgestattet. Sie müssen in diesem Mangelzustand auch noch weit überdurchschnittliche Herausforderungen bewältigen. Auch wenn die Lehrer ihr Bestes geben, lässt sich ein solches Ungleichgewicht nicht kompensieren, ohne dass das Lernniveau sinkt. Die überdurchschnittlichen Herausforderungen wiederum haben nicht zuletzt mit dem hohen Anteil von Einwandererfamilien in diesen Bezirken zu tun. Es ist schon bemerkenswert, dass der Anteil der Schüler mit migrantischen Wurzeln in Berlin zwischen 2,9 Prozent am Heinrich-Schliemann-Gymnasium im teuren Prenzlauer Berg und 92,1 Prozent am Diesterweg-Gymnasium in Berlin-Gesundbrunnen variiert.[27] Da viele Kinder aus Einwandererfamilien heute kaum oder gar nicht Deutsch sprechen, haben solche Unterschiede erhebliche Folgen.

Klassen, in denen die Mehrheit nicht Deutsch spricht

Nach einem Bericht des Gesundheitsamts Duisburg aus dem Jahr 2019 verstehen in der Ruhrgebietsstadt 16,4 Prozent der angehenden Erstklässler überhaupt kein Deutsch. Nun wäre ein Anteil von 16 Prozent nicht Deutsch sprechender Kinder in einer guten Schule mit entsprechenden Förderlehrern bewältigbar. Aber diese Kinder verteilen sich nicht gleichmäßig über die Stadt, sondern konzentrieren sich natürlich in den armen Bezirken.[28]

Das bedeutet, hier müssen Grundschullehrer oft Klassen unterrichten, in denen die Mehrheit der Kinder ihre Sprache gar nicht oder kaum versteht. Wer glaubt, dass das kein Problem darstellt, gehört vermutlich zu einer sozialen Schicht, deren Sprösslinge mit solchen Zuständen nie in Berührung kommen.

Dass die Zahl der leistungsschwachen Schüler in Deutschland seit Jahren größer wird, ebenso wie ihr Abstand zu den leistungsstarken, ist das Ergebnis solcher Rahmenbedingungen. Laut einer PISA-Studie der OECD von 2019 können mittlerweile 21 Prozent der 15-jährigen, also jeder Fünfte, nicht richtig schreiben und rechnen. An nicht-gymnasialen Schulen liegt der Anteil sogar bei bis zu 50 Prozent! Tendenz steigend.[29]

Fortschreitende Des-Integration

Dass sich Einwandererfamilien in bestimmten Bezirken konzentrieren, zeigt natürlich auch, dass das politische Gerede über *Integration* zu einer hohlen Phrase geworden ist. Was wir in der Realität erleben, ist fortschreitende *Des-Integration*. Auf die sich verfestigenden Parallelwelten sind wir bereits im vorigen Kapitel eingegangen: Es gibt immer mehr Viertel, in denen die einheimische Bevölkerung sich in der Minderheit befindet und die unterschiedlichen Einwanderermilieus ihr Leben nach eigenen Regeln gestalten: jenseits der Mehrheitsgesellschaft und separat von ihr.

In Großbritannien etwa lebt rund die Hälfte aller Einwandererfamilien in Vierteln, in denen Briten in der Minderheit, oft in einer kleinen Minderheit sind. Etwa die Hälfte aller Schulkinder aus Zuwandererfamilien besuchen Schulen, in denen britische Kinder eine Minorität sind. Beide Trends haben sich in den letzten 15 Jahren massiv verstärkt.[30] Unter solchen Bedingungen ist es nicht überraschend, wenn der Graben zwischen Eingewanderten und Mehrheitsgesellschaft sich auch in der zweiten oder dritten Generation nicht abbaut, sondern sogar noch wächst. Denn es gibt dadurch eben nicht mehr, sondern *weniger* Kontakte, Freundschaften oder auch Eheschließungen zwischen Zugewanderten und Einheimischen.

Auch für Deutschland belegen Untersuchungen, dass der Abstand zwischen jenen, die in Einwandererfamilien aufgewachsen sind, und den Nachkommen deutscher Eltern in den letzten 20 Jahren größer statt kleiner geworden ist. So haben sich die geschilderten Sprachprobleme nicht nur deshalb verschärft, weil heute in Deutschland sehr viel mehr Menschen leben, die im Ausland geboren sind, sondern auch, weil die hier geborenen Einwandererkinder heute weniger Deutsch lernen, als das bei der vor zehn oder zwanzig Jahren geborenen Generation der Fall war. Auch sind die Eltern dieser Kinder heute häufiger und länger arbeitslos und leben in größerem Umfang von Sozialleistungen, was die *Des-Integration* fördert.

Sozialer Wohnungsbau und Bussing

Natürlich könnte politisch etwas dagegen unternommen werden, dass Einwanderer sich in bestimmten Vierteln konzentrieren und dort mehr und mehr unter sich bleiben. Aktive kommunale Wohnungspolitik einschließlich Mietbegrenzungen und eine Ausweitung des sozialen Wohnungsbaus sind die bewährten Instrumente, um für eine bessere soziale Durchmischung der Wohngebiete zu sorgen.

Auch bevor solche Hebel greifen, müsste man nicht hinnehmen, dass sich nicht Deutsch sprechende Kinder in bestimmten Schulen konzentrieren. Es ist schon bemerkenswert, dass es den Linksliberalen, bei all ihrer sonstigen Begeisterung für Quoten und Diversity, nie in den Sinn kommen würde, den Anteil von Kindern, deren Muttersprache nicht Deutsch ist, in den Grundschulen auf maximal 20 Prozent zu begrenzen und die daraus entstehenden Transportprobleme so zu lösen, wie man das nach Überwindung der Rassentrennung in den USA auch getan hat, bis konservative Richter unter Präsident George W. Bush diese Regelung nach Jahrzehnten gekippt haben: durch Schulbusse. *Bussing* nannte man das damals.

Bei den sozialen Brennpunkten, die heute von den Einwanderermilieus geprägt werden, handelt es sich in der Regel um ehemalige Arbeiterviertel, in denen früher der soziale Wohnungsbau für preiswerte Wohnungen sorgte und die keineswegs als Problembezirke galten. Es waren also überwiegend Familien der Arbeiterschicht und einfache Angestellte, die diesen Wandel ihres Wohnumfelds miterleben mussten. Für sie war er vor allem damit verbunden, dass viele Vorteile, die man früher genoss, wenn man in einem Arbeiterviertel wohnte – der Zusammenhalt, die Nachbarschaftshilfe, die Solidarität – nach und nach verloren gegangen sind.

»Einwanderer« im eigenen Viertel

Auch in den Gesprächen mit den Peugeot-Arbeitern in dem bereits zitierten Band über die »Verlorene Zukunft der Arbeiter« ist die Veränderung ihrer Viertel ein zentraler Faktor für ihre Abstiegs- und Deklassierungsgefühle: »In dem, was sie ohne Pathos erzählen, kommt das immer stärker werdende Gefühl zum Ausdruck, dass sie von ›ihrem angestammten Platz‹ vertrieben werden und man ihnen ihr Viertel wegnimmt. Als ›französische‹ Erwachsene sind sie [in ihren Wohnbezirken] inzwischen in der Minderheit und können nicht mehr bestimmen, wie der öffentliche Raum genutzt wird. Vor allem durch das, was ihre Kinder erleben und erleiden, gewinnen sie den Eindruck, dass sie zu ›Einwanderern‹ im eigenen Viertel werden.«[31] Sie berichten beispielsweise, wie in ihrem Viertel mittlerweile »Blondschöpfe« unter den Kindern auf einen Spielplatz am Rand des Viertels abgedrängt werden. Dass die Betroffenen das nicht als Bereicherung, sondern als Angriff auf ihre Kultur und ihre vertraute Umgebung empfinden, können wahrscheinlich nur die nicht verstehen, die in ihren schmucken Wohnquartieren, deren *Buntheit* sich auf das kulinarische Angebot und das Flair beschränkt, mit solchen Problemen nie konfrontiert sein werden.

Ganz anders als die schöne linksliberale Erzählung uns vermittelt, bedeutet zunehmende Migration also weder auf globaler Ebene noch innerhalb der Einwanderungsländer weniger Ungleichheit und mehr Zusammenhalt, sondern das genaue Gegenteil. Migrationsverlierer auf globaler Ebene sind die ärmeren Länder. Migrationsverlierer in den Einwanderungsländern ist die ärmere Hälfte der Bevölkerung, zu der großenteils auch die Kinder und Enkel früherer Migranten gehören.

Zwischen Ländern auf einem ähnlichen Entwicklungsstand ist die Freizügigkeit in der Wahl des Wohn- und Arbeitsortes ein Freiheitsgewinn. Zwischen armen und reichen Ländern dagegen vergrößert sie die Kluft, senkt im reicheren Land die Löhne und verschlechtert die Lebensbedingungen für diejenigen, die ohnehin schon zu den Benachteiligten gehören. Es wird Zeit, einzusehen, dass die Förderung einer solchen Entwicklung beim besten Willen kein linkes Projekt sein kann.

Andere Handelspolitik und Hilfe vor Ort

Wer wirklich Entwicklung fördern und Armut auf globaler Ebene bekämpfen will, muss andere Wege gehen. Der erste und dringlichste Schritt in diese Richtung wäre ein Ende der westlichen Interventionskriege und der Munitionierung von Bürgerkriegen durch Waffenlieferungen. Ebenso wichtig ist eine andere Handelspolitik, die ärmeren Ländern jenen Politikmix erlaubt, mit dem die erfolgreichen Volkswirtschaften in Fernost sich hochgearbeitet haben: Zölle zum Schutz der eigenen Industrien und der Landwirtschaft, staatliche Förderpolitik, Hoheit über die eigenen Rohstoffe und Ackerflächen statt deren Ausverkauf an große internationale Konzerne.

Bei der Ausbildung der Spezialisten muss der *Braindrain* umgekehrt werden: Nicht die armen Länder bilden die Ärzte für die reichen aus, sondern die reichen bieten Studenten aus Entwicklungsländern kostenlose Studiengänge an, bevorzugt in technischen und medizinischen Fachrichtungen, die lediglich mit der Bedingung verknüpft sind, die erworbenen Kenntnisse später im Heimatland anzuwenden. Und natürlich brauchen diese Länder Zugang zu Technologie und Know-how. Es ist also dringend erforderlich, sie aus dem Gültigkeitsbereich westlicher Patente herauszunehmen.

Darüber hinaus dürfen die Hunderttausende Flüchtlinge in den Elendslagern in aller Welt nicht länger vergessen werden. Um ihnen zu helfen, müssen die UN-Organisationen, die vor Ort arbeiten, von der internationalen Staatengemeinschaft mit wesentlich mehr Mitteln ausgestattet werden. Nicht nur ausreichende Ernährung, sondern auch Bildung und medizinische Versorgung vor Ort sind notwendig. Vor allem aber muss alles dafür getan werden, dass das Leben im Lager nicht zu einem Dauerzustand wird, sondern die Flüchtlinge eine Chance bekommen, entweder in ihrer alten Heimat oder an einem nicht allzu weit entfernten Ort ein neues Leben zu beginnen.

7. DAS MÄRCHEN VOM RECHTEN ZEITGEIST

Wer wählt rechte Parteien?

Wer rechts wählt, ist auch rechts. Wer Rassisten seine Stimme gibt, ist garantiert selber einer. Zeitgenossen, die so denken, müssen heute zu einer ziemlich pessimistischen Einschätzung ihrer Mitmenschen gelangen. Denn auch wenn es in einzelnen Parteien immer mal wieder kriselt und sie dann zeitweilig schwächer werden: Die politische Rechte ist der große Gewinner des beginnenden 21. Jahrhunderts.

Die Rechte im Aufwind

Sie hat mit Donald Trump vier Jahre lang das wichtigste Amt der größten Militär- und Wirtschaftsmacht dieser Welt besetzt. Sie regiert in Polen, Ungarn und anderen Ländern Ost- und Südosteuropas. Sie hat für den Brexit geworben, für den sich bei der Abstimmung 2016 die Mehrheit der Briten entschieden hat. Bei der Europawahl 2019 fuhr sie ein Rekordergebnis ein. Ihre Repräsentantin Marine Le Pen erreichte in der ersten Runde der französischen Präsidentschaftswahlen 2017 fast so viele Wähler wie Emanuel Macron und konnte in der Stichwahl nur durch eine Negativkoalition aller anderen politischen Lager verhindert werden. Und auch in Deutschland ist eine rechte Partei seit 2017 Oppositionsführerin und bei mehreren Landtagswahlen nur knapp daran gescheitert, stärkste Partei zu werden.

Zwar wurde Trump inzwischen abgewählt und auch die AfD liegt Anfang 2021 in den Umfragen unter ihrem Bundestagsergebnis von 2017. Aber zur Einordnung sollte man nicht vergessen, dass Trump 2020 trotz seiner knappen Niederlage 11 Millionen Stimmen mehr erhalten hat als bei seinem Wahlsieg 2016 und dass ihm allein sein schlechtes Krisenmanagement in der Corona-Zeit zum Verhängnis wurde. Noch zu Beginn des Wahljahres hatte er in allen Umfragen in Führung gelegen – Umfragen, die ihn notorisch unterschätzen, wie wir im November 2020 erneut gelernt haben. In der AfD wiederum toben gerade harte innere Richtungskämpfe, und streitende Parteien verlieren immer. Insofern spricht es eher für die Stärke und Stabilität ihres Rückhalts in der Wählerschaft, dass sich die Partei trotzdem bei Werten zwischen 8 und 11 Prozent halten kann, zumal sie bis heute über keinen einzigen zugkräftigen Kopf verfügt. Und auch Salvini und Le Pen sind nicht schwächer geworden, nur weil in der deutschen Presse kaum noch über sie berichtet wird.

Daher muss man ungeschönt festhalten: Organisationen, die sich weit rechts im politischen Spektrum verorten und teilweise bis ins rechtsextreme Lager reichen, befinden sich seit Jahren im Aufwind, und auch kleinere Dämpfer haben die Windrichtung nicht drehen können. Ihr Wählerreservoir liegt in den westlichen Ländern zwischen 10 und 30 Prozent, mancherorts sind sie mehrheitsfähig.

Wo rechte Parteien Wahlsiege feiern, muss da nicht die Gesellschaft insgesamt nach rechts gerückt sein? Wenn sich rassistische Sprüche wahlpolitisch auszahlen, bedeutet das nicht, dass auch mehr Rassisten unterwegs sind?

Verwechslung von Ursache und Wirkung

Das scheint logisch und ist trotzdem falsch. Wer die Erfolge der Rechten durch einen angeblich rechten Zeitgeist erklärt, liefert eine bequeme Erklärung, keine richtige. Denn er verwechselt Ursache und Wirkung. Rechte Parteien werden nicht deshalb gewählt, weil es mehr Rassisten, mehr Homophobe oder schlicht mehr Reaktionäre gibt. Umgekehrt gilt aber: Der wachsende Einfluss der politischen Rechten in der öffentlichen Debatte und in den Sozialen Medien verändert das politische Klima und auch das Denken vieler Menschen in eine Richtung, die am Ende zu mehr Ressentiments, mehr Vorurteilen und mehr Feindseligkeit führen wird. Aber das wäre dann das *Ergebnis*, es ist nicht die *Voraussetzung* rechter Wahlerfolge. Das ist ein entscheidender Unterschied in Hinblick auf die Beantwortung der Frage nach der politischen Strategie, mit der sich der Siegeszug der politischen Rechten stoppen lässt. Und dies sollte derzeit *eine der wichtigsten* Fragen sein.

Denn der wachsende Einfluss rechter Parteien verändert nicht nur das Denken und das politische Klima, er verändert auch die Gesellschaft. Er führt dazu, dass liberale Rechte und Errungenschaften unter Druck geraten und in einigen Ländern bereits wieder zurückgenommen werden. In Polen und Ungarn haben die Regierungen die Gewaltenteilung zumindest teilweise außer Kraft gesetzt und Justiz wie Medien der Regierung unterstellt. Beim Abtreibungsrecht in Polen droht aktuell eine Verschärfung, die schwangere Frauen selbst im Falle stark behinderter Babys zum Austragen des Kindes zwingen würde.

Auch in den USA könnte die von Donald Trump hinterlassene erzkonservative Mehrheit im Obersten Gericht zu einem illiberalen Rollback in diesem und anderen Bereichen führen. Hetze gegen Homosexuelle gehört vor allem in der osteuropäischen Rechten zum festen Wahlkampfrepertoire. In vielen Ländern wächst die Zahl rassistischer Übergriffe. Neonazis fühlen sich ermutigt und treten hemmungsloser und gewaltbereiter auf als noch vor wenigen Jahren. Wer nicht möchte, dass sich diese Entwicklung fortsetzt, dass sie am Ende womöglich Grundfesten der liberalen Gesellschaft wegfegt, der sollte aufhören, sich hinsichtlich der Ursachen rechter Wahlerfolge in die Tasche zu lügen.

Menschenfeinde oder Im-Stich-Gelassene?

Aktuell sind auf die Frage nach den Gründen des politischen Rechtstrends zwei konkurrierende Antworten im Angebot. Die eine Antwort besagt, die Rechte werde halt von Leuten gewählt, die die liberale Gesellschaft ablehnen, *autoritäre* Lösungen bevorzugen und eine »*gruppenbezogene Menschenfeindlichkeit*« pflegen, sprich: Ausländer, Schwarze oder Schwule hassen. Soweit dieser Erklärungsansatz sozioökonomische Motive überhaupt für relevant hält, wird darauf verwiesen, dass es sich bei diesen Wählern eher um Wohlhabende handelt, die eben nicht bereit seien, ihren Wohlstand zu teilen, und deshalb Zuwanderung ebenso ablehnen wie höhere Steuern oder Sozialbeiträge. Wenn, wie der Soziologe Harald Welzer meint, »menschenfeindliche Haltungen wie Rassismus, Antisemitismus und Fremdenfeindlichkeit bei etwa einem Fünftel der Bevölkerung moderner Gesellschaften stabil verankert sind«,[1] dann sollten wir uns offenbar erst Sorgen machen, wenn die AfD bundesweit mehr als 20 Prozent erreicht. Jeder

DAS MÄRCHEN VOM RECHTEN ZEITGEIST **173**

Versuch, AfD-Wähler zurückzugewinnen, wäre dann ein hoffnungsloses Unterfangen.

Diese Erklärung ist im linksliberalen Lager überaus beliebt, weil sie jede eigene Mitverantwortung für die Wahlerfolge der Rechten ausschließt und darauf hinausläuft, dass man deren Wähler getrost rechts liegen lassen kann. Weshalb die vermeintlichen *Menschenfeinde* erst in den letzten Jahren darauf verfallen sind, ihre Stimme einer rechten Partei zu geben, obwohl es immerhin seit Langem mit NPD, DVU und Republikanern passende Adressaten gegeben hätte, weshalb viele von ihnen stattdessen über Jahre ausgerechnet links – nämlich im Westen die SPD und im Osten die PDS und später die Linke – gewählt haben, bleibt im Rahmen dieses Ansatzes freilich ein großes undurchschaubares Geheimnis.

Die zweite Antwort nimmt zur Kenntnis, dass die Wähler rechter Parteien in ihrer Mehrzahl selbst nicht Überzeugung, sondern Protest als Wahlmotiv angeben. Sie verweist darauf, dass Wirtschaftsliberalismus, Globalisierung und Sozialabbau viele Menschen schlechtergestellt oder zumindest größeren Unsicherheiten und Lebensängsten ausgesetzt haben. Dass der linksliberale publizistische Mainstream ihnen außerdem das Gefühl gegeben hat, dass ihre Werte und ihre Lebensweise nicht mehr respektiert, sondern moralisch abgewertet werden. Die zweite Antwort geht davon aus, dass Wähler deshalb der Rechten ihre Stimme geben, weil sie sich von allen anderen politischen Kräften sozial im Stich gelassen und kulturell nicht mehr wertgeschätzt fühlen.

Plattenbau statt Trendviertel

Um entscheiden zu können, welche Antwort eher der Realität entspricht, schauen wir uns zunächst an, von wem rechte Parteien vor allem gewählt werden. Sind es eher die Wohlhabenden, die nicht teilen wollen? Oder sind es eher die Verlierer der Politik der letzten Jahrzehnte, die ja tatsächlich wenig Veranlassung haben, den in dieser Zeit regierenden Parteien weiterhin Vertrauen entgegenzubringen? Oder gibt es gar kein soziales Muster, denn Rassisten sollte es eigentlich relativ gleich verteilt in allen Schichten geben?

Wenn wir von *rechten* Parteien sprechen, meinen wir die heute politisch einflussreichen, die gemeinhin *rechtspopulistisch* genannt werden. Neben ihnen gibt es natürlich auch die offen neofaschistische Rechte, etwa die mittlerweile verbotene Goldene Morgenröte in Griechenland oder die NPD in Deutschland. Diese Parteien haben eine andere, klar antidemokratische Ausrichtung und daher auch andere Wähler, sie spielen aber zum Glück bisher nur eine Statistenrolle. Relevant ist die sogenannte *rechtpopulistische* Rechte, also Parteien wie die AfD, die FPÖ, Le Pens Rassemblement National, die niederländische PVV, die US-Republikaner unter Trump oder Salvinis Lega. Obwohl diese Parteien sich programmatisch, vor allem in ihrer Wirtschafts- und Sozialpolitik, durchaus unterscheiden, gibt es quer durch alle Länder große Übereinstimmungen bei ihrer Wählerschaft.

Das beginnt beim Wohnort. Die Wähler der Rechten wohnen eher in Kleinstädten und auf dem Land als in den großen Metropolen. Innerhalb der Städte leben sie nicht in den teuren Innenbezirken, sondern in den Plattenbauvierteln und sozialen Brennpunkten. Unter den Kleinstädten hat die Rechte ihre Hochburgen nicht in Unistädten und Dienstleistungszentren, sondern in industriell geprägten oder in abgehängten Regionen, in denen die Arbeitslosigkeit überdurchschnittlich, die Infrastruktur schlecht und die Abwanderung hoch ist. Die Wähler Donald Trumps oder Marine Le Pens wohnen nicht in Paris oder Los Angeles, sondern entweder in heruntergekommenen früheren Industrie- und Bergbauregionen oder in eher bürgerlichen Kleinstädten und auf dem Land. Die AfD erreicht ihre besten Ergebnisse an Orten wie Bitterfeld oder Gelsenkirchen, im schicken Berliner Prenzlauer Berg oder in der Kölner Innenstadt wird sie kaum gewählt.

Die neuen Arbeiterparteien

Die Unterstützer der Rechten wohnen allerdings nicht nur an ähnlichen Orten, sie kommen auch aus ähnlichen Arbeits- und Lebenswelten. Dabei fällt vor allem ein Umstand ins Auge, der eigentlich jedem Linken, der noch irgendeine Verbindung zur eigenen Tradition hat, schlaflose Nächte bereiten müsste: Die rechten Parteien sind die neuen Arbeiterparteien. Das gilt nicht unbedingt für ihre Mitglieder, aber auf jeden Fall für ihre Wähler. Donald Trump holte zwei Mal seine besten Ergebnisse bei weißen Männern aus der Arbeiterschicht, wobei er 2020 auch bei weißen Frauen ohne Hochschulabschluss und sogar bei Schwarzen und vor allem Latinos aus einfachen Verhältnissen zulegen konnte.

Der Rassemblement National, der früher Front National hieß, erreicht seine Spitzenergebnisse seit Jahren bei französischen Arbeitern, bevorzugt in den ehemaligen Hochburgen der kommunistischen Partei. Bei der letzten österreichischen Präsidentschaftswahl votierten 86 Prozent der Arbeiter für den knapp unterlegenen FPÖ-Kandidaten Norbert Hofer. Und auch die AfD verdankt ihre Wahlerfolge zu erheblichen Teilen der Arbeiterschaft. Bei der Wahl zum Thüringer Landtag 2019 etwa stimmten 38 Prozent der Arbeiter für die Rechtspartei, bei der Bundestagswahl 2017 waren es 21 Prozent. Außer von Arbeitern werden die rechten Parteien überproportional von geringverdienenden Beschäftigten im Servicesektor und von Arbeitslosen gewählt.

Natürlich gibt es auch Wohlhabende, die rechts wählen. Schon allein wegen seiner Steuerpolitik wurde Donald Trump auch von extrem Reichen und Großindustriellen in den USA unterstützt. Die AfD lebt nicht nur von den Spenden reicher Unternehmer, sie erzielt auch Wählerstimmen in diesem Milieu. Aber insgesamt, und das ist entscheidend, sind die Ergebnisse der Rechten in der oberen Mittelschicht und Oberschicht deutlich geringer als ihre Durchschnittswerte. Soweit sie hier Stimmen bekommen, sind es vor allem die Stimmen konservativer bürgerlicher Wähler der klassischen Mittelschicht.

Dass eher Unterprivilegierte als Wohlhabende rechts wählen, gilt sogar dann, wenn die betreffende Partei für eine wirtschaftsliberale, auf Privatisierungen und Sozialabbau orientierte Politik eintritt, wie es die AfD mehrheitlich tut, ebenso die FPÖ oder eben Donald Trump. Wenn eine rechte Partei bessere soziale Absicherungen und eine Abkehr vom Wirtschaftsliberalismus fordert, wie Le Pens Rassemblement National, oder wenn sie bereits Sozialprogramme umgesetzt hat, wie die polnische PiS, ist das Gefälle noch größer: Dann werden die Rechten noch stärker vor allem von den Benachteiligten, den Arbeitern und der abstiegsbedrohten unteren Mitte gewählt.

Geringverdiener wählen nicht oder rechts

Eine Studie der Bertelsmann-Stiftung[2] hat die Wählerschaft der AfD bei der Bundestagswahl 2017 nach Milieu-Zugehörigkeit untersucht und dabei eine bemerkenswerte Entdeckung gemacht. Bekannt ist, dass die Wahlbeteiligung in wirtschaftlich schwachen Vierteln heute sehr viel niedriger ist als in wirtschaftlich und sozial privilegierten Wohnbezirken, anders übrigens als noch in den sechziger oder siebziger Jahren, als es solche Unterschiede nicht gab. Während diese Kluft jahrelang immer größer wurde, hat sie sich bei der Bundestagswahl 2017 erstmals seit Langem wieder etwas geschlossen. Davor war das interessanterweise 1998 zum letzten Mal geschehen, damals konnte die SPD in großem Umfang ärmere Nichtwähler an die Urne bringen, was vermutlich weniger auf ihren Kanzlerkandidaten als auf ihren damaligen Parteivorsitzenden zurückzuführen war.

Knapp zwanzig Jahre später war es dagegen, wie die Bertelsmann-Forscher herausfanden, die AfD, die Nichtwähler und Wähler aus ärmeren Stimmbezirken in großem Stil mobilisieren konnte. Im sogenannten *Milieu der Prekären*, das durch geringe Einkommen, soziale Benachteiligung, Unsicherheit und große Zukunftsängste gekennzeichnet ist, erreichte die AfD 28 Prozent der Wählerstimmen, mehr als in jedem anderen Milieu. Gut 63 Prozent aller Wahlberechtigten haben hier entweder gar nicht, eine sonstige Partei oder die AfD gewählt. SPD, Union, FDP, Grüne und Linke zusammen erreichten nur noch wenig mehr als ein Drittel aller Stimmen.

Keine »Modernisierungsbefürworter«

Und noch ein Ergebnis dieser Studie ist interessant. Danach kommen 65 Prozent der AfD-Wähler aus Milieus, die der »sozialen und kulturellen Modernisierung« skeptisch gegenüberstehen. Die Wähler aller anderen im Bundestag vertretenen Parteien dagegen gehören mehrheitlich dem Lager der »Modernisierungsbefürworter« an. Die Chiffre *Modernisierung* steht für zweierlei: Zum einen für die sozialen und ökonomischen Veränderungen der letzten Jahrzehnte, also für Wirtschaftsliberalismus, Globalisierung und Sozialabbau. Und zum anderen für die kulturellen Werte des Linksliberalismus, also für Identitätspolitik, Kosmopolitismus und Individualismus, die die sozialökonomischen Veränderungen in eine Modernisierungs- und Emanzipationsgeschichte umdeuten. Insofern ist es bezeichnend, aber leider nicht überraschend, dass diejenigen, die das berechtigte Gefühl haben, die vermeintliche »Modernisierung« habe unsere Gesellschaft nicht *freier*, sondern vor allem ungleicher und ungerechter gemacht, sich in ihrer großen Mehrheit nur noch von rechts oder von niemandem mehr vertreten fühlen.

DAS MÄRCHEN VOM RECHTEN ZEITGEIST   177

Dazu passt, dass gerade AfD-Anhänger in Umfragen immer wieder den »weit verbreiteten Egoismus, das fehlende Miteinander und das Macht- und Profitstreben« in unserer heutigen Gesellschaft kritisieren.[3] Und dass 61 Prozent der Wähler Marine Le Pens, deutlich mehr als der Durchschnitt aller Franzosen, der etwas simplen, aber ganz sicher nicht politisch *rechts* stehenden Aussage zustimmen: »Um soziale Gerechtigkeit herzustellen, muss man den Reichen nehmen und den Armen geben.«[4] Oder dass sich 71 Prozent der Wähler der niederländischen Partij voor de Vrijheid von Geert Wilders mehr sozialen Ausgleich und geringere Einkommensunterschiede wünschen.[5]

Protest als Wahlmotiv

Wer angesichts solcher Zahlen an dem Erklärungsansatz festhalten will, dass es eben die unverbesserlichen Menschenfeinde sind, die rechts wählen, sollte eine überzeugende Begründung nachliefern, warum solche »Menschenfeinde« bevorzugt unter Arbeitern und Geringverdienern sowie unter Leuten, die Egoismus und Profitstreben kritisieren, zu finden sind. Weit plausibler erscheint da doch die Erklärung, dass die Verlierer der Politik der letzten Jahrzehnte es irgendwann leid waren, immer wieder Politikern ihre Stimme zu geben, die ihre sozialen Interessen ignorieren und ihre gemeinschaftsorientierten Werte und ihre Lebensart als rückschrittlich und provinziell verachten. Der historische Ablauf legt zudem nahe, dass diese Menschen sich zunächst millionenfach in die Wahlenthaltung verabschiedet hatten, bis ein Teil von ihnen irgendwann begann, ihrer Unzufriedenheit und Wut durch die Wahl rechter Parteien Ausdruck zu verleihen.

Für eine solche Erklärung spricht auch, dass laut einer Umfrage von infratest dimap zur Bundestagswahl 2017 immerhin 61 Prozent der AfD-Wähler *Protest* als Wahlmotiv nennen. Bei der Wahl zum Berliner Abgeordnetenhaus 2016 gaben 69 Prozent der befragten AfD-Wähler an, die Partei aus Enttäuschung über alle anderen gewählt zu haben. Auch bei der Thüringen-Wahl von 2019 bestätigte mehr als jeder zweite AfD-Wähler, die Wahlentscheidung aus Enttäuschung über die anderen Parteien getroffen zu haben.

Wähler, die mit der eigenen wirtschaftlichen Situation unzufrieden sind, Angst vor der Zukunft haben und die generelle gesellschaftliche Entwicklung für falsch halten, konzentrieren sich heute bei der politischen Rechten, obwohl nach Jahrzehnten wachsender Ungleichheit und vertiefter sozialer Spaltung gerade diese Menschen eigentlich die klassische Wählerschaft sind, der linke und sozialdemokratische Parteien ein überzeugendes Angebot machen müssten.

Leerstelle im politischen System: Wenn Mehrheiten keine Stimme mehr haben

Weshalb die Lifestyle-Linke diese Menschen nicht mehr erreicht, haben wir in den letzten Kapiteln ausführlich untersucht. Aber weshalb schafft es die Rechte? Ist es einfach nur die Wut über die anderen? Oder gibt es vielleicht sogar rationale Gründe für Arbeiter, Ärmere und die abstiegsbedrohte Mittelschicht, heute rechts zu wählen?

Dagegen scheint zu sprechen, dass viele rechte Parteien von dem Dreiklang Wirtschaftsliberalismus, Sozialabbau und Globalisierung, der die Politik der letzten Jahre geprägt hat, allein die Globalisierung, und auch da hauptsächlich den Aspekt der globalen Migration infrage stellen. Die AfD etwa stimmt im Bundestag regelmäßig gegen eine Erhöhung von Hartz IV, gegen höhere Mindestlöhne oder gegen eine wirksame Deckelung der Mieten, im Falle der letzten beiden Forderungen mit der Begründung, dass es sich dabei um *Eingriffe in das freie Unternehmertum* handeln würde. Donald Trump hat der amerikanischen Oberschicht Milliarden an Steuern geschenkt und keinerlei Anstrengung unternommen, den desolaten Zustand des US-Wohlfahrtsstaats, in dem das Recht auf Sozialhilfe nach 5 Jahren für den Rest des Lebens ausläuft, auch nur im Geringsten zu verbessern.

Kulturelle Motive?

Daraus, dass das ökonomische Programm vieler rechter Parteien den Interessen von Geringverdienern und Ärmeren anscheinend nicht entgegenkommt, wurde vielfach geschlossen, dass die Rechte primär aus kulturellen und nicht aus sozialökonomischen Motiven gewählt wird. Oft wird argumentiert, dass die frühere Wählerschaft der Sozialdemokratie zwar sozialökonomisch unverändert links orientiert ist, sich also eine Politik für mehr sozialen Ausgleich und bessere soziale Absicherungen wünschen würde, dass aber die betreffenden sozialen Schichten kulturell eher traditionalistisch oder wertkonservativ seien, also hoher Zuwanderung oder allzu weitreichenden Rechten für Minderheiten skeptisch gegenüberstehen. In der Abwägung würde der Teil dann rechts wählen, für den die kulturellen Fragen wichtiger als die sozioökonomischen seien.

Daran ist zumindest so viel richtig, dass bei Wahlentscheidungen kulturelle Fragen immer eine Rolle spielen. Niemand wird Politiker wählen, von denen er sich verachtet fühlt, egal welchen bunten Strauß an sozialen Versprechen sie im Gepäck tragen. Trotzdem verzerrt die Gegenüberstellung von kulturellen und sozialen Motiven die reale Situation. Die Forderung nach Begrenzung der Zuwanderung etwa hat eine kulturelle Seite, die mit dem Verlust vertrauter Umgebungen oder der Angst vor der Ausbreitung des radikalen Islamismus zu tun hat, aber eben auch – wie im letzten Kapitel ausführlich beschrieben – eine sozialökonomische, bei der es um reale Konkurrenz geht: Konkurrenz um Arbeitsplätze mit konkreten Auswirkungen auf die Höhe der Löhne, Konkurrenz um Wohnraum mit konkreten Auswirkungen auf die Miete, Konkurrenz um soziale Leistungen mit (zumindest potenziellen) Auswirkungen auf das soziale Sicherungsniveau. Es ist ja gerade die Leugnung all dieser Probleme und die Umdeutung der Zuwanderungsdebatte in eine Debatte um moralische Haltungsfragen, die die Lifestyle-Linke für viele Menschen unwählbar gemacht hat.

»… da wird so viel Geld reingesteckt«

Wenn eine alleinerziehende Mutter mit abgeschlossener Ausbildung, die, seit sie ihr Kind bekommen hat, vergeblich eine Arbeit und eine Wohnung sucht, sich beschwert: »Man wird nicht angenommen, also das find ich schon arg. Vor allem, wenn man dann auf die Stadt geht und gesagt bekommt: O.k., Stadtbauwohnungen stehen nich zu, weil, das ist für die Flüchtlinge alles reserviert. Ah, da kriegt man schon'n bisschen Hass auch, dass sich nich so gekümmert wird. … da wird so viel Geld reingesteckt. … Und die bekommen wirklich so viel Unterstützung, wo ich teilweise wirklich weniger bekomme, und die bekomm' Wohnung und alles …«[6], ist das dann eine Frau mit mangelhafter *moralischer Haltung* oder ein Opfer der herrschenden Politik, die verzweifelt ihre Interessen einklagt? Diese junge Mutter hat bei der Bundestagswahl 2017 zum ersten Mal gewählt: AfD.

2009 gab es in der Lindsey-Ölraffinerie des Ölkonzerns Total SA in England spontane Streiks, bei denen die Arbeiter »British jobs for British workers« forderten. New Labour und die englischen Medien überschlugen sich, diese »rassistische Aktion« zu verurteilen. Hintergrund war, dass eines der Vertragsunternehmen von Total für die Raffinerie billige, gewerkschaftlich nicht organisierte Arbeiter aus dem Ausland angeheuert hatte, was eine Abwärtsspirale bei den Löhnen in Gang zu setzen drohte und die Mitbestimmungsrechte der Arbeiter vor Ort gefährdete. Und genau dagegen richtete sich der Streik.[7] Waren die Arbeiter von *rassistischen Vorurteilen* getrieben oder verteidigten sie ihre soziale Existenz?

In dem Statement der jungen Mutter bleibt die Frage offen, auf wen sich ihr »bisschen Hass« richtet, auf diejenigen, deren politische Entscheidungen sie in diese verzweifelte Situation gebracht haben, oder auf die Zuwanderer, die mehr Aufmerksamkeit und Unterstützung bekommen als sie. Es sieht eher danach aus, dass sie Erstere meint, aber das Schlimme ist: Wo alle Parteien jenseits der Rechten sich weigern, die aus Migration resultierenden Probleme auch nur anzuerkennen und stattdessen die wütenden Opfer moralisch verurteilen, überlassen sie es eben dieser Rechten, den Tenor und Tonfall vorzugeben, mit dem über diese Probleme öffentlich gesprochen wird. Und wenn Menschen wie die zitierte junge Mutter oder die Arbeiter der Ölraffinerie nur wählen können zwischen der linksliberalen Erzählung, die ihre Empörung schlichtweg zum rassistischen Ressentiment erklärt, und der rechten Erzählung, in der Flüchtlinge und Zuwanderer generell zu Eindringlingen mit üblen Absichten werden, die unsere Kultur zerstören, unseren Sozialstaat ausnutzen und als potenzielle Terroristen unser Leben gefährden, muss man sich nicht wundern, welche Sichtweise längerfristig die Oberhand gewinnt.

Mehrheiten gegen hohe Zuwanderung

Das ist auch deshalb gefährlich, weil die Mutter und die Ölarbeiter mit ihrer Erfahrung und Sichtweise natürlich nicht allein stehen. Insgesamt sind heute in Deutschland 52 Prozent der Bevölkerung der Meinung, es finde »insgesamt zu viel Einwanderung« statt. Rund 64 Prozent erwarten als Folge von Zuwanderung Probleme an den Schulen und 60 Prozent befürchten Wohnungsnot in Ballungsräumen. 71 Prozent gehen davon aus, dass Zuwanderung den Sozialstaat zusätzlich belastet. 63 Prozent kritisieren, dass zu viele Migranten die deutschen Wertvorstellungen nicht übernehmen.[8] Wenn dann noch vermehrt islamistische Terroranschläge Angst und Schrecken verbreiten, wie im Herbst 2020, verstärkt sich die Ablehnung.

In anderen Ländern ist die Meinung der Bevölkerung zu diesem Thema noch entschiedener. 2016 etwa hielten 71 Prozent der Dänen und 67 Prozent der Ungarn die hohe Zuwanderung in die EU für das drängendste politische Problem.[9] 56 Prozent der Franzosen stimmten 2017 der Aussage zu, dass es »in Frankreich bereits zu viele Immigranten« gebe, eine Position, die noch deutlich radikaler ist als die Forderung nach Einschränkung der Zuwanderung.[10] In Großbritannien teilen 59 Prozent der Bevölkerung, einschließlich der bereits seit Längerem ansässigen Einwanderer, die Meinung, dass »zu viele« Migranten im Land seien.[11]

Die Forderung nach Begrenzung der Zuwanderung steht daher nicht zufällig im Zentrum der Programmatik aller rechten Parteien. Sie eignet sich deshalb so gut für rechte Popularitätsgewinne, weil hier soziale und kulturelle Faktoren zusammenspielen und es sich um eine in allen westlichen Ländern *mehrheitsfähige* Forderung handelt, die dennoch meist allein von der politischen Rechten offensiv vertreten und daher mit ihr identifiziert wird. Gerade in Jahren hoher Zuwanderung ist das Thema dann fast schon eine Garantie rechter Wahlerfolge. Die AfD etwa hatte mit ihrer Profilierung in dieser Frage nicht nur ein Alleinstellungsmerkmal in Abgrenzung zu allen anderen Parteien, sondern sie hatte – zumindest in diesem Punkt – die Mehrheit der Bevölkerung hinter sich. Dass dennoch 2017 »nur« 12 Prozent der Wähler ihr Kreuz bei der Rechtspartei gemacht haben, zeigt, dass es immer noch hohe Hürden gibt, die Wähler davon abhalten, ihre Stimme einer Partei mit einem offen rechtsextremistischen Flügel zu geben. Eine Garantie für die Zukunft ist es nicht.

Rechte Lückenfüller

Und nicht nur beim Thema Zuwanderung verschränken sich kulturelle und soziale Fragen. Wir sind im Kapitel über die »Offene Gesellschaft« ausführlich darauf eingegangen, dass der Linksliberalismus nicht nur eine kulturelle Erzählung ist, sondern in seinen Botschaften bestens zu Wirtschaftsliberalismus, Sozialabbau und Globalisierung passt und dieser politischen Agenda ein progressives Image verleiht. Der Linksliberalismus wird daher nicht zu Unrecht mit einer Politik identifiziert, die für viele Menschen ausgesprochen nachteilige sozialökonomische Auswirkungen hat. Indem die Rechte sich gegen den Linksliberalismus wendet, spricht sie die Verlierer dieser Politik an, und zwar nicht nur kulturell, sondern auch in ihren materiellen Interessen.

Deshalb sind die Voten für rechte Parteien, selbst wenn sie ein insgesamt wirtschaftsliberales Programm vertreten, durchaus nicht so irrational, wie sie auf den ersten Blick erscheinen. Das heißt natürlich nicht, dass es rechter Parteien bedarf, um die aus Globalisierung oder Migration resultierenden Probleme zu lösen, sondern dass, wenn alle anderen Parteien sich weigern, auch nur die Existenz dieser Probleme anzuerkennen, die Rechte eine Lücke füllt, die von vielen Menschen als eklatante Leerstelle im politischen System wahrgenommen wird.

Donald Trump etwa hat zwar wenig für die Arbeiter und die Ärmeren getan, aber während Demokraten wie Republikaner die De-Industrialisierung des Landes und die Zerstörung der Industriearbeitsplätze jahrzehntelang mit völliger Gleichgültigkeit hingenommen haben, hat er das Thema in den Mittelpunkt gestellt und der Globalisierung mit seiner Zollpolitik den Kampf angesagt. Dass in seiner Amtszeit 500 000 neue Industriearbeitsplätze entstanden sind, ist zwar für ein Land von der Größe der USA alles andere als ein Durchbruch, aber viele seiner Anhänger werden das zumindest als Beginn einer neuen Politik gewertet haben, bei der ihre Interessen nicht mehr gnadenlos unter die Räder kommen.

Auch in der Frage der illegalen Zuwanderung in die USA, seinem zweiten großen Wahlkampfthema, hat Trump aus Sicht seiner Unterstützer geliefert. Sie ist in seiner Amtszeit tatsächlich zurückgegangen. Der Grund dafür ist allerdings nicht Trumps Prestigeprojekt, die meterhohe Mauer an der Grenze zu Mexiko, die nie fertiggestellt wurde, sondern massiver ökonomischer Druck auf Länder wie Mexiko oder Guatemala, ihre Grenzen besser zu kontrollieren und die illegale Einwanderung in die USA zu reduzieren.

DAS MÄRCHEN VOM RECHTEN ZEITGEIST **183**

Das größte Sozialprogramm

Noch klarer ist die Interessenvertretung für die kleinen Leute etwa bei der polnischen Rechten. Während die Parteien, die in Polen unter dem Label *links* firmierten, einem Wildwest-Kapitalismus mit extremer Ungleichheit den Boden bereitet hatten, beschloss die viel gescholtene PiS nach ihrem Wahlsieg 2015 das größte Sozialprogramm der jüngeren polnischen Geschichte. Dazu gehörte als wichtigste Maßnahme ein Kindergeld von 500 Zloty pro Monat, umgerechnet rund 120 Euro, eine mit Blick auf das polnische Pro-Kopf-Einkommen gewaltige Summe. Allein diese Maßnahme hat die Armutsquote in Polen um 20 bis 40 Prozent reduziert, bei Kindern sogar um 70 bis 90 Prozent.[12] Welche linke Partei kann in jüngerer Zeit solche Erfolge vorweisen? Die PiS erhöhte außerdem den Mindestlohn über das von den Gewerkschaften geforderte Niveau und senkte das Renteneintrittsalter auf 60 Jahre für Frauen und 65 Jahre für Männer. Hinzu kamen eine kostenlose Medikamentenversorgung für Menschen über 75, die Stärkung der Rechte von Zeitarbeitern sowie eine Einschränkung der Sonntagsarbeit.

Wie unsympathisch man die PiS sonst immer finden mag und wie reaktionär deren Positionen in vielen Fragen tatsächlich sind, dieses Paket steht für eine couragierte Sozialpolitik, wie man sie sich von allen sozialdemokratischen und linken Parteien in Westeuropa wünschen würde. Dass Landwirte, Fabrikarbeiter, Arbeitslose und Rentner, die von diesen Maßnahmen profitierten, diese Seite der Politik letztlich wichtiger fanden als die Frage der Gewaltenteilung oder der Pressefreiheit und der PiS daher 2019 zu einem erneuten Wahlsieg verhalfen, ist nicht verwunderlich und ganz sicher kein Beleg für deren *rechte Gesinnung*.

Vermögenssteuern und Schuldenerlass

Wirtschafts- und sozialpolitisch eher links positionieren sich auch Le Pens Rassemblement National oder die niederländische Rechtspartei PVV. Ersterer fordert etwa ein Ende der Sparpolitik, die Wiedereinführung der Vermögenssteuer, höhere Investitionen des Staates und bessere soziale Leistungen. Die PVV kämpft gegen die Lockerung des Kündigungsschutzes, gegen die Anhebung des Rentenalters und gegen die Absenkung des Mindestlohns. All das entspricht den Interessen von Arbeitern und Geringverdienern.

Victor Orban in Ungarn hat zwar die Armen weitgehend sich selbst überlassen, aber die von ihm durchgesetzte Entlastung der nach der Finanzkrise hoch verschuldeten ungarischen Mittelschicht, die Rückverstaatlichung strategischer Betriebe der Energieversorgung sowie der größten Bank Ungarns, die Einführung einer Sondersteuer für ausländische Konzerne und einer Finanztransaktionssteuer sind Maßnahmen, die man traditionell eher als *links* einordnen würde. Orbans Fidesz setzte dem Wirtschaftsliberalismus und der Steuerung der ungarischen Wirtschaft durch ausländische Investoren die nationale Souveränität und einen interventionistischen Staat entgegen. Von diesem Programm hat die Mittelschicht profitiert.

Hohepriester des Wirtschaftsliberalismus: Elitenprojekt EU

Das führt zu einem Thema, das Kernbestandteil der Programmatik rechter Parteien in allen EU-Ländern ist und bei dem sie ebenfalls große Teile der Bevölkerung und in vielen Ländern Mehrheiten auf ihrer Seite haben: die Verteidigung der Souveränität des eigenen Landes und die Ablehnung der Zentralisierung von Machtbefugnissen bei Brüsseler Kommissaren, denen die Menschen aus gutem Grund kein Vertrauen entgegenbringen: zum einen, weil sie sie als fern und demokratisch nicht kontrollierbar erleben, vor allem aber, weil sie mit Brüsseler Interventionen in die Politik ihrer Länder ausgesprochen schlechte Erfahrungen gemacht haben.

Kürzungen im Gesundheitswesen

Seit 2011 das sogenannte Europäische Semester eingeführt wurde, in dessen Rahmen die EU-Kommission direkten Einfluss auf die nationalen Haushaltspläne nehmen kann, forderte sie europäische Staaten insgesamt 63 (!) Mal zu Kürzungen im Gesundheitswesen und zur verstärkten Privatisierung von Krankenhäusern auf. Unter besonderen Druck setzte sie Länder wie Italien und Spanien, die die Zahl ihrer Krankenhausbetten und ihr medizinisches Personal daraufhin deutlich reduzierten. Fatales Ergebnis dieser Einmischung sind ein kaputtgespartes Gesundheitssystem, chronischer Betten- und Personalmangel und Zehntausende (vermeidbare) Tote im Corona-Jahr 2020.

Aber die europäischen Hohepriester des Wirtschaftsliberalismus hatten es nicht nur auf das Gesundheitswesen abgesehen. Rund 50 Mal forderte die EU-Kommission Regierungen auf, Maßnahmen zu ergreifen, um Lohnwachstum zu unterbinden. 38 Mal erteilte sie Anweisungen zur Einschränkung des Kündigungsschutzes und zum Abbau anderer Arbeitnehmerrechte. Frankreich wurde 2013 aufgefordert, seine Renten zu kürzen und seinen Arbeitsmarkt so zu reformieren, wie Gerhard Schröder das in Deutschland mit der Agenda 2010 getan hatte. Hierzulande hatte das bekanntlich zur Entstehung eines der größten Niedriglohnsektoren Europas geführt. Dass die französischen Sozialisten bei den Wahlen 2017 pulverisiert wurden, während Marine Le Pen ein Rekordergebnis einfuhr, hatte zweifellos damit zu tun, dass der seit 2013 regierende sozialistische Präsident Hollande sich eilfertig um die Umsetzung der *EU-»Empfehlungen«* bemüht hatte.

Die Troika streicht Renten und Mindestlöhne

Auch die Untaten der Troika – ein Verbund aus EU-Kommission, Europäischer Zentralbank und IWF – dürften vielerorts nicht vergessen sein. Der Machtbereich dieser Institution erstreckte sich auf all jene Länder, die nach der großen Finanz- und Wirtschaftskrise von 2008/2009 in Zahlungsschwierigkeiten gerieten und anschließend Milliarden erhielten, damit die europäischen Großbanken die hohen Kredite, die sie ihnen gegeben hatten, nicht abschreiben mussten.

Die Troika erzwang seinerzeit in Spanien, Irland, Portugal und Griechenland massive soziale Kürzungen. Dazu gehörten Rentenkürzungen, eine Absenkung des Mindestlohns und radikale Einsparungen im öffentlichen Dienst. Am schlimmsten wütete das Gremium in Griechenland. Dort war es für den Einbruch der Wirtschaftsleistung um 25 Prozent, die Verarmung großer Teile der Bevölkerung und einen beispiellosen Ausverkauf öffentlichen Eigentums verantwortlich. Keine demokratisch gewählte Regierung hätte ihr Land einer solchen Rosskur unterziehen können. Das ging nur, weil die Entscheidungen von Leuten getroffen wurden, die in

Griechenland weder wiedergewählt werden wollten noch im Land lebten, noch irgendeinen emotionalen Bezug zu ihm hatten.

Der EuGH: Pressure-Group der Konzerne

Schon vor der Troika und dem Europäischen Semester war es der Europäische Gerichtshof, der mit seinen Urteilen in die nationale Politik intervenierte und wirtschaftsliberale Reformen, Privatisierungen und soziale Einschnitte vorantrieb. Ob er Streiks gegen die Tarifflucht eines finnischen Unternehmens kurzerhand für illegal erklärte oder ausdrücklich zuließ, dass beim Catering in Zügen der Österreichischen Bundesbahn ungarische Löhne gezahlt werden, ob er Gemeinden verbot, günstige Nahverkehrstickets durch Gewinne aus ihren Stadtwerken zu subventionieren, oder sie zur europaweiten Ausschreibung ihrer Aufträge verdonnerte oder ob er versuchte, Mitbestimmungsrechte von Arbeitnehmern und Sozialstandards auszuhebeln – der rote Faden, der sich durch die sozialökonomischen Urteile des EuGH zieht, ist unverkennbar: Sie begünstigen große transnationale Konzerne und sie verschlechtern die Bedingungen für Arbeitnehmer und Mittelstand.

Der EuGH konnte so urteilen, weil genau diese wirtschaftsliberale, globalisierungsfreundliche Agenda in den europäischen Verträgen seit Maastricht verankert ist: im Wettbewerbs- und Beihilferecht, das großen Anteil daran hatte, öffentliche Dienstleistungen europaweit unter Privatisierungsdruck zu setzen. Und in den Binnenmarktfreiheiten, zu denen unter anderem die freie europaweite Arbeitsplatzwahl gehört, die seit der EU-Osterweiterung schlimme Auswirkungen auf die Arbeitsmärkte in Westeuropa hatte. Die Binnenmarktfreiheiten beinhalten außerdem die Abschaffung jeglicher Kontrollen des Kapitalverkehrs, was dem Steuerdumping von Superreichen und transnationalen Unternehmen Tür und Tor geöffnet und außerdem die Macht der großen Finanzmarktplayer über die Politik erheblich verstärkt hat.

Die Ablehnung dieser Ausrichtung der Europäischen Union und der demokratisch nicht legitimierten Einmischung in die nationale Politik greifen die Rechtsparteien auf, während der Mainstream des Linksliberalismus EU-Kritiker als *Europafeinde* und *Nationalisten* abstempelt und sich damit umso mehr von den weniger begüterten Schichten entfremdet.

Wohlhabende EU-Unterstützer

Denn auch die heutige EU ist ein Elitenprojekt. Sie wird vor allem von der Oberschicht und der akademischen Mittelschicht unterstützt, die von den bestehenden Verträgen ja auch am meisten profitieren. Arbeiter, Geringverdiener, aber auch kleinere Gewerbetreibende spüren dagegen, dass sich viele EU-Regeln gegen ihre Interessen richten. Interessant ist in diesem Zusammenhang, dass nicht erst bei der Abstimmung über den EU-Austritt Großbritanniens, sondern in sämtlichen Referenden zu EU-Verträgen die Mehrzahl der Pro-EU-Voten von den Privilegierten und die Gegenstimmen hauptsächlich aus dem Lager der weniger Begüterten kamen.

Der französische Ökonom Thomas Piketty hat sich die einzelnen Abstimmungen im Detail angesehen. Er zeigt, dass schon das knappe Ja beim Maastricht-Referendum in Frankreich 1992 allein auf die höheren sozialen Schichten zurückzuführen war: Danach stimmten die nach Bildung, Einkommen oder Vermögen oberen 30 Prozent der Wähler in ihrer großen Mehrheit mit Ja und die anhand eines dieser Kriterien unteren 60 Prozent mehrheitlich mit Nein. Das gleiche Muster wiederholte sich beim französischen Referendum zur europäischen Verfassung von 2005, bei dem insgesamt 55 Prozent den Vertrag abgelehnt hatten. Bei dieser Abstimmung hatten nur die oberen 20 Prozent – und noch deutlicher die oberen 10 Prozent – mehrheitlich mit Ja votiert, während die unteren 80 Prozent dem Vertragswerk eine Absage erteilt hatten.[13] Dass genau dieser Vertrag kurze Zeit später mit geringfügigen Änderungen und unter neuem Namen – nämlich als *Lissabon-Vertrag* – dennoch in Kraft trat, wohlweislich ohne die französische Bevölkerung noch einmal zu fragen, dürfte das Vertrauen in die EU nicht gestärkt haben. In anderen Ländern, etwa in Deutschland, fanden ohnehin nie Referenden über europäische Verträge statt.

Bei der Brexit-Abstimmung gut zehn Jahre später zeigte sich das sozial gesplittete Abstimmungsverhalten ein weiteres Mal. Auch in Großbritannien wurde auf den unteren Rängen im Hinblick auf Bildung, Einkommen oder Vermögen mit überwältigender Mehrheit für den Austritt gestimmt und nur die oberen 30 Prozent sprachen sich für den Verbleib in der EU aus.[14]

Vorteile für die Oberschicht

In die gleiche Richtung deuten Umfragewerte, die die Friedrich-Ebert-Stiftung erhoben hat.[15] Im Rahmen einer Studie wurden in diesem Fall Angehörige einer jeweils relativ weit definierten *Unterschicht* und der *Oberschicht* aus acht europäischen Ländern befragt, ob die EU in ihren Augen eher mit Vor- oder mit Nachteilen verbunden ist. Das Ergebnis passt zum Abstimmungsverhalten bei den verschiedenen Referenden: 55 Prozent der Ärmeren in Frankreich, 53 Prozent in Italien und 47 Prozent in den Niederlanden verbinden die EU eher mit Nachteilen, nur 9, 12 und 13 Prozent der Unterprivilegierten können mehr Vorteile erkennen. Bei der Oberschicht ist das Bild in allen Ländern genau umgekehrt.

In Deutschland ist die Europäische Union wegen der Exportabhängigkeit unserer Wirtschaft, die vom gemeinsamen Binnenmarkt und dem Euro tatsächlich sehr profitiert, quer durch alle Schichten populärer als in den meisten europäischen Ländern, aber das soziale Gefälle bei den Sympathiewerten unterscheidet sich nicht. Während hier 36 Prozent der Ärmeren überwiegend Nachteile sehen und 20 Prozent Vorteile, ist die Oberschicht zu 46 Prozent von den Vorteilen der EU überzeugt und nur für 17 Prozent überwiegen die Nachteile. In der Gesamtbevölkerung verbinden übrigens 58 Prozent die Europäische Union mit sinkendem Wohlstand und nur 31 Prozent mit steigendem, wobei – wenig erstaunlich – am ehesten die Grünen-Wähler und danach die der Union ihren Wohlstand dank der EU wachsen sehen, während vor allem die Wähler der AfD, aber auch die der Partei Die Linke die EU als Angriff auf ihren Lebensstandard empfinden.

Die Europäische Union sei heute, schlussfolgert Thomas Piketty, zu einem Thema geworden, das die Bildungs- und Wirtschaftseliten verbinde, also Oberschicht und akademische Mittelschicht, während es auf der Gegenseite die klassische Mittelschicht, die Arbeiter und einfache Servicebeschäftigte zusammenführt, die sich in den meisten Ländern in ihrer Ablehnung des derzeitigen Europa einig sind. Mit dieser Position werden sie dann von der politischen Rechten abgeholt, während die Lifestyle-Linke sich über den angeblich wachsenden *Nationalismus* empört. Es gab einige linke Parteien, die das nicht mitgemacht haben, etwa Mélenchons Bewegung *La France Insoumise* oder Corbyns Labour Party 2017. Sie waren deutlich erfolgreicher.

Gegen das Establishment – Underdog als Erfolgsrezept

Ihre größten Wahlerfolge feiern rechte Parteien naturgemäß dort, wo die Enttäuschung über das politische Establishment am ausgeprägtesten ist und sich die meiste Wut darüber aufgestaut hat, von wirtschaftlichen Interessengruppen und einer von ihnen abhängigen Politik immer wieder über den Tisch gezogen zu werden. In Osteuropa war es vor allem die breite Ernüchterung über die Nach-Wende-Gesellschaft, ihre extreme Ungleichheit und die wachsende Armut, die den rechten Wahlerfolgen den Boden bereitete. Eine Umfrage für Ungarn zeigt den extremen Stimmungswandel. Hatten 1991 noch 80 Prozent der ungarischen Bevölkerung die kapitalistische Ordnung befürwortet, waren knapp 20 Jahre später 72 Prozent der Meinung, sie hätten im Staatssozialismus besser gelebt.[16] Ein deutlicher Indikator für die Stimmung in Polen war die Wahlbeteiligung, die schon ab 1993 bei sämtlichen Parlamentswahlen unter 50 Prozent lag.

Anwälte des Volkes

Die Wahl von Donald Trump zum US-Präsidenten 2016 war nicht zuletzt die Folge von zwei Amtsperioden Barack Obamas, der einst auch von Geringverdienern und Menschen mit einfacher Bildung mit großen Hoffnungen gewählt worden war und von dem am Ende vor allem in Erinnerung blieb, dass er marode Banken, die sich verzockt hatten, mit Milliarden an Steuergeld rettete, während Millionen kleine Hypothekeninhaber ihre Häuser verloren. Donald Trump war das Produkt der ohnmächtigen Wut über eine von der Wall Street korrumpierte Politik, deren exponierteste Vertreterin Hillary Clinton die Demokraten damals sinnigerweise auch noch als Präsidentschaftskandidatin gegen Trump ins Rennen geschickt hatten.

Sich als Anwälte des Volkes gegen die korrupten Eliten zu inszenieren, als diejenigen, die dem Volk seine Ehre und Würde zurückgeben, auf der alle Politiker, und ganz besonders die linken, immer nur herumgetrampelt haben, ist fester Bestandteil der rechten Erzählung. Aber diese Erzählung funktioniert nur, weil sie einen wahren Kern hat: Die westlichen Demokratien funktionieren nicht mehr. Die Interessen der Beschäftigten mit einfachen und mittleren Bildungsabschlüssen sowie der abstiegsbedrohten klassischen Mittelschicht kommen seit Jahrzehnten unter die Räder. Starke Wirtschafts-

190 DIE SELBSTGERECHTEN

lobbys haben weit mehr Einfluss auf die Politik als normale Bürger. Parteien und Politiker werden gekauft, in dem einen Land offener, in dem anderen dezenter. Aber es gibt keinen westlichen Staat, in dem Großspenden oder die Aussicht auf lukrative Wirtschaftsposten in der Politik keine Rolle spielen.

Immer Geld für die anderen

Wenn Demokratie mehr ist als das regelmäßige Abhalten von Wahlen, wenn sie ein System ist, in dem die Interessen der Mehrheit sich durchsetzen, dann wurde sie in der westlichen Welt bereits vor einiger Zeit abgeschafft, nämlich als die Triade von Wirtschaftsliberalismus, Globalisierung und Sozialabbau die politische Agenda zu bestimmen begann. Die linksliberale Erzählung, nach der alle *Demokraten* im Kampf gegen die *Demokratiefeinde von rechts* zusammenstehen müssten, klingt in den Ohren der Verlierer dieser Politik wohl auch deshalb so hohl, weil sie sich fragen, *welche Demokratie* denn da überhaupt verteidigt werden soll.

Auch die Wahrnehmung, dass Geld immer nur für *die anderen* da ist, in der Finanzkrise für die Banken, in der Flüchtlingskrise für die erhofften billigen Arbeitskräfte und in der Coronakrise vor allem für große Unternehmen und deren Aktionäre, während alles, was das Leben der einfachen Leute erleichtern könnte, unter Finanzierungsvorbehalt steht oder von vornherein als *unfinanzierbar* gilt, ist keine Wahnvorstellung der politischen Rechten. Dass dadurch bei denen, die sich an die Regeln halten und trotzdem immer wieder den Kürzeren ziehen, Frust und Zorn entstehen, ist kein Wunder. Ebenso wenig, dass diejenigen, die sich von Politikern getäuscht und belogen fühlen, dem politischen Establishment mit zunehmender Abneigung und wachsendem Argwohn begegnen. Eines der Ergebnisse dieser Entwicklung ist die bereits erwähnte Tatsache, dass das durchschnittliche Einkommensniveau einer Wohngegend heute an der Wahlbeteiligung abgelesen werden. Ein anderes sind die Wahlerfolge rechter Parteien.

Gemeinsame Gegner

Donald Trump etwa wurden seine Pöbeleien, seine unflätigen Beschimpfungen und sexistischen Sprüche nicht nur nachgesehen, sie waren sein Erfolgsgeheimnis. Mit alldem profilierte er sich als *Underdog*, als Außenseiter und Gegenspieler des politischen Establishments, der von genau den gleichen Kräften gehasst und bekämpft wurde, von denen sich die nicht-akademische amerikanische Bevölkerung schon seit vielen Jahren verraten und verachtet fühlte. Der gemeinsame Gegner trug ihm die Sympathien vom Arbeiter über den konservativen Südstaatler bis zum strengreligiösen Kirchgänger ein, der ihn eigentlich für einen gottlosen Rüpel hätte halten müssen. Trumps Feinde waren ihre Feinde, und das machte aus dem Rüpel einen Verbündeten.

Das Underdog-Image hilft auch europäischen Rechtsparteien. Dass sie von allen anderen Parteien gehasst und bekämpft und von den linksliberalen Medien verhöhnt und geächtet werden, schwächt sie nicht, es ist ihr Erfolgsrezept. Denn es verstärkt den Eindruck, dass sie – und nur sie – *anders* sind als all die Politiker, denen die Verlierer der wirtschaftsliberalen Reformen und der Globalisierung nichts mehr glauben, von denen sie nichts mehr erwarten und für die sie nur noch Groll und teilweise Hass übrighaben.

Hinzu kommt, dass die Vorwürfe und Unterstellungen, mit denen rechte Politiker in der öffentlichen Debatte attackiert werden, oft so überzogen sind, dass sie in Argumente *für* die Rechte umschlagen. Es ist ja richtig, den Anfängen zu wehren. Aber wer den wirtschaftsliberalen Professor einer Verwaltungshochschule Jörg Meuthen verdächtigt, er wollte einen neuen Faschismus in Deutschland einführen, erreicht damit nur, dass Warnungen selbst da, wo sie berechtigt sind, nicht mehr ernst genommen werden. Wenn jedes AfD-Mitglied ein Nazi ist, was ist dann Björn Höcke?

Rechte Diktaturen: die echte Gefahr

Niemand sollte annehmen, dass die *Fundamente* von Demokratie und Rechtsstaatlichkeit, das allgemeine und freie Wahlrecht, die Gewaltenteilung, die Meinungs- und Versammlungsfreiheit in den westlichen Ländern für alle Zeit gesichert wären. Man vergisst allzu schnell, dass noch vor weniger als einem halben Jahrhundert drei westeuropäische Länder von beinharten Diktaturen regiert wurden. Erst 1974 gelang es der Nelkenrevolution, die in Portugal seit 1926 herrschende Militärjunta wegzufegen. Die ersten freien Wahlen in Spanien nach dem Sturz des Franco-Regimes fanden 1977 statt. Griechenland litt von 1967 bis 1974 ein weiteres Mal unter einer brutalen Militärdiktatur, die folterte, tötete und die politische Opposition ins Gefängnis warf. In Griechenland gab es auch in jüngerer Zeit, als die Schuldenkrise eskalierte, immer mal wieder ernst zu nehmende Putschgerüchte. Die Gefahr ist real und in einigen Ländern gar nicht so klein. Aber sie geht nicht von den Menschen aus, die heute rechte Parteien wählen. Die Gefahr kommt von denen, die um ihre Besitztümer und Privilegien fürchten.

Es sollte zu denken geben, dass aktuell 35 Prozent der jungen reichen (!) Amerikaner eine Militärherrschaft befürworten, ungleich mehr als noch vor 25 Jahren, als gerade 6 Prozent der jungen Reichen sich für eine solche Option erwärmen konnten. Und auch sehr viel mehr als unter Trumps Wählerschaft in der Unter- und unteren Mittelschicht.[17] Was immer der Grund für die neuen Putschsympathien unter US-Oberschichtkids sein mag – die Angst vor Linken wie Bernie Sanders oder elitäre Demokratieverachtung –, gefährlich ist ein solcher Trend allemal. Zumal es ihn in abgeschwächter Form auch in Europa gibt. Hier können mittlerweile 17 Prozent der jungen Reichen einer Militärregierung etwas abgewinnen, dreimal mehr als vor 20 Jahren. Es ist also nicht ungerechtfertigt, sich Sorgen zu machen. Aber das sollte ein Grund mehr sein, nicht länger gegen den falschen Feind zu kämpfen und dadurch die politische Rechte nur weiter zu stärken.

Kein Vertrauen in die Institutionen

Die Mehrzahl der Menschen in den westlichen Ländern bringt den Institutionen des öffentlichen Lebens nur noch wenig Vertrauen entgegen. Wie weit dieser Vertrauensverlust bereits fortgeschritten ist, zeigt eine Anfang 2020 veröffentlichte Umfrage.[18] Die Erhebungen dazu wurden Ende 2019 durchgeführt, sie reflektieren also die Stimmung am Vorabend der Coronakrise. Schon damals hatte die *Mehrheit* der Bevölkerung in der westlichen Welt kein Vertrauen mehr in den Staat, die Wirtschaft oder die Medien und erwartete auch von der Zukunft keine Verbesserungen. Bemerkenswert ist dabei nicht zuletzt der Kontrast zur Stimmungslage in vielen Schwellenländern. Während in China 82 Prozent und in Indien 79 Prozent Vertrauen in die genannten Institutionen haben, sind es in den USA nur 47 Prozent, in Deutschland 46 Prozent und in Großbritannien 42 Prozent.

Außerdem fällt auf, wie sehr sich in allen westlichen Ländern die Kluft zwischen dem Vertrauen, das die gebildeten Schichten den Institutionen entgegenbringen, und dem Vertrauen der breiten Bevölkerung vergrößert hat. In Deutschland und Frankreich etwa vertrauen 64 Prozent der Akademiker Wirtschaft, Regierung und Medien, bei der einfachen Bevölkerung liegt das Vertrauen nur bei 44 bzw. 42 Prozent, ein Unterschied von immerhin 20 Prozentpunkten.

Ende 2019 glaubte in den USA nur eine Minderheit von 43 Prozent an eine bessere wirtschaftliche Lage in fünf Jahren, in Spanien waren es 37 Prozent, in Italien 29 Prozent und in Großbritannien 27 Prozent. In Deutschland erwarteten sogar nur 23 Prozent der Bevölkerung eine Verbesserung der wirtschaftlichen Situation, in Frankreich ganze 19 Prozent. Aber die Zukunftsängste betreffen nicht nur wirtschaftlichen Abstieg, sondern auch, und wohl in enger Verbindung damit, die kulturelle Entwertung des eigenen Lebensentwurfs. Dem Statement: »Ich mache mir Sorgen, dass Menschen wie ich den Respekt und die Wertschätzung verlieren, die wir früher in unserem Land genossen haben«,[19] stimmt eine Mehrheit von 52 Prozent der Deutschen, 55 Prozent der Amerikaner und sogar 67 Prozent der Italiener zu.

Sozialökonomisch links

Obwohl die meisten Menschen den linksliberalen Ideen skeptisch bis ablehnend gegenüberstehen, positionieren sie sich sozialökonomisch ausgesprochen weit links. Traditionell linke Forderungen wie die nach weniger Ungleichheit, nach einem Abschied vom Wirtschaftsliberalismus und einer stärkeren Rolle des Staates werden in den meisten westlichen Ländern von Mehrheiten unterstützt. Immerhin drei von vier Deutschen halten laut einer *Spiegel*-Umfrage vom März 2020 die Kluft zwischen Arm und Reich hierzulande für zu groß. Dabei empfinden 29 Prozent der leitenden Angestellten die Verteilung als gerecht, aber nur elf Prozent der Arbeiter. 73 Prozent der Befragten sprechen sich dafür aus, den Steuersatz für Spitzenverdiener zu erhöhen und für untere Lohngruppen abzusenken. Die Wiedereinführung einer Vermögenssteuer wird von 60 Prozent befürwortet.[20] 46 Prozent der Deutschen halten einen Mindestlohn von 12 Euro für angemessen und 37 Prozent fänden auch diesen Betrag zu niedrig.[21]

Fast vier von fünf Bundesbürgern sind außerdem der Ansicht, dass in den vergangenen Jahrzehnten zu viele öffentliche Dienste privatisiert wurden. Auch der Abbau der Leistungen in der Renten- und Krankenversiche-

194 DIE SELBSTGERECHTEN

rung seit der Jahrtausendwende wird von 74 Prozent kritisiert. Stattdessen befürworten die meisten Bürger eine wieder stärkere Rolle des Staates in der Wirtschafts- und Sozialpolitik und sehen ihn angesichts der Gefahren für Arbeitsplätze, die von der Globalisierung oder auch der Digitalisierung ausgehen, in der Verantwortung. Insgesamt vier von fünf Befragten stimmen der Aussage zu, dass die Regierung Betroffene in einem solchen Fall stärker schützen sollte. In anderen Ländern ist die Stimmungslage ähnlich. Auch dort wünscht sich eine Mehrheit mehr sozialen Ausgleich und erwartet zugleich, dass der Staat seine Schutzfunktion gegenüber den eigenen Staatsbürgern wieder erfüllt.

Für einen *rechten Zeitgeist* sprechen all diese Umfragen nicht. Eher für eine zutiefst verunsicherte und von den Regierungen, den linksliberalen Medien und einer dem Shareholder-Value nachjagenden Wirtschaft massiv enttäuschte Bevölkerung. Und für das große Versagen der Linken, diese sozialökonomisch linke Mehrheit politisch zu erreichen und ihr ein progressives Programm und eine Politik anzubieten, in der sie sich wiederfinden kann.

Der Zeitgeist: Sehnsucht nach Anerkennung, Sicherheit und einem guten Leben

Auch der Verdacht, dass rückschrittliche, illiberale Wertvorstellungen der Grund sein könnten, der die Menschen davon abhält, links zu wählen, entbehrt der Grundlage. Die gewachsene Stärke *illiberaler* Parteien steht vielmehr in einem auffälligen Kontrast zu dem Umstand, dass die meisten Menschen heute sehr viel liberaler denken als noch vor einigen Jahrzehnten.

Mehr Toleranz

So hatten in den fünfziger Jahren 71 Prozent aller Briten Vorbehalte gegen gemischtethnische Ehen. Heute sind es gerade noch 3 Prozent. 1983 hielten knapp 63 Prozent der Briten Homosexualität für »falsch«, heute wird diese Sicht noch von 22 Prozent geteilt.[22] In Deutschland ist aktuell eine überwältigende Mehrheit von 95 Prozent der Meinung, dass es gut ist, Homosexuelle per Gesetz vor Diskriminierung zu schützen. 83 Prozent befür-

DAS MÄRCHEN VOM RECHTEN ZEITGEIST 195

worten die »Ehe für alle«. Seit Beginn des Jahrtausends habe es in dieser Frage einen steten Anstieg geben, vermeldet die Antidiskriminierungsstelle des Bundes. Das Einzige, was viele stört, ist das öffentliche Bohei um solche Fragen.[23]

Solche Verschiebungen sind typisch für alle westlichen Gesellschaften. Sie haben selbst in den osteuropäischen Ländern stattgefunden, deren Regierungen seit einigen Jahren einen entgegengesetzten Kurs verfolgen. So lehnten im Jahr 2004 noch 94 Prozent der Polen Homosexualität ab. 2013 fanden nur noch 26 Prozent der polnischen Bevölkerung, dass Homosexualität nicht toleriert werden sollte.[24] Das ist mehr als in den meisten Ländern Westeuropas, aber es ist sehr viel weniger als die knapp 38 Prozent der Wählerstimmen, die die polnische PiS und damit eine Partei mit eindeutig homophober Ausrichtung nur zwei Jahre später an die Macht brachten.

Solide liberal

Der Zeitgeist, soweit wir Umfragen zu konkreten Themen als Maßstab nehmen, ist sozialökonomisch links und kulturell solide liberal. Was er sehr entschieden nicht ist, ist *linksliberal* in dem heutigen Verständnis dieses Begriffs. Die große Mehrheit der Menschen, einschließlich der meisten Wähler rechter Parteien, sind keine verbohrten Ewiggestrigen, die am liebsten Sex vor der Ehe verbieten würden und nicht damit klarkommen, dass Homosexuelle oder Menschen anderer Hautfarbe gleiche Rechte haben. Es ärgert sie allerdings, dass es immer nur die Lebensentwürfe von Minderheiten, teils von sehr kleinen Minderheiten sind, die im Mittelpunkt der öffentlichen Aufmerksamkeit stehen.

Die meisten Menschen, auch die Männer, sind heute für die Gleichberechtigung der Frau. Aber sie fühlen sich auf den Arm genommen, wenn ihnen die Propheten der Gender-Theorie erzählen, dass es keine biologischen Unterschiede zwischen Mann und Frau mehr geben soll, und sie wollen auch nicht von ihrer »heterosexuellen Matrix« erlöst werden, wie es sich die Queer-Theorie auf die Fahne geschrieben hat. Auch die meisten Wähler rechter Parteien sind keine Feinde der Demokratie. Viele haben eher den Glauben daran verloren, in einer zu leben. Sie sind auch nicht gegen eine gute Zusammenarbeit in Europa. Aber sie rebellieren dagegen, immer mehr Kompetenzen an Brüsseler Technokraten zu übertragen, auf die sie keinen Einfluss haben und deren Einmischung in die nationale Politik für sie bisher immer nachteilig war.

Die Mehrheit ist auch durchaus bereit, Flüchtlingen und Verfolgten zu helfen. Sie möchte allerdings nicht mit immer mehr Zuwanderern um Arbeitsplätze und Wohnungen konkurrieren und sie ist auch nicht einverstanden, wenn sich der eigene Lebensraum bis zur Unkenntlichkeit verändert. Sie will niemandem vorschreiben, an welchen Gott er glaubt. Aber sie hat große Einwände, wenn sich unter dem Deckmantel der Toleranz in ihrem Land eine religiöse Strömung ausbreitet, deren ausdrückliches Ziel es ist, den Hass auf ihre Lebensweise und ihre Kultur zu schüren. Die große Mehrheit hängt keinen Wahnvorstellungen von der Überlegenheit der eigenen Nation an. Aber sie erwartet, dass ihr Staat sich zunächst einmal um das Wohl der eigenen Staatsbürger kümmert.

Die meisten Menschen lieben ihre Heimat und identifizieren sich mit ihrem Land, und sie wollen dafür nicht angefeindet oder moralisch herabgewürdigt werden. Wenn die Linksliberalen der *Renationalisierung* der Politik den Kampf ansagen, dann übersetzen sie das damit, dass die Linke den Sozialstaat nicht mehr verteidigt. Denn sie ahnen, dass es einen anderen als den *nationalen* Sozialstaat vorerst nicht geben wird. Viele wählen vielleicht auch deshalb rechts, weil sie sich als *alte weiße Männer* plötzlich auf der untersten Stufe des öffentlichen Ansehens wiederfinden. Weil sie das Gefühl haben, dass *Menschen wie sie* von links nicht mehr wertgeschätzt und respektiert werden. Weil sie sich verletzt fühlen, wenn *ihre* Vorstellung von Glück, nämlich dauerhaft an einem vertrauten Ort zu leben, eine traditionelle Familie zu gründen und ihren Kindern vor allem ein verlässlicher Vater und eine gute Mutter zu sein, als überholt und provinziell belächelt wird.

Billiger Taschenspielertrick

All diese Einstellungen, die nach Umfragen von Mehrheiten geteilt werden, kann man als aufgeklärt konservativ bezeichnen. Sie sind mit einer grundsätzlich liberalen Grundeinstellung problemlos vereinbar. In einem tieferen Sinne sind sie sogar links. Denn sie entsprechen der Lebenswelt, den Traditionen und auch den sozialen Interessen der Beschäftigten in nichtakademischen Industrie- und Serviceberufen und der klassischen

Mittelschicht. Eines sind sie in jedem Fall nicht: *rechts*. Es sei denn, man definiert den Begriff neu. Wenn jeder, der sich die linksliberalen Werte nicht zu eigen macht, ein *Rechter* ist, dann sind *rechte Gesinnungen* tatsächlich weit verbreitet. Wenn alle Menschen, die unkontrollierte Zuwanderung ablehnen, Rassisten sind, leben wir unter einem Volk von Rassisten. Und wenn jeder EU-Kritiker ein Nationalist ist, dann ist Nationalismus eines der drängendsten Probleme der Gegenwart.

In Wahrheit ist es also ein billiger Taschenspielertrick, mit dem der Linksliberalismus seinen »rechten Zeitgeist« hervorzaubert, gegen den er dann seine Kulturkämpfe führt. Er misst »rechts« einfach nicht mehr an den Merkmalen, die *rechtes* Denken traditionell definiert haben: Abwertung von Menschen anderer Hautfarbe, Hass auf Minderheiten, Ablehnung der Demokratie, nationale Überlegenheitsgefühle oder die Unterstützung von Sozialdarwinismus und großer Ungleichheit. Stattdessen erklärt er Positionen, die große Teile der Bevölkerung, vor allem Nicht-Akademiker, vertreten und die früher auch in sozialdemokratischen Parteien selbstverständlich waren, für *rechte* Positionen. Und – simsalabim – da ist er, der *rechte Zeitgeist*, die große Gefahr für unsere Demokratie, gegen die jetzt *alle Demokraten* zusammenstehen müssen …

»Kulturkampf gegen rechts«

Insofern tragen die linksliberalen *Kulturkämpfe* zur Spaltung und Polarisierung unserer Gesellschaft mindestens in gleichem Maße bei wie die Hetzreden der Rechten. Der Kulturkampf-Sound – *Wir gegen Dunkeldeutschland* – kommt in akademischen Kreisen an und kann hier tatsächlich Wähler mobilisieren. Der Preis dafür ist, dass er Arbeiter, einfache Servicebeschäftigte und die klassische Mittelschicht umso wirksamer vertreibt, weil sie spüren, dass nicht Rechtsradikale und Neonazis gemeint sind, wenn linksliberale Kulturkämpfer die *rechte Gefahr* beschwören, sondern *sie*: ihre Sicht auf die Welt, ihre Werte, ihre Lebensweise.

Der linksliberale *Kulturkampf gegen rechts* spielt damit der Rechten die Bälle zu. Wer immer wieder hört, er sei *rechts*, für den klingt *rechts zu sein* irgendwann nicht mehr bedrohlich, sondern vertraut. Und je arroganter und zurechtweisender der Tonfall, mit dem jeder, der die kosmopolitischen, identitätspolitischen und EU-freundlichen Thesen des Linksliberalismus nicht teilt, rechter Sympathien verdächtigt wird, desto wahrscheinlicher werden die Betroffenen ihre politischen Sympathien tatsächlich denen zuwenden, von denen sie wenigstens nicht beschimpft und moralisch herabgesetzt werden.

Beleidiger treiben zum Backlash

Menschen zu kränken und zu beleidigen ist auch das sicherste Mittel, sie gegen alles aufzubringen, was sie mit ihrem Beleidiger verbinden. Gilt der Beleidiger als links, beginnen sie, alles Linke zu hassen. Wirbt der Beleidiger für Minderheiten, ist die Verführung groß, auch diese Minderheiten in einem schlechteren Licht zu sehen. Redet der Beleidiger viel über den Klimawandel, beginnt selbst dieses Thema, Aversionen und Abwehr auszulösen. Beschwört der Beleidiger die Gefahren von Covid-19, liegt die Annahme nahe, dass es sich um einen harmlosen Erreger handelt, der völlig zu Unrecht Angst und Sorgen ausgelöst hat. Dass diese Debatte das Zeug hat, den Trend hin zu mehr Liberalität und Toleranz zu stoppen und umzukehren, liegt auf der Hand.

Bei zwei Themen hat ein solcher Backlash bereits stattgefunden. Und in beiden Fällen hat nicht die Agitation der Rechten den Ausschlag gegeben, sondern es waren Debatten und Entscheidungen unter linksliberalem Vorzeichen, die die Stimmung zum Kippen brachten. Das erste Thema ist die Flüchtlingspolitik und das zweite der Klimawandel.

42 Prozent der Deutschen geben im Jahr 2020 an, dass sich ihre Einstellung gegenüber Flüchtlingen im Vergleich zu 2015 zum Negativen verändert hat.[25] Natürlich sind die Menschen nicht plötzlich *rassistisch* geworden. Sie haben in den Jahren extrem hoher Zuwanderung allerdings hautnah erfahren, wie sich ihre sozialen Probleme verschärft oder Konflikte an den Schulen ihrer Kinder zugenommen haben. Und sie haben erlebt, wie jedes geäußerte Unbehagen über diese Situation moralisch geächtet wurde. Seit den Pariser Terroranschlägen vom November 2015 wurde Europa zudem immer wieder von islamistischen Gewalttaten erschüttert. Eine Debatte darüber, ob beim fundamentalistischen Islamismus die Grenzen des Tolerierbaren überschritten sind, war dennoch bis zum Herbst 2020 tabu. Wer Menschen überfordert und sie dann auch noch mit ihren Problemen allein lässt, darf sich über die entsprechende Reaktion nicht wundern.

Klimawandel als Alibi

Ähnlich gelagert ist die Problematik beim zweiten Thema. Tatsächlich hat die monatelange Klimabewegung »Fridays for Future« Klimaschutzziele nicht etwa populärer gemacht, sondern sie werden heute von *weniger* Menschen unterstützt als über all die Jahre zuvor. Dabei schlug die Stimmung nicht erst im Zuge der Coronakrise um, als existenzielle Verunsicherungen und Arbeitsplatzängste die Klimadebatte überlagerten, sondern bereits im Frühjahr 2020.

Auch in diesem Fall ist es nicht so, dass der Mehrheit die Bewahrung unserer Lebensgrundlagen plötzlich gleichgültig wäre. Aber sie reagiert allergisch, wenn sie das Gefühl bekommt, dass der Klimawandel nur ein Alibi ist, um ihr Heizöl, ihren Strom und ihren Sprit noch teurer zu machen. Auch ist sie es leid, von privilegierten Zeitgenossen für ihren Lebensstil – ihre Diesel-Autos, ihre Ölheizung oder ihr Aldi-Schnitzel – moralisch deklassiert zu werden. Und genau das war passiert: »Fridays for Future« und der linksliberale Mainstream hatten die Klimadebatte zu einer Lifestyle-Debatte gemacht und die Forderung nach einer CO_2-Steuer in den Mittelpunkt gestellt. Das als Reaktion auf die Bewegung von der Bundesregierung beschlossene Klimapaket belastet überproportional die untere Mitte und die Ärmeren sowie Menschen, die in ländlichen Regionen leben. Folgerichtig ist diese Mehrheit jetzt dagegen, dass Forderungen der »Fridays for Future«-Bewegung weiterhin Einfluss auf die Politik haben, und sie hält das Engagement von Greta Thunberg nicht für unterstützenswert.[26]

Angst macht illiberal

Es ist lange bekannt, dass autoritäre Denkmuster und der Wunsch nach autoritärer Herrschaft keine festen Persönlichkeitsmerkmale sind. Menschen werden intoleranter, wenn sie verunsichert sind und sich bedroht fühlen.[27] Die Bedrohung kann ihre soziale Lage betreffen, ihr Lebensumfeld oder ihre Werte und ihre moralische Ordnung. Je größer die Verunsicherung und je akuter die Bedrohung empfunden wird, desto unduldsamer wird der Umgang mit Andersdenkenden, vor allem dann, wenn sie mit der Bedrohung in Verbindung gebracht werden.

Wenn die Gefahr das eigene Leben betrifft, verändern sich Einstellungen besonders schnell und besonders radikal. Corona hat es in extremer Form bestätigt: Eine Gesellschaft in Angst ist keine liberale Gesellschaft.

Die Corona-Angst wird hoffentlich bald durch bessere Heilmethoden und vielleicht durch die Impfstoffe zurückgedrängt. Aber es gibt wenig Hoffnung, dass die sozialen und wirtschaftlichen Zukunftsängste kleiner werden. Wahrscheinlich ist eher das Gegenteil.

Und zwar auch deshalb, weil die linksliberalen *Kulturkämpfe* das sicherste Mittel sind, die sozialökonomisch linke Mehrheit zu spalten und Mauern des Misstrauens und der Feindseligkeit zwischen den akademischen Milieus und der nicht-akademischen Bevölkerung aufzubauen. Mauern, die sicherstellen, dass aus gesellschaftlichen Mehrheiten für mehr sozialen Ausgleich, stärkere Sozialstaaten, die Einhegung der Märkte und eine vernünftige De-Globalisierung garantiert keine politischen Mehrheiten werden.

Politischer Rechtstrend

Bisher gibt es in den meisten Ländern der westlichen Welt keinen rechten Zeitgeist und auch keinen gesellschaftlichen Rechtstrend. Was es gibt, ist ein *politischer* Rechtstrend, der darin besteht, dass rechte Parteien stärker und einflussreicher werden. Dieser Rechtstrend ist nicht harmlos und alles andere als ungefährlich. Wie über ein Thema gesprochen und längerfristig auch gedacht wird, hängt davon ab, *wer* öffentlich über ein Thema spricht. Welche Erzählungen populär werden, ist auch eine Frage der Auswahl an Erzählungen, die zur Verfügung stehen.

Der unregulierte globalisierte Kapitalismus ist für große Teile der Bevölkerung eine soziale *und* kulturelle Zumutung. Aber solange die politische Linke keine glaubwürdige progressive Erzählung und kein überzeugendes politisches Programm anbietet, das nicht nur die wachsende Zahl weniger wohlhabender Akademiker anspricht, sondern auch den sozialen Interessen und Wertvorstellungen der Arbeiter, der Servicebeschäftigten und auch der traditionellen Mitte entgegenkommt, werden immer mehr Menschen aus diesen Schichten sich entweder von der Politik abwenden oder auf der anderen Seite des politischen Spektrums eine neue Heimat suchen. Und irgendwann wird zumindest ein Teil von ihnen beginnen, auch so zu sprechen und zu denken, wie auf dieser Seite gesprochen und gedacht wird. Wem die Verrohung der Diskurse Angst macht und wer den Rechtstrend tatsächlich umkehren will, der muss aufhören, allein um die Lufthoheit über den Seminartischen zu kämpfen.

DAS MÄRCHEN VOM RECHTEN ZEITGEIST **201**

Teil II

EIN PROGRAMM FÜR GEMEINSAMKEIT, ZUSAMMENHALT UND WOHLSTAND

8. WARUM WIR GEMEINSINN UND MITEINANDER BRAUCHEN

Klüger als der Homo oeconomicus

Menschen leben in Gemeinschaften und sie brauchen das Miteinander. Das gilt für alle Zeiten und letztlich für alle sozialen Schichten. Jahrtausendelang bedeutete gesellschaftliche Isolation für den Einzelnen sogar den sicheren Tod. Solche Erfahrungen prägen. Trotz der viel beschworenen *Individualisierung* moderner Gesellschaften ist der Mensch bis heute ein Gemeinschaftswesen. Das bedeutet nicht nur, dass Einsamkeit und Mangel an stabilen Beziehungen die meisten Menschen unglücklich und sogar krank machen. Es bedeutet auch, dass Menschen es zutiefst verinnerlicht haben, im Rahmen von Gemeinschaften zu denken.

Zugehörigkeit und Grundvertrauen

Eine Schlüsselkategorie zur Abgrenzung von Gemeinschaften ist die Unterscheidung von zugehörig und nicht zugehörig. In einer intakten Familie fühlen wir uns anderen Familienmitgliedern enger verbunden als Menschen, die nicht zur Familie gehören. Wir sind eher bereit, Familienmitglieder zu unterstützen als Fremde. Und wir haben ein größeres Vertrauen, dass wir nicht ausgenutzt und hintergangen werden. Das ist kein moralisch fragwürdiges, sondern ein normales menschliches Verhalten.

Schon sehr früh begannen Menschen, sich auch mit größeren Gemeinschaften zu identifizieren, solchen, in denen sie nicht alle Mitglieder persönlich kannten. Sie fühlten sich bestimmten Religionsgemeinschaften verbunden und empfanden zu anderen Menschen, die zu dem gleichen Gott beteten, stärkere Loyalität als zu denen, die das nicht taten. Zu den besten Zeiten der Arbeiterbewegung war der soziale Status des Arbeiters Kern einer selbstbewussten Identität, die die moralische Pflicht zur Solidarität mit anderen Arbeitern einschloss. Wer sich mit seinem Dorf, seiner Region oder seinem Land identifiziert, fühlt sich all denen, die in einem bestimmten Territorium leben und seine Traditionen, seine Kultur und seine Brauchtümer pflegen, enger verbunden als Menschen, für die das nicht gilt.

Dass Mitgliedern einer wie immer definierten Gemeinschaft eher vertraut wird als denen, die *nicht dazugehören*, ist keine irrationale Marotte, sondern ein Verhalten, das sich jahrhundertelang bewährt hat. Gemeinsame Identitäten beruhen auf gemeinsamen Erzählungen, die Werte, Normen und Verhaltensregeln festlegen. Viele Bräuche und Traditionen haben gerade darin ihren Wert, Gemeinsamkeit und Zugehörigkeit zu vermitteln und so gegenseitige Loyalitätsgefühle zu schaffen. Je mehr wir uns Menschen verbunden fühlen, desto größer ist die Hemmschwelle, sie über den Tisch zu ziehen. Genau das schafft eine Basis für Vertrauen.

Gemeingüter

Der britische Entwicklungsforscher Paul Collier hat untersucht, welchen Einfluss kulturelle Identität auf die Zusammenarbeit in dörflichen Gemeinschaften afrikanischer Länder hat. Das Resultat: Dörfer, in denen Menschen zusammenleben, die sich verschiedenen Stämmen und Kulturen zugehörig fühlen, sind zur Bereitstellung öffentlicher Güter, etwa zur gemeinsamen Instandhaltung eines Dorfbrunnens, weniger in der Lage als solche Dörfer, in denen es ein starkes Gemeinschaftsgefühl gibt.[1] Andere Studien haben herausgefunden, dass in kulturell heterogenen peruanischen Mikrokredit-Kooperativen mehr Schuldner ihre Kredite nicht zurückzahlen als in solchen, in denen es solche Differenzen nicht gibt, dass in kenianischen Schulbezirken mit großer kultureller Diversität das freiwillige Fundraising schwieriger ist oder dass in pakistanischen Bezirken mit rivalisierenden Clans oder religiösen Feindseligkeiten die gemeinsame Infrastruktur schlechter erhalten wird.[2]

Die meisten der genannten Beispiele betreffen das, was man *Gemeingüter* nennt: Güter, deren Erhaltung ein gewisses Maß an freiwilliger Kooperation voraussetzt und die zerstört werden, wenn jeder nur sein egoistisches Interesse oder ausschließlich das Interesse *seiner separaten Gruppe* verfolgt. Man kann den Dorfbrunnen nutzen und sich darauf verlassen, dass *die anderen*, die ihn ja auch brauchen, ihn schon instand halten werden. Man kann sich beim Fundraising zurückhalten in der Hoffnung, dass die anderen in Sorge um die Qualität der Schule genug geben werden. Wenn alle so denken, verfällt am Ende der Dorfbrunnen und die Schule bekommt kein Geld.

In den untersuchten Beispielen des Dorfbrunnens, des Fundraisings und der Infrastruktur hat die Kooperationsbereitschaft offenbar darunter gelitten, dass die Menschen sich *vor allem* über ihre *Unterschiedlichkeit* definierten und Mitgliedern anderer religiöser, ethnischer oder kultureller Gruppen weniger Vertrauen entgegenbrachten. Im Falle der Mikrokredit-Kooperative war es wahrscheinlich der Umstand, dass ein schwächeres Zusammengehörigkeitsgefühl die Skrupel verminderte, die anderen Mitglieder der Kooperative durch Nicht-Bedienung des eigenen Kredits in Schwierigkeiten zu bringen. Von anderen Menschen für einen Hallodri gehalten zu werden ist generell kein schönes Gefühl, aber es stört uns umso mehr, je mehr uns mit denen, die so denken könnten, verbindet.

Das Gefangenendilemma

Die heutige Mainstream-Ökonomie vertritt die These, dass Gemeingüter immer ausgeplündert und am Ende zerstört werden. Wenn alle in einem See fischen und keiner akribisch kontrolliert, wie viele Fische jeder angelt, dann hat, so diese Theorie, jeder einen Anreiz, für sich die meisten herauszuholen, bevor es andere tun. Schnell ist dann der See leer und niemand kann mehr Fisch essen. Es kommt also am Ende zu einem Ergebnis, das für alle schlecht und trotzdem angeblich unausweichlich ist.

Verallgemeinert werden solche Situationen in der Metapher vom *Gefangenendilemma*. Dahinter verbirgt sich folgende Geschichte: Zwei kleine Gauner werden festgenommen. Man kann ihnen nichts nachweisen, deshalb versucht man, sie zu einem Geständnis zu bewegen. Dafür nutzt man folgenden Trick: Beide werden getrennt und können nicht miteinander reden. Jeder wird dann vor folgende Wahl gestellt: Gesteht er, kommt er für ein Jahr ins Gefängnis. Gesteht er nicht, aber der andere gesteht, muss er für 5 Jahre in den Bau. Wenn beide gestehen, bekommen beide ein Jahr. Bleiben allerdings beide beim Leugnen der Tat, kommen beide frei, denn dann gibt es ja keine Handhabe gegen sie.

Optimal für die Deliquenten ist das Ergebnis also, wenn beide leugnen. Da aber keiner von beiden sicher sein kann, was der andere tut, muss der Leugner das Risiko in Kauf nehmen, statt für ein Jahr womöglich für fünf Jahre einzufahren, weil der andere sich in Abwägung des gleichen Risikos für ein Geständnis entschieden hat. Für die Mainstream-Ökonomie endet diese Geschichte immer damit, dass beide gestehen, weil sie so den möglichen Schaden für sich kleinhalten.

Wird der Dorfteich leer gefischt?

Mit dem *Gefangenendilemma* wird auch begründet, warum Gemeingüter angeblich nicht dauerhaft bestehen können. Wie im oben beschriebenen Beispiel vom See: Jeder Angler weiß, dass es schlecht ist, den See leer zu fischen. Aber da jeder zugleich damit rechnen muss, dass bei eigener Zurückhaltung andere den Reibach machen und das den Fischbestand genauso ruiniert, werden sich alle verantwortungslos bedienen, bis keine Forelle mehr durchs glitzernde Gewässer schwimmt. Deshalb plädiert diese ökonomische Schule für die Privatisierung von Gemeingütern. Wenn der See nur noch einem gehört – so die Annahme –, hat der dann auch ein Interesse, auf nachhaltige Fangquoten zu achten.

Es gibt zweifellos viele Gemeingüter, die das von dieser Theorie prognostizierte Schicksal erlitten haben und am Ende zerstört wurden. Gegen die Allgemeingültigkeit der Theorie spricht allerdings, dass die menschliche Geschichte ebenso reich an gegenteiligen Beispielen ist. Viele Dorfbrunnen in afrikanischen Dörfern werden sehr gut erhalten. Das Leben dörflicher Gemeinschaften im Mittelalter beruhte über Jahrhunderte auf der *gemeinsamen* Nutzung von Schafweiden, Wäldern oder Seen, ohne dass es jemals zu den von den Ökonomen vorhergesagten Zerstörungen gekommen ist. Die Menschen gingen stattdessen sehr verantwortungsvoll mit dem gemeinsamen Gut um. Auch jede Belegschaft, die einen Arbeitskampf führen will, muss das Gefangenendilemma für sich lösen: Wenn jeder Mitarbeiter erwartet, dass der Kollege zum Streikbrecher wird, ist es für ihn vorteilhafter, gleich selbst auszuscheren. Und dennoch gab es in der Geschichte der Arbeiterbewegung viele erfolgreiche Arbeitskämpfe.

Der Homo oeconomicus

Dass sich die heutige Ökonomie ein solches Verhalten nicht vorstellen kann, geht auf eine ihrer zentralen Annahmen zurück: Für sie ist der Mensch ein sogenannter *Homo oeconomicus*, ein egoistisches Wesen ohne soziale Bezüge und Gemeinschaftsbindungen, das immer rational berechnet und durchkalkuliert, mit welcher Strategie es für sich persönlich den größtmöglichen Nutzen erzielt. Solchen Menschen sollte man tatsächlich keine gemeinsame Wiese und noch nicht mal einen gemeinsamen Sportplatz anvertrauen.

Natürlich gibt es Menschen, die zumindest ähnlich wie ein *Homo oeconomicus* funktionieren. Sie treten in bestimmten Bereichen geballt auf, etwa auf den Finanzmärkten, aber auch in wirtschaftlichen oder politischen Führungsfunktionen, wo diese Spezies unter den heutigen Rahmenbedingungen besonders erfolgreich ist. Aber Menschen, die so ticken, sind trotzdem in der Minderheit. Je mehr sie werden, desto schlechter für alle.

Faire Kooperation

Die meisten Menschen verhalten sich anders. Sie sind ganz sicher keine selbstlosen Altruisten, aber sie sind von dem Erbe geprägt, als soziale Wesen über Jahrhunderte in Gemeinschaften gelebt und gelernt zu haben, wie wichtig faire Kooperation für das eigene Überleben ist. Faire Kooperation heißt, sich auch da an die Regeln zu halten, wo der andere es nicht oder bestenfalls im Nachhinein kontrollieren kann. Faire Kooperation basiert auf dem Grundvertrauen, dass auch die anderen, mit denen wir zu tun haben, nicht ständig auf Gelegenheiten lauern, uns übers Ohr zu hauen. Die Regeln werden durch gemeinsame Werte definiert, und sie werden durch Erzählungen, Bräuche und Traditionen emotional verinnerlicht. Ohne diesen Kitt, der Gesellschaften auf unterschiedlichen Ebenen zusammenhält, wäre die Menschheit nie über das Stadium nomadisierender Stämme hinausgekommen.

Gemeinsinn und gegenseitige Loyalität lösen auch das Gefangendilemma auf, das nur für den selbstbezogenen *Homo oeconomicus* eine unüberwindbare Hürde ist. Wenn die beiden kleinen Gauner einander vertrauen, werden sie beide nicht gestehen. Denn dann geht keiner von beiden davon aus, dass der andere ihn reinlegen könnte. Der Zusammenhalt stellt am

Ende beide besser. Genau das ist die Erfahrung, die Menschen in ihrer langen Geschichte immer wieder gemacht haben. Sie sind letztlich klüger als der borniere *Homo oeconomicus*, wenn sie sich in ihren Entscheidungen nicht nur von egoistischen Berechnungen, sondern auch von ihren Werten leiten lassen. Das gilt natürlich nur für ein Gegenüber, bei dem sie davon ausgehen können, dass es das Gleiche tut.

Überschaubare Gemeinschaften

Die Bewirtschaftung der Gemeingüter im Mittelalter funktionierte, weil es überschaubare, klar abgegrenzte Dorfgemeinschaften waren, die Zugang zu ihnen hatten. Ein solches System ist stabil, solange sich alle an die Regeln halten. Erst in der frühkapitalistischen Ära wurden die dörflichen Gemeingüter zerstört, allerdings nicht durch Ausplünderung, sondern durch Einzäunung und Privatisierung von Seiten der Großgrundbesitzer.

Im Vergleich zum Mittelalter findet unser Leben heute in sehr viel größeren und komplexeren Gesellschaften statt. Moderne Medien können uns in Echtzeit mit jedem Punkt der Welt verbinden und moderne Transportmittel relativ schnell auch physisch dorthin bringen. Wir kaufen Güter, die oft Zehntausende Kilometer entfernt produziert wurden. Weil moderne Gesellschaften auf Rechtssystemen beruhen und die wirtschaftliche Kooperation in vielen Bereichen über Märkte vermittelt wird, brauchen sie weniger enge Bindungen und Zusammengehörigkeitsgefühle als eine mittelalterliche Dorfgemeinschaft. Aber das bedeutet nicht, dass innerhalb der einzelnen Länder der Kitt einer gemeinsamen Identität und gemeinsamer Werte überflüssig geworden wäre. Im Gegenteil: Je mehr er sich auflöst, desto schwächer wird die Basis für Demokratie und Sozialstaatlichkeit und selbst die normale wirtschaftliche Kooperation wird schwieriger.

Das Ultimatum-Spiel

Die moderne Ökonomie hat immer wieder mit Verwunderung festgestellt, dass reale Menschen sich in Experimenten ganz anders verhalten, als sie es nach ihren Annahmen tun müssten. Eines dieser Experimente ist das *Ultimatum-Spiel*, das die Bedeutung kultureller Wertvorstellungen für menschliches Verhalten zeigt. Dabei gibt es zwei Spieler und eine

Geldsumme, sagen wir 100 Euro. Die Grundregel ist, dass der erste Spieler eine Aufteilung dieser Summe zwischen sich und dem zweiten Spieler vorschlägt. Der zweite kann die Aufteilung nicht verändern, aber darüber entscheiden, ob er sie akzeptiert. Tut er das, bekommt jeder die Summe, die der erste vorgeschlagen hat, und kann damit nach Hause gehen. Akzeptiert der zweite Spieler nicht, bekommen beide nichts.

Würden die Teilnehmer ticken wie ein *Homo oeconomicus*, würde der erste einen maximalen Betrag, sagen wir 99 Euro, für sich behalten und dem zweiten 1 Euro anbieten. Und der zweite würde akzeptieren, weil 1 Euro immer noch mehr ist als nichts. Echte Spieler lehnen dagegen in dem Experiment Angebote von weniger als einem Drittel fast immer ab. Erklären lässt sich das nicht durch egoistische Berechnungen, wohl aber durch vorgeprägte Werte und Gerechtigkeitsvorstellungen. Statt einer als offenkundig ungerecht empfundenen Verteilung zuzustimmen, behält der zweite lieber seine Würde als das Geld. In den meisten Fällen nimmt der erste Spieler diese Reaktion bereits vorweg und bietet dem zweiten zwischen 40 und 50 Euro an.

Die der Entscheidung zugrunde liegende Norm, dass zwei Menschen bei gleichen Voraussetzungen – keiner der Spieler hat sich mehr angestrengt oder mehr geleistet – auch ein Recht auf annähernd gleiche Anteile haben, ist allerdings selbst Ergebnis gesellschaftlicher und kultureller Entwicklungen. Hätte man das Spiel im 19. Jahrhundert zwischen einem Sklavenhalter in den amerikanischen Südstaaten und einem schwarzen Sklaven gespielt, wäre eine sehr viel ungleichere Aufteilung sicher angeboten und wahrscheinlich auch akzeptiert worden. Tatsächlich wurden Unterschiede in Abhängigkeit vom kulturellen und religiösen Kontext der Spieler festgestellt, etwa bei einem Ultimatum-Spiel mit peruanischen Ureinwohnern, das deutlich abweichende Ergebnisse brachte. Hier waren die Aufteilungen, die angeboten und akzeptiert wurden, ebenfalls viel ungleicher als bei westlichen Studienteilnehmern.[3] Auch Gerechtigkeitsvorstellungen sind nicht universell. Ihnen liegen Werte zugrunde, die in Gemeinschaften geformt werden.

Märkte schaffen kein Vertrauen

Kapitalistische Marktwirtschaften bleiben zwar funktionsfähig, wenn es kein gemeinsames Fundament geteilter Werte und kein Grundvertrauen zwischen den Menschen gibt. Deshalb können sie auch auf globaler Ebene funktionieren. Aber sogar sie laufen ohne diesen Kitt weniger rund. Denn auch moderne Gesellschaften beruhen in vielen Bereichen auf Fairness und freiwilliger Kooperation. Wenn der handwerklich unbegabte Altphilologe einen Heizungsbauer ins Haus holt, möchte er sich schon darauf verlassen, dass der nicht zwei Tage Arbeit simuliert, obwohl die Reparatur in zwei Stunden zu erledigen wäre. Und wer zum Arzt geht, würde gern darauf vertrauen, dass der Mann im weißen Kittel keine anderen Motive hat, als die Krankheit seines Patienten zu kurieren. Wenn uns ein Wissenschaftler Empfehlungen gibt, wie wir dem Klimawandel oder dem Coronavirus begegnen sollen, würden wir als Laien solche Ratschläge gern befolgen, ohne uns fragen zu müssen, ob dahinter nur das Geschäftsinteresse von Konzernen steckt, die womöglich den Wissenschaftler finanzieren. Und als Kunden hoffen wir, dass bestimmte Markennamen Qualität verbürgen, denn wir können nicht überprüfen, ob der Produzent die Waschmaschine bewusst so konstruiert hat, dass sie kurz nach Ablauf der Garantiefrist erste Defekte bekommt.

Die Instrumente des Rechts und die Gesetze des Marktes können *faire Kooperation* nicht erzwingen. Denn in einer Marktökonomie gibt es viele Situationen, in denen ein *Homo oeconomicus* sein Gegenüber über den Tisch ziehen wird, *weil* es sich für ihn auszahlt. Situationen, in denen der andere das entweder nicht merken oder nicht sanktionieren kann. Wenn allerdings zu viele sich nicht mehr an die Regeln halten, dann verschwindet das Grundvertrauen und die Menschen ändern ihr Verhalten. Dann holen sie selbst für kleinere Reparaturen drei Angebote ein. Dann fragen sie mehrere Ärzte, weil sie den Verdacht hegen, dass die verordnete Hüft-OP eher den Erträgen des Krankenhauses als ihrer Gesundheit dient. Dann wird den Empfehlungen von Wissenschaftlern kein Glauben mehr geschenkt. Dann muss jede Verabredung mit einem Geschäftspartner schriftlich fixiert und rechtssicher beurkundet werden. Am Ende misstraut jeder jedem und hat auch allen Grund dazu.

Es gibt mittlerweile Unternehmen, die ihre Beschäftigten auf Schritt und Tritt digital überwachen und jeden Handschlag, jede Pause, jeden Gang auf die Toilette akribisch protokollieren. Als in der Coronazeit Homeoffice angesagt war, boomte der Markt für digitale Spionagesoftware, die Arbeitgebern ermöglicht, die Computer ihrer Beschäftigten auszuforschen. Produktiver dürften trotz allem die Firmen sein, in denen Arbeitsklima und Gehälter stimmen und die Mitarbeiter sich mit ihrem Betrieb identifizieren. Denn das ist ein Motiv für gute Arbeit, das sich durch die penibelsten Kontrollen nicht ersetzen lässt. Aus dem gleichen Grund funktioniert auch eine Ökonomie, die auf einem gewissen Fundus an Gemeinsamkeit und Vertrauen aufbauen kann, besser als eine, die ohne dieses Fundament auskommen muss.

Wenn der Kitt sich auflöst

Der schottische Ökonom Adam Smith hat seiner Nationalökonomie nicht zufällig ein ebenso dickes Werk über die *Theorie der ethischen Gefühle* an die Seite gestellt. Smith war überzeugt, dass die *unsichtbare Hand des Marktes* nur in einer Ökonomie funktioniert, in der gewisse Anstandsregeln gelten, deren Einhaltung der Markt selbst nicht garantieren kann. »Man mag den Menschen für noch so egoistisch halten«, schreibt er optimistisch, »es liegen doch offenbar gewisse Prinzipien in seiner Natur, die ihn dazu bestimmen, an dem Schicksal anderer Anteil zu nehmen, und die ihm selbst die Glückseligkeit dieser anderen zum Bedürfnis machen...«[4] Adam Smiths berühmte These, dass freie Märkte das allgemeine Wohl befördern, beruhte also auf der von ihm für selbstverständlich gehaltenen Annahme, dass Menschen sich *nicht* wie ein egoistisch berechnender *Homo oeconomicus*, sondern wie Gemeinschaftswesen verhalten, deren Egoismus durch Loyalität zu und Mitempfinden mit anderen gebremst wird.

Gefühllose bare Zahlung

Smith unterschätzte, in welchem Grade entfesselte Märkte und ungebändigtes Profitstreben überlieferte Werte und Gemeinschaftsbindungen zerstören. Eine Ökonomie, deren zentraler Antrieb darin besteht, aus Geld mehr Geld zu machen, beruht auf jener kalten Kosten-Gewinn-Kalkulation, für die Tradition und Brauchtum, Religion und Moral nur störende Hindernisse sind. Wo sich alles rechnen muss, verlieren die Dinge ihren immanenten Sinn und Wert. Wachsende Ungleichheit zerstört außerdem Vertrauen, Zusammenhalt und Mitgefühl, weil Menschen, die in völlig unterschiedlichen Lebenswelten leben und anderen sozialen Schichten privat nicht mehr begegnen, sich immer weniger als Teil eines *gemeinsamen Ganzen* empfinden.[5]

Bereits im Frühkapitalismus führte die neue Ordnung zum Zusammenbruch von Gemeinschaften, zur Zerstörung von Gemeingütern und zur Entwurzelung von Menschen, die aus ihren vertrauten Bezügen und ihrem traditionellen Lebensrhythmus herausgerissen und Märkten und Maschinen ausgeliefert wurden, nach deren Takt sie sich fortan zu richten hatten. Das Urteil von Karl Marx, der Kapitalismus habe »die persönliche Würde in den Tauschwert aufgelöst« und »kein anderes Band zwischen Mensch und Mensch übrig gelassen als das nackte Interesse, die gefühllose *bare Zahlung*« beschreibt zwar nicht die gesellschaftliche Realität im Jahr 1848, wohl aber einen Entwicklungstrend, der sich im Finanzmarkt-getriebenen globalisierten Kapitalismus des 21. Jahrhunderts mehr denn je Bahn gebrochen hat. Aber eine Gesellschaft, die ihre Traditionen, ihre Werte und ihre Gemeinsamkeiten zerstört, zerstört den Kitt, der sie zusammenhält.

Die Auflösung der res publica

Die Folgeprobleme sind gravierend. Schon Aristoteles wusste: Ohne Wir-Gefühl überlebt keine Demokratie. Denn ohne einen gewissen Fundus an Gemeinsamkeiten und gemeinsamen Werten gibt es auch keine *res publica*: keine *gemeinsame* öffentliche Sache, über die sich demokratisch verhandeln ließe. Was den Kern lebendiger Demokratien ausmacht, dass Mehrheiten über die großen Linien der Politik entscheiden können, verliert dadurch sein Fundament und die Demokratie wird auf eine liberale Ordnung zum Schutz von Pluralität und Minderheitenrechten reduziert. Die großen Linien legen dann anstelle des *demos* einflussreiche Interessengruppen fest. Ohne Gemeinsinn und Zusammenhalt herrscht also das, was der ordoliberale Ökonom Alexander Rüstow die »Wirtschaftstheologie« des Laissez-faire-Liberalismus nennt: eine Gesellschaft, die von den Märkten und den großen Firmen regiert wird und sich vom Anspruch auf demokratische Gestaltung verabschiedet hat.

Ohne Gemeinschaft gibt es natürlich auch keine *Gemeinschaftsaufgaben* des Staates, denn nur in einem Gemeinwesen, das eine gemeinsame Angelegenheit ist, ergibt der Begriff des *Gemeinwohls* einen Sinn. Die logische Konsequenz ist die Privatisierung all der Bereiche, die zuvor als öffentliche

Güter angesehen wurden: von Wohnungen über Kommunikationsdienste und Verkehrsunternehmen bis hin zur Wasser- und Stromversorgung.

Ohne Zusammenhalt keine Solidarität

Nur wo es gemeinsame Werte und Bindungen gibt, existiert auch die Bereitschaft zu Solidarität. Die starken europäischen Sozialstaaten der Nachkriegszeit hätten ohne ein solches Fundament nicht entstehen können. Die Gesellschaft in den Grenzen des eigenen Landes wurde damals von den meisten Menschen, vor allem von den Arbeitern und der breiten Mittelschicht, als eine Art Gemeinschaftsprojekt verstanden, für das jeder Mitverantwortung trägt. Und zu den sich aus dieser Mitverantwortung ergebenden Verpflichtungen gehörte es, sich finanziell stärker zu beteiligen, wenn es einem persönlich gut ging, damit öffentliche Aufgaben finanziert oder Gesellschaftsmitglieder unterstützt werden konnten, die sich in einer weniger komfortablen Lage befanden.

Quellen dieses Denkens waren die katholische Soziallehre ebenso wie die Sozialdemokratie. Auch die damals in Deutschland einflussreiche ökonomische Schule des Ordoliberalismus hatte mit ähnlichen Argumenten ihr Konzept einer sozialen Marktwirtschaft begründet. Gemeinsinn, Solidarität, Mitverantwortung für das Gemeinwesen waren zu dieser Zeit in großen Teilen der Gesellschaft anerkannte Werte, gegen die sich zu wenden als unmoralisch galt.

Die »Welfare Queen«

Tatsächlich haben Länder, in denen das Zusammengehörigkeitsgefühl schwächer ist, in der Regel schlechtere Sozialstaaten. Ein Beispiel dafür sind die Vereinigten Staaten. Mit großem Geschick haben amerikanische Sozialstaatsgegner in den fünfziger Jahren den damals unter Weißen sehr ausgeprägten Rassismus ausgenutzt und das Feindbild der sogenannten »Welfare Queen« geschaffen. Gemeint waren damit schwarze alleinerziehende Frauen mit überwiegend unehelichen Kindern, denen angeblich ein Großteil der Wohlfahrtsausgaben zugutekommen würde.

So wurde gleich zweifach Distanz aufgebaut: Zum einen stützte sich die Anti-Sozialstaats-Agitation auf rassistische Vorurteile gegenüber Schwarzen, die seinerzeit von großen Teilen der weißen Bevölkerung tatsächlich nicht als Teil der amerikanischen Verantwortungs- und Solidargemeinschaft angesehen wurden. Zwar gibt es auch in den heutigen Vereinigten Staaten Rassismus, allerdings längst nicht mehr in der Verbreitung und Aggressivität der damaligen Zeit. Zum zweiten nutzten die Sozialstaatsgegner die in der Mittelschicht damals noch verbreitete Moralvorstellung aus, nach der uneheliche Kinder als Ausweis persönlicher Liederlichkeit und Unmoral galten. Indem der Eindruck erweckt wurde, der Sozialstaat käme in erster Linie Leuten zugute, die *ganz anders* sind als die, die ihn bezahlen müssen, verlor er die Unterstützung der weißen Mittelschicht, obwohl sie selbst von besseren sozialen Leistungen erheblich profitiert hätte.

Den Ärmsten nicht mehr nah

Auch im heutigen Deutschland wächst die Distanz zwischen Einzahlern und bestimmten Empfängern sozialer Leistungen, allerdings aus anderen Gründen. Wir sind im Kapitel über die Geschichte der Arbeiter darauf eingegangen, dass das traditionelle Leistungsethos der Mittelschichten und der Arbeiterschaft in den Milieus, die von Langzeitarbeitslosigkeit und dauerhafter gesellschaftlicher Ausgrenzung geprägt sind, allmählich zerbricht. Das wird gerade von denen äußerst sensibel registriert, deren Arbeitseinkommen sich trotz harter Schufterei nur wenig oberhalb der Hartz-IV-Sätze bewegt. Auch die neoliberale Erzählung vom angeblich *mangelnden Arbeitswillen* der Leistungsempfänger hat ihren Teil dazu beigetragen, dass heute viel mehr Menschen Faulheit und mangelnde Willenskraft für eine Armutsursache halten als noch in den neunziger Jahren. Aber das bedeutet: Man fühlt sich den Ärmsten nicht mehr nah, sondern fremd. Empörte die menschenunwürdige Armut, die Arbeitslosen bereits nach einem Jahr ohne Job droht, im Jahr 2005 noch große Teile der Bevölkerung, stehen auch Arbeiter und klassische Mittelschicht dem sogenannten »Hartz-IV-Milieu« heute eher reserviert gegenüber.

Dafür gibt es noch einen weiteren Grund. Allein zwischen 2015 und 2019 waren knapp 2 Millionen Menschen aus dem Nahen und Mittleren Osten, vorwiegend aus Syrien, dem Irak und Afghanistan, nach Deutschland gekommen. Obwohl viele Migranten gemessen am Level ihrer Herkunftsländer sogar überdurchschnittlich qualifiziert waren, haben sie große Probleme, eine Arbeit zu finden. Rund 70 Prozent von ihnen leben daher bis heute von Hartz IV. Daraus entstand der Eindruck, dass Hartz-IV-Leistungen in zunehmendem Maße Menschen zugutekommen, die eigentlich *gar nicht dazugehören* und nie für diese Leistungen gearbeitet haben. Dass Forderungen nach Anhebung der Sätze heute eine spürbar geringere Unterstützung erfahren als noch vor zehn Jahren, findet auch hier seinen Grund. Leidtragende sind alle, denen nach einem Jahr Arbeitslosigkeit der soziale Absturz droht.

Untersuchungen aus verschiedenen Ländern belegen, dass hohe Zuwanderung auch die Unterstützung für eine umverteilende Besteuerung verringert. Das Gefühl der Verpflichtung gegenüber ärmeren Mitbürgern schwindet in dem Maße, wie der Kreis der Hilfsbedürftigen auf Nichtstaatsangehörige erweitert wird, fasst der Ökonom Paul Collier das Ergebnis dieser Befragungen zusammen.[6]

Je mehr die Menschen das Gefühl haben, soziale Leistungen kämen überproportional *anderen* zugute, also Menschen, mit denen sie sich nicht verbunden fühlen und die in ihren Augen kein wirkliches Anrecht auf gesellschaftliche Solidarität haben, desto mehr verliert sozialstaatlicher Ausgleich an Zustimmung. Fragmentierte Gesellschaften und die Entfremdung zwischen verschiedenen Bevölkerungsgruppen befördern also genau den Trend, den die wirtschaftsliberale Politik und die hinter ihr stehenden Interessengruppen vorantreiben möchten: die Demontage des Sozialstaats.

Schutzräume

Zwischen der Stimmungsmache gegen die schwarze »Welfare Queen« im Amerika der fünfziger Jahre und dem Unmut über eine wachsende Zahl zugewanderter Hartz-IV-Bezieher gibt es allerdings einen entscheidenden Unterschied: Im ersteren Fall wurden Menschen, die seit Generationen im Land leben und arbeiten, aufgrund ihrer Hautfarbe als nicht zugehörig betrachtet. Dem Vorbehalt lag also echter Rassismus zugrunde, der in den folgenden Jahrzehnten zum Glück zurückgedrängt werden konnte. Im zweiten Fall wird zwischen Mitgliedern und Nichtmitgliedern einer Solidargemeinschaft nach genau dem Kriterium unterschieden, auf dem die Zugehörigkeit zu territorial begrenzten Gemeinschaften beruht: ob jemand im Land geboren ist oder zumindest schon lange dort lebt oder ob er von außen kommt und nun Rechte wahrnimmt, ohne je den mit ihnen verbundenen Verpflichtungen nachgekommen zu sein. *Diese* Unterscheidung hat mit Rassismus nichts zu tun.

Jede Gemeinschaft – auch jede moderne Solidargemeinschaft – beruht darauf, zwischen denen, die *dazugehören*, und jenen, für die das nicht gilt, zu unterscheiden. Denn Gemeinschaften sind Schutzräume, die ihre Aufgabe nicht mehr erfüllen, wenn sie für jeden geöffnet werden. Nicht die Unterscheidung ist also das Problem, ein Problem können die Kriterien sein, anhand deren sie vorgenommen wird, etwa wenn sie, wie im Falle der »Welfare Queen«, auf rassistischen Ressentiments beruhen. Es ist also eine für das Zusammenleben der Menschen und die Entwicklungsmöglichkeiten von Gesellschaften zentrale Frage, welche Gemeinschaften stark und identitätsbildend sind und welche zerbrechen oder gar nicht erst entstehen.

Gemeinschaftswerte: Zugehörigkeit als Zukunftsentwurf

Nicht zufällig war es früher vor allem die Sozialdemokratie, die an den nationalen Zusammenhalt appellierte, etwa als Willy Brandt 1972 mit dem Wahlslogan antrat »Wir können stolz sein auf unser Land«. Brandt, der vor den Nazis emigrieren musste und 1970 vor dem Ehrenmal für die Toten des Warschauer Ghettos niederkniete, verabscheute Nationalismus. Aber er kannte den Wert nationaler Zusammengehörigkeitsgefühle für die Realisierungschancen sozialdemokratischer Reformpolitik. 1972 war übrigens das Jahr, in dem die SPD mit über 45 Prozent das beste Ergebnis ihrer Geschichte erzielte.

Nationale Identität als Zivilisationsgewinn

Tatsächlich ist es eine wichtige zivilisatorische Errungenschaft, dass sich überhaupt Gemeinschaftsbindungen und Zusammengehörigkeit über die eigene Familie und die alten Stammesbande hinaus entwickelt haben. Dass die gemeinsame Geschichte und Kultur zur Entstehung *territorial* und nicht ethnisch oder religiös begründeter Identitäten und damit zur Akzeptanz einer Schicksalsgemeinschaft aller Staatsbürger eines Landes geführt haben, war die entscheidende Voraussetzung dafür, dass moderne Demokratien und Sozialstaaten entstehen konnten.

Es ist kein Zufall, dass das moderne Verständnis der Nation als Gemeinschaft der Staatsbürger eines Landes zum ersten Mal selbstbewusst in der Französischen Revolution formuliert und *direkt* mit dem Anspruch auf demokratische Gestaltung der gemeinsamen Angelegenheiten verbunden wurde. Mit der Auflösung dieses Wir-Gefühls und der zunehmenden Distanz zwischen verschiedenen Bevölkerungsgruppen – egal ob durch Zuwanderung, wachsende soziale Ungleichheit, linksliberale Identitätspolitik oder eine Kombination aus allem – verschwindet daher auch die wichtigste Voraussetzung für eine Politik, die den Kapitalismus mindestens bändigen, perspektivisch vielleicht sogar überwinden kann.

Die Weisheit in den Traditionen

Menschen sind vernunftbegabte Wesen, aber im Alltag denken und reagieren sie in hohem Grade intuitiv und emotional. Wie sie sich in konkreten Situationen verhalten, aber auch welche Ideen und politischen Programme sie gut finden oder ablehnen, hängt von ihrer Arbeits- und Lebenswelt, aber auch von Traditionen und Überlieferungen ab, die für sie identitätsstiftend sind. All das formt ihre Werte und Gerechtigkeitsvorstellungen.

Die Anerkennung der wichtigen Rolle, die Traditionen und kulturelle Prägungen für menschliches Denken und Verhalten spielen, und die Wertschätzung ihrer Bedeutung für den Zusammenhalt von Gesellschaften gehören zum zentralen ideengeschichtlichen Erbe des Konservatismus. Der geistige Vater dieser Strömung, der irisch-britische Philosoph Edmund Burke, hat immer wieder auf die in gemeinsamen Bräuchen und Überlieferungen enthaltene *Weisheit* hingewiesen, ohne die Gesellschaften zerfallen würden. Das griechische Wort *Ethos*, das den Wertekanon eines Menschen oder einer ganzen Gesellschaft beschreibt, heißt nicht zufällig wörtlich übersetzt: Gewohnheit, Sitte oder Brauch.

Auch in modernen Gesellschaften tragen viele das aus jahrhundertelangen Gemeinschaftserfahrungen resultierende Ethos in sich. Zu ihm gehört nicht nur, dass nach *Zugehörigkeit* unterschieden wird und man sich Nichtmitgliedern einer wie immer gearteten Gemeinschaft nicht in gleichem Maße zur Unterstützung verpflichtet fühlt wie Mitgliedern. Aus dieser Quelle stammen auch Verhaltensnormen, die auf die *Gegenseitigkeit* sozialer Beziehungen Wert legen. Wer nach diesen Regeln denkt, der versteht unter Solidarität einen Gleichklang von Rechten und Pflichten. Fairness bedeutet für ihn, das zu bekommen, was einem im Hinblick auf die eigene Anstrengung und Leistung zusteht. Einseitige Rechte widersprechen dieser Vorstellung. Die Mitte des 20. Jahrhunderts aufgekommene Erzählung von der *Leistungsgesellschaft* und der auf Statuserhalt statt Minimalversorgung orientierte Sozialstaat sind auch deshalb bis heute so populär, weil sie an solche Gerechtigkeitsvorstellungen anknüpfen.

Nicht irgendein Land

Auch die Wertschätzung von Eigenschaften wie Anstand, Maßhalten, Zurückhaltung, Zuverlässigkeit oder Treue sind das Produkt von Gemeinschaftserfahrungen, denn Menschen mit solchen Eigenschaften können vertrauensvoller und besser zusammenleben und -arbeiten. Die Anerkennung von Leistungsbereitschaft und Disziplin, Fleiß und Anstrengung, Professionalität und Genauigkeit stammt aus der bürgerlichen und Handwerker-Tradition, die in der Arbeiterschaft und der klassischen Mittelschicht bis heute lebendig ist. Aber auch hier geht es letztlich um Werte, die Kooperation erleichtern. In einer arbeitsteiligen Wirtschaft arbeitet es sich einfach besser zusammen, wenn man sich darauf verlassen kann, dass der andere nicht pfuscht.

Für Menschen, die sich an Gemeinschaften orientieren, ist *ihre* Familie nicht irgendeine Familie, *ihre* Heimatregion nicht irgendein Landstrich und *ihr Land* etwas anderes als andere Länder. Deshalb fühlen sie sich Staatsbürgern des eigenen Landes enger verbunden als Menschen, die woanders leben, und sie wollen nicht, dass die Politik oder die Wirtschaft in ihrem Land *von außen* gesteuert wird. Deshalb empören sie sich über Unternehmen, die keine lokale Verankerung und Verantwortung mehr kennen und ihre Standorte beliebig dorthin verlagern, wo es am billigsten ist. Deshalb wünschen sie sich einen Staat, der für Sicherheit und Stabilität sorgt, statt seine Bürger den Ungewissheiten und Eruptionen globalisierter Märkte schutzlos auszuliefern.

Philosophie der Zugehörigkeit

Wer so denkt und die geschilderten Werte hochhält, wird heute *konservativ* genannt. Der Begriff ist nicht falsch. Menschen, die so denken, wollen tatsächlich ein Wertesystem *erhalten* und vor Zerstörung bewahren, das im globalisierten Kapitalismus unserer Zeit unter massivem Druck steht und teilweise bereits zerbrochen ist. Dieses Wertesystem ist gemeinschaftsorientiert, es betont die Bedeutung von Bindungen und Zugehörigkeit. Damit steht es sowohl in der Tradition der Arbeiterbewegung als auch in der des klassischen Konservatismus, den der Anfang 2020 verstorbene britische Publizist Roger Scruton einmal »die Philosophie der Zugehörigkeit« genannt hat.[7]

Dieser *Wertkonservatismus* hat allerdings mit dem politischen Konservatismus, also den Parteien, die sich in den verschiedenen Ländern *konservativ* nennen, kaum etwas zu tun. Besonders unrühmlich ist die Geschichte des deutschen politischen Konservatismus. Er war im 19. und beginnenden 20. Jahrhundert preußisch-autoritär und in seiner wütenden Verteidigung bestehender Besitzverhältnisse antidemokratisch und illiberal. Die von ihm angestrebte *Volksgemeinschaft* trug erkennbar rassistische Züge, weshalb er nicht zu Unrecht als Vorläufer des Nationalsozialismus angesehen wurde. Dieser Seitenstrang konservativen Denkens und konservativer Politik ist verdientermaßen mit den Nazis untergegangen.

Aber auch da, wo der politische Konservatismus nicht antiliberal oder gar rassistisch war, hatte die Stabilisierung von Eigentums- und Machtstrukturen für ihn immer Vorrang vor dem Überleben von Gemeinschaften, an deren Zerstörung er in vielen Fällen direkt mitgewirkt hat. Maggy Thatcher galt als »Konservative«, obwohl die Ergebnisse ihrer Politik allen klassisch konservativen Werten ins Gesicht geschlagen haben. Die CDU Angela Merkels steht für Flexibilisierung, Wirtschaftsliberalismus, Globalisierung und hohe Zuwanderung, also für eine Politik, die den Zusammenhalt der Gesellschaft geschwächt und wertvolle Bindungen, die Menschen Halt und Stabilität im Leben gegeben haben, aufgelöst hat.

Auf der Seite des Fortschritts?

Der Wertkonservatismus, der sich an Zugehörigkeit und Gemeinschaft orientiert, hat aber nicht nur die meisten konservativen Parteien zum Gegner, sondern auch den Linksliberalismus: Letzterem gelten Menschen mit *wertkonservativen* Einstellungen als rückwärtsgewandt und sie werden verdächtigt, überholte Vorurteile und Ressentiments zu pflegen. Linksliberale fühlen sich daher berufen, ihnen ihre Sichtweise auszureden und sie moralisch in ein schlechtes Licht zu rücken.

Die Frage ist: Mit welchem Recht? Steht wirklich auf der Seite der Aufklärung und des Fortschritts, wer daran arbeitet, traditionelles Gemeinschaftsdenken und die aus ihm folgenden Werte und Gerechtigkeitsvorstellungen zu diskreditieren und zu delegitimieren?

Der unmittelbare Einwand gegen ein solches Vorgehen ist, dass es für
politische Parteien nicht sonderlich erfolgversprechend ist. Menschen, die
das Gefühl haben, dass der Linksliberalismus auf ihren Werten herum-
trampelt, werden sich im Zweifelsfall nicht von ihren Werten, sondern von
der linksliberalen Linken abwenden. Das gilt vor allem für die sozialen
Schichten, in deren kollektivem Gedächtnis die Orientierung an Gemeinschaften besonders fest verankert ist. Die Arbeiterschaft etwa, die seit ihrer Entstehung auf Loyalität und Solidarität untereinander angewiesen war
und ohne Zusammenhalt ihre Interessen nicht durchsetzen konnte und
kann, wird sich den Wert von Gemeinschaftsbindungen ganz sicher nicht
von linksliberalen Akademikern ausreden lassen. Auch die klassische Mittelschicht kennt die Bedeutung lokaler Bezüge, gegenseitiger Loyalität und
nationaler Schutzräume und zeigt wenig Neigung, sich dem Weltbild des
kosmopolitischen Individualismus anzuschließen. Solange linke Parteien
Werte und Orientierungen vertreten, die mit den Werten und Orientierungen großer Teile der Bevölkerung kollidieren, werden sie sich nur weiter
von diesen Bevölkerungsschichten isolieren.

Zuspruch können sie dann lediglich dort gewinnen, wo der Appell an
Gemeinschaftsbindungen weniger Popularität genießt: also in der akademischen Mittelschicht und der Oberschicht, weil Wohlhabende jenseits der eigenen Familie keine Solidargemeinschaft brauchen und der kosmopolitische
Individualismus dem Lebensgefühl der Wirtschaftseliten entspricht. Auch
bei ärmeren Akademikern kommt der Sound teilweise an, weil sie in ihrem
aktuellen Arbeits- und Lebensumfeld von kollektiven Bindungen kaum profitieren und sich kulturell vor allem an der Schicht orientieren, in die sie aufsteigen möchten, und nicht an jener, aus der viele von ihnen kommen.

Gegenentwurf zum entfesselten Kapitalismus

Aber es geht nicht nur darum, dass eine Linke, die Gemeinschaftsdenken und
die aus ihm resultierenden Werte verächtlich macht, sich verzwergt und ihres Rückhalts beraubt. Die viel wichtigere Frage ist: Sind die traditionellen Ge-

meinschaftswerte überhaupt veraltet und überholt? Ist die Sehnsucht nach einer vertrauten und beherrschbaren Lebenswelt, nach sicheren Arbeitsplätzen, sicheren Wohnvierteln und stabilen Familienverhältnissen ein rückschrittliches Ressentiment? Oder sind nicht diese Werte ein sehr viel überzeugenderer Gegenentwurf zum entfesselten Kapitalismus als der bindungslose Selbstverwirklichungs-Individualismus und die linksliberale Weltbürgerlichkeit, die auffällig gut zum ökonomischen Umfeld globaler Märkte und zu den Mobilitäts- und Flexibilitätsanforderungen renditegetriebener Unternehmen passen?

Richtig: Gemeinschaften können nicht nur Werte, sondern auch Vorurteile verfestigen. Übergriffiger Kollektivismus kann die persönliche Freiheit stark einschränken oder ganz untergraben. Es gibt Traditionen, die Ungleichheit absichern, und Überlieferungen, die unterdrücken. So gehörte es lange Zeit zur Tradition, dass Frauen für die Hausarbeit und Männer fürs Geldverdienen zuständig waren. Dass die »*kleinen Leute*« faule Schnösel aus der Oberschicht für etwas Besseres hielten. Oder dass der Sohn eines Arbeiters wieder Arbeiter wurde und gar nicht erst versuchte, aufs Gymnasium zu gelangen. Edmund Burkes Lob der *Weisheit* von Traditionen hat eine vergiftete Kehrseite, die dem britischen Konservativen durchaus wichtig war: Traditionen haben immer auch Herrschaftsverhältnisse stabilisiert und Ausbeutung legitimiert. Burke hat »Perückenmacher«, »Seifensieder« und andere mit körperlicher Arbeit verbundene Berufe verachtet und eindringlich davor gewarnt, dass ihre Inhaber »sich einzeln oder vereinigt einen Anteil an der Regierung anmaßen« könnten.[8] Dass sie dazu jahrhundertelang nicht die geringste Chance hatten, war eine *Tradition*, die Burke vermutlich für besonders *weise* hielt.

Auch viele Diskriminierungen, etwa die Verachtung von Homosexuellen oder Rassismus, haben eine lange Tradition. Nicht alles Überlieferte ist wertvoll und bei manchem ist es gut, dass es verschwunden ist. Aber sich von reaktionären Traditionen zu verabschieden, ist etwas ganz anderes als die Auflösung aller Gemeinsamkeiten und den Zerfall der Gesellschaft in ein gleichgültiges Nebeneinander vereinzelter Individuen und egoistischer Kleingruppen als *progressive Modernisierung* zu bejubeln.

Sehnsucht nach Stabilität und Vertrautheit

Indem Gemeinschaften gemeinsame Werte verankern, stiften sie Sinn, Identität und Geborgenheit. Die Sehnsucht nach sozialen Bindungen ist kein *Ergebnis einer Unterwerfung*, wie einer der Vordenker des Linksliberalismus, Michel Foucault, behauptet hat. Die Prägung des Menschen durch seine Geschichte und nationale Kultur ist daher auch kein *Gefängnis*, aus dem man ihn befreien muss. Menschen streben nicht nur nach Freiheit und Autonomie, sondern auch nach Anerkennung, Zugehörigkeit und Gemeinsamkeit. Die moderne Glücksforschung bestätigt, wie zentral für das menschliche Wohlbefinden das Eingebundensein in ein vertrautes, stabiles Lebensumfeld ist. Viele Menschen *wollen* daher sesshaft, sie wollen nicht mobil und flexibel sein, nur weil das vielleicht die Wirtschaft effizienter macht. Sie empfinden es nicht als Erlösung, sondern als schmerzhaften Einschnitt, wenn sie aus lieb gewonnenen Lebensverhältnissen herausgerissen oder wenn vertraute Lebensräume zerstört werden.

Auch eine stabile Familie ist kein *Käfig*, sondern für viele Menschen ein Lebenstraum, den das ökonomische Umfeld immer häufiger unerfüllbar macht. Es ist kein Zufall, dass gerade unter den Ärmeren, die der ständigen Unsicherheit heutiger Jobmärkte am schutzlosesten ausgeliefert sind, dauerhafte familiäre Bindungen immer seltener werden. Das ist nicht das Ergebnis einer *Individualisierung* oder einer neuen Vorliebe für *Patchwork*-Beziehungen, sondern das Resultat harten ökonomischen Drucks und ungeregelter Arbeitszeiten.

Auf den traditionellen Werten aufbauen

Wenn Menschen innerlich gegen eine Ordnung rebellieren, die ihnen ein Leben in halbwegs stabilen sozialen Bezügen immer schwerer macht, wenn sie sich auflehnen gegen eine Politik, die Zusammenhalt zerstört und Gleichgültigkeit fördert, haben sie sich Werte erhalten, bei denen es gut ist, dass es sie noch gibt.

Wo das Neue eine Verschlechterung ist, kann die Vergangenheit mehr Zukunft enthalten als die Gegenwart. Die gebändigten Marktwirtschaften der europäischen Nachkriegszeit waren zweifellos für die große Mehrheit eine weit erträglichere Gesellschaft als der enthemmte, globalisierte Kapitalismus unserer Zeit. Das heißt nicht, dass die Losung »Zurück in die Siebziger« sich als Zukunftsentwurf eignet. Es heißt aber, dass wir froh darüber sein sollten, dass die Werte und Orientierungen, die aus einer stärker gemeinschaftsorientierten Vergangenheit stammen, in weiten Teilen der

Bevölkerung immer noch lebendig sind. Und es heißt, dass diese Werte sich weit eher als Fundament eines fortschrittlichen Zukunftsprogramms eignen als eine Erzählung, die Gemeinschaft vor allem mit Zwang, Abschottung, Engstirnigkeit und Unterordnung in Verbindung bringt. Wer menschlichere gesellschaftliche Verhältnisse erreichen will, kann auf den traditionellen Gemeinschaftswerten aufbauen und sollte sie wertschätzen, statt an ihrer Diskreditierung mitzuwirken.

Geordnete Welt

Wenn hier ein auf gemeinschaftsorientierten *konservativen* Werten aufbauendes Programm als fortschrittlicher und mehrheitstauglicher Zukunftsentwurf vorgeschlagen wird, geht es also nicht um die Reanimierung eines muffig-bigotten Weltbildes, das Frauen an den Herd verbannt, Homosexualität für eine Krankheit hält, exotisch Aussehenden grundsätzlich mit Misstrauen begegnet und die edelste Bürgertugend in der Unterordnung unter Autoritäten sieht. Es geht schon gar nicht darum, die heutige Verteilung von Eigentum und Vermögen für sakrosankt zu erklären. Es geht um die Besinnung auf jene Werte fairen Miteinanders, die für den Zusammenhalt einer Gesellschaft essenziell und deshalb unbedingt bewahrenswert sind, die aber unter dem Druck entfesselter globaler Märkte immer mehr in die Defensive geraten.

Es geht darum, zu verstehen, warum viele Menschen in ihrem Herzen *wertkonservativ* sind und weshalb sie recht damit haben. Warum sie sich nach Zugehörigkeit und stabilen Gemeinschaften sehnen, die auch die alten Arbeitermilieus ausmachten. Und es geht darum, sich dessen bewusst zu werden, dass eine geordnete Welt, Stabilität und Sicherheit im Leben, demokratische Gesellschaften mit echtem Wir-Gefühl und Vertrauen zu anderen Menschen – dass all das nicht nur Vergangenheit ist, sondern auch Zukunft sein kann.

Genau besehen sind die Werte und Gerechtigkeitsvorstellungen, die die Mehrheit der Bevölkerung verinnerlicht hat, insbesondere die Arbeiter, die einfachen Servicebeschäftigten und die klassische Mittelschicht, nicht nur konservativ, sondern auch originär links: Sie wünschen sich Stabilität, Sicherheit und Zusammenhalt und gerade deshalb *mehr* sozialen Ausgleich und weniger Verteilungsungerechtigkeit. Sie spüren, dass eine globalisierte Marktgesellschaft genau die Gemeinschaftsbindungen, Werte und Traditionen zerstört, die ihnen wichtig sind.

Sie fordern Veränderung, *weil* sie Werte bewahren möchten. Sie spüren, dass die alten Traditionen eine neue wirtschaftliche Ordnung brauchen, um wieder lebendig zu werden. Sie verstehen, dass stabile Gemeinschaften und grenzenloses Renditestreben, dass soziale Bindungen und unregulierte Märkte nicht miteinander vereinbar sind. Dass Gemeinsinn ein Gemeinwesen voraussetzt, das jedem die Chance auf ein gutes Leben gibt, weil Verbundenheit und ein Gefühl der Verantwortung für das Ganze nur entstehen, wenn der Einzelne sich als geachteter und wertgeschätzter Teil dieses Ganzen empfindet.

Die Aussage von John F. Kennedy: »Frag nicht, was dein Land für dich tun kann, sondern was du für dein Land tun kannst«, wirkt heute auch deshalb so aus der Zeit gefallen, weil die Vorstellung, diese Frage würde einer prekär beschäftigten Mitarbeiterin aus einem Amazon-Logistikzentrum gestellt, die sich die Füße wund läuft und trotzdem nie weiß, ob sie auch im nächsten Monat ihre Rechnungen bezahlen kann, die Frage tatsächlich zur Absurdität werden lässt. Wenn Leistung keinen sozialen Aufstieg mehr verbürgt und Fleiß und Anstrengung weniger weit tragen als Bluff und Trickserei, verliert die alte Ethik ihre intuitive Kraft. Eben deshalb sind die Gemeinschaftswerte in bestimmten Milieus bereits in Auflösung begriffen.

Linkskonservativ?

Wertkonservativ und zugleich links zu sein ist kein Widerspruch. Zugespitzt könnte man ein solches Programm als *linkskonservativ* bezeichnen, auch wenn dieser Begriff mit dem Risiko lebt, von beiden Seiten abgelehnt zu werden: von denen, die sich als Linke verstehen, weil sie daran gewöhnt sind, im Konservatismus den politischen Gegner sehen, und von denen, die aus der konservativen Tradition kommen, weil sie nicht im Traum für möglich halten würden, dass sie zugleich links sein könnten. Die konservative und die linke Erzählung haben sich immer aus ihrem Gegensatz heraus definiert. Dessen ungeachtet haben erfolgreiche Parteien, nicht zuletzt erfolgreiche sozialdemokratische Parteien, historisch oft genau das gemacht: *linkskonservative* Politik.

Wer stattdessen daran mitwirkt, nationale Identitäten und die Sehnsucht nach Stabilität, Vertrautheit und Zusammenhalt moralisch zu diskreditieren, zerstört die gesellschaftliche Basis für eine Politik, die Märkte und Ungleichheit in Grenzen halten kann.

9. NATIONALSTAAT UND WIR-GEFÜHL: WESHALB EINE TOTGESAGTE IDEE ZUKUNFT HAT

Kein Zurück zum Nationalstaat?

Ob wirtschaftsliberal oder linksliberal: Beim Abgesang auf den Nationalstaat herrscht große Einigkeit zwischen den politischen Lagern. Nationalstaaten werden als unfähig angesehen, mit den Problemen einer globalisierten Ökonomie klarzukommen oder Lösungen für Menschheitsfragen wie den Klimawandel bereitzustellen. Sie gelten als überholt und nicht mehr zeitgemäß. Ihre Unterordnung unter supranationale Institutionen wie die Europäische Union und die Einschränkung ihrer Souveränität durch internationale Verträge wird als zivilisatorischer Fortschritt gepriesen, die Vision einer *Weltregierung* steht als verheißungsvolle Zukunftsperspektive im Raum.

»Die souveränen Staaten sind überflüssig geworden«

Der Gründer des Weltwirtschaftsforums in Davos, Klaus Schwab, hatte mit der Aussage »Die souveränen Staaten sind überflüssig geworden« bereits 1999 den Tenor vorgegeben. 2010 legte das Forum, auf dem sich alljährlich die Reichen und Mächtigen versammeln, ein Konzept unter dem Titel *Global Redesign Initiative* vor, in dem der erlesene Kreis deutlich macht, wie *er* sich die künftige Steuerung der Welt vorstellt: Nicht mehr Nationalstaaten oder deren Organisation, die UNO, sollten sich um die Lösung der globalen Probleme bemühen, sondern »Multi-Stakeholder-Gruppen« – also in erster Linie weltweit tätige Konzerne und von ihnen finanzierte NGOs. Wessen Interessen die so gefundenen Lösungen dann vor allem bedienen würden, liegt auf der Hand.

Nun hat der Staat als Feindbild in der neoliberalen Erzählung schon immer seinen festen Platz. Er gilt als gierig und ineffizient, in seiner Regelsetzung als übergriffig und in seinem Gestaltungsanspruch als anmaßend. Es ist leicht durchschaubar, worauf diese Erzählung hinauswill: Der Sozialstaat, der den Wirtschaftseliten zu teuer geworden ist, soll eingedampft, die öffentlichen Dienste möglichst privatisiert und die öffentlichen Verwaltungen zumindest so weit finanziell ausgehungert werden, dass sie der Privatwirtschaft hoffnungslos unterlegen und in immer mehr Bereichen auf deren (natürlich nie interessenfreie) Beratung und Expertise angewiesen sind.

Die Idee, den Staat zusätzlich von außen seiner Souveränität und Gestaltungsmöglichkeit zu berauben, indem er in ein Korsett von Sachzwängen und Verträgen eingeschnürt und der Lösungskompetenz transnationaler »Multi-Stakeholder-Gruppen« untergeordnet wird, die selbstverständlich von keiner Bevölkerung gewählt und kontrolliert werden können, ist die direkte Fortsetzung dieses Konzepts. In beiden Fällen geht es darum, den Staat als zumindest potenziellen Vertreter demokratischer Mehrheitsinteressen auszuschalten, ohne das allgemeine und freie Wahlrecht anzutasten.

Aggressiv und kriegslüstern

Dieser Hintergrund hält die linksliberale Linke allerdings nicht davon ab, in den anti-nationalstaatlichen Tenor einzustimmen. Die linke Nuance in der Debatte besteht darin, den Nationalstaat nicht nur als obsolet, sondern darüber hinaus als gefährlich, nämlich potenziell aggressiv und kriegslüstern darzustellen. Deshalb gipfeln linksliberale Beiträge zum Thema meist in der Warnung, es dürfe *kein Zurück zum Nationalstaat* geben, so, als wären die Nationalstaaten bereits Vergangenheit und wir lebten in einer transnational regierten Welt.

Natürlich plädiert der Linksliberalismus nicht dafür, die Regierungsgewalt von den Staaten direkt an die multinationalen Firmen zu übertragen. Sein Konzept ist die Verlagerung demokratischer Strukturen auf eine transnationale Ebene. Deshalb wirbt er im Rahmen der Europäischen Union für eine vertiefte Integration, die möglichst in einen europäischen Bundesstaat mit einem voll funktionsfähigen Parlament und einer europäischen Regierung münden soll. Häufig ist in diesem Zusammenhang zu hören, die Nationalstaaten seien in der heutigen globalisierten Welt ohnehin nicht mehr in der Lage, eine souveräne Wirtschafts- und Sozialpolitik zu betreiben. Die geforderten transnationalen Entscheidungsstrukturen werden also auch damit begründet, nur so könne Politik überhaupt wieder demokratisch gestaltet werden.

Handlungsunfähige Nationalstaaten?

Nun ist es zwar korrekt, dass wir aktuell auf nationalstaatlicher Ebene in vielen Ländern, auch in solchen mit allgemeinem Wahlrecht und liberalen Institutionen, keine funktionsfähige Demokratie haben. Die haben wir allerdings noch weniger in Brüssel oder gar auf globaler Ebene. Die Ursachen für fehlende nationale Demokratie und mögliche Lösungen werden uns im nächsten Kapitel beschäftigen.

Von einer *Handlungsunfähigkeit* der Nationalstaaten kann dennoch keine Rede sein. In jeder großen Krise, egal ob gerade die Banken kollabieren oder Corona die Wirtschaft in den Abgrund zieht, entpuppten sich die totgesagten Nationalstaaten sogar als die einzigen handlungsfähigen Akteure. Es waren die Staaten, die mit riesigen Rettungspaketen *ihre* Banken vor dem Zusammenbruch bewahrten oder in der Coronakrise Hunderte Milliarden an Hilfsgeldern für *ihre* Wirtschaft mobilisierten. Es waren auch die Staaten, die jeweils für *ihr* Territorium entschieden haben, mit welcher Strategie dem Virus zu begegnen ist, ob Lockdowns und Kontaktbeschränkungen verhängt werden, wie streng sie ausfallen und wie lange sie dauern.

Als *handlungsunfähig* hat sich eher die europäische Ebene erwiesen, auf der man so lange über einen gemeinsamen 750-Milliarden-Rettungsfonds verhandelt hat, bis fast niemand mehr das Geld haben wollte, weil die Konditionen zu schlecht waren. Auch bei der Impfstoffbestellung hat sich die *europäische Lösung* vor allem durch das von ihr angerichtete Chaos hervorgetan. Und von der viel beschworenen innereuropäischen Solidarität blieb am Ende nicht mehr übrig als eine Handvoll Intensivbetten, die Deutschland nach längerem Zögern zeitweilig für schwerkranke Franzosen bereitgestellt hat.

Erpressung und Wirtschaftskriege

Aber nicht nur in Krisen, auch sonst sind die Staaten bei Weitem nicht so machtlos, wie die Legende vom überholten Nationalstaat uns einreden will. Jeder Staat verfolgt seine eigene Umwelt- und Klimapolitik, die sinnvoll oder desaströs sein kann, aber alle Weichenstellungen, die auf unserem Planeten bisher in Sachen Förderung erneuerbarer Energien und CO_2-ärmerer Produktion durchgesetzt wurden, gehen letztlich auf nationalstaatliche Entscheidungen zurück. Das Pariser Klimaabkommen ist eine allgemeine Richtlinie, an die sich die Staaten halten – oder eben auch nicht. Die meisten halten sich nicht daran.

Nicht die internationalen Organisationen, sondern die großen Nationalstaaten sind mächtig genug, die Einhaltung bestimmter Regeln auch außerhalb ihres Territoriums zu erzwingen. Besonders rücksichtslos wird diese Macht mittlerweile von den Vereinigten Staaten eingesetzt, etwa wenn sie die Staatengemeinschaft mit Sanktionen erpressen, keinen Handel mit bestimmten Ländern zu treiben oder eine Erdgaspipeline nicht fertigzustellen, die den Interessen der US-Frackinggas-Industrie widerspricht. Die europäischen Staaten ordnen sich den USA in solchen Fragen oft unter, sind ihrerseits aber wenig zimperlich, wenn es darum geht, etwa die Interessen *ihrer* Agrarkonzerne in Afrika durchzusetzen. Auch China legt die Vorgaben internationaler Organisationen in der Regel kreativ zum eigenen Vorteil aus und findet mittlerweile Gefallen daran, andere Länder durch Sanktionen und Handelsbeschränkungen zu erpressen, wie der aktuelle Wirtschaftskrieg gegen Australien beweist.

Einzige Instanz für sozialen Ausgleich

Die Nationalstaaten sind allerdings auch die einzige Instanz, die gegenwärtig in nennenswertem Umfang Marktergebnisse korrigiert, Einkommen umverteilt und soziale Absicherungen bereitstellt. Auf europäischer Ebene wird trotz aller Strukturfonds und Agrarsubventionen weniger als 1 Prozent der Wirtschaftsleistung umverteilt, global ist es noch sehr viel weniger.[1] Ob Flüchtlingspolitik oder Bankenregulierung, ob Steuersätze oder Wirtschaftssubventionen, die EU mag Empfehlungen aussprechen oder versuchen, dirigistisch zu intervenieren – spätestens, wenn es eng wird oder das eigene Interesse groß ist, macht jedes Land trotzdem, was es will. Das mag man gut oder schlecht finden – bei vielen Empfehlungen der EU ist es tatsächlich besser, wenn sie *nicht* eingehalten werden –, aber es ist in jedem Fall die Realität, und wenig spricht dafür, dass sich das in näherer Zukunft ändern wird.

Und obwohl es stimmt, dass die Spielräume für eine autonome Wirtschafts- und Sozialpolitik bei freiem globalem Kapitalverkehr enger geworden sind, gibt es immer noch eine beachtliche Varianz und Vielfalt der nationalen Modelle, selbst in Europa, wenn wir etwa Dänemark mit Großbritannien vergleichen. Ganz abgesehen davon, dass auch die Regeln der Globalisierung, die souveräne Politik erschweren, von niemand anderem als den Regierungen der Nationalstaaten gemacht wurden und von ihnen auch wieder geändert werden könnten.

Die Mär vom schwachen Nationalstaat in unserer globalisierten Welt ist also vor allem eins: eine Zwecklüge der Regierungen, um die Verantwortung für die Abkehr von den einstigen Schutz- und Sicherheitsversprechen des Staates auf *Sachzwänge* abzuwälzen und eine wirtschaftsliberale Politik zu rechtfertigen, die in den meisten Ländern den Wünschen der Mehrheit der Bevölkerung widerspricht. Solange die Regierungen ihre großen Unternehmen und Banken schützen können und sich auch international für deren Interessen ins Zeug legen, *könnten* sie natürlich auch Industriearbeitsplätze, soziale Sicherheit oder gut ausgestattete öffentliche Dienste verteidigen, wenn sie es denn wollten. Es sieht also ganz danach aus, dass die Nationalstaaten genau da handlungsfähig sind, wo ihnen schlagkräftige Interessengruppen im Nacken sitzen. Wer weniger Einfluss hat, hat Pech gehabt.

An mangelnder Handlungsfähigkeit hapert es also nicht. Problematisch ist eher, *wie* die Nationalstaaten handeln. Natürlich wäre es gut, wenn dabei die Interessen der Mehrheit ihrer Staatsbürger im Mittelpunkt stünden und nicht die Interessen ressourcenstarker Minderheiten. Aber dieses Problem wird nicht durch die Unterordnung der Nationalstaaten unter supranationale Institutionen gelöst, sondern durch die Wiederherstellung der Demokratie *innerhalb* der Nationalstaaten.

Kriege um Rohstoffe und Absatzmärkte

Richtig ist auch: Nationalstaaten haben mit ihren Kriegen die Menschheit immer wieder in blutige Abgründe gestürzt und Millionen Menschenleben ausgelöscht. Auch heute noch zetteln Staaten Kriege um Rohstoffe und Absatzmärkte an, um ihrer Wirtschaft Zugang zu billigem Öl oder Kobalt und ihrer Rüstungsindustrie boomende Geschäfte zu verschaffen. Aber wird die Kriegsgefahr tatsächlich geringer, wenn die Staaten schwächer und die, in deren Interesse die Kriege stattfinden, noch mächtiger werden? Vor der Herausbildung starker Nationalstaaten haben die global tätigen Handelskompanien ihre Kriege in den Kolonien einfach selbst mit ihren Privatarmeen geführt. Und auch auf dem europäischen Kontinent ging es nicht friedlicher zu, als es noch die Fürstentümer und Regionalmächte anstelle der Nationalstaaten waren, die ihre Untertanen in endlosen gewaltsamen Konflikten verheizten.

Europa ist tatsächlich ein gutes Beispiel dafür, wie die Kriegsgefahr überwunden werden kann, ohne die Staaten in transnationale Organisationen aufzulösen. Dass Kriege zwischen den großen Mächten in Europa, etwa zwischen Frankreich, Deutschland und Großbritannien, heute kaum noch vorstellbar sind, ist nicht die Leistung der aktuellen europäischen Institutionen, sondern das Ergebnis der wirtschaftlichen Integration, für die die Montanunion und später die Europäische Gemeinschaft den Rahmen abgaben, *ohne* staatliche Souveränitätsrechte relevant anzutasten. Ebenso wichtig waren die öffentlichen Versöhnungsgesten und großen Vereinigungserzählungen aus der Zeit nach dem Zweiten Weltkrieg, die durchlässigen Grenzen, der kulturelle Austausch und die Reisen ins jeweils andere Land.

All das hat den hasserfüllten Nationalismus, der über zwei Jahrhunderte das Verhältnis zwischen den Nationen vergiftet hatte, zum Verschwinden gebracht. Darüber sollten wir uns freuen, aber wir sollten nicht dem gut gepflegten Mythos aufsitzen, die heutige EU mit ihren Verträgen und Institutionen sei ein *unerlässlicher Friedensgarant*. Es braucht ganz sicher keinen Lissabon-Vertrag, kein EU-Parlament und schon gar keine EU-Kommission, um in unserer Zeit den Frieden in Europa zu bewahren. Auch mit Norwegen, das nie der EU angehörte, wurden in den zurückliegenden Jahrzehnten keine kriegerischen Konflikte ausgetragen, und obwohl Großbritannien die Union mittlerweile verlassen hat, rechnet niemand im Ernst damit, dass sich bald wieder englische und französische Heere waffenstarrend auf einem Schlachtfeld begegnen.

Das sicherste Mittel, um künftige Kriege zu verhindern, wären Veränderungen innerhalb der Nationalstaaten, die eine demokratische Kontrolle der Politik wieder ermöglichen. Kriege sind unpopulär. Jede Umfrage in Deutschland ergibt klare Mehrheiten für den Rückzug deutscher Truppen aus ihren diversen Einsätzen, etwa aus Afghanistan. Donald Trumps Ankündigung, amerikanische Soldaten nach Hause zu holen, gehörte zu den Trümpfen, die ihn populär gemacht haben.

Obwohl vor über 200 Jahren formuliert, scheint Immanuel Kants These, nach der (funktionierende!) Demokratien keine Kriege führen, nichts an Aktualität verloren zu haben. Auch die lange und blutige Geschichte der Kriege spricht also nicht gegen souveräne Nationalstaaten, sondern nur gegen Nationalstaaten, in denen über die öffentlichen und außenpolitischen Angelegenheiten nicht demokratisch entschieden wird.

Schöne Vision

Bleibt als letztes Argument für den transnationalen Staat der hehre Appell an Völkerverständigung und Solidarität in einer großen Weltgemeinschaft ohne Grenzen und Unterschiede. Oder, einige Stufen kleiner, die schöne Vision eines geeinten Europa, in dem alle Menschen unter ähnlichen Bedingungen leben, eine europäische Arbeitslosenversicherung Griechen ebenso wie Deutsche oder Schweden trägt und eine gemeinsame Wirtschafts-, Sozial- und Umweltpolitik an die Stelle nationaler Alleingänge getreten ist. Klingt das nicht nach einem großen, mutigen Zukunftsentwurf, dessen Charme sich nur Kleingeister und verbohrte Nationalisten verweigern können?

Natürlich wäre es wünschenswert, wenn es mehr internationale Kooperation und eine bessere Zusammenarbeit in Europa gäbe. Klima und Umwelt lassen sich nicht in den Grenzen eines Landes retten. Dass einzelne Staaten ihre Macht ausspielen, um anderen ihren Willen aufzuzwingen, ist das Gegenteil einer solidarischen Weltordnung. Ein einiges Europa hätte es sehr viel leichter, sich zwischen den USA und China zu behaupten. Und vielleicht wird Europa in einhundert oder zweihundert Jahren tatsächlich so aussehen wie in der geschilderten Zukunftsvision. Es wäre jedenfalls eine erfreulichere Perspektive als ein gespaltener, zersplitterter Kontinent, in dem alte Feindseligkeiten wiederaufleben. Das Problem der schönen Vision ist nur, dass sie *für die Gegenwart* nicht taugt, weil sie, wie so oft, die realen Menschen ignoriert, die *heute* in Europa leben.

Wir haben im letzten Kapitel gesehen, wie wichtig es für eine lebendige Demokratie und die Akzeptanz von Sozialstaatlichkeit ist, dass eine Gesellschaft sich auf eine gemeinsame Identität und ein echtes Wir-Gefühl stützen kann. Die meisten Menschen sind bereit, bis zu einem gewissen

NATIONALSTAAT UND WIR-GEFÜHL 233

Grad mit anderen zu teilen, *wenn* sie sich ihnen in irgendeiner Form verbunden fühlen. Aber genau dieses Wir-Gefühl ist auf europäischer Ebene zu schwach, um darauf funktionsfähige demokratische Institutionen und grenzüberschreitende soziale Leistungen aufzubauen.

Bürger ihres Landes: Geschichte und Kultur statt Gene

Laut einer Befragung des *World Value Survey* zwischen 2010 und 2014 liegt der Anteil der EU-Bürger, die sich zuerst als Europäer und dann erst als Bürger ihres Nationalstaats fühlen, in den verschiedenen europäischen Ländern zwischen 4 und 6 Prozent. Den höchsten Wert gibt es in Deutschland mit 10 Prozent. Verschwindend wenige, nämlich 1 bis 3 Prozent, sehen sich ausschließlich als Europäer, darunter 3 Prozent der Deutschen, 2 Prozent der Briten und 1 Prozent der Franzosen.[2] Die meisten Menschen fühlen sich also vor allem als Bürger *ihres* Landes und allenfalls in zweiter Linie als Europäer. Das gilt vor allem für jene Mehrheit der Bevölkerung, die weder zur Oberschicht noch zur akademischen Mittelschicht gehört.

Sozialunion: Traum oder Alptraum?

Das ist der wichtigste Grund dafür, warum es die europäische Sozialunion, von der die europäische Linke seit Jahrzehnten träumt, auch in näherer Zukunft nicht geben wird und warum ein solches Projekt jenseits akademischer Kreise auch gar nicht populär ist. Eben weil die Bindungen und Loyalitätsgefühle über Ländergrenzen hinweg zu schwach sind, um relevante, mit den nationalen auch nur annähernd vergleichbare Sozialtransfers zu unterstützen. Wird etwa in Deutschland der Finanzausgleich zwischen den einzelnen Bundesländern im Großen und Ganzen gebilligt, ist die *europäische Transferunion* gerade deshalb ein beliebtes Feindbild der politischen Rechten, weil die große Mehrheit eine solche Umverteilung nicht will und nicht akzeptieren würde.

Wer eine verstärkte Integration im Bereich der Sozialsysteme fordert, muss wissen, was die Konsequenz wäre: eine Gesellschaft mit sehr viel *weniger* sozialem Ausgleich und weniger sozialer Sicherheit. Eine europäische Arbeitslosenversicherung wäre also im besten Fall eine Minimalversicherung, und sie wäre nach ihrer eigenen Logik wohl mit der Pflicht verbunden, auch im Ausland nach Arbeit zu suchen und auch da Arbeit anzunehmen, wenn es im eigenen Land nicht genug offene Stellen gibt.

Es ist durchaus kein Zufall, dass die Idee des europäischen Bundesstaats bereits bei dem ultraliberalen Ökonomen Friedrich August von Hayek, an dessen ökonomischer Theorie sich unter anderem Maggy Thatcher orientierte, große Sympathien genoss. Hayek, der in jeder Korrektur von Marktergebnissen und jeder Politik sozialen Ausgleichs einen *Weg in die Knechtschaft* sah, begründete seine Zuneigung für einen europäischen Bundesstaat ausdrücklich mit dem Argument, dass ein supranationaler Staat ein schwacher Staat sein würde und von einem solchen weder relevante Sozialgesetze noch progressive Steuern oder ein wirksamer Schutz der Arbeitnehmer zu erwarten sei.[3] Hayek war damit zumindest ehrlicher als jene, die die gleiche Forderung mit der *europäischen Idee* und dem Kampf gegen den *Nationalismus* schönreden.

Kultur statt Gene

Nationale Identitäten und Zusammengehörigkeitsgefühle haben natürlich nichts mit Genen, Blutsbanden und Abstammungsgemeinschaften zu tun. Im Gegenteil, die meisten Nationen sind ethnisch äußerst vielfältig und bunt gemixt. Nationen entstehen durch eine gemeinsame Kultur und Sprache, durch geteilte Werte, gemeinsame Traditionen, Mythen und Erzählungen, aber auch durch eine gemeinsame politische Geschichte, die in manchen Fällen sogar das Fehlen älterer kultureller Gemeinsamkeiten ersetzen kann.

Die Schweiz etwa ist ein Beispiel dafür, dass eine starke gemeinsame Identität sogar in einem Land mit vier unterschiedlichen Sprachregionen und erheblichen kulturellen Unterschieden entstehen kann. In diesem Fall ist das gemeinsame Wir-Gefühl wohl vor allem auf die geringe Größe des Landes und die starken partizipativen Elemente der Schweizer Demokratie zurückzuführen. Zusammengehörigkeit entsteht eben besonders dann, wenn jeder das Gefühl hat, dass er bei den gemeinsamen Angelegenheiten mitreden und mitgestalten kann.

Dass es Menschen als Teil ihrer Identität empfinden, Bürger *ihres* Landes zu sein, ist kein reaktionäres Ressentiment, sondern eine unersetzliche

NATIONALSTAAT UND WIR-GEFÜHL **235**

Ressource für Gemeinsamkeit, gemeinsame Gestaltung und sozialen Ausgleich.[4] Diktaturen brauchen keinen Zusammenhalt, sie können über völlig heterogene Völkerschaften herrschen, die keine gemeinsame Tradition und kein Gemeinschaftsgefühl eint. Die großen Vielvölker-Reiche wurden auf der Grundlage staatlicher Gewalt zusammengehalten und waren, wie das Habsburgerreich, jahrhundertelang stabil. Auch die Sowjetunion konnte siebzig Jahre lang bestehen, weil es in ihr kaum demokratische Gestaltungsmöglichkeiten gab. Als in den einstigen Unionsrepubliken die ersten freien Wahlen abgehalten wurden, löste sie sich auf.

Es ist ein echtes Problem vieler afrikanischer Staaten, dass bis heute Stammesloyalitäten dominieren und es gesamtstaatlich kaum eine oder gar keine gemeinsame Identität gibt. Das hat natürlich damit zu tun, dass diese Länder nicht wie die meisten europäischen auf eine lange gemeinsame Geschichte zurückblicken und sich auch nicht auf gemeinsame nationale Traditionen und Erzählungen stützen, sondern im Ergebnis willkürlicher Grenzziehungen der einstigen Kolonialherren entstanden sind. Dieses Fehlen gesamtgesellschaftlichen Zusammenhalts ist ein bekanntes Entwicklungshemmnis. Wenn es beispielsweise nicht als Fehlverhalten, sondern als moralisch geboten gilt, öffentliche Gelder, soweit man Zugang zu ihnen hat, in erster Linie zur Versorgung der eigenen Sippe zu verwenden, kann kein funktionierender Staat und über Stammesgrenzen hinaus auch kein Vertrauen entstehen.

Kolonialherren machen Identitätspolitik

Teilweise haben die einstigen Kolonialherren bewusst dazu beigetragen, Feindseligkeiten zwischen unterschiedlichen Volksgruppen in ihren Kolonien zu schüren. Ein besonders tragisches Beispiel dafür ist Ruanda. Es waren die Belgier, die in diesem Land damit begannen, die Zugehörigkeit zu verschiedenen Stämmen, darunter vor allem dem der Hutu und dem der Tutsi, in den Personalausweisen zu dokumentieren. Die unterschiedlichen Ethnien gab es zwar seit Langem, sie spielten jedoch gesellschaftlich keine wichtige Rolle. Erst durch die Dokumentationspflicht wurde die Unterscheidung zu einer für das persönliche Leben relevanten Frage und die entsprechenden Identitäten begannen sich ebenso zu verfestigen wie die Abgrenzung zur jeweils anderen. Am Ende eskalierte die Feindseligkeit in einem der schlimmsten Genozide der jüngeren Menschheitsgeschichte, als 1994 Angehörige der Hutu-Mehrheit innerhalb von nur 100 Tagen annähernd 1 Million Menschen, rund 75 Prozent aller in Ruanda lebenden Tutsi, auf brutale Weise ermordeten. Wie meist bei Bürgerkriegen ging es dabei natürlich im Hintergrund um Macht- und Verteilungskonflikte. Doch ohne die verordneten ethnischen Identitäten, die schließlich in einem Maße verinnerlicht worden waren, das offenbar jedes Mitgefühl mit Angehörigen der anderen Volksgruppe ausschaltete, wäre der grauenvolle Völkermord undenkbar gewesen.

Auch wenn einander feindlich gesinnte religiöse Identitäten das nationale Zusammengehörigkeitsgefühl überlagern, ist das ein großes Problem. Staaten, die in rivalisierende Religionsgruppen zerfallen, lassen sich allenfalls als säkulare Diktaturen halbwegs stabil regieren. Denn echte freie Wahlen führen in einem solchen Fall zur Machtübernahme der von der Mehrheit getragenen religiösen Richtung, was zur Unterdrückung aller anderen und damit meist zum Ausbruch gewaltsamer Kämpfe führt. Das Ergebnis ist ein zunehmend unregierbarer Staat und im schlimmsten Fall ein blutiger Bürgerkrieg, also genau das Schicksal, das die *failed states* des Nahen und Mittleren Ostens nach dem Sturz ihrer säkularen Regime durch US-geführte Interventionskriege erlitten haben.

Ohne gemeinsame Identität

Auch in Europa gibt es Länder, in denen das nationale Zusammengehörigkeitsgefühl schwach ist. Sie haben in der Regel mit anhaltenden und zermürbenden Konflikten zu tun, die demokratische Gestaltung erheblich erschweren. Das gilt etwa für Belgien, wo den niederländischen und den französischsprachigen Teil der Bevölkerung wenig Gemeinsames verbindet. Oder für Norditalien, dessen Bewohner dem ärmeren Süden distanziert gegenüberstehen, ein Zwiespalt, der die Lega Nord groß gemacht hat und von ihr geschürt wurde. Die Mehrzahl der Katalanen wiederum fühlt sich nicht als Spanier, was in der im Vergleich zum Rest des Landes reichen Region immer wieder zu Abspaltungsbewegungen führt.

In Frankreich dagegen entstand eine starke gemeinsame Identität, obwohl der französische Zentralstaat kulturell sehr unterschiedliche Regionen zusammengeführt hat und die Einheit zunächst vor allem politisch geschaffen wurde. Teilweise sogar mit recht brachialen Methoden, etwa als Okzitanien, eine Hochkultur mit eigener Sprache und Literatur, der französischen Zentralmacht unterworfen und letztlich in seiner kulturellen und sprachlichen Eigenständigkeit ausgelöscht wurde. Für die Entstehung einer gemeinsamen französischen Identität spielte die Französische Revolution zweifellos eine zentrale Rolle, in der der Begriff der *Nation* erstmals als Synonym für die normale französische Bevölkerung, in ausdrücklicher Abgrenzung zu den Eliten des *Ancien Régime*, verwandt wurde, um damit demokratische Ansprüche zu untermauern. Die gemeinsame Identität hat die kulturellen Unterschiede zwischen den französischen Regionen, etwa zwischen Bretonen und Elsässern, nicht beseitigt, aber doch in einem übergreifenden Wir-Gefühl aufgehoben.

Auch die Iren haben durch die jahrelange englische Vorherrschaft (und die englischen Industriearbeitsplätze, auf die viele Iren angewiesen waren) ihre alte gälische Sprache fast völlig verloren, anders als die Okzitanier haben sie allerdings ihre nationale Identität und kulturelle Eigenständigkeit mit großem Selbstbewusstsein bewahrt und verteidigt.

Sich wandelnde Zugehörigkeit

Es gibt also beachtliche Unterschiede in der Entstehungsgeschichte nationaler Identitäten in Europa. Sie zeigen vor allem eins: Nationale Zusammengehörigkeitsgefühle entstehen in einem langen historischen Prozess, sie hängen von vielen Faktoren ab und können sich durchaus verändern. Sie beruhen auf gemeinsamen Erfahrungen, gemeinsamer Geschichte und gemeinsamen kulturellen Überlieferungen. Politik kann solche Gemeinsamkeiten fördern oder schwächen, das sehr wohl, aber sie kann sie nicht herbeiadministrieren.

Auch eine europäische Identität lässt sich daher nicht per Dekret schaffen. Im Laufe der Jahrhunderte sind die Gemeinschaften, denen sich Menschen zugehörig fühlen, territorial größer geworden. Es ist durchaus denkbar, dass auf sehr lange Sicht ein hinreichend starkes europäisches Wir-Gefühl entsteht, um tatsächlich über eine gemeinsame Staatlichkeit trotz (hoffentlich) verbleibender kultureller Unterschiede nachdenken zu können. Die wichtigste Voraussetzung für eine solche Entwicklung wäre, die Möglichkeit zu gemeinsamen Erlebnissen und Erfahrungen, die derzeit

238 DIE SELBSTGERECHTEN

den Kindern der Wohlhabenden vorbehalten ist – vom Schüleraustausch bis zum Auslandssemester, von Bildungsreisen bis zu Auslandspraktika – der gesamten Bevölkerung zugänglich zu machen, indem die Angebote staatlich bereitgestellt und sozial so abgesichert werden, dass tatsächlich jeder sie wahrnehmen kann.

Aber unabhängig davon, ob und wann über einen solchen Weg stärkere europäische Identitäten entstehen, politische Entwürfe für *unsere* Zeit müssen berücksichtigen, dass es sie aktuell nicht in ausreichendem Maße gibt. Und die heutige Europäische Union mit ihren wirtschaftsliberalen Vorgaben und dirigistischen Einmischungen fördert ihre Entstehung auch nicht, sondern bewirkt eher das Gegenteil.

Leitkultur

Weil nationale Identitäten kulturell und historisch, aber nicht genetisch bedingt sind, gibt es auch unzählige Beispiele erfolgreicher Integration. Und auch für Migranten gilt: Kultur und Identität lassen sich nicht verordnen. Was von Zuwanderern erwartet werden kann, ist daher nicht, dass sie so denken und fühlen, als wären sie in dem betreffenden Land geboren, sondern die Bereitschaft, sich auf die Mehrheitskultur und deren Werte einzulassen, ihren Fundus an Gemeinsamkeiten zu respektieren und zu beginnen, sich selbst als Bürger des Staates, in dem sie ihr Leben verbringen wollen, zu verstehen.

Dass Menschen unterschiedliche Bräuche und Traditionen pflegen und an unterschiedliche Götter oder gar nicht glauben, dass sie unterschiedlich kochen, leben und lieben, ist kein Hinderungsgrund für ein gemeinsames Wir-Gefühl. Eine Religion wie der politische Islam, der Abgrenzung und Feindseligkeit predigt, allerdings sehr wohl. *Dieser* Islam kann schon deshalb nicht zu einem Land wie Deutschland gehören, weil er gar nicht zur hiesigen Kultur und Gesellschaft gehören *will*.

In diesem Zusammenhang wird auch deutlich, warum die in Deutschland reichlich verkrampft geführte Debatte um eine *Leitkultur* so unergiebig war. Eine funktionierende Demokratie benötigt tatsächlich *mehr* Gemeinsamkeit als eine gemeinsame Sprache, und als gemeinsames Wertgerüst reicht das Bekenntnis zum Grundgesetz nicht aus. Aber die wichtigsten Gemeinsamkeiten bestehen nicht in auswendig gelernten Wissensbrocken, wie sie in Einbürgerungstests abgefragt werden, deren Fragen viele Deutsche nicht beantworten könnten. Wenn man den Begriff Leitkultur sinnvoll definieren will, sollte man darunter die durch kulturelle Überlieferung, Geschichte und nationale Erzählungen begründeten spezifischen Werte und typischen Verhaltensmuster innerhalb einer Nation verstehen, die Teil ihrer gemeinsamen Identität sind und auf denen ihr Zusammengehörigkeitsgefühl beruht.

Dass es eine nationale Typik im Verhalten, im Umgang miteinander und in der Reaktion auf Ereignisse gibt, also etwas typisch *Deutsches* oder typisch *Französisches* oder auch typisch *Irisches*, kann eigentlich nur bezweifeln, wer sich nie längere Zeit in einem anderen Land aufgehalten und die Missverständnisse erlebt hat, die aus der Unkenntnis solcher Unterschiede resultieren können. Dass die Deutschen zu Beginn der Coronakrise Nudeln und Toilettenpapier gehortet haben, während die Franzosen angeblich Rotwein und Kondome kauften, ist zwar eine Legende. Aber solche Legenden werden auch deshalb gern erzählt, weil sie halb im Scherz und natürlich übertrieben Nationalcharaktere beschreiben, deren Existenz sich weder leugnen lässt noch verwunderlich ist. Menschliches Verhalten ist kulturell geprägt, und die nationale Geschichte und Kultur ist neben der sozialen Herkunft ein elementarer Teil dieser Prägung.

Für ein Europa souveräner Demokratien

Aber diese Unterschiede bewirken eben auch, dass Politik und politische Diskussionen in den einzelnen Ländern unterschiedlichen Regeln folgen und wir auch heute noch klar abgegrenzte nationale Öffentlichkeiten anstelle eines gemeinsamen europäischen Diskursraumes haben. Aus dem gleichen Grund gibt es auch keine echten europäischen Parteien. Die sogenannten europäischen Parteien sind vielmehr ein äußerst heterogener Zusammenschluss nationaler Parteien, die bei den Europawahlen eine Verbindung eingehen und im Europaparlament unterschiedlich abstimmen, auch wenn sie einer Fraktion angehören.

Das klägliche Scheitern der Spitzenkandidaten

Dass auf europäischer Ebene die Regeln politischer Willensbildung, die wir auf nationaler Ebene gewohnt sind, schlicht nicht gelten, zeigt kaum ein Beispiel deutlicher als das klägliche Scheitern des Versuchs, bei der Wahl zum europäischen Parlament 2019 echte *europäische Spitzenkandidaten* aufzustellen, die um den höchsten Posten in Brüssel, das Amt des Kommissionspräsidenten, kämpfen sollten. Wie schon bei den früheren Europawahlen haben diese Spitzenkandidaten im Wahlkampf ausschließlich in ihren Heimatländern eine Rolle gespielt, wo das Prädikat *europäischer Spitzenkandidat* ihre Position stärkte. In allen anderen Ländern blieben die Namen dieser Spitzenkandidaten nahezu unbekannt, auf den Plakaten prangten die nationalen Größen, oft genug solche, die noch nicht einmal zur Europawahl kandidierten. Aber endgültig zur Farce wurde das Ganze dadurch, dass am Ende auch keiner der Spitzenkandidaten Kommissionspräsident wurde, sondern im Ergebnis mühsamer zwischenstaatlicher Verhandlungen und längeren Gezerres mit Ursula von der Leyen eine Frau, die im Europawahlkampf überhaupt keine Rolle gespielt hatte.

Ohne gemeinsame Öffentlichkeit, ohne grenzüberschreitend bekannte Kandidaten und ohne echte Parteien lässt sich eben auch keine Demokratie gestalten. Wer glaubt, eine Stärkung der Rechte des europäischen Parlaments führe zu einer *Demokratisierung* der EU, ignoriert diese Realität. Es ist kein Zufall, dass Korruption und Käuflichkeit der Politik auf EU-Ebene noch mehr grassieren und der Einfluss wirtschaftlicher Interessengruppen noch größer ist als auf nationaler Ebene. Der berühmte Drehtüreffekt, der Wechsel von der Politik in lukrative Wirtschaftspositionen als Dank für gefällige politische Entscheidungen, spielt beispielsweise in Brüssel eine noch wichtigere Rolle als auf nationaler Ebene.

Laut einem Report von Transparency International wechselte jeder Dritte der 171 EU-Abgeordneten, die nach der Europawahl 2014 aus dem Parlament ausgeschieden waren und nicht in den Ruhestand gegangen sind, zu einer im Lobbyregister der EU verzeichneten Organisation. Bei früheren EU-Kommissaren beträgt die Lobbyistenquote sogar 55 Prozent, mehr als jeder zweite Kommissar wurde nach dem Ausscheiden aus dem Amt also von zufriedenen Großunternehmen und Lobbyverbänden belohnt.[5] Das liegt weit oberhalb dessen, was im Rahmen der Nationalstaaten üblich ist und geduldet wird.

Anders, als viele Menschen annehmen, ist überbordende Bürokratie in Brüssel eher nicht das Problem. Die Europäische Kommission etwa hat einen gemessen an ihrer Macht vergleichsweise kleinen Apparat. Der Grund dafür ist allerdings nicht eine besonders effiziente Organisation der Arbeit, sondern die Delegierung von Staatsaufgaben an private Organisationen: Europäisches Recht wird in Gremien erarbeitet, in denen vor allem Wirtschaftslobbyisten sitzen. Die gleichen Lobbyisten sitzen dann auch in den Ausschüssen des Europaparlaments und überwachen dort den Entscheidungsprozess.

Sicher, auch auf nationaler Ebene haben wirtschaftliche Interessengruppen einen viel zu großen Einfluss auf die Politik. Es gibt auch hier Beispiele, dass sie komplette Gesetze schreiben, nur ist das zumindest nicht die Regel. Und dass Lobbyisten in den Ausschüssen des Parlaments hocken, als wären sie gewählte Abgeordnete, ist in den meisten Ländern auch nicht vorgesehen.

Entdemokratisierung

Dass all das in Brüssel möglich ist, hängt natürlich damit zusammen, dass die Vorgänge in der europäischen Hauptstadt weit weniger unter öffentlicher Kontrolle stehen als in den nationalen Metropolen. Die Kommissare kommen durch zwischenstaatliche Verhandlungen ins Amt und müssen dann lediglich die Hürde nehmen, bei der Bestätigung im EU-Parlament nicht durchzufallen. Was sie anschließend tun oder unterlassen, ist allenfalls einem politisch weit überdurchschnittlich interessierten Publikum bekannt, jeder Minister einer nationalen Regierung steht ungleich mehr in der Öffentlichkeit. Auch die EU-Abgeordneten können sich hinter ihrer Anonymität verstecken, während Bundestagsabgeordnete meist zumindest im eigenen Wahlkreis bekannt sind und sich dort auch kritischen Nachfragen stellen müssen.

Die zunehmende Verlagerung von Entscheidungskompetenzen von der besser kontrollierbaren und unter größerer öffentlicher Beobachtung stehenden nationalen auf die intransparentere und daher leichter von Banken und Großunternehmen steuerbare europäische Ebene bedeutet daher vor allem eins: eine *Entdemokratisierung* der Politik, und zwar ganz unabhängig davon, wie viele Rechte die EU-Verträge dem Europaparlament zuschreiben.

242   DIE SELBSTGERECHTEN

Es hilft nichts: Die höchste Ebene, auf der Institutionen für gemein-
schaftliches Handeln und gemeinsame Problemlösungen existieren, die
auch noch demokratisch kontrolliert werden können, ist auf absehbare
Zeit nicht Europa und schon gar nicht die Welt. Es ist der viel gescholtene und voreilig für tot erklärte Nationalstaat. Er ist das aktuell einzige Instrument zur Einhegung der Märkte, zu sozialem Ausgleich und zur He-
rauslösung bestimmter Bereiche aus der kommerziellen Logik, das wir zur
Verfügung haben. Ein Mehr an Demokratie und sozialer Sicherheit ist daher nicht durch weniger, sondern nur durch *mehr nationalstaatliche Souveränität* zu haben.

Take back control

Die vertiefte europäische Integration, die uns einem supranationalen Ein-
heitsstaat immer näher bringen sollte, war daher ein Irrweg, für den es
in der europäischen Bevölkerung auch nie solide Mehrheiten gab. »Wenn
sich Regierungen vollständig durch Entscheidungen der Parlamente bin-
den ließen, … wäre das Auseinanderbrechen Europas wahrscheinlicher als
eine engere Integration«,[6] hatte der ehemalige EU-Kommissar und (nie
gewählte) Vorsitzende eines italienischen Technokratenkabinetts, Mario
Monti, einmal bemerkt. In diesem Punkt hatte er recht. Die Frage ist allerdings: Was ist das höhere Gut? Eine Integration, die vor allem den Privilegierten und den Wirtschaftslobbyisten nützt und nur vorangetrieben
werden kann, indem man die europäische Bevölkerung entmündigt? Oder
nicht doch die Demokratie?

Die »Leave«-Kampagne in Großbritannien stand unter dem populären
Motto: *Take back control*. Es spricht einiges dafür, dass sich auch in anderen
Ländern viele Menschen wünschen, die Kontrolle zurückzugewinnen, was
zunächst einmal bedeutet, dass über ihre Lebensbedingungen und ihre öffentlichen Angelegenheiten in Gemeinwesen entschieden wird, mit denen
sie sich identifizieren können. Gegenwärtig sind das die Nationalstaaten,
und sie werden es wohl noch lange bleiben.

Take back control schließt gute internationale Zusammenarbeit und
auch eine enge europäische Kooperation nicht aus. Aber es bedeutet, die
Souveränität demokratischer Staaten zu respektieren und demokratische
Entscheidungsmacht dorthin zu verlagern, wo demokratische Entscheidun-

gen tatsächlich möglich sind. Die Konsequenz wäre nicht die Auflösung der Europäischen Union, sondern ihr Umbau zu einer Konföderation souveräner Demokratien. In einer solchen EU verhandeln gewählte Regierungen über gemeinsame Lösungen und in den einzelnen Ländern gilt nur, was von den Parlamenten dieser Länder auch tatsächlich beschlossen wird.[7]

Bessere Zusammenarbeit

Das wichtigste Gremium einer solchen EU wäre der heutige Europäische Rat, während die EU-Kommission ihre dirigistischen Vollmachten und direkten Einflussmöglichkeiten auf die Politik der Mitgliedsstaaten verlöre. Außerdem sollte es vielfältige Möglichkeiten engerer Kooperation zwischen Ländern geben, die sich wirtschaftlich und kulturell näherstehen.

Es spricht einiges dafür, dass auf einem solchen Weg sogar eine bessere europäische Zusammenarbeit und mehr gemeinsame europäische Lösungen erreicht werden können als auf dem heute eingeschlagenen. Denn der Versuch, die EU durch eine Zentralisierung von Entscheidungskompetenzen in Brüssel zu einen, hat in den letzten Jahren erkennbar das Gegenteil bewirkt: Anstelle von mehr Gemeinsamkeit und großen europäischen Antworten auf die Probleme unserer Zeit gibt es wachsende Spannungen und Konflikte, die auf immer mehr Feldern ein einheitliches Vorgehen verhindern.

Das liegt sicher auch daran, dass die EU mit jedem Erweiterungsschritt heterogener geworden ist. Die Wahrscheinlichkeit, sich auf gemeinsame Ziele einigen zu können, wurde entsprechend immer kleiner, und der Versuch, Ländern per Mehrheitsbeschluss eine Politik aufzuzwingen, die vor Ort nicht akzeptiert wird, führte zu Aversionen und Feindseligkeiten und ist am Ende ohnehin meist gescheitert. Wie die wachsende Zahl ungelöster Probleme zeigt, befindet sich der europäische Einigungsprozess gegenwärtig in einer Sackgasse. Endlose Beratungen und Verhandlungen münden immer häufiger nicht in couragierte gemeinsame Konzepte, sondern in kraftlose Formelkompromisse. Der kleinste gemeinsame Nenner ist oft schlechter als jede nationale Regelung.

Diese Unfähigkeit zu gemeinsamem Handeln ist ein ernstes Problem. Denn von der Digitalisierung über grüne Technologien bis zu einer vernünftigen Finanzmarktregulierung, von einer eigenständigen europäischen

Außenpolitik bis zu einer Antwort auf die Globalisierung bräuchten wir dringend Lösungen, die zumindest von einer größeren Zahl europäischer Länder gemeinsam vorangebracht werden. Zu den großen Aufgaben, die einer Lösung harren, gehört eine europäische Digitalstrategie, die uns von den US-Datenkraken ebenso unabhängig macht wie von chinesischen IT-Ausrüstern. Zu ihnen gehört ein europäisches Zahlungssystem, das europäische Souveränität gegenüber Washingtoner Sanktionsdrohungen ermöglicht. Wir brauchen eine Re-Industrialisierung Europas, die Arbeitsplätze und Wohlstand zurückbringt. Hilfreich wären außerdem eine gemeinsame Umwelt- und Technologiepolitik und auch eine abgestimmte Steuerpolitik, die dem Steuerdumping der Konzerne einen Riegel vorschiebt. All das sollte nicht länger an europäischer Uneinigkeit scheitern, sondern kann von den Ländern gemeinsam umgesetzt werden, die sich auf gemeinsame Lösungen verständigen können.

Internationale Sicherheitsarchitektur

Auch international muss natürlich weiterhin nach gemeinsamen Lösungen und multilateralen Vereinbarungen gesucht werden. Die Wahrung der Souveränität der einzelnen Länder kollidiert hier allerdings mit Verträgen, die nationale Gesetze, etwa beim Verbraucherschutz und dem Verbot gentechnisch veränderter Lebensmittel, unterlaufen oder eine Paralleljustiz durch besondere Schiedsgerichte für Investoren einführen.

Um die Kriegsgefahr zu mindern und die Chance zu erhöhen, dass Streitigkeiten diplomatisch gelöst werden, wäre eine internationale Sicherheitsarchitektur wünschenswert. Verteidigungsbündnisse führen allerdings vor allem dann zu mehr Stabilität, wenn sie tatsächlich konkurrierende Machtblöcke umfassen. Außerdem sollten sie, anders als die US-geführte NATO, defensiv und nicht interventionistisch ausgerichtet sein und sich um gemeinsame *Abrüstung*sanstrengungen bemühen, statt *Aufrüstung*sziele zu formulieren. Die alte Idee eines gemeinsamen Sicherheitssystems, das neben den bisherigen NATO-Ländern auch Russland umfasst, wäre in einem solchen Rahmen unverändert aktuell.

Echter Internationalismus im Sinne einer solidarischen Zusammenarbeit auf globaler Ebene wäre ein gewaltiger Fortschritt. Die Aushöhlung nationalstaatlicher Souveränität durch supranationale Institutionen dagegen entmündigt die Bevölkerung und nützt vor allem den Wirtschaftseliten. Der Nationalstaat ist unter den heutigen Bedingungen die territorial größtmögliche Institution, in deren Rahmen Demokratie und sozialer Ausgleich organisiert werden können. Der Schlachtruf »Kein Zurück zum Nationalstaat« bedeutet letztlich auch: »Kein Zurück zur Demokratie« und »Kein Zurück zum Sozialstaat«.

Staatliche Souveränität ist allerdings nur die Voraussetzung und keine Garantie dafür, dass sich politisch tatsächlich die Interessen der Mehrheit durchsetzen. Um das zu erreichen, müssen die Bedingungen für demokratische Partizipation *innerhalb* der Nationalstaaten neu geordnet werden. Das wird das Thema unseres nächsten Kapitels sein.

10. DEMOKRATIE ODER OLIGARCHIE: WIE WIR DIE HERRSCHAFT DES GROSSEN GELDES BEENDEN

Was früher besser war

Viele Menschen haben nicht mehr den Eindruck, dass ihre Anliegen und Wünsche Einfluss auf politische Entscheidungen haben. Sie fühlen sich außerstande, öffentliche Prozesse mitbestimmen zu können. Gerade Ärmere gehen oft gar nicht mehr zur Wahl und haben nicht selten jedes Interesse am politischen Geschehen verloren. Es wird beklagt, diese Menschen würden sich *von der Demokratie abwenden*. Das stimmt nicht. Sie ziehen die Konsequenz daraus, dass es in ihren Augen keine Demokratie mehr gibt. Noch in den siebziger Jahren, als sie die Lage anders beurteilten, lag die Wahlbeteiligung der weniger Privilegierten etwa gleichauf mit der der Wohlhabenden. Dass sich das verändert hat, hat nachvollziehbare Gründe.

Wünsche der Ärmeren politisch chancenlos

Sehr lesenswert in diesem Zusammenhang ist eine Studie über politische Entscheidungen in Deutschland in den Jahren 1998 bis 2015. Sie weist nach, dass in allen Fällen, in denen die Meinung des unteren Zehntels der Bevölkerung deutlich von der des oberen Zehntels abwich, sich die Meinung des oberen Zehntels politisch durchgesetzt hat. Was Bürger mit niedrigem Einkommen wollen, hatte 1998 bis 2015 eine besonders geringe Wahrscheinlichkeit, realisiert zu werden, fassen die Autoren die Ergebnisse ihrer Untersuchung zusammen.[1] Als Beispiel sei nur auf den mickrigen deutschen Mindestlohn oder die ausbleibende gesetzliche Einschränkung von Leiharbeit, Werkverträgen und Befristungen verwiesen.

Zyniker mögen sagen, wer weniger wählt, wird eben auch weniger berücksichtigt. Aber erstens spricht die zeitliche Abfolge eindeutig für die umgekehrte Kausalität: ausgerechnet 1998 waren die Ärmeren nämlich noch einmal in deutlich höherer Zahl in die Wahllokale geströmt und hatten zum Wahlsieg der SPD beigetragen. Und zweitens betrifft die Ignoranz von Bedürfnissen und Wünschen keineswegs nur das ärmste Zehntel. Eine Politik, die den Sozialstaat demontiert, Renten kürzt, unsichere Niedriglohnjobs gesetzlich ermöglicht und öffentliche Güter privatisiert, übergeht die Wünsche von Mehrheiten.

Das Corona-Management der Bundesregierung war das jüngste Beispiel für diese Fehlsteuerung der Politik. Wer kapitalstarken Unternehmen, die ihre Anleger selbst in der Krise noch mit Dividenden verwöhnen, staatliche Milliardenhilfen zukommen lässt, während Freiberufler und Solo-Selbstständige fast nichts bekommen und auch kleineren Unternehmen so unzureichend geholfen wird, dass viele Inhaber die Pleite nicht verhindern können, handelt wohl kaum im Auftrag der Mehrheit. Dem gleichen Strickmuster folgte auch schon die milliardenschwere Bankenrettung nach der letzten Finanzkrise. Damals wurde bewusst darauf verzichtet, die großen Aktionäre und Gläubiger in Haftung zu nehmen, obwohl das eigentlich ein marktwirtschaftliches Muss gewesen wäre. Die Kosten wurden stattdessen der Allgemeinheit aufgeladen, die dem ganz sicher nicht zugestimmt hätte, wäre sie gefragt worden. Auch für die Entscheidung der Regierung Merkel, die deutschen Grenzen ab Herbst 2015 über Monate für Zuwanderer offenzuhalten, gab es bereits nach dem ersten Ansturm keinen gesellschaftlichen Rückhalt mehr. Hätten wir eine funktionierende Demokratie, würde die Politik wohl anders aussehen.

Notorische Schönredner werden darauf hinweisen, dass alle genannten Entscheidungen von gewählten Politikern getroffen und die meisten auch von Parlamenten abgesegnet wurden, deren Mehrheitsverhältnisse auf freie Wahlen zurückgehen. Das stimmt. Aber für eine funktionierende Demokratie genügt es eben nicht, wenn Menschen das Recht haben, alle vier oder fünf Jahre einen Zettel in eine Wahlurne zu werfen.

Oligarchie mit unbegrenzter politischer Korruption

Am offensichtlichsten zeigt sich das in den USA. Wenn jeder Senator und erst recht jeder Präsidentschaftsbewerber darauf angewiesen ist, viele Millionen Dollar an Spenden bei Wirtschaftsunternehmen und sehr reichen

Leuten einzusammeln, um seinen Wahlkampf zu finanzieren, ist die Käuflichkeit politischer Entscheidungen und der Einfluss des großen Geldes ins System eingebaut. Der ehemalige amerikanische Präsident Jimmy Carter hat die Vereinigten Staaten daher zu Recht als »Oligarchie mit unbegrenzter politischer Korruption« bezeichnet.

Ganz so sind die Verhältnisse in den meisten europäischen Staaten nicht, weil unter anderem die staatliche Parteienfinanzierung und teilweise auch die Mitgliedsbeiträge ein Gegengewicht zum Einfluss privater Spender sind. Allerdings fließen auch hier Großspenden von Unternehmen, und man kann fest davon ausgehen, dass renditeorientierte Firmen nicht Hunderttausende Euro als zweckfreie milde Gabe an die Parteien verschenken. Es gibt also Absichten und – wie das wiederholte Spenden belegt – offenkundig auch Erfolg. Dieser dürfte umso größer ausfallen, je abhängiger die früheren Volksparteien aufgrund der schwindenden Zahl ihrer Mitglieder von externen Geldgebern geworden sind. Außerdem existieren natürlich auch auf nationaler Ebene Lobbyistennetzwerke, die regelmäßig Kontakt zu Politikern pflegen und in den Ministerien und Abgeordnetenbüros ein und aus gehen. Auch der Wechsel von Politikern in lukrative Unternehmensmandate ist in Deutschland seit der Schröder-Fischer-Regierung häufiger geworden, auch wenn das Ausmaß dieser Korruption nach dem Motto »Bezahlt wird später« mit den Brüsseler Dimensionen noch nicht vergleichbar ist.

90 Prozent Wahlbeteiligung

Hat die Demokratie in den westlichen Ländern früher besser funktioniert? Zumindest hatten die Menschen offenkundig eher das Gefühl, dass das der Fall war, sonst hätten sie ihre Stimme nicht so zahlreich abgegeben. Bis Anfang der achtziger Jahre lag die Wahlbeteiligung bei Bundestagswahlen in Deutschland bei Werten von knapp unter oder sogar über 90 Prozent, heute gelten schon Wahlen mit einer Beteiligung von 76 Prozent wie 2017 als demokratische Großereignisse.

Aber die Bevölkerung wählte nicht nur eifriger, sie hatte auch etwas davon. In nahezu allen westlichen Ländern sank bis Mitte der siebziger Jahre die Ungleichheit und der Anteil der Arbeitseinkommen am Inlandsprodukt stieg zulasten derer, die ihr Geld für sich arbeiten lassen. Die Sozialstaaten wurden ausgebaut, Armut verringerte sich und der Wohlstand wie die soziale Absicherung der Mittelschicht wuchsen. Die Ergebnisse politischen Handelns waren also das genaue Gegenteil dessen, was wir in den letzten Jahrzehnten erlebt haben.

Auch die westlichen Demokratien der fünfziger bis siebziger Jahre waren sicher nicht ideal. Auch damals gab es Wirtschaftsmacht und Wirtschaftseliten, die einen privilegierten Zugang zur Politik hatten und deren Interessen bevorzugt berücksichtigt wurden. Aber die damalige Politik entsprach zumindest in dem Sinne den Interessen der großen Mehrheit, dass sie ihr Leben verbesserte.

Die Angst der Eliten

Was war anders? Ein Faktor spielte dabei sicherlich eine Rolle, der mit der inneren Verfasstheit der damaligen Demokratien nichts zu tun hatte: Weltwirtschaftskrise, faschistische Diktaturen und der Zweite Weltkrieg hatten den Kapitalismus in den Augen vieler Menschen zutiefst diskreditiert. Sogar das Ahlener Programm der CDU von 1947 trug diesem Zeitgeist Rechnung. Es stellte sehr bestimmt fest, das kapitalistische Wirtschaftssystem sei »den staatlichen und sozialen Lebensinteressen des deutschen Volkes nicht gerecht geworden«.

Das Aufkommen einer Systemalternative in Russland und Osteuropa verunsicherte die wirtschaftlichen Eliten zusätzlich. Rückblickend stellt sich vieles anders dar, aber damals wurden die Potenziale des östlichen Modells außerordentlich hoch bewertet und deshalb als Gefahr empfunden. Renommierte US-Ökonomen wie Paul Samuelson gingen davon aus, dass die Sowjetunion die USA in den achtziger oder neunziger Jahren wirtschaftlich überholen könnte. In einer solchen Situation gab es auch in der Oberschicht, und zwar in ihrem ureigenen Interesse, Unterstützung für eine Politik, die die Marktdynamik bändigt und sich aktiv darum bemüht, die Ungleichheit in Grenzen zu halten und die kapitalistische Ordnung durch eine den Wohlstand aller sozialen Schichten fördernde Politik für die Mehrheit attraktiv zu machen.

Aber der äußere Rahmen, so wichtig er war, erklärt nicht alles. Die Demokratien jener Zeit, das gilt vor allem für Europa, unterschieden sich von den heutigen auch in ihrer inneren Struktur und den Machtverhältnissen.

Auf den großen Einfluss der organisierten Industriearbeiterschaft, den die damalige Politik nicht ignorieren konnte, wurde bereits an früherer Stelle ausführlich eingegangen. Eine Regierung, die sich über die Interessen der Arbeiter hinwegsetzte, hätte seinerzeit in Großbritannien, Frankreich oder Italien mit Massenstreiks und einer robusten Gegenwehr rechnen müssen.

Echte Volksparteien

In Deutschland gab es zwar keine politischen Streiks, dafür waren zum damaligen Zeitpunkt die Parteien tatsächlich ein Instrument demokratischer Einflussnahme. Denn die Volksparteien wurden in den Sechzigern und Siebzigern nicht nur von großen Teilen des Volkes gewählt, sie waren echte *Volks*parteien auch im Hinblick auf ihre Mitgliedschaft. Die SPD hatte zu ihren besten Zeiten eine Million Mitglieder, bei der CDU waren es gut 700 000. Und Mitgliedschaft bedeutete damals nicht nur, dass regelmäßig der Parteibeitrag vom Konto abgezogen wurde, sondern meist eine wirkliche Teilnahme am Parteileben und, ganz wichtig, Mitspracherechte bei der Auswahl des örtlichen Wahlkreiskandidaten. Die Hunderttausende Mitglieder hatten damit realen Einfluss auf die Politik ihrer Parteien und darauf, wer für sie in den Parlamenten saß. Abgeordnete, die ihr Mandat behalten wollten, taten gut daran, es sich mit ihrer örtlichen Basis nicht zu verscherzen.

Grundsätzlich gilt das zwar auch für die Gegenwart, nur ist die *Basis*, die heute noch mitredet, viel schmaler als damals. Die Mitgliedschaft der beiden größten Parteien ist Stand 2020 auf 400 000 geschrumpft, und die meisten Mitglieder sind eher passive Beitragszahler. Zwar wird das Gros des politischen Personals unverändert über lokale Parteiorganisationen ausgewählt, aber heute folgt das eher der Logik von Klüngelzirkeln, in denen derjenige sich durchsetzt, der besonders viel Zeit in Kontaktpflege und Netzwerkaufbau investiert und sich am intensivsten um den überschaubaren Kreis lokaler Parteiaktivisten kümmert.

Außerdem hatten die Parteien in den frühen Jahren der Bundesrepublik einen engen Draht zu gesellschaftlichen Institutionen, die ihrerseits über eine Massenbasis verfügten: Die Union stand unter dem Einfluss der Kirche und die SPD unter dem der Gewerkschaften. Auch solche Verbindungen gibt es zwar noch, aber beide Institutionen sind im Hinblick

DEMOKRATIE ODER OLIGARCHIE 251

auf ihre Verankerung in der Gesellschaft nur noch ein Schatten ihrer alten Größe. Auch das schwächt die Rückbindung der Parteien an die Wünsche der breiten Bevölkerung, die sie in ihrer politischen Blase oft gar nicht mehr erreichen.

Hinzu kommt die wachsende gesellschaftliche Ungleichheit und die immer stärkere Separierung von Lebensräumen, die Zusammenhalt und Zusammengehörigkeitsgefühl jenseits des eigenen Milieus untergraben. Unter solchen Bedingungen ist eine Demokratie, der es darum geht, sich auf gemeinsame Ziele und einen gemeinsamen Zukunftsentwurf zu verständigen und die Gesellschaft im Sinne der *Allgemeinheit* oder jedenfalls der großen Mehrheit zu gestalten, immer weniger lebensfähig.

Meinungsmacht, Filterblasen und gekaufte Wissenschaft

Grundlegende Veränderungen gibt es auch in der öffentlichen Diskussion und den Medien. Demokratien können nur funktionieren, wenn alle in der Bevölkerung relevant vertretenen politischen Meinungen auch eine öffentliche Stimme haben, was mediale Vielfalt voraussetzt. Darüber hinaus muss es *gemeinsame* Diskursräume geben, in denen Argumente ausgetauscht und gegeneinander abgewogen werden. Beide Bedingungen waren selbst in den frühen Zeiten der Bundesrepublik nur begrenzt erfüllt.

Freiheit reicher Leute, ihre Meinung zu verbreiten

Der Gründungsherausgeber der FAZ, Paul Sethe, hatte recht, als er mit Blick auf große Teile der bundesdeutschen Medienlandschaft in den Sechzigern feststellte: »*Pressefreiheit ist die Freiheit von zweihundert reichen Leuten, ihre Meinung zu verbreiten.*«[2] Neben den Printmedien gab es noch das öffentlich-rechtliche Fernsehen, in dem immerhin das Meinungsspektrum vom rechten Flügel der Union bis zum linken der SPD repräsentiert war. Das war damals noch ein relativ breiter Korridor.

Alles in allem war der damalige Diskursraum jedenfalls demokratischer und facettenreicher als der heutige. Zum einen sind von Sethes 200 reichen Leuten mittlerweile kaum noch 20 übrig, die über riesige Medi-

252   DIE SELBSTGERECHTEN

enkonzerne die öffentliche Meinungsbildung steuern können. Auch das Spektrum, das sich in den für die demokratische Diskussion so wichtigen öffentlich-rechtlichen Sendern wiederfindet, ist um einiges enger geworden. Für immer mehr Menschen ist ohnehin nicht mehr die Regionalzeitung oder die *Tagesschau* das Tor zur Welt, sondern der Click ins Web. Diese Sphäre aber beherrschen wenige Digitalgiganten, die mit intransparenten Algorithmen darüber entscheiden, welche Inhalte Millionen Nutzern angezeigt werden und welche eben nicht.

Die Chefs von Google, Facebook, Twitter und Co. haben damit längst mehr Meinungsmacht als jede Zeitungsredaktion und sogar als die Macher großer Fernsehkanäle. Von der Politik ausdrücklich dazu ermutigt und aufgefordert, nutzen sie diese Macht neuerdings auch immer häufiger dazu, unbotmäßige Inhalte einfach zu löschen: ohne Gerichtsverfahren, ohne Nachweis der Strafbarkeit, ohne Widerspruchsmöglichkeit. Was diese illiberalen Praktiken von den alten Zeiten staatlicher Zensur unterscheidet, ist eigentlich nur, dass heute nicht der Staat, sondern private Internetmonopolisten entscheiden, was geäußert werden darf und was nicht.

Dabei trifft der Bann keineswegs nur Holocaustleugner oder Kinderpornografen. Solche Posts könnte man auch sauber per Gerichtsentscheidung löschen und die dafür Verantwortlichen, soweit identifizierbar, strafrechtlich zur Verantwortung ziehen. Aber wenn die Chefs von Facebook und Twitter die Macht haben, einen noch amtierenden US-Präsidenten per Knopfdruck zum Verstummen zu bringen, muss man wahrlich nicht Trumps Pöbeleien vermissen, um diesen Vorgang, der durch keine juristische Entscheidung gedeckt war, mit äußerstem Unbehagen zu verfolgen.

Schon mit dem Aufkommen des Privatfernsehens, erst recht aber mit dem Aufstieg von Internet und Social Media ist zudem der gemeinsame Diskursraum in viele verschiedene, voneinander abgeschottete Filterblasen zerfallen, in denen Menschen vor allem mit Menschen diskutieren, die die Welt so sehen wie sie. Die Auseinandersetzung mit gegensätzlichen Ansichten findet dadurch immer weniger statt, was echten demokratischen Meinungswettbewerb ebenso untergräbt wie ein allgemeines Wir-Gefühl, das für die Gestaltung demokratischer Politik und die Akzeptanz demokratischer Entscheidungen unerlässlich ist.

Gekaufte Experten

Während viele Menschen in der großen Öffentlichkeit kaum noch eine Stimme haben, wächst die Kampagnenmacht mit sehr viel Geld ausgestatteter Lobbyorganisationen, etwa der Initiative Neue Soziale Marktwirtschaft, und kommerzieller PR-Agenturen. Eine immer wichtigere Rolle spielen in diesem Zusammenhang als *Wissenschaftler* getarnte Firmenlobbyisten. Der öffentliche Feldzug gegen die gesetzliche Rente um die Jahrtausendwende etwa wurde in erster Linie von solchen gekauften Experten getragen, die als scheinbar neutrale Instanz in den Talkshows und Zeitungen ihre Empfehlungen verbreiteten. Ein prominentes Beispiel ist der »Rentenfachmann« Bernd Raffelhüschen, der zeitgleich im Aufsichtsrat eines großen Versicherungskonzerns saß und einen lukrativen Beratervertrag beim Gesamtverband der Deutschen Versicherungswirtschaft hatte, also im Dienste von Konzernen stand, für die die von ihm so warmherzig beworbene kapitalgedeckte Rente ein Milliardengeschäft werden sollte.

Dass viele Menschen heute Wissenschaftlern nichts mehr glauben, ist ein Ergebnis solcher Erfahrungen. Zumal *gekaufte Wissenschaft* nicht nur bei der Förderung sozialökonomischer Reformprojekte zum Einsatz kommt, sondern auf allen kommerziell interessanten Feldern. Wichtige Finanziers von Studien und Forschungsprojekten sind die Pharmakonzerne, die Lebensmittelhersteller, die Chemieindustrie oder die Produzenten von Pestiziden. Auch große Digitalkonzerne sind hoch engagiert.

Die Tore für diesen Angriff auf die Neutralität der Wissenschaft wurden von der Politik selbst aufgestoßen. Seit die staatlichen Mittel spärlicher fließen, sind Universitäten und öffentliche Forschungsinstitute auf Drittmittel aus privaten Quellen dringend angewiesen. Aber hier gilt das Gleiche wie bei den Unternehmensspenden für Parteien: Natürlich sprudeln solche Gelder nicht zweckfrei, um neutrale wissenschaftliche Forschung zu ermöglichen. Sie sprudeln, um Ergebnisse zu erzielen, die die eigenen Geschäftsinteressen fördern. Rund anderthalb Milliarden Euro investiert die deutsche Wirtschaft heute pro Jahr in die Hochschulen. Ein beachtlicher Betrag, bei dem man sehr genau darauf achtet, dass das Geld sich auch auszahlt.

So behalten sich die Finanziers in der Regel die Entscheidung vor, ob eine Studie am Ende das Licht der Öffentlichkeit erblicken darf, und das tut sie natürlich nur, wenn die Resultate dem Auftraggeber genehm sind. Allein das ist ein skandalöser Druck. Denn Veröffentlichungen entscheiden über das Renommee von Wissenschaftlern. Niemand möchte längere Zeit und Mühe in eine Arbeit investieren, die am Ende gar nicht publiziert werden darf. Neben der Einflussnahme über Drittmittel und Forschungsgelder gibt es auch immer mehr Lehrstühle, die direkt von Unternehmen oder Lobbyverbänden finanziert werden. Auch da weiß der Inhaber natürlich, welche Art von Output erwartet wird, zumal es sich meist um befristete Stellen handelt, bei denen irgendwann die Verlängerung ansteht.[3]

Passivrauchen ist gesund

Natürlich gibt es trotz allem viele ehrliche Wissenschaftler, die sich ihr Ethos nicht abkaufen lassen und Wert darauf legen, seriös und neutral zu arbeiten. Begünstigt werden in dem geschilderten System aber klar die anderen. Dass es immer wieder Studien gibt, die die Unschädlichkeit des krebserregenden Pflanzengifts Glyphosat bescheinigen, ist daher ebenso wenig erstaunlich wie die Unzahl an Forschungsergebnissen, die bestimmte Lebensmittelzusätze für unbedenklich erklären oder just entdecken, dass besonders teure Medikamente besonders wirksam sind. Auch die Tabakindustrie war einst ein eifriger Geldgeber, und – Überraschung! – 94 Prozent der von ihr finanzierten Passivraucher-Studien fanden heraus, dass Passivrauchen keine gesundheitsschädlichen Auswirkungen hat.[4] Auch wegen solcher Studienergebnisse hat es viele Jahrzehnte gedauert, bis Zigarettenqualm endlich vom Arbeitsplatz und aus anderen öffentlichen Räumen verbannt wurde.

Bemerkenswert ist auch, wie sehr sich die Forschungsergebnisse zu den Umweltfolgen und der CO_2-Bilanz von Elektroautos unterscheiden, je nachdem, ob der Finanzier eher der traditionellen Autoindustrie nahesteht oder Tesla heißt. Jeder kann sich hier die Daten heraussuchen, die zu seiner persönlichen Präferenz passen, und damit seine Argumente pro oder kontra Elektromobilität untermauern. Aber wie sollen auf einer derart durch Geschäftsinteressen verzerrten Datengrundlage seriöse politische Entscheidungen getroffen werden, zumal von Politikern, die selbst keine Experten sind?

Die WHO: abhängig von privaten Geldgebern

Frisierte Studien, Manipulation und falsche Ratschläge gibt es auch da, wo es um Leben und Gesundheit geht. Dass eine wichtige globale Organisation wie die WHO heute von privaten Finanziers abhängig ist, erhöht die Glaubwürdigkeit ihrer Stellungnahmen nicht, zumal sich unter dem Einfluss der Geldgeber auch ihre Programme verändert haben. Von »Ärzte ohne Grenzen« wird immer wieder kritisiert, dass diese Programme inzwischen weniger am medizinischen Bedarf vor Ort als etwa an den Wünschen der Gates-Stiftung orientiert sind, die der WHO beachtliche Mittel zur Verfügung stellt. In der Coronakrise spielte in Deutschland vor allem das Robert-Koch-Institut eine Schlüsselrolle. Und auch hier wäre das Vertrauen größer, wenn man nicht wüsste, dass auch viele RKI-Experten in Projekten engagiert sind, die von der Pharmaindustrie bezahlt werden.

Für den demokratischen Diskurs ist es tödlich, wenn keine halbwegs neutralen Instanzen mehr existieren, denen die Menschen grundsätzlich vertrauen können. Dass in einem solchen Klima auch die abenteuerlichsten Theorien Gehör finden, etwa die, dass das Coronavirus von Bill Gates erfunden wurde, um jedem Erdenbürger über eine Impfung einen Überwachungschip in den Körper einzupflanzen, ist nicht verwunderlich.

Ein schwacher Staat ist ein teurer Staat

Es gab einmal eine kluge ökonomische Schule, die sich *ordoliberal* nannte und in den frühen Jahren der Bundesrepublik großes Ansehen genoss. Für sie stehen Namen wie Walter Eucken und Alexander Rüstow. Da Eucken in Freiburg lehrte, wurde sie auch *Freiburger Schule* genannt. Die ordoliberalen Ökonomen waren fest davon überzeugt, dass private Wirtschaftsmacht und Demokratie nicht miteinander vereinbar sind. Sie sahen daher eine der wichtigsten Aufgaben des Staates darin, durch angemessene Regeln und ein scharfes Kartellrecht die Entstehung wirtschaftlicher Machtpositionen zu verhindern.

»Einflussnahme mächtiger Interessengruppen«

Denn nur so, warnte Rüstow, lasse sich die »heimliche wie öffentliche Einflussnahme mächtiger Interessengruppen auf Staat, Politik und öffentliche Meinung«[5] überwinden. Dabei falle es mächtigen Wirtschaftsvertretern besonders leicht, ihre Interessen durchzusetzen, wenn der Staat schwach und die öffentlichen Institutionen personell und finanziell unzureichend ausgestattet seien. Die Ordoliberalen plädierten daher für eine Marktwirtschaft ohne Konzerne und einen ressourcenstarken, handlungsfähigen Staat.

Die Thesen der Ordoliberalen wurden von der Geschichte immer wieder bestätigt. Politisch beherzigt wurden sie nie. Es geschah vielmehr das genaue Gegenteil. Im Zuge von Wirtschaftsliberalismus und Globalisierung entstanden internationale Konzerne von einer Größe und Macht, im Vergleich zu denen die alten Imperien der Rockefellers und Carnegies oder die deutschen Industriekartelle und Großbanken, die die Ordoliberalen bei ihren Warnungen vor Augen hatten, beinahe wie Mittelständler wirken.

Die Multis unserer Zeit mit Hunderten Milliarden Dollar Umsatz im Jahr und einem Handlungsradius, der den der Nationalstaaten um ein Vielfaches übersteigt, verfügen über unerschöpfliche Geldmittel, um sich Politik, Wissenschaft und öffentliche Institutionen zu kaufen. Indem die Politik es ihnen freigestellt hat, jederzeit dahin zu gehen, wo die Steuern, die Löhne oder auch die Sicherheits- und Umweltstandards am niedrigsten sind, hat sie sich außerdem erpressbar gemacht. Mit ihren Investitions- und Standortentscheidungen können die Firmen seither Länder und Regionen gegeneinander ausspielen und dadurch mit Leichtigkeit demokratische Entscheidungen aushebeln. Es sei nur an die an früherer Stelle geschilderte Rücksichtslosigkeit erinnert, mit der der Onlinemonopolist Amazon die Stadt Seattle dazu gebracht hat, eine moderate Zusatzsteuer zurückzunehmen, die der Senat zugunsten obdachloser Menschen erheben wollte.

Schwache Verwaltungen, teurer Staat

Zugleich wurden in vielen Ländern unter der Losung vom »schlanken Staat« die öffentlichen Institutionen und Verwaltungen personell ausgedünnt, finanziell auf Sparflamme gesetzt und der öffentliche Gemeinwohl-Auftrag durch eine Kommerzialisierung verdrängt, die den Sinn des öffentlichen Sektors ad absurdum führte. Die viel beklagte Bürokratie hat dadurch nicht etwa abgenommen, sondern begann sich erst richtig zu entfalten. Heute verbringen Ärzte, Altenpfleger, Wissenschaftler, Sozialarbeiter oder Lehrer einen wachsenden Teil ihrer Arbeitszeit mit Berichten, Finanzierungsanträgen, Evaluierungen, Gremiensitzungen oder der Entwicklung von PR-Strategien statt mit Forschung, Unterricht und der Pflege von Alten und Kranken.[6]

Aber auch unabhängig von solchen zusätzlichen Belastungen: Verwaltungen mit dünner Personaldecke, veralteter Technik und mäßig bezahlten Beamten arbeiten nicht gut, wie wir seit Jahren etwa in den Bauämtern erleben, die selbst bei bereitstehenden öffentlichen Investitionsmitteln immer länger brauchen, Investitionsprojekte zu genehmigen und umzusetzen. Dass auch an den Gesundheitsämtern seit Jahren gespart wurde, hat sich in der Coronakrise bitter gerächt.

Ein Mitarbeiter eines Gesundheitsamts, der seinen Namen nicht nennen wollte, schildert im Herbst 2020 dem Bayerischen Rundfunk seine Arbeitsbedingungen: schlechte Ausstattung, keine einheitlichen Vorgaben, ständig neue Hilfskräfte, die eingelernt werden müssen: »Unsere EDV, unsere Bildschirme, unsere Technik: katastrophal. … Wir sind in einer Räumlichkeit untergebracht – es ist undicht, es ist feucht, wir haben abgeranzte Stühle. In einem anderen Gesundheitsamt sitzen sie auf Holzstühlen, und wir reden von acht oder neun Stunden.«[7] Wohlgemerkt: Was hier geschildert wird, sind nicht die Arbeitsbedingungen in einem Entwicklungsland, sondern die in einer staatlichen Behörde im wohlhabenden Bayern. Personell und technisch gut ausgestattete Verwaltungen hätten in der Coronazeit wahrscheinlich viele Menschenleben retten können, weil alle Prozesse schneller, effektiver und professioneller abgelaufen wären.

Anders, als man intuitiv annehmen würde, ist ein schwacher Staat am Ende noch nicht einmal ein billiger Staat, sondern ein besonders teurer. Denn die mangelnde Finanzierung verschlechtert nicht nur die Qualität der Verwaltungsarbeit. Unterfinanzierte Behörden sind auch darauf angewiesen, Aufgaben, die sie früher selbst erledigt haben, an private Unternehmen auszulagern. Und die lassen sich das gut bezahlen, zumal wenn sie ein schwaches, abhängiges Gegenüber haben. Auch Kompetenz, die die staatlichen Behörden früher selbst hatten, muss jetzt eingekauft werden. Aber privatwirtschaftliche Expertise kostet nicht nur viel Geld, sie ist vor allem nie neutral und interessenfrei.

258   DIE SELBSTGERECHTEN

McKinsey optimiert die Bundeswehr

Teilweise wird das Geld auch für mehr als zweifelhafte Beraterdienste verpulvert. Rund eine halbe Milliarde Euro hat der deutsche Staat in den Jahren 2018 und 2019 allein an den Wirtschaftsprüfer Pricewaterhouse-Coopers (PwC) überwiesen. Die Auftraggeber waren Ministerien und Behörden, aber auch kommunale Kitas, Krankenhäuser und Flughäfen. PwC ist eine Firma, die auf die Optimierung renditeorientierter Abläufe in Unternehmen spezialisiert ist. Was diese Logik in öffentlichen Einrichtungen zu suchen hat, die einen ganz anderen Auftrag haben, ist die große Frage. Und PwC ist nur eine der internationalen Beraterfirmen, die die Hand aufgehalten haben. Mancher mag sich noch an den dreistelligen Millionenbetrag erinnern, mit dem die anschließend auf den wichtigsten Posten in Brüssel wegbeförderte Verteidigungsministerin Ursula von der Leyen die Unternehmensberatung McKinsey beglückte. Auch Skandalminister Scheuer bezahlt fleißig für Beraterdienste. Von seinen teuren Flops – von der Maut bis zur Autobahn GmbH – hat das leider keinen einzigen verhindert.

Hilflose, unterfinanzierte Behörden lassen sich gut ausnehmen. Als überforderte Beamte aus dem Finanzministerium einst den Bankenverband baten, ein Gesetz zum Verbot von Cum-Ex-Geschäften zu verfassen, kam dabei wenig überraschend ein Gesetz heraus, das den betrügerischen Steuertricks erst so richtig Tür und Tor geöffnet hat. Der Schildbürgerstreich kostete den Steuerzahler am Ende 35 Milliarden Euro. Auch Steuergesetze, bei denen privatwirtschaftlicher Rat eingeholt wurde, haben sich in der Regel als besonders unvorteilhaft für die öffentliche Hand erwiesen.

Dass der deutsche Staat derzeit kaum noch in der Lage ist, Bahnhöfe, Flughäfen oder Autobahnen zu bauen, ohne dass Kosten und Zeitrahmen völlig aus dem Ruder laufen, hat den gleichen Grund: Schwache Verwaltungen stehen kommerziellen Großanbietern gegenüber, die keine Mühe haben, sie über den Tisch zu ziehen. Teilweise wurde dieses *Über-den-Tisch-Ziehen* sogar institutionalisiert: Es nennt sich dann *Öffentlich-Private Partnerschaft*. Dass bei solchen Projekten der Steuerzahler regelmäßig gemolken wird und die Kosten weit über dem liegen, was vergleichbare öffentliche Projekte in Eigenregie kosten beziehungsweise früher gekostet haben, hat der Bundesrechnungshof wieder und wieder moniert. An der Beliebtheit dieser Praxis hat das leider nichts geändert.

DEMOKRATIE ODER OLIGARCHIE **259**

Der Staat: grundsätzlich ineffizient?

Politiker, die solche Entwicklungen dulden oder sogar fördern, sind hauptverantwortlich dafür, dass das Grundvertrauen der Bürger in die Vernunft und Sinnhaftigkeit politischer Prozesse zerbrochen ist. Dass der Staat unfähig sei, Großprojekte effizient und zu vernünftigen Kosten durchzuführen, glauben inzwischen viele. Aber es ist ein Irrtum. Unfähig ist nicht *der* Staat. Unfähig ist ein schwacher Staat mit unterfinanzierten Verwaltungen. Früher war die öffentliche Hand in Deutschland mit dem Erhalt von Brücken, Straßen und Schienennetzen ebenso wenig überfordert wie mit dem Bau von Flughäfen und anderen Großprojekten. Vom gaullistischen Frankreich über Japan bis China war es der Staat, der die Wirtschaft modernisiert und große Infrastrukturaufgaben souverän und kostengünstig erledigt hat. In vielen Ländern baut der Staat noch heute ohne Probleme Wohnungen und Hochgeschwindigkeitsstrecken, kümmert sich um neutrale Forschung und neue Technologien oder sorgt mit Funkmasten und Glasfaserkabeln für leistungsfähige digitale Netze. Aber in diesen Ländern sitzen die Beamten wahrscheinlich auch nicht auf Holzstühlen und müssen der staunenden jungen Hilfskraft erklären, wie ein Faxgerät funktioniert …

Am Ende hat nicht nur die Wissenschaft ihr Renommee als neutrale Instanz verloren. Schlechte Ausstattung, Kommerzialisierung sowie die zunehmende Auslagerung von Aufgaben an Private machen es auch Behörden und Verwaltungen unmöglich, ihren öffentlichen Auftrag zu erfüllen. Im Ergebnis wird dem Staat von vielen gar nicht mehr zugetraut, als übergeordnete, dem Gemeinwohl verpflichtete Instanz handeln zu *können*. Der prominente amerikanische Publizist Noam Chomsky hat diesen Mechanismus schön beschrieben: »Wie macht man ein System kaputt? Als Erstes dreht man den Geldhahn zu. Damit kann es seine Aufgabe nicht mehr erfüllen. Die Leute werden wütend und wollen schließlich etwas anderes. Das ist die Standardmethode, ein System zu privatisieren.«[8]

Die neoliberale Erzählung vom Staat als ineffizientem Steuerverschwender, dem man wegen seiner Unfähigkeit möglichst wenig Geld in die Hand geben darf, wird so zur selbsterfüllenden Prophezeiung: Je schlechter die Behörden ausgestattet sind, desto schlechter arbeiten sie. Und je unfähiger sie wirken, desto mehr sinkt das Vertrauen in sie, desto populärer also wird der Ruf, noch mehr Aufgaben an Private auszulagern. Das ist ein fataler Trend.

Denn Demokratie braucht einen starken öffentlichen Bereich, in dem es nicht um kommerzielle Interessen, sondern um das Gemeinwohl geht – und gehen muss. Nur dann können Ideen für dieses *gemeinsame Wohl* demokratisch zur Wahl gestellt und anschließend auch umgesetzt werden.

Republikanische Demokratie: Der Wille der Mehrheit

Aber ist es überhaupt wünschenswert, sich demokratisch auf einen gemeinsamen Zukunftsentwurf zu verständigen? Ist es ein legitimer Anspruch demokratischer Politik, langfristige Ideen für unser gesellschaftliches Miteinander und unsere Zukunft zu formulieren? Oder ist das sogar anmaßend und illiberal?

Das republikanische Konzept von Demokratie geht davon aus, dass der demokratische Gestaltungsanspruch einen *positiven* Entwurf für Gesellschaft und Zukunft enthalten muss. Es geht in seinen Ursprüngen auf Aristoteles zurück, auch Jean-Jacques Rousseaus Theorie von der *volonté générale* steht in dieser Tradition. Es gibt aber auch ein anderes Verständnis von Demokratie, eines, das sich auf die liberale Tradition beruft und in ausdrücklicher Abgrenzung zum republikanischen entstanden ist. Nach diesem Verständnis ist es gar kein Kennzeichen einer Demokratie, dass sich der Wille der Mehrheit durchsetzt. Das wichtigste Ziel demokratischer Institutionen besteht stattdessen darin, die Freiheit von Minderheiten vor den übergriffigen Wünschen der Mehrheit zu *schützen*.

Mehrheitswille und Minderheitenschutz

Unausgesprochen wird Demokratie in der heutigen Debatte meist in diesem liberalen Sinne verstanden. Auch die meisten Linksliberalen teilen diesen Ansatz. Dann geht die hier formulierte Kritik ins Leere, denn das liberale Kriterium erfüllen die westlichen Demokratien auch heute noch. Die liberalen Institutionen, die für Gewaltenteilung und Minderheitenschutz zuständig sind, wurden durch die Veränderungen der letzten Jahrzehnte kaum beschädigt. *Liberal* also ist unser politisches System noch immer, und man muss hoffen, dass das trotz der teilweise bedenklichen Entwick-

DEMOKRATIE ODER OLIGARCHIE 261

lungen im Corona-Jahr 2020 so bleiben wird. Aber genügt Liberalität, um *demokratisch* zu sein?

Richtig ist, dass es zwischen Mehrheitswillen und Minderheitenschutz ein Spannungsfeld geben kann. Deshalb zählt der Schutz der Freiheitsrechte von Minderheiten zu den elementaren Aufgaben einer liberalen Gesellschaft. Falsch ist, dass die Politik deshalb auf Zukunftsentwürfe und positive politische Gestaltungsideen verzichten sollte. Im Gegenteil, nur wenn der *demos* unter solchen Ideen und Entwürfen wählen und sich damit *entscheiden* kann, hat er die Chance, seine Wünsche demokratisch zum Ausdruck zu bringen. Wahlen, bei denen nichts Wichtiges mehr zur Auswahl steht, sind eine Farce. Sie pervertieren die Demokratie.

Wir erleben heute auf vielen Feldern, wie wichtig demokratisch legitimierte Konzepte zur Lösung der großen Zukunftsaufgaben wären. Wo der *demos* nicht mehr zwischen Entwürfen für unsere Zukunft wählen kann, entscheiden andere. Wollen wir eine Digitalisierung nach dem Gusto der großen Datenkraken – oder lieber eine, die unser aller Leben verbessert? Wollen wir, um Umwelt und Klima zu retten, viele Annehmlichkeiten des Lebens wieder zu einem Luxusgut machen, das sich nur noch Privilegierte leisten können – oder stattdessen lieber nachhaltig und mit anderen Technologien produzieren? Wollen wir kommerzielle Krankenhäuser und gekaufte Wissenschaft – oder starke öffentliche Institutionen, die dem Gemeinwohl verpflichtet sind? Es gibt unzählige solcher Fragen. Wird im demokratischen Prozess darüber nicht mehr verhandelt, werden sie trotzdem beantwortet. Heute setzen große Konzerne den Rahmen für die Zukunft und bestimmen die Entwicklungspfade, ohne dass die Allgemeinheit mitreden kann.

Die Minderheit der Reichen vor der Mehrheit schützen

Ohnehin fällt auf, dass das liberale Gegenkonzept zur republikanischen Demokratie sich historisch gar nicht so sehr für Minderheiten, sondern vor allem für eine bestimmte Minderheit interessiert, die die liberalen Autoren offenbar für besonders schutzbedürftig halten. James Madison etwa, einer der Väter der amerikanischen Verfassung und der vierte Präsident der Vereinigten Staaten, machte keinen Hehl aus seiner Meinung, dass die Verfassung vor allem eins sicherstellen sollte: »dass die Interessen der Minderheit der Reichen vor der Mehrheit geschützt sind«.[9]

Was Madison umtrieb, war also eine gänzliche andere Frage, als sie einst Aristoteles und später Rousseau bewegt hat: Es war nicht die Frage, mit welchen Verfassungsartikeln der Bevölkerung ein möglichst starker Einfluss auf die Gestaltung der Politik eingeräumt werden kann, sondern wie trotz allgemeinen und freien Wahlrechts der Einfluss der Mehrheit auf die Gestaltung der Politik *begrenzt*, wie also Demokratie im republikanischen Verständnis *verhindert* werden kann.

Hintergrund waren ähnliche Erwägungen, wie sie die Verfechter der republikanischen Demokratie auch angestellt hatten. Seit der Französischen Revolution wurde die Forderung nach politischer Gleichheit immer auch als *Mittel* angesehen, über diesen Weg mehr soziale Gleichheit zu erreichen. Wo der Mehrheitswille regiert, so die Idee, hat eine wirtschaftliche Ordnung, die nur eine Minderheit reich macht, wenig Chancen. Im Speziellen kann die Mehrheit kein Interesse daran haben, Gesetze beizubehalten, die zu einer immer extremeren Konzentration von Vermögen und Wirtschaftsmacht führen. Dieses Potenzial demokratischer Entscheidungen war auch Madison und anderen Autoren der amerikanischen Verfassung bewusst. Nur hatten sie ein gegenteiliges Anliegen: Sie wollten ein Verfassungsrecht schaffen, das politische Gleichheit und große soziale Ungleichheit miteinander vereinbar machte.

Gefahr für Besitzstände

Die USA waren zwar damals noch das Land der Siedler und Landeigentümer, aber schon im 18. Jahrhundert begannen sich deutliche Unterschiede zwischen einer schmalen Schicht reicher Kaufleute und Großgrundbesitzer auf der einen und der großen Mehrheit einfacher Handwerker und oft verschuldeter Kleinbauern auf der anderen Seite herauszubilden. Echte republikanische Demokratie hätte die Besitzstände der Oberschicht gefährdet.

Die amerikanischen Verfassungsväter lösten das Problem durch Artikel, die die *Freiheit des Eigentums* und die *Vertragsfreiheit* so absolut setzten, dass damit die gnadenlose Ausnutzung von Monopolmacht ebenso gerechtfertigt werden konnte wie rücksichtslose Ausbeutung. Dem Supreme Court wiederum wurde die Aufgabe zugedacht, unter Bezugnahme auf solche Verfassungsartikel Parlamentsentscheidungen aufzuheben, die den Wirtschaftseliten nicht in den Kram passten. Das funktionierte. Bis in die dreißiger Jahre des 20. Jahrhunderts verhinderte der Supreme Court mit Verweis auf den verfassungsrechtlichen »Schutz des Eigentums« die Einführung von Mindestlöhnen, Arbeitszeitgesetze oder eine bundesweite Einkommenssteuer. Auch ein Bundesgesetz, das den Eisenbahngesellschaften verbieten sollte, Gewerkschaftsmitglieder zu diskriminieren, wurde gekippt.[10]

Die US-Verfassung erfüllte in diesem Sinne den von ihren Vätern beabsichtigten Zweck, die Umsetzung des demokratischen Mehrheitswillens überall da zu verhindern, wo er sich gegen die Besitzansprüche der Oberschicht richtete. Erst der Sherman Antitrust Act und schließlich der Regierungsantritt von Franklin D. Roosevelt 1933, zusammen mit einer neuen Mehrheit im Supreme Court, setzten diesem Treiben ein Ende. Die US-Verfassung galt natürlich weiter, wurde aber für die folgenden Jahrzehnte anders ausgelegt, wodurch sich Spielräume für mehr Demokratie eröffneten, die später wieder unter der erdrückenden Macht des großen Geldes zusammenbrachen.

Es wird Zeit, das alte republikanische Verständnis von Demokratie zu rehabilitieren. Auch republikanische Demokratien müssen die Freiheit von Minderheiten schützen. Aber wo Minderheitenschutz zum bloßen Vorwand wird, um privilegierte, ressourcenstarke Gruppen zu ermächtigen, den freien Willen der Mehrheit und deren Recht auf ein gutes, sozial abgesichertes Leben mit Füßen zu treten, kann von Demokratie keine Rede mehr sein.

Marktwirtschaft ohne Konzerne

Der wichtigste Faktor, der die Demokratie in den meisten westlichen Ländern außer Kraft gesetzt hat, ist also die Zusammenballung wirtschaftlicher Macht bei wenigen global aufgestellten Großunternehmen und die massive Konzentration wirtschaftlicher Ressourcen in den Händen extrem reicher Vermögensbesitzer, denen diese Unternehmen letztlich gehören. Damit ist klar, dass demokratische Verhältnisse nicht wiederhergestellt werden können, ohne die wirtschaftlichen Machtstrukturen zu verändern. Demokratie verlangt eine vernünftige De-Globalisierung unserer Wirtschaft und eine radikale De-Globalisierung der Finanzmärkte.

Auch innerhalb der Länder sind beherrschende wirtschaftliche Machtpositionen und demokratische Gestaltung unvereinbar. Das ordoliberale Konzept einer *Marktwirtschaft ohne Konzerne* beschreibt den Weg einer möglichen Lösung. Dafür brauchen wir ein scharfes Kartellrecht, das Entflechtungen bei großer wirtschaftlicher Macht nicht nur ermöglicht, sondern sogar vorschreibt. Betriebswirtschaftlich sind die meisten Konzerne nicht begründbar. Die Zusammenschlüsse rentieren sich vor allem wegen der damit verbundenen Einschränkung des Wettbewerbs gegenüber Kunden und Zulieferern. Facebook arbeitet nicht effizienter, seit ihm Instagram und WhatsApp gehören, es verfügt nur über noch mehr Daten, mit denen es Geschäfte machen kann, und es hat mehr Macht, die Social-Media-Welt zu manipulieren. Saarstahl ist sehr viel kleiner als Thyssenkrupp und andere globale Stahlkonzerne, aber die Saarländer haben höhere Investitionsquoten, sind innovativer und besitzen mehr Eigenkapital. Letzteres liegt natürlich vor allem daran, dass Saarstahl, anders als Thyssenkrupp, keine Finanzinvestoren im Nacken sitzen. Aber die geringere Größe war offenkundig kein Hinderungsgrund für Erfolg. Dass sich Stahlträger oder Autos nicht in Kleinbetrieben produzieren lassen, versteht sich. Aber niemand braucht globale Megakonzerne mit Hunderttausenden Beschäftigten, deren Markenvielfalt längst nur noch zum Schein besteht.

Auch die Konzentration von Milliardenvermögen in den Händen weniger verhindert Demokratie. Denn sie verleiht einer kleinen Gruppe weit mehr politischen Einfluss, als mit einem demokratischen Gemeinwesen vereinbar ist. Eine funktionierende Demokratie braucht ein verändertes Eigentumsrecht für große Unternehmen, deren Geschäftsgebaren keine Privatsache ist und daher auch nicht länger als solche behandelt werden sollte. Im Kapitel *Fortschritt statt Fake* wird der Vorschlag für ein neues wirtschaftliches Eigentumsrecht vorgestellt, das Produktivität und Innovation fördert und die private Verfügung über wirtschaftliche Machtpositionen beenden würde.

Starker öffentlicher Sektor

Unerlässlich ist schließlich die Wiederherstellung eines eigenständigen, starken, handlungsfähigen öffentlichen Sektors. Es ergibt keinen Sinn, über die großen Linien der Politik demokratisch zu verhandeln, wenn die öffentlichen Institutionen nicht mehr dazu in der Lage sind, solche Strategien am Ende auch umzusetzen. Unzählige Beispiele aus Geschichte und Gegenwart belegen, dass Staaten äußerst effiziente Institutionen zur Gestaltung großer Veränderungen und zur Realisierung grundlegender Modernisierungsprogramme sein können. Die westlichen Demokratien müssen diese Fähigkeit zurückgewinnen.

Nicht nur das Wahlrecht, auch die Versorgung mit öffentlichen Gütern – von guter Bildung über eine bezahlbare Wohnung bis zu einer soliden und vom eigenen Einkommen unabhängigen Gesundheitsversorgung – gehört zu den Grundrechten der Staatsbürger in einer echten Demokratie. Krankenhäuser und Universitäten sind keine Profitcenter. Krankenhäuser sollen heilen, Pflegeheime pflegen, Schulen Wissen vermitteln und Universitäten unabhängig forschen, und sie alle benötigen genug Finanzen, Personal und Kompetenz, um diesen öffentlichen Auftrag zu erfüllen.

Für demokratische Diskussionen braucht es auch die öffentlich-rechtlichen Sender, aber als echten Ort der Meinungsvielfalt. Notwendig sind außerdem möglichst viele unabhängige Zeitungen, die seriösen Journalismus auch ordentlich bezahlen, statt weniger riesiger Medienkonzerne, die vom großen Geld gesteuert werden. Und es braucht eine andere Ordnung der digitalen Welt. Wie sie aussehen kann, werden wir im Kapitel über die *Digitale Zukunft ohne Datenschnüffler* erläutern.

Volksentscheid und Losverfahren

Demokratischer müssen aber nicht nur die öffentlichen Diskussionen werden, sondern auch die Entscheidungen. Dafür reicht das repräsentative System der Parteiendemokratie allein nicht mehr aus. Denn dass die Parteien die Fähigkeit zurückgewinnen, in ähnlicher Weise als Hebel demokratischer Willensbildung zu funktionieren, wie sie das in ihren besten Zeiten als aktive Mitgliederparteien mit Massenbasis konnten, ist aus vielen Gründen unwahrscheinlich. Es wäre schon viel gewonnen, wenn die einzelnen Parteien wieder den Mut zu einem klaren Profil und pointierten Zukunftsideen aufbringen würden, über die dann bei Wahlen entschieden werden könnte.

Aber auch dann sollte die repräsentative Parteiendemokratie durch zwei Elemente ergänzt werden: erstens durch Institutionen direkter Demokratie und zweitens durch eine zweite Kammer mit Debatten- und Vetorecht, die auf Grundlage des Losverfahrens aus normalen Bürgerinnen und Bürgern gebildet wird.

Partizipative Demokratie wird in einigen Ländern seit Langem erfolgreich praktiziert. Die Schweiz kann hier durchaus ein Vorbild sein. Aber auch in anderen Ländern, etwa in Irland, ist es gängige Praxis, dass zentrale Fragen für die Zukunft des Landes und das Leben der Menschen direkt von der Bevölkerung entschieden werden. Das sollten wir in Deutschland in Zukunft auch so handhaben.

Gelostes Oberhaus

Die Etablierung eines demokratischen Oberhauses, in dem mittels Losverfahren zufällig ausgewählte Bürger über Politik nicht nur mitreden, sondern im Sinne eines Vetorechts auch mitentscheiden können, mag auf den ersten Blick ungewohnt klingen, da es das bisher in keinem Land gibt. Historisch dagegen ist das Losverfahren nicht unerprobt und wurde in lebendigen Demokratien dem Wahlrecht oft vorgezogen. Die griechische Polis-Demokratie etwa besetzte die meisten öffentlichen Ämter per Los. Lediglich solche mit besonders hohen Qualifikationsanforderungen wurden gewählt. Auch verschiedene mittelalterliche Städte, Venedig etwa oder Florenz, nutzten das Losverfahren zur Besetzung wichtiger politischer Ämter. In den Demokratiekonzeptionen von Aristoteles und Rousseau spielte das Los eine zentrale Rolle.

Auch in westlichen Ländern gab es bereits einige Versuche mit gelosten Bürgerversammlungen, die über politische Reformen beraten und Vorschläge erarbeitet haben, über die anschließend in Referenden abgestimmt wurde. Am erfolgreichsten wurde das bisher in Irland praktiziert. Die erste irische *Convention on the Constitution* nahm im Januar 2013 ihre Arbeit auf. Dafür wurden 66 Bürger unter Berücksichtigung von Alter, Geschlecht und Herkunft ausgelost, die dann mit 33 Politikern und unter Einbeziehung einer großen Öffentlichkeit ein Jahr lang über die Reform wichtiger Verfassungsartikel diskutierten und schließlich Reformvorschläge vorlegten. Diese Vorschläge wurden dann im Parlament beschlossen und der Bevölkerung zur Abstimmung vorgelegt. Im Mai 2015 stimmte die irische Bevölkerung mit 62 Prozent einer von der *Convention* empfohlenen Verfassungsänderung zu, die die gleichgeschlechtliche Ehe möglich machte. Für ein katholisches Land wie Irland, in dem noch Mitte der neunziger Jahre Ehescheidungen komplett verboten waren, war das ein erstaunliches Ergebnis. Beobachter des damaligen Prozesses waren sich einig, dass die öffentlichen Beratungen in der *Convention* für die Akzeptanz eine entscheidende Rolle gespielt hatten.[11]

Insofern war es nur folgerichtig, dass Irland wenige Jahre später mit der *Citizen's Assembly* ein ähnliches Gremium installierte, in dem ebenfalls 66 zufällig ausgeloste Bürger mitarbeiteten. In diesem Fall ging es unter anderem um die Liberalisierung des in Irland extrem restriktiven Abtreibungsrechts. Auch diese Reform wurde gemäß den Empfehlungen der *Assembly* 2019 in einem Referendum von gut 66 Prozent der Iren bestätigt.

Alibi oder Entscheidungsrechte?

Die Erfahrungen mit gelosten Bürgerversammlungen waren nicht überall so überzeugend. Teilweise lag das daran, dass das Losverfahren sich nur auf einen engen Kreis von Menschen bezog, die sich vorher freiwillig gemeldet hatten. Wenn dann noch auf Erstattung von Kosten und Lebensunterhalt verzichtet wird, trifft sich im gelosten Gremium die gleiche privilegierte Schicht, die auch die gewählten Volksvertretungen dominiert. In anderen Fällen konnte die Bürgerversammlung zwar diskutieren. Dass sie Vorschläge vorlegt, über die anschließend abgestimmt wird, war indessen nicht vorgesehen. In solchen Fällen degeneriert das Ganze zur scheindemokratischen Alibiveranstaltung, die schnell die öffentliche Aufmerksamkeit verliert.

Was bisher nicht versucht wurde, ist die Einführung einer gelosten Kammer als fester Bestandteil des demokratischen Systems. Es spricht einiges dafür, dass ein solches demokratisches Oberhaus, in dem nach dem Vorbild der amerikanischen Schöffen zufällig ausgeloste Bürgerinnen und Bürger für eine gewisse Zeit arbeiten, während der Staat an den Tagen, an denen das Oberhaus tagt, ihr Gehalt weiterzahlt und alle Kosten erstattet, eine sinnvolle Ergänzung unseres politischen Systems sein könnte. Dieses demokratische Oberhaus sollte möglichst selbst entscheiden, welche der im normalen parlamentarischen Prozess befindlichen Gesetze ihm zur Mitberatung vorgelegt werden müssen, es sollte ein verbindliches Vetorecht und die Möglichkeit haben, Änderungsvorschläge und eigene Initiativen einzubringen, die anschließend parlamentarisch abgestimmt und, bei wichtigen Fragen, der Bevölkerung in einem Referendum vorgelegt werden müssen.

Es gibt keinen Grund, sich mit der Herrschaft des großen Geldes abzufinden. Demokratie kann auch im 21. Jahrhundert lebendig sein. Wir müssen nur die Voraussetzungen dafür schaffen. Neben der Überwindung wirtschaftlicher Machtpositionen und der Wiederherstellung eines starken, eigenständigen und handlungsfähigen öffentlichen Sektors gehören dazu auch institutionelle Neuerungen, da die Parteien in Ermangelung von Mitgliedern und gesellschaftlicher Verankerung ihre Rolle als Hebel demokratischer Einflussnahme nicht mehr wie früher ausfüllen können.

11. FORTSCHRITT STATT FAKE: LEISTUNGSEIGENTUM FÜR EINE INNOVATIVERE WIRTSCHAFT

Wenn Anstrengung und gute Ideen nicht mehr honoriert werden

Viele Erzählungen überdauern die Zeit, in der sie zumindest näherungsweise als eine Beschreibung der gesellschaftlichen Verhältnisse gelten können. Sie prägen dann immer noch unsere Wahrnehmung der Realität, obwohl die sich längst gewandelt hat. Zwei Erzählungen, die auf diese Weise ihre Zeit überlebt haben, sind die von der *Leistungsgesellschaft* und die vom *innovativen Kapitalismus.*

Natürlich waren beide Erzählungen immer eine Mischung aus Mythos und Realität. Mindestens ein Drittel des Volkseinkommens wurde in den westlichen Ökonomien nie durch Arbeitsleistungen erworben, sondern ging an Vermögensbesitzer, deren »Leistung« sich oft auf den glücklichen Zufall beschränkte, in einem reichen Elternhaus geboren zu sein. Und der Kapitalismus war in den gut 200 Jahren seiner Existenz nicht nur produktiv und innovativ, sondern oft auch destruktiv und zerstörerisch, wie seine großen Krisen und seine zahllosen mörderischen Kriege zeigen. Dennoch konnten beide Erzählungen deshalb so populär werden, weil sie reale Entwicklungen und Erfahrungen widerspiegelten.

Aufstiegsgesellschaft und technologischer Fortschritt

Tatsächlich belohnte die westliche Aufstiegsgesellschaft bis in die neunziger Jahre des letzten Jahrhunderts persönliche Leistung, Bildungsbemühungen und Fleiß. Die soziale Schichtung war durchlässig geworden, wer sich anstrengte, konnte sich hocharbeiten, diese Erfahrung hatten Millionen Menschen gemacht. Auch der Sozialstaat war damals in Deutschland

270 DIE SELBSTGERECHTEN

und vielen anderen Ländern leistungsbezogen: Wer mehr und länger eingezahlt hatte, bekam auch mehr Arbeitslosengeld und mehr Rente und nicht nur eine Mindestsicherung.

Ebenso trifft zu, dass die ersten anderthalb Jahrhunderte kapitalistischen Wirtschaftens von einem beispiellosen technologischen Wandel und einem noch nie dagewesenen Produktivitäts- und Wohlstandswachstum begleitet waren. Von der Dampfmaschine über das elektrische Fließband bis zur automatisierten Produktion, von der Eisenbahn über immer schnellere Autos bis zum Linienflug, vom Telegrafen über das Telefon bis zur digitalen Kommunikation: Der Fortschritt innerhalb der kurzen Zeitspanne von 150 Jahren war phänomenal, und er veränderte, verbesserte und verlängerte das Leben vieler Menschen in beachtlichem Maße.

Die Innovation erlahmt

Aber in dem einem Land früher, in dem anderen später erlahmte dieser Motor. Spätestens seit der Jahrtausendwende wachsen die westlichen Wirtschaften nur noch wenig und einige gar nicht mehr. Auch die Produktivität stockt. Die Autos von Ford und General Motors sehen im Jahr 2020 nicht viel anders aus als die Wagen dieser Hersteller Anfang der neunziger Jahre, und sie funktionieren im Großen und Ganzen auch so. Die deutschen Autobauer haben in diesem Zeitraum immerhin viele technische Details verändert, die Fahrsicherheit und den Komfort erhöht und den Kraftstoffverbrauch gesenkt, aber ein echter Durchbruch in Richtung zukunftsfähiger, umweltverträglicher Mobilität war auch hier nicht dabei.

Es gibt Fortschritte in der Medizin und in der Biotechnologie, aber die wirklich großen Fragen bleiben ungelöst. Und vor allem: Bei ihrer Lösung kommt die Menschheit seit vielen Jahren erstaunlich wenig voran. Woher soll die Energie kommen, die unsere Wirtschaft am Laufen hält, unsere Fahrzeuge antreibt und unsere Häuser mit Wärme und Strom versorgt, wenn wir auf fossile Energieträger verzichten und auch nicht zum Atomstrom zurückkehren wollen? Wer glaubt, dieses Problem durch ein paar mehr Windräder und Solarpanels auf dem heutigen technologischen Stand lösen zu können, hat sich offenbar nie mit dem Energiebedarf einer Gesellschaft wie der unsrigen und auch nicht damit beschäftigt, dass dunkle, windarme Tage in unseren Breiten trotz Klimawandels sehr häufig

FORTSCHRITT STATT FAKE **271**

sind. Oder wo ist das Material, das Plastik ersetzen kann, das abbaubar und kompostierbar ist, damit wir unsere Meere und unseren Planeten nicht mit immer mehr Müll belasten? Wo sind die Durchbrüche in der Bekämpfung von Viren oder multiresistenten Keimen, die immerhin tödliche Krankheiten wie Tuberkulose zurückbringen können? Wo sind die Technologien, die unser Leben schöner und stressfreier machen?

Ideen, die keiner braucht

Genau besehen sind wir in all diesen Fragen kaum weiter als vor 20 oder 30 Jahren. Der einzige Bereich, in dem Innovationen und Wandel boomen und immer neue Ideen auf den Markt kommen, ist die digitale Ökonomie. Aber was für Ideen sind das? Verbessern Amazons Preisalgorithmus, Googles Überwachungssoftware oder Facebooks Dopamin-Kicks, die uns süchtig machen sollen, wirklich unser Leben? Machen Uber oder der digitale Arbeitsvermittler Upwork unsere Arbeit entspannter und weniger anstrengend?

Doch nicht nur der Innovationsmotor lahmt. Immer häufiger beschleicht den arglosen Verbraucher das Gefühl, dass viele Produkte zwar vielleicht technisch raffinierter, in ihrem echten Gebrauchswert aber sogar schlechter sind als noch vor zwanzig Jahren. Jeder kennt die Kühlschränke, Drucker und Wasserkocher, die just nach Erreichen der Garantiefrist die ersten Macken bekommen. Und wer hat nicht schon die Erfahrung gemacht, dass nach dem letzten *Update*, das einem irgendein Softwareanbieter ungefragt auf das Gerät gespielt hat, viele Programme plötzlich *schlechter* und nicht etwa besser laufen. Immer häufiger haben Hersteller keine Skrupel mehr, unausgereifte Produkte auf den Markt zu werfen, mit deren Defiziten sich dann der Käufer herumärgern kann. Und wer aus Verzweiflung womöglich eine Kundenhotline anruft, darf anschließend viel Zeit damit verbringen, freundlichen, aber verständnislosen Computerstimmen sein Problem zu erklären.

Wer die Realität unvoreingenommen betrachtet, muss feststellen: Der Kapitalismus ist schon lange nicht mehr so produktiv und innovativ, wie er einmal war und wie es ihm heute noch zugeschrieben wird. Er ist auch längst keine Leistungsgesellschaft mehr, sondern eine, in der die Herkunft wieder entscheidend für die persönlichen Lebenschancen ist und nicht die eigene Anstrengung. Eine Gesellschaft, in der die wichtigsten Arbeiten – etwa in Kinderbetreuung, Gesundheitsversorgung und Pflege – außerordentlich schlecht, überflüssige und teilweise schädliche Tätigkeiten hingegen – etwa im Finanzcasino oder in der Werbung – ungemein hoch bezahlt werden. Die alten Erzählungen stimmen nicht mehr.

Postwachstum und Grundeinkommen

Nach Meinung des Linksliberalismus ist das kein Schaden. Wachstum sei eh überholt, was wir stattdessen bräuchten, sei eine *Postwachstumsökonomie*. Und eine Leistungsgesellschaft sei noch nie ein humanitäres Ideal gewesen. Die Zukunft gehöre eher einem von Bedarf wie Leistung unabhängigen *bedingungslosen Grundeinkommen*, das jedem endlich ermögliche, seine Kreativität zu entfalten.

Viele Menschen dürften das anders sehen. Gerade die, die persönlich schon lange in einer *Postwachstumsökonomie* leben, weil nämlich ihr Einkommen seit vielen Jahren nicht mehr wächst, würden es ganz sicher begrüßen, wenn es für sie einmal wieder bergauf gehen würde. Und weder die Leistungsentmutigung durch Niedriglöhne noch Antileistungsrhetorik haben die Idee der *Leistungsgerechtigkeit* als Anspruch an eine gerechte Gesellschaft aus den Köpfen der Mehrheit vertreiben können.

Warum der Kapitalismus innovationsfaul wurde

Doch warum hat der Kapitalismus seine innovative Dynamik verloren bzw. weshalb lebt sie sich heute überwiegend in Bereichen aus, die zur Lösung der wirklich großen Probleme kaum etwas beitragen?

Zunächst muss man festhalten: Kapitalistisches Wirtschaften war noch nie per se innovativ. Sein eigentlicher Antrieb ist, aus Geld mehr Geld zu machen. Dieses Motiv kann Anreize für Innovation, höhere Produktivität und technologischen Wandel setzen, muss es aber nicht. Genau besehen fördert der Profittrieb den technologischen Fortschritt und den allgemeinen Wohlstand nur unter ziemlich engen Bedingungen. Entscheidend ist, dass es für Firmen möglichst keinen anderen Weg der *Kostensenkung* gibt als den Ein-

FORTSCHRITT STATT FAKE **273**

satz neuer Technologien und dass ihr einziges Mittel, *höhere Preise* durchzusetzen, darin besteht, bessere, innovative Produkte auf den Markt zu bringen. Nur wenn beides zutrifft, wird der Kapitalismus ideenreich. Eine unerlässliche Voraussetzung dafür ist funktionierender Wettbewerb. Ein Unternehmen mit starker Marktmacht vermag seine Preise oft auch ohne substanzielle Verbesserungen hochzutreiben. Auch wenn die Kosten sich durch billigere Arbeitskräfte, Steuerdumping, Unterlaufen von Standards oder erhöhten Druck auf Zulieferer senken lassen, bleiben Investitionen in produktivere, ressourcenärmere Herstellungsmethoden meist aus.

Wettbewerb oder Kulturkapitalismus?

Der Kapitalismus funktioniert also am besten in wettbewerbsintensiven Industrien, in denen Gesetze und starke Gewerkschaften für steigende Löhne und hohe Sozial- und Umweltstandards sorgen. In einem solchen Rahmen motiviert er tatsächlich zu Innovation und technologischem Wandel, weil es für Unternehmen kaum andere Wege gibt, die Gewinne langfristig hoch zu halten. Es ist daher kein Zufall, dass die kapitalistische Ordnung ihre beste Zeit in den westlichen Industrieländern des 20. Jahrhunderts, und zwar vor allem in den fünfziger bis achtziger Jahren, hatte.

Schon die Globalisierung hemmte diesen Prozess, weil sie den großen Firmen ein weites Feld alternativer Kostensenkungsstrategien öffnete und außerdem ihre Marktmacht massiv vergrößerte. Sie führte außerdem zu Absatzproblemen, weil die Massenkaufkraft in den westlichen Ländern seither stagniert, während das Einkommen in erster Linie in den ohnehin privilegierten Schichten wächst, also da, wo elementare Konsumbedürfnisse längst befriedigt sind.

In den lukrativen Marktsegmenten geht es daher kaum noch um zusätzliche oder verbesserte Gebrauchswerte, sondern vor allem um den besten Marketing-Trick. Es geht darum, hochpreisige Produkte mit einer speziellen Erzählung zu *singulären* Kulturgütern hochzustilisieren, die der anspruchsvollen Kundschaft das Gefühl geben, selbst etwas ganz Besonderes zu sein.[1] Für *singuläre* Güter aber gibt es keinen Wettbewerb. Unternehmen, die sich auf solchen Märkten umtun, investieren ihr Geld daher lieber in clevere Werbegenies als in Forschung und Entwicklung. Die Ideen, mit denen sie Gewinn machen, sind *Verkaufsideen*.

274 DIE SELBSTGERECHTEN

Höhere Preisaufschläge

Ökonomen aus Princeton kommen in einer Studie von 2017 zu dem Schluss, dass Unternehmen unterschiedlichster Branchen immer erfolgreicher darin sind, ihre Produkte zu Preisen weit oberhalb der Kosten zu verkaufen. Zwischen dem Zweiten Weltkrieg und dem Jahr 1980 war dieser Preisaufschlag relativ konstant und sogar leicht rückläufig. Anschließend begann er von dem damaligen Niveau von 18 Prozent aus zu wachsen, bis er 2014 satte 67 Prozent erreichte.[2] Solche Aufschläge sind ein Beleg dafür, dass wir auf vielen Märkten keine echten Wettbewerbsbedingungen mehr haben. Und Firmen, die nicht unter Wettbewerbsdruck stehen, haben eben auch wenig Anreiz, innovativ zu sein.

Ein zusätzlicher Faktor, der hohe Gewinnspannen fördert, aber keine Innovation, ist das moderne Patentrecht. War die ursprüngliche Idee des Patents, Innovation zu belohnen, indem sie über eine gewisse Zeit geschützt wird, bewirkt es mittlerweile das Gegenteil: Da keineswegs nur echte Neuerungen patentiert werden können, sind viele große Firmen dazu übergegangen, sich große Patentpools anzulegen, die vor allem dazu dienen, Innovation bei ihren Wettbewerbern zu behindern. Bereits 2003 hatte das Fraunhofer-Institut für Systemtechnik und Innovationsforschung eine Studie unter dem bezeichnenden Titel »Erfindungen contra Patente« vorgestellt. Sie kommt zu dem Schluss, dass ein immer größerer Teil der Patentanmeldungen dem destruktiven Ziel dient, die Anwendung und Weiterentwicklung innovativer Technologien durch Konkurrenten zu blockieren.[3] Obwohl das Problem also seit fast 20 Jahren bekannt ist, hat sich nichts verändert.

Mehr Umweltdreck durch Privatisierungen

Anders als in der Industrie funktioniert kapitalistisches Wirtschaften in den meisten Dienstleistungsbranchen von vornherein schlecht. Erstens gibt es bei Dienstleistungen weniger Möglichkeiten, mit neuen Technologien die Produktivität zu erhöhen. Und zweitens sind viele Dienstleistungsmärkte schon wegen der Art der erbrachten Leistung von großen Herstellern dominiert und wettbewerbsarm. Das trifft vor allem auf jene Dienste zu – von der Wasserversorgung bis zum Gesundheitssystem, von Verkehrsdienstleistungen bis zur Kommunikation –, die früher aus genau diesem Grund Teil des öffentlichen Sektors waren.

Werden diese Bereiche privatisiert, sinken entweder die Löhne oder es steigen die Preise, manchmal auch beides, aber innovativer oder effizienter geht es nicht zu. Im Gegenteil, wenn anstelle eines Postunternehmens mehrere Zusteller Päckchen zu dem gleichen Empfänger tragen oder jeder Funkanbieter seine eigenen Masten baut, wird es für die Gesellschaft insgesamt teurer und die Umweltbilanz ist wegen des höheren Ressourcenverbrauchs auch negativ. Alles in allem ist der Kapitalismus für eine Ökonomie, die von Dienstleistungen dominiert wird, keine vorteilhafte Wirtschaftsordnung.

Digitale Monopole

Das gilt in besonderem Maße für die digitale Ökonomie, die aufgrund des für sie typischen Netzwerkeffekts echten Wettbewerb strukturell ausschließt. Ob Suchmaschine, soziales Netzwerk oder Onlinehandel: Wer zuerst einen bestimmten Bereich besetzt, ist aus ihm mit marktkonformen Mitteln kaum noch wegzukriegen, und er muss sich auch nicht mehr vor Wettbewerbern fürchten. Droht im Ausnahmefall tatsächlich einmal Konkurrenz, wie sie Instagram für Facebook hätte bedeuten können, kauft man den Neuling kurzerhand auf. Die digitalen Technologien sind daher für kapitalistisches Wirtschaften denkbar ungeeignet, weil sie aufgrund des Monopolisierungstrends zu extrem hohen Gewinnspannen bei gleichzeitig beispielloser Marktmacht führen.

Alle großen Digitalanbieter sind unter anderem Handelsplattformen, die Anbieter und Nachfrager zusammenbringen und beiden gegenüber ihre Schlüsselrolle ausspielen können. Das gilt nicht nur für Amazon, den größten E-Commerce-Anbieter der westlichen Welt. Es gilt auch für Google und Apple, die mit ihren Betriebssystemen iOS und Android wie ein Türsteher den Zugang ins mobile Internet überwachen. Jeder, der seine Dienste oder Produkte Kunden per Smartphone-App anbieten will, ist von ihnen abhängig und muss ihre Konditionen akzeptieren. Eine ähnliche Monopolmacht haben Microsoft im PC-Bereich und Facebook in den sozialen Medien. Wir werden darauf im nächsten Kapitel eingehen.

Hier geht es nur um die Auswirkungen des Aufstiegs der Digitalanbieter auf die Innovationsfähigkeit der Wirtschaft. Und diese Auswirkungen sind verheerend. Denn in einer Ökonomie, in der die Handelsunternehmen mächtiger sind als die eigentlichen Produzenten, wird Wert da abgeschöpft, wo er für gute Produkte, Investitionen und Forschungsanstrengungen gebraucht würde, und sammelt sich an einer Stelle, wo es keine nützliche Verwendung für ihn gibt.

Aktuell sitzen die fünf Riesen aus dem Silicon Valley – Apple, Amazon, Google, Facebook und Microsoft – auf einem Berg von weit über 500 Milliarden Dollar an Rücklagen. Wenn dieses Geld für Investitionen in die Erforschung grüner Energien oder moderner Antriebstechniken zur Verfügung stünde, wären wir garantiert schon sehr viel weiter. Aber die Datenkraken sind nur an Ideen und Innovationen interessiert, die in *ihr* Geschäftsmodell passen. Als wäre es der Schlüssel zur zukunftsfähigen Mobilität, stecken sie beispielsweise Unsummen in die Entwicklung von Software für selbstfahrende Autos, bei der es am Ende vor allem um die Überwachung und Manipulation der Autofahrer geht. Außerdem nutzen sie ihr Geld für Firmenübernahmen, die sie immer größer machen. Allein Google hat in den vergangenen zehn Jahren mehr als 120 Firmen aufgekauft, Facebook knapp 80 und Amazon rund 90.

Die globale Übermacht der Datenkraken aus dem Silicon Valley, deren Profite weniger auf *Wertschöpfung* als auf *Wertabschöpfung* beruhen und hauptsächlich dafür eingesetzt werden, auf immer mehr Feldern Monopolstellungen zu erreichen, trägt im Rest der Wirtschaft dazu bei, Innovation zu ersticken und den technologischen Fortschritt zu verlangsamen.

Es gab bereits einmal eine Phase kapitalistischer Entwicklung, in der mächtige Handelsfirmen den eigentlichen Produzenten haushoch überlegen waren. Das war die Zeit der großen Handelskompanien, die im 17. und 18. Jahrhundert dank staatlich verliehener Monopole extrem hohe Gewinne im Fernhandel machten. Auch damals war der florierende Handelskapitalismus mit keinerlei Anreizen für neue Technologien und Produktivitätssteigerungen in Landwirtschaft und Gewerbe verbunden. Die Handelsgewinne flossen vor allem in den Finanzsektor und an die Börsen, wo sie der Menschheit zu ihren ersten Erfahrungen mit Booms, Finanzblasen und Crashs verhalfen.

Wesensverwandt: Finanz- und Digitalwirtschaft

Handelsmonopol, stagnierende Wirtschaft und Finanzspekulation gehörten also schon damals zusammen. Heute ist das wieder so. Denn die

Digitalwirtschaft ist nicht die einzige Branche, in der der moderne Kapitalismus unproduktive und gesellschaftlich schädliche Geschäftsmodelle hervorbringt, mit denen man trotzdem sehr viel Geld verdienen kann. Auch der Finanzsektor wächst seit gut dreißig Jahren sehr viel schneller als die reale Wirtschaft. Und wie die Gewinne der Digitalökonomie beruhen auch die der Finanzbranche überwiegend auf *Wertabschöpfung* und nicht auf Wertschöpfung.

Natürlich braucht eine prosperierende Wirtschaft solide Banken und gute Finanzierungsmöglichkeiten, aber dass ein zu großer Finanzsektor dem realwirtschaftlichen Wachstum schadet, ist seit Längerem bekannt.[4] Der Finanzsektor ist heute deshalb so mächtig und wirtschaftlich dominant, weil Schulden und Vermögen seit Jahrzehnten schneller wachsen als die reale Ökonomie. Die Ursache dafür liegt zum einen in der durch Wirtschaftsliberalisierung, Globalisierung und Sozialabbau in allen westlichen Ländern wachsenden Ungleichheit, die die Kaufkraft der normalen Bevölkerung stranguliert hat, während sich auf den oberen Rängen immer größere Vermögen türmen. Im Ergebnis ist die Wirtschaft auf schuldenbasierte Nachfrage geradezu angewiesen. Die zweite Ursache für die prosperierenden Finanzgeschäfte ist aber auch die politische Abschaffung aller vernünftigen Regeln, die früher die Spekulation im Zaum hielten. Dadurch, dass mittlerweile nahezu jede aberwitzige Finanzwette und jedes undurchsichtige Finanzpapier erlaubt ist, sind die Finanzmärkte zu einer echten Geldmaschine und einem ungeheuren Schuldengenerator geworden. Dazu wiederum brauchten und nutzen sie die digitalen Technologien, ohne die es die meisten modernen Finanzderivate und Spekulationspraktiken gar nicht geben würde.

Umgekehrt hat die Digitalwirtschaft von den Algorithmen der Finanzhaie gelernt. Die Erfahrungen, die Amazon-Chef Jeff Bezos in seiner Arbeit beim Hedgefonds D.E. Shaw gesammelt hatte, einem der Orte, wo der Hochfrequenzhandel und zahlreiche Algorithmen zur Finanzmarktbeobachtung erfunden wurden, dürften ihm nach der Gründung von Amazon durchaus hilfreich gewesen sein.[5] Und auch im Bereich der Onlinewerbung haben sich die Datenkraken an den Finanzmärkten orientiert. Zumindest ist bekannt, dass die Werbealgorithmen von Google und Facebook unter Leitung eines Mannes programmiert wurden, der zuvor als sogenannter Quant bei der Investmentbank Goldman Sachs tätig war.[6]

Hightech-Casino

Aber die Verbindungen zwischen Finanzsektor und digitaler Ökonomie gehen noch tiefer und betreffen auch ihre Anlagestrategien. Spekulative Finanzpapiere werden letztlich nicht gekauft, weil jemand sie für werthaltig hält – man erinnere sich an die mit Subprime-Krediten gefüllten ABS und CDOs, die die letzte große Finanzkrise ausgelöst hatten. Solche Papiere werden gekauft, weil es eine realistische Erwartung gibt, sie teurer weiterverkaufen zu können. Genau das ist auch das handlungsleitende Motiv bei den meisten Finanzierungen *digitaler* Start-ups: Es geht nicht darum, ein Unternehmen mit einer soliden Dienstleistung auf den Weg zu bringen, sondern auf eine Firma zu setzen, deren Geschäftsidee Anlass zu der Erwartung gibt, dass sie sich teurer weiterverkaufen oder mit Gewinn an die Börse bringen lässt. Ob dem Unternehmen danach noch ein langes Leben beschieden sein wird, ist eher gleichgültig.

Letztlich ist es die Hoffnung auf mögliche neue Monopole, mit der die Risikokapitalgeber handeln und die sie zu Geld zu machen versuchen. Diese Hoffnung verschafft Unternehmen, die in ihrer Firmengeschichte ausnahmslos Verluste eingefahren haben und in denen gerade mal eine Handvoll Leute beschäftigt sind, nicht selten Börsenbewertungen, die höher sind als die von DAX-Konzernen mit Hunderttausenden Mitarbeitern. Was die Fantasie in solchen Fällen beflügelt, ist, dass Börsenriesen wie Google oder Facebook einmal ähnlich angefangen haben. In keinem anderen Bereich der Volkswirtschaft können Unternehmen in so kurzer Zeit so stark wachsen und ihren Aktienkurs vervielfachen wie in der Digitalökonomie.

Doch auch wenn die heutigen Digitalriesen einst ebenfalls als Verlustbringer angefangen haben, steckt nicht in jedem Drei-Mann-Betrieb, der auf Datenschnüffelei setzt und viel Geld verbrennt, ein neues Amazon. Am Ende scheitern viele digitale Geschäftsideen ganz einfach daran, dass niemand die angebotenen Dienste haben will. Wie bei den Subprime-Krediten hat der Letzte in der Kette, der nicht mehr rechtzeitig verkaufen kann, dann eben Pech gehabt.

Die möglichen Extremgewinne für sogenannte *Einhörner*, also Firmen, deren Wert explosionsartig wächst, sind dennoch ein mächtiger Anreiz für Risikokapitalgeber, sich auf digitale Start-ups zu konzentrieren. Aktuell fließen in den USA 70 Prozent aller Risikokapitalinvestitionen in Informations- und Kommunikationstechnologien. In anderen, gesellschaftlich sehr

viel wichtigeren Bereichen ist es dagegen auch in Europa oft außerordentlich schwer, für eine gute Idee das nötige Kapital aufzutreiben.

Alles in allem ist das Start-up-Konzept des Silicon Valley also eher
ein Hightech-Casino als ein Inkubator für wichtige Innovationen, die die
Wirtschaft voranbringen und unser Leben verbessern. Werte werden hier
weniger erwirtschaftet als umverteilt.

Der Staat gibt sich auf

Das Problem ist aber nicht nur, dass zu viel privates Kapital in die falschen,
nämlich gesellschaftlich nutzlose Ideen fließt. Es fließt heute auch zu wenig staatliches Kapital in die richtigen. Denn umwälzende technologische
Veränderungen und grundlegende Innovationen setzten schon immer ein
couragiertes Engagement des Staates voraus, weil die Unsicherheit einfach
zu groß und der notwendige Zeithorizont zu lang ist, um solche Projekte in einem frühen Stadium für private Kapitalgeber attraktiv zu machen.[7]
Vom siliziumbasierten Halbleiter über das Internet bis zum GPS, von bahn-
brechenden medizinischen Neuerungen bis zur Nanotechnologie: Es waren nicht private Unternehmen, sondern staatliche Forschungslabore oder
mit dem Geld der Steuerzahler finanzierte Entwicklungsprogramme, denen
wir die entscheidenden Durchbrüche zu verdanken haben. »Praktisch jedes
Zentrum hochtechnologischer unternehmerischer Aktivität in der heutigen
Welt hat seine Wurzeln in proaktiven staatlichen Interventionen«, schreibt
der Harvard-Ökonom Josh Lerner.[8] Und die italienisch-amerikanische In-
novationsökonomin Marianna Mazzucato weist darauf hin, dass »im iPhone
nicht eine einzige Technologie (steckt), die nicht staatlich finanziert wurde«.[9]

In den meisten westlichen Ländern hat der Staat früher aktiv in Forschung und Entwicklung investiert und dabei sehr bewusst die Richtung
vorgegeben. Er hat jungen Firmen mit Potenzial *geduldiges Kapital* zur Verfügung gestellt, damit sie ihre Ideen bis zur Marktreife entwickeln können. Und er hat teilweise sogar für den Markt gesorgt, wenn die private
Nachfrage zunächst nicht ausreichend vorhanden war. Das war beispielsweise der Fall, als das US-Verteidigungsministerium in den Fünfzigern für
Nachfrage nach den Produkten der amerikanischen Halbleiterindustrie
sorgte, die wegen der weitaus billigeren Transistoren und Vakuumröhren
auf den kommerziellen Märkten noch nicht auf Interesse stießen.

Heute wird durch die Abhängigkeit von Drittmitteln selbst staatliche Grundlagenforschung den Vorgaben und Interessen der Industrie unterworfen. Wenn Staaten selbst daran zu glauben beginnen, dass der Markt alles besser kann, beginnt der Innovationsmotor schon allein aus diesem Grund zu stocken. Das betrifft vor allem jene Bereiche, in denen die Probleme sich nicht durch Detailverbesserungen, sondern nur durch einen großen neuen Ansatz lösen lassen.

Geierfonds bei Thyssenkrupp

Und noch ein Faktor spielt eine Rolle für die schwindenden Innovations- und Wohlstandspotenziale unserer wirtschaftlichen Ordnung: die zunehmende Macht von Finanzinvestoren, die auch grundsoliden Firmen der Realwirtschaft ihre Logik und ihre Prioritäten aufzwingen. Wenn wichtige Anteilseigner eines Unternehmens mehr Wert auf hohe Ausschüttungen als auf Investitionen legen, wenn für sie kurzfristige Finanzkennziffern wichtiger sind als langfristige Wachstumsziele, dann wird das Unternehmen weniger investieren, es wird seine Forschungs- und Entwicklungsanstrengungen zurückfahren und sein Geld lieber für hohe Dividenden und Aktienrückkäufe einsetzen.

Der Niedergang von Thyssenkrupp etwa wurde erheblich beschleunigt, als sich 2013 der schwedische Hedgefonds Cevian in das Unternehmen einkaufte und ihm kurze Zeit später der äußerst aggressive Geierfonds Elliott des Investors Paul Singer folgte. Seitdem treiben die Investoren das Management vor sich her und arbeiten daran, den Konzern zu zerschlagen und einzelne Filetstücke an den Meistbietenden zu verkaufen. Einer der profitabelsten Unternehmensteile, die Aufzugssparte, wurde Anfang 2020 veräußert, was Thyssenkrupp sicher nicht zukunftsfähiger und die Arbeitsplätze seiner weit über 100 000 Beschäftigten nicht sicherer gemacht hat. Natürlich hat Thyssenkrupp auch gravierende strukturelle Probleme, die mit falschen Investitionsentscheidungen, Billigimporten und der globalen Stahlkrise zu tun haben. Aber ohne das unheilvolle Wirken der Finanzfonds stünde der Konzern in jedem Fall besser da.

Mittlerweile befinden sich zwei Drittel aller Aktien der im deutschen Aktienindex DAX gelisteten Firmen in der Hand internationaler Hedgefonds, Investmentgesellschaften und Pensionskassen. Nicht alle agieren so

FORTSCHRITT STATT FAKE **281**

aggressiv wie Geierfonds oder Private-Equity-Heuschrecken. Aber für alle Finanzinvestoren gilt: Sie haben keinen Bezug zum Unternehmen, zu seinen Produkten und seinen Beschäftigten. Sie verkörpern in Reinform, was kapitalistisches Wirtschaften bedeutet: Geld investieren, um mehr Geld herauszuholen. Wenn der Kapitalismus seine beste Zeit in den fünfziger bis siebziger Jahren des 20. Jahrhunderts hatte, lag das nicht zuletzt daran, dass er damals nicht annähernd so kapitalistisch war wie heute. Zum einen, weil er nationalstaatlich eingehegt und stark reguliert wurde. Zum anderen aber eben auch, weil die wirtschaftlichen Entscheidungen noch nicht im heutigen Ausmaß rein finanziellen Renditekalkülen folgten.

Börsennotierte Investitionsverweigerer

Die meisten inhabergeführten Unternehmen, vor allem kleinere und mittlere, ticken auch heute noch anders. Sie arbeiten gewinnorientiert, aber nicht in Quartalshorizonten, und in ihnen treffen Leute Entscheidungen, die einen persönlichen Bezug zum Betrieb und seinen Produkten haben. Die Investitionsraten von Unternehmen, die nicht an der Börse gehandelt werden, sind messbar höher als die von börsennotierten. Sie sind auch produktiver, innovativer und ausbildungsfreudiger. Börsennotierte Unternehmen dagegen stellen immer weniger Ausbildungsplätze bereit, auch das hängt mit dem Druck zusammen, einen immer größeren Teil des Gewinns ausschütten zu müssen.[10]

Hohe Ausschüttungen werden natürlich auch dann zum Problem, wenn der Wind einmal etwas rauer bläst. Dass so viele große Unternehmen zu Beginn der Coronakrise bei den staatlichen Rettungsgeldern die Hand aufgehalten haben, findet hier seinen Grund. Immerhin waren dem Corona-Jahr 2020 zehn Jahre vorausgegangen, in denen die deutsche Wirtschaft brummte und die Gewinne insgesamt um 100 Prozent gestiegen waren. Solide Unternehmen würden eine solche Zeit nutzen, um Reserven anzulegen, wie es viele Mittelständler ja auch getan haben. Die großen Kapitalgesellschaften dagegen hatten allein 2018 und 2019 ihre verfügbaren Mittel durch Ausschüttungen und Aktienrückkäufe um 100 Milliarden Euro verringert. Wäre das Geld in den Unternehmen geblieben, hätte es viele Hilfsanträge nicht geben müssen.

Sogar im Corona-Jahr 2020 ging die Dividendenparty munter weiter. Selbst in jenem Jahr gab es in Deutschland mehr Firmen, die ihre Dividende erhöhten, als solche, die sie abgesenkt oder gestrichen haben. Trotz des Zusammenbruchs wichtiger Exportmärkte und der Schockstarre durch die wiederholten Lockdowns übertrafen die Dividenden allein der DAX-Konzerne erneut die Summe von 30 Milliarden Euro. Zu Beginn des Millenniums galten noch 10 Milliarden im Jahr als normal.

Genau besehen ist in den meisten börsennotierten Konzernen heute ein Geschäftsmodell en vogue, das wir auch von den Banken kennen. Seine Kennzeichen sind Kurzsichtigkeit, Maßlosigkeit, Vorliebe für Bluff, Tricks und Bilanzkosmetik sowie eine rücksichtslose Orientierung allein an den Interessen der Aktionäre und des Managements. Ein Industrieunternehmen, das diesem Geschäftsmodell folgt, erkennt man daran, dass es mehr Wert auf clevere Steuerberater, Patentanwälte und Finanzmarktprofis legt als auf gute Ingenieure und motivierte Facharbeiter, dass es seinen Gewinn großenteils für Dividendenausschüttungen und Aktienrückkäufe verpulvert und dass es alle legalen und halblegalen Winkelzüge nutzt, um seine Wettbewerber zu schädigen, seine Lieferanten auszupressen und seine Kosten in Form von Löhnen, Steuern oder Kundenservice auf ein Minimum zu reduzieren.

Die Epoche des Wirtschaftsliberalismus hatte mit der Ankündigung begonnen, Wettbewerb, Innovation und Marktwirtschaft zu fördern. Herausgekommen ist eine innovationsfaule Ökonomie, in der Marktmacht und sogar Monopole an die Stelle offener Märkte getreten sind und echter, fairer Wettbewerb eine immer geringere Rolle spielt. Hauptgrund sind die politischen Weichenstellungen in Richtung Liberalisierung, Privatisierung und Globalisierung, der weitgehende Rückzug des Staates aus der Finanzierung von Forschung und Innovation, das Wachstum der Digitalgiganten zu mächtigen Handelsplattformen, die der gesamten Wirtschaft ihren Tribut auferlegen und sich bis heute frei von jeder gesetzlichen Regulierung austoben dürfen, und der Aufstieg des Finanzsektors, verbunden mit der zunehmenden Macht von Finanzinvestoren als Firmeneigentümer, deren Vorgaben Unternehmen kurzsichtig und unproduktiv machen.

Ehrliche Umweltpolitik statt Preiserhöhungen und Lifestyle-Debatten

Wenn unser Planet im Müll erstickt, immer mehr Arten unwiederbringlich aussterben und das Klima heißer und trockener wird, kann das niemanden gleichgültig lassen. Gerade Menschen, die in ländlichen Räumen leben, sind meist naturverbunden und lieben die Landschaft und Pflanzenwelt, in der sie sich zu Hause fühlen. Dennoch löst die aktuelle Klimadebatte bei vielen von ihnen eher Aggressionen aus. Nicht, weil ihnen die Zukunft unserer Erde egal wäre. Sondern weil sie ein feines Gespür dafür haben, wie unehrlich es ist, die dringend notwendige Diskussion über Wege zur Rettung von Klima und Umwelt als Debatte über Fragen des Lebensstils und der Konsumgewohnheiten aufzuziehen.

Den Ärmeren das Leben verteuern

In der Tat ist die aktuelle *Klimadiskussion*, in der Fragen des Verzichts und der gezielten Verteuerung im Mittelpunkt stehen, vor allem ein Elitendiskurs. Wer immer im Überfluss gelebt hat, mag persönliche Befriedigung dabei empfinden, bewusst auf bestimmte Dinge zu verzichten. Und wer häufiger Rad fährt und weniger Fleisch isst, tut zumindest der eigenen Gesundheit einen Gefallen. Aber wer den Menschen einreden will, die Veränderung ihres Lebensstils sei der Schlüssel zur Rettung unseres Planeten, macht sich und anderen etwas vor. Versucht die Politik dann noch, der gewünschten neuen Lebensweise mit CO_2-Steuern, Fleischverteuerung und Aufschlägen auf Billigflugtickets auf die Sprünge zu helfen, erreicht sie vor allem eins: dass die weniger Begünstigten mit zunehmender Aversion reagieren, sobald auch nur das Wort *Klima* fällt. Denn es entgeht ihnen nicht, dass die hochtrabende Welterrettungs-Rhetorik am Ende nur darauf hinausläuft, dass ihre Heizung, ihr Strom, ihr Sprit, ihr Essen und ihre Urlaube noch teurer werden sollen.

Das Maßnahmenbündel, das die Bundesregierung Ende 2019 in Reaktion auf die »Fridays for Future«-Bewegung beschlossen hat, macht der unteren Mitte und den Ärmeren das Leben schwerer, ohne uns in Richtung Klimaverträglichkeit auch nur einen Schritt voranzubringen.[11] Wer im ländlichen Raum wohnt, wo seit Langem kein Zug und kein Bus mehr verkehrt, der wird weiter mit seinem Diesel zur Arbeit und zum Supermarkt fahren, da das schicke E-Auto für die meisten trotz Staatssubventionen unerschwinglich bleibt. Und wer eine Ölheizung im mäßig isolierten Haus hat, zu der es nur teurere Alternativen gibt, wird weiter heizen wie bisher, er bezahlt nur eben mehr.

Schiffsdiesel statt Kuhdung

Auch dass die Veganer-Bewegung unseren Planeten erlösen wird, scheint unwahrscheinlich. Wenn die Methanausscheidungen heimischer Kühe durch die schwarzen Rauchschwaden zusätzlicher schwerölgetriebener Containerschiffe ersetzt werden, die, gefüllt mit Soja, Reisprotein, Amaranth und Quinoa, die Weltmeere kreuzen, dürfte der Effekt eher ein gegenteiliger sein. Auch scheint schwer vorstellbar, dass Enten und Hühnchen das Klima mehr belasten als industriell hergestellte, hochverarbeitete Fleischersatzprodukte, über deren CO_2-Bilanz man auffällig wenig liest.

Es stimmt natürlich, dass wir kein Wachstum in dem Sinne brauchen, dass mit den heutigen Technologien immer mehr produziert werden sollte. Schon ein globales Weiter-so auf dem heutigen Level wäre für Umwelt und Klima tödlich. Zugleich ist nicht davon auszugehen, dass die ärmeren Regionen unserer Welt sich ein Einfrieren ihres Konsumniveaus auf dem derzeitigen Stand überhaupt vorschreiben ließen. Es hilft also nichts, wir werden auch in Zukunft Wachstum benötigen, allerdings in anderer Form als in der Vergangenheit: ein Wachstum, das nicht auf Verschleiß setzt, sondern auf langlebige Konsumgüter, deren Materialien anschließend möglichst komplett wiederverwendet werden können. Ein Wachstum, das auf *neuen* Technologien beruht, mit denen wir das Zeitalter des Raubbaus an unseren natürlichen Lebensgrundlagen und der Verfeuerung fossiler Brennstoffe beenden können. Der Schlüssel für eine umweltverträgliche Ökonomie sind folgerichtig nicht Anreize für Verzicht, sondern für wirtschaftliche Innovation.

Landwirte bekommen weniger

Ein Beispiel dafür, wie wenig die Forderung nach Preiserhöhungen zur Lösung echter Probleme beiträgt, ist die Debatte über höhere Fleischpreise. Teureres Fleisch wird bekanntlich sowohl zur Verringerung des Fleischverbrauchs als auch aus Gründen des Tierwohls gefordert. Beides sind an sich vernünftige Ziele. Zu viel Fleisch ist ungesund und die Verhältnisse in der industriellen Tierhaltung, in der Tausende Schweine, Kühe oder Hühnchen dicht gedrängt in viel zu engen Stallen dahinvegetieren, sind schwer erträglich. Dass unter solchen Bedingungen Antibiotika in hoher Dosis zum Einsatz kommen müssen, um den Ausbruch von Krankheiten zu verhindern, sollte ein zusätzlicher Grund sein, diese Praxis zu beenden. Denn sie bringt eben nicht allein Leid für die Tiere, sondern auch Gefahren für Mensch und Umwelt mit sich.

Aber ist tatsächlich der Fleischpreis im Supermarkt verantwortlich für zu enge Ställe und unglückliche Hühner? Ist am Ende sogar Fleischbaron Tönnies mit seinen miesen Arbeitsverhältnissen ein bloßes Opfer geiziger Fleischkunden, die ihr Schnitzel im Discounter zu einem Preis kaufen, der gut verdienenden Politikern als zu niedrig erscheint?

Es ist tatsächlich so, dass die Landwirte für ihre Tiere heute einen so niedrigen Preis bekommen, dass an artgerechte Tierhaltung kaum zu denken ist. Aber das hat mit dem Preis, den der Verbraucher im Supermarkt bezahlt, nur wenig zu tun. Denn in diesen Preis gehen die Einkommen der Landwirte, aber eben auch die Gewinne der Schlachtereien und Wurstfabriken, die dort gezahlten Löhne und schließlich die Margen der Lebensmittelketten ein. Die wichtigste Veränderung der letzten Jahrzehnte sind nicht etwa sinkende Preise auf der Verpackung im Kühlregal. Verändert haben sich vor allem die *Anteile*, die die verschiedenen Wirtschaftsteilnehmer in der Fleischverarbeitungskette von diesem Preis bekommen. Diese Veränderung vollzog sich zulasten der Landwirte und zum Vorteil der Schlachter, Wurstfabrikanten und Händler.

Noch in den siebziger Jahren kam knapp die Hälfte dessen, was der Käufer im Supermarkt für Fleisch oder Wurst bezahlte, bei den Bauern an. Wer 1972 für 10 DM Schnitzel gekauft hat, hat den Züchtern der Schweine im Schnitt ein Einkommen von 4,80 DM beschert. Von 10 Euro, die heute für den Kauf von Schnitzelfleisch aufgewandt werden, bekommt der Landwirt dagegen nur noch 2,20 Euro. Bei anderen landwirtschaftlichen Produkten wie Kartoffeln, Zucker oder Getreide ist die Verschiebung noch dramatischer. Gibt ein Kunde 10 Euro für Brot aus, erhält der Bauer, der das Getreide gesät, gedüngt und geerntet hat, klägliche 40 Cent. Anfang der Siebziger waren es noch knapp 2 Euro. Fasst man alle landwirtschaftlichen Produkte zusammen, ist der Anteil der Bauern am Preis im Supermarkt von annähernd 50 Prozent in den Siebzigern auf nur noch 20 Prozent gesunken.

Höfesterben

Gesunken ist damit natürlich auch ihre Chance, eine Landwirtschaft zu betreiben, die nicht allein auf maximalen Ertrag bei möglichst geringem Aufwand setzt. Der Trend zu immer größeren industriell arbeitenden Landwirtschaftsbetrieben ist das Ergebnis dieses Drucks. Ebenso wie das leise Sterben der Höfe, die in diesem Preiskampf nicht mithalten können oder deren Inhaber mit ihren Tieren nicht so umgehen wollen. Allein seit 2005 hat jeder dritte Landwirtschaftsbetrieb in Deutschland dichtgemacht. Unternehmer wie Tönnies und Co., aber auch die Eigentümer der großen Lebensmittelketten sind dagegen zu Milliardären geworden.

Es liegt also gar nicht am Endpreis. Es liegt daran, wer wie viel von diesem Preis bekommt. Ob ein höherer Fleischpreis im Supermarkt überhaupt bedeuten würde, dass es am Ende auch dem Bauern und Tierzüchter besser ginge, ist eine offene Frage. Denn die Verschiebung der Einkommensrelationen zwischen Landwirten auf der einen Seite und Schlachtern, Wurstproduzenten und Händlern auf der anderen ist kein Zufall. Sie liegt auch nicht darin begründet, dass die Produktionsschritte ab der Schlachtung teurer geworden wären. Im Gegenteil: Gerade in der Fleischverarbeitung ermöglichten die Legalisierung von Schein-Werkverträgen und der Beitritt armer Länder wie Rumänien und Bulgarien zur EU ein beispielloses Lohndumping und damit massiv *sinkende* Produktionskosten. Immerhin gab es in diesem Sektor früher mal normale Arbeitsverträge für Beschäftigte aus Deutschland.

Nicht ganz so drastisch, aber ähnlich ist der Trend im Lebensmittelhandel. Auch dieser gehört heute zum Niedriglohnsektor, in dem kaum noch reguläre, tariflich bezahlte Arbeitsverhältnisse existieren. Und auch das war nicht immer so. In den siebziger Jahren fehlten für all die Tricks, mit denen heute die Löhne niedrig gehalten werden – Minijobs, Dauerbefristungen, unfreiwillige Teilzeit – schlicht die gesetzlichen Voraussetzungen.

Die Macht der Wurstbarone und Lebensmittelketten

Dass Tönnies und Co. ebenso wie die großen Lebensmittelketten ihren Anteil am Fleischpreis derart steigern konnten, ist also nicht das Ergebnis höherer Aufwendungen, sondern wirtschaftlicher Macht. Einer Macht, die mit rasant gewachsenen Marktanteilen zu tun hat. Allein die vier großen Gruppen um Edeka, Rewe, Aldi und die Lidl-Gruppe beherrschen heute

FORTSCHRITT STATT FAKE **287**

über 70 Prozent des Lebensmittelmarktes, Tendenz weiter steigend. Wer so stark ist, kann seinen Zulieferern die Preise diktieren. Die gleiche Macht wiederum haben große Fleischkonzerne wie die Tönnies Holding gegenüber den Landwirten, von denen sie ihre Tiere beziehen. Immerhin jedes dritte deutsche Schwein endet heute in einer Tönnies-Schlachterei. Wenn die Politik wirklich etwas für das Tierwohl, größere Ställe und artgerechte Fütterung tun wollte, müsste sie vor allem diese enorme Marktmacht brechen, die mit dem Anspruch fairen Wettbewerbs nicht vereinbar ist.

Tatsächlich hatte Tönnies mehrfach mit dem Kartellamt zu tun, nur verliefen die Verfahren immer wieder im Sande. Ein Fall aus der Regierungszeit Siegmar Gabriels ist kurzzeitig in die Schlagzeilen gekommen, weil der Neffe des Inhabers den Verdacht geäußert hat, der Fleischbaron könnte den ehemaligen Wirtschaftsminister just deshalb mit monatlich 10 000 Euro honoriert haben, weil der ihn seinerzeit vor einer millionenschweren Kartellstrafe bewahrt hat. Aber egal, welche schützende Hand Fleischkonzerne wie Einzelhandelsketten immer größer und dreister hat werden lassen, ohne dass die Kartellämter jemals Handlungsbedarf sahen: genau hier liegt das Problem. Wer es beheben möchte, sollte den Entwurf für ein Entflechtungsgesetz, das der FDP-Politiker Reiner Brüderle in seiner Zeit als Wirtschaftsminister in Auftrag gab und nach massivem Druck großer Unternehmen, darunter vieler Geldgeber der FDP, in die Aktenordner versenkte, aus ebendiesen herausholen, entstauben, fertigstellen und im Bundestag abstimmen lassen.

Gesetzliche Regeln zu artgerechter Tierhaltung sind natürlich trotzdem nötig. Aber wer solche Regeln beschließt, ohne den Landwirten dann auch die Möglichkeit zu geben, bei den Schlachtern einen Preis herauszuholen, der ihre Mehrkosten deckt, wird erleben, dass am Ende nur noch mehr Höfe sterben und noch mehr Schweine zur Schlachtung aus anderen Ländern nach Deutschland transportiert werden. Dem Tierwohl wäre dadurch ebenso wenig gedient wie dem Klima.

In wenigen Jahren Milliardär

Die Frage, ob der angebliche Billigpreis im Kühlregal für die unsäglichen Arbeitsbedingungen in der Fleischindustrie verantwortlich gemacht werden kann, ist damit auch beantwortet. Ein Unternehmen wie die Tönnies

Holding, das Gewinne durchsetzen kann, die seinen Eigentümer in kürzester Zeit mit einem geschätzten Vermögen von 1,7 Milliarden Euro in die Liga der reichsten Deutschen katapultieren, ist ganz sicher kein Opfer von Margendruck und könnte seine Beschäftigten ohne Probleme anständig bezahlen.

Auch um die Fleischindustrie wieder zu einem akzeptablen Arbeitgeber zu machen, brauchen wir also keine Ablenkungsdebatte über den Fleischpreis, sondern ein Verbot der Schein-Werkverträge und ein Ende der Lohnsklaverei, in deren Rahmen billige Arbeitskräfte aus ärmeren EU-Ländern gezielt nach Deutschland geholt werden, um hier das Lohnniveau zu drücken. Wir brauchen einen Branchenmindestlohn, der den in anderen westeuropäischen Ländern gezahlten, deutlich höheren Löhnen entspricht, und vor allem: regelmäßige Kontrollen, ob die gesetzlichen Bestimmungen auch eingehalten werden.

Politischer Wille vorausgesetzt, wäre das alles in kurzer Zeit umsetzbar. Der Fleischpreis müsste dadurch nicht in die Höhe schießen. Eine Entflechtung der heutigen Marktbeherrscher könnte stattdessen deren Gewinnmargen stutzen. Dann würden Fleischfabrikanten und Inhaber von Einzelhandelsketten womöglich keine Milliardäre mehr. Aber die Beschäftigten in den Fleischfabriken erhielten auskömmliche Löhne für ihre harte Arbeit, die Verbraucher bekämen gesünderes Fleisch zu immer noch moderaten Preisen, Millionen Tiere würden nicht mehr gequält und der Trend, Lebensmittel quer über den Globus zu transportieren, würde endlich gestoppt. Damit wäre übrigens auch dem Weltklima der größte Dienst erwiesen.

Einfach verrückt

Der Mix aus Lifestyle-Debatten und Preiserhöhungen, die vor allem die untere Hälfte der Bevölkerung belasten, aus subventionierten Elektro-SUVs und stillgelegten Bahnstrecken, aus propagierter Flugscham und weiteren Freihandelsverträgen, infolge deren noch mehr Güter, die vor Ort angebaut oder produziert werden könnten, aus den fernsten Winkeln der Welt hierhertransportiert werden, ist für das ökologische Klima mindestens genauso giftig wie für das politische.

Denn was uns unter grünem Vorzeichen als Klimapolitik serviert wird, ist teilweise einfach verrückt: Man verbietet Plastikbesteck und Trinkröhrchen, aber schaut zu, wie die Plastikverpackungen normaler Gebrauchsgüter immer voluminöser werden. Man predigt Konsumverzicht, aber ist zu feige, der Praxis großer Firmen, die Lebensdauer ihrer Erzeugnisse bewusst zu verkürzen und ihre Reparatur zu erschweren, einen gesetzlichen Riegel vorzuschieben. Als ob enthaltsame Konsumenten jemals die Schäden ausgleichen könnten, die allein diese Wegwerfwirtschaft anrichtet. Man streitet darüber, ob der Verbrennungsmotor für PKWs ab 2025 oder erst ab 2030 verboten werden soll, obwohl nicht der PKW-, sondern vor allem der LKW-Verkehr der Hauptverantwortliche für die Verfehlung der Klimaziele ist. Für Brummis allerdings ist E-Mobilität schon wegen der riesigen, tonnenschweren Batterien, die es hier für ein Mindestmaß an Reichweite bräuchte, keine Alternative. Man will lieber heute als morgen den Abbau heimischer Kohle stoppen und bezuschusst mit öffentlichem Geld den Ausbau der europäischen Flüssiggasterminals, über die in Zukunft noch größere Mengen des extrem klima- und umweltschädlichen Frackinggases aus den Vereinigten Staaten nach Europa gelangen sollen.

Zurück ins 19. Jahrhundert

Das nahezu komplette Scheitern der Umwelt- und Klimapolitik der letzten Jahre zeigt: So kommen wir nicht weiter. Die etwa von den Grünen angestrebte Lösung der Klimafrage über CO_2-Steuern und bewusste Verteuerung läuft letztlich darauf hinaus, dass viele heute übliche Konsumartikel und Dienstleistungen wieder zu Luxusgütern werden, zu denen große Teile der Bevölkerung keinen Zugang mehr haben. Das mag im Sinne gut betuchter Grünen-Wähler ein Ausweg sein, für weniger Wohlhabende ist es keiner.

Wer nicht sozial ins 19. Jahrhundert zurück möchte, für den kann es nur einen Weg geben: Wir müssen nicht anders konsumieren, sondern vor allem anders produzieren. Unsere Wirtschaft muss regionaler werden, ungiftiger, ressourcenschonender. Wir brauchen Produkte, die möglichst lange ihren Dienst tun und sich anschließend reparieren lassen. Das erreicht man nicht durch Lifestyle-Debatten, sondern durch Gesetze, die die Hersteller zur Verlängerung der Garantiezeiten zwingen. Die sie verpflichten, kostengünstige Ersatzteile und Reparaturmöglichkeiten bereitzustellen und auf die Recycelbarkeit der Rohstoffe zu achten. Und wir brauchen

neue Technologien, die echte Kreislaufproduktion und die flächendeckende Umstellung auf grüne Energie ermöglichen.

Bis dahin sollten wir uns bemühen, aus den bestehenden Technologien das Beste herauszuholen. Im Dezember 2019, als Deutschland über
Flugscham und innerdeutsche Flugverbote diskutierte, rollte in Shanghai
der erste Zug aus dem Bahnhof, der über die neue Hochgeschwindigkeits-
strecke das 1318 Kilometer entfernte Peking in nur viereinhalb Stunden erreicht. Die Distanz ist vergleichbar mit der Strecke von der Ostsee bis zum
Mittelmeer. Aktuell hat China ein Schnellzugnetz von fast 30 000 Gleiski-
lometern, die Tickets sind günstig. Hätten wir in Europa Ähnliches, würden viele Flüge ihren Sinn verlieren und Staus auf den Autobahnen dürften seltener werden.

Ein anderes Beispiel: Solange die flächendeckende Versorgung mit grüner Energie noch gar nicht möglich ist und das Recycling ausgemuster-
ter Batterien ein ungelöstes Problem darstellt, wäre es weit sinnvoller, die
Autohersteller unter Druck zu setzen, das technisch mögliche Zwei- oder
gar Ein-Liter-Auto in kurzer Zeit marktreif zu machen, als Steuergeld in
die Förderung von Teslas und E-Porsches mit schwerem Fahrwerk und
großer Batterie zu versenken.

Sind unsere Konsumgüter irgendwann komplett recycelbar, all unsere
Energiequellen erneuerbar und unsere Flugzeuge tanken grünen Wasser-
stoff, können wir auch fahren, fliegen und konsumieren, so viel wir wollen.
Aber um jemals dahin zu kommen, braucht die Menschheit keine stagnierende Ökonomie, sondern wieder eine innovative Wirtschaft. Das heißt:
Nötig sind Anreize für neue technologischen Lösungen, die die Produktion nicht nur effizienter, sondern vor allem für Mensch, Umwelt und Klima verträglicher machen.

Ein neues Leistungseigentum

Wenn unsere Wirtschaft wieder produktiv und innovativ werden soll,
wenn wir die großen technologischen Fragen in überschaubarer Zeit lösen und eine echte Leistungsgesellschaft werden wollen, die jedem ein gutes Leben und Aufstieg ermöglicht, müssen wir daher Grundlegendes ver-

ändern. Wie gezeigt, kann privates Eigentum und Gewinnstreben nur da den technologischen Fortschritt voranbringen und damit die Wohlstandspotenziale der Wirtschaft erhöhen, wo der Wettbewerb funktioniert und klare Regeln und Gesetze dafür sorgen, dass Kosten nicht zulasten von Beschäftigten und Umwelt gesenkt werden können.

Dienstleistungsbranchen, in denen Marktmacht strukturell angelegt ist oder Kommerzialisierung zu falschen Anreizen führt – etwa in Krankenhäusern, in denen Kranke und Behandlungsmethoden dann nach ihrem Ertragspotenzial ausgewählt werden –, gehören nicht in die Hände kommerzieller Investoren, sondern in gemeinwohlorientiertes Eigentum. Erst recht gilt das für die digitale Infrastruktur unserer Gesellschaft.

Unternehmen erfüllen ihre Aufgabe nicht

Aber auch in Industrieunternehmen brauchen wir eine Gestaltung des Eigentums, die es in Zukunft ausschließt, dass wertvolle wirtschaftliche Strukturen und die Arbeitsergebnisse Zehntausender Beschäftigter von Investoren geplündert und im schlimmsten Fall zerstört werden können. Es muss verhindert werden, dass ganze Unternehmen zum Spekulationsobjekt werden können und unter dem Einfluss dividendenhungriger Anteilseigner ihre ökonomische Aufgabe nicht mehr erfüllen: gute, langfristig gebrauchsfähige Produkte und sinnvolle Dienstleistungen anzubieten und den technologischen Fortschritt voranzubringen.

Die alte Rechtsform der Kapitalgesellschaft leistet das nicht, im Gegenteil. Die begrenzte Haftung für Unternehmensverluste bei gleichzeitig unbegrenztem Zugriff auf die Unternehmensgewinne ist ein Widerspruch in sich, der zum Ausplündern von Unternehmen geradezu einlädt. Denn alles, was die Eigentümer rechtzeitig rausgeholt haben, geht im Falle des Scheiterns nicht mehr in die Konkursmasse ein. Diese Konstruktion ist so eigenwillig, dass sie von Adam Smith bis Walter Eucken von allen echten Marktwirtschaftlern abgelehnt wurde und bis Mitte des 19. Jahrhunderts auch nur für Bereiche von besonderem öffentlichem Interesse vorgesehen war. Trotzdem ist es kein Zufall, dass sie sich im Laufe der Zeit durchgesetzt hat. Kapitalgesellschaften ermöglichen am besten, was für kapitalistisches Wirtschaften charakteristisch ist: dass Unternehmen zu Anlageobjekten werden, um aus Geld noch mehr Geld zu machen.

Die Motivation echter Unternehmer ist, wie schon Schumpeter wusste, eine andere als die von Kapitalisten. Unternehmer gründen Unternehmen, arbeiten in ihnen und machen sie groß. Kapitalisten investieren Geld und wollen Rendite sehen. Echtes Leistungseigentum muss Unternehmern das Leben erleichtern und Kapitalisten die Möglichkeit nehmen, Firmen ihre Logik aufzuzwingen. Es muss verhindern, dass Finanzinvestoren ein Unternehmen plündern oder Erbendynastien es im Streit zerlegen können. Es muss die Ära leistungsloser Millioneneinkommen für unternehmensfremde Eigentümer und die Vererbung von Wirtschaftsmacht beenden.

Begrenzung von Haftung und Gewinn

Genau das würde ein Rechtsrahmen leisten, der den inneren Widerspruch der Kapitalgesellschaft aufhebt und die Logik der *Begrenzung* von der Haftung für Verluste auch auf den Anspruch auf Gewinne überträgt. Ein nach solchen Regeln funktionierendes Wirtschaftseigentum soll im folgenden *Leistungseigentum* heißen. Ein Unternehmen in *Leistungseigentum* hat keine externen Eigentümer, sondern einfach Kapitalgeber mit unterschiedlichem Verlustrisiko, die entsprechend höhere oder niedrigere Zinsen erhalten. Ist eine Einlage einschließlich Zinsen abbezahlt, gibt es keine Ansprüche mehr. Das Kapital gehört der Firma und die Firma gehört sich selbst. Viele erfolgreiche Stiftungsunternehmen wie Zeiss, Saarstahl, Bosch oder ZF Friedrichshafen arbeiten heute bereits nach diesem Prinzip.

Leistungseigentum würde sicherstellen, dass vor allem die, die im Unternehmen eine Leistung erbringen, von einer erfolgreichen Unternehmensentwicklung profitieren, während die Kapitalgeber ähnlich wie heute die Kreditgeber nach der Rückzahlung eines bestimmten Betrags abgefunden sind. Management und Belegschaft müssten dann keine Heuschrecken mehr fürchten, die sie übernehmen und ausweiden könnten. Zerstrittene Erben könnten ihnen nichts mehr anhaben und auch keine chinesischen Staatsfonds, die es auf Marke und Know-how abgesehen haben.

Keine externen Eigentümer

Der weit überwiegende Teil der Kapitalbildung in größeren Unternehmen geht ohnehin auf die Wiederanlage von Gewinnen und nicht auf Kapitaler-

FORTSCHRITT STATT FAKE   293

höhungen von außen zurück. Letztere sind nur in Zeiten besonders schnellen Wachstums oder eben in Krisen notwendig und auch bei Unternehmen in Leistungseigentum möglich. Auch Stiftungen haben keine externen Eigentümer. Brauchen Unternehmen in hundertprozentigem Stiftungseigentum Kapital, müssen sie auf Finanzierungen zurückgreifen, die keine Eigentumsansprüche begründen. Zeiss hat so eine 150-jährige Firmengeschichte, zu der immerhin zwei Weltkriege und eine Weltwirtschaftskrise gehörten, problemlos und erfolgreicher als viele Unternehmen in Privatbesitz gemeistert.

Doch Stiftungskonstruktionen sind kompliziert und eigentlich für gemeinnützige Aufgaben vorgesehen. Hier aber geht es um kommerzielle, gewinnorientierte Unternehmen, die sich von den heutigen nur dadurch unterscheiden würden, dass niemand sie mehr ausnehmen, kaufen, verkaufen, vererben oder ihnen sachfremde Kriterien der Unternehmensführung aufzwingen kann. Für kommerzielle Unternehmen war der Umweg über das Stiftungseigentum immer ein umständlicher Behelf, weil das Eigentumsrecht keine passenderen Möglichkeiten bereithielt. Deshalb ist ein neuer Rahmen notwendig, der außerdem nicht Ausnahme bleiben, sondern bei großen Unternehmen zur Regel werden sollte.

Um zu verhindern, dass die Führungsetage eines Unternehmens nachlässig, schlampig oder einfach schlecht arbeitet, braucht es keine externen Eigentümer. Was es braucht, sind Kontrollorgane, die mit Leuten besetzt sind, deren Interesse sich möglichst mit dem einer langfristig guten, stabilen und erfolgreichen Unternehmensentwicklung deckt. Wenn die Mitarbeiter – vom Hilfs- über den Facharbeiter bis zum leitenden Angestellten – gewählte Vertreter in das Kontrollgremium entsenden, ist gewährleistet, dass sich die Interessen der gesamten Belegschaft dort wiederfinden.

Je nach Größe und öffentlichem Gewicht des Unternehmens könnten auch Vertreter der Gemeinde, des Bundeslandes oder, bei sehr großen Unternehmen, des Bundes Mitspracherechte erhalten. Das ist vor allem sinnvoll bei sehr großen Unternehmen, deren Investitionsentscheidungen die gesamte Volkswirtschaft betreffen, oder bei solchen, die von öffentlichen Forschungsgeldern oder anderen Unterstützungen profitieren. Auch gemeinnützige Unternehmen ließen sich in der Form des Leistungseigentums führen, dann müssten im Kontrollgremium Vertreter der Allgemeinheit genau diese Gemeinnützigkeit als Kriterium der Unternehmensführung überwachen.[12]

Stiftung Verantwortungseigentum

Interessanterweise wird ein ähnliches Modell wie das hier vorgestellte *Leistungseigentum* inzwischen auch von vielen aktiven Unternehmern gefordert. 32 von ihnen haben im November 2019 die Stiftung »Verantwortungseigentum« gegründet, mittlerweile hat sie bereits über 600 Unterstützer. Von der Stiftung wurde ein Gesetzentwurf für eine »GmbH in Verantwortungseigentum« vorgestellt, die den hier skizzierten Ideen zwar nicht genau entspricht, aber nahekommt.

Will ein Unternehmer vollen Zugriff auf sein Eigentum und seine Gewinne, kann er immer noch eine Personengesellschaft mit voller Haftung gründen, was im Bereich kleiner und mittlerer Unternehmen, für die der Wettbewerb funktioniert, in jedem Fall eine Alternative bleibt.

Auch für Industrieunternehmen in Leistungseigentum verlangt die Verbesserung der Innovationsfähigkeit der Wirtschaft mehr Wettbewerb und daher die Entflechtung großer Konzerne. Sie erfordert die Rückkehr zu leistungsgerechter Bezahlung und einen Staat, der seine Rolle als Forschungsfinanzier und strategischer Investor wieder zu übernehmen bereit ist. Und sie erfordert, dass wir die Globalisierung, wie sie in den zurückliegenden drei Jahrzehnten vorangetrieben wurde, beenden, Wertschöpfung nach Europa zurückholen und die Finanzmärkte neu ordnen. Unter solchen Voraussetzungen stehen die Chancen gut, dass unsere Wirtschaft ihre Innovationskraft zurückgewinnt.

Motivierend und gerecht: Für eine echte Leistungsgesellschaft

Die hohe Akzeptanz des Leistungsgedankens ruht auf mindestens drei wichtigen historischen Erfahrungen. Die erste besteht darin, dass eine Wirtschaft das Verhalten honorieren sollte, das sie voranbringt und das sie daher fördern will. Gesellschaftlich wichtige Leistungen anzuerkennen und auch materiell zu belohnen bedeutet, Menschen zu motivieren, solche Leistungen zu erbringen. Wer das unterlässt, steht irgendwann ohne eine ausreichende Zahl guter Facharbeiter, guter Lehrer und guter Pflegekräfte da. Auch in Betrieben bedeutet die mangelnde Anerkennung solider Arbeit bei ständig höherem Druck, dass die Beschäftigten irgendwann eben schlechter arbeiten. Der Abschied von einer nachvollziehbaren Leistungsvergütung und der Niedergang der innovativen und produktiven Potenziale des Kapitalismus stehen daher durchaus in einem Zusammenhang.

Aber es geht nicht nur um die richtigen Anreize. Der Anspruch der Leistungsgerechtigkeit entspricht auch dem jahrhundertelange Gemeinschaftsleben entsprungenen Wertekanon der *Gegenseitigkeit*, nach dem Gerechtigkeit im Miteinander der Menschen bedeutet, dass das, was jemand bekommt, in einem vernünftigen Verhältnis zu dem stehen sollte, was er gibt. Nach dieser konservativen und dennoch keineswegs überholten Gerechtigkeitsvorstellung steht dem Fleißigen mehr zu als dem Faulen und dem Hochproduktiven mehr als dem, der nur Dienst nach Vorschrift macht.

Unter Berufung auf diese Idee von Gerechtigkeit attackierte einst das Bürgertum die Adelsprivilegien als leistungslose und damit illegitime Einkommensquelle. Der Leistungsgedanke war auch in der Arbeiterbewegung tief verankert, die damit nicht nur ihre Lohnforderungen begründete, sondern auch ihre Kritik am kapitalistischen Eigentum. Immerhin besteht dessen Spezifik bis heute darin, dass es nicht-arbeitenden Erben großer Finanz- und Betriebsvermögen erlaubt, sich die Arbeitsergebnisse *anderer* anzueignen und ganz ohne eigene Leistung ein luxuriöses Leben zu führen.

Der Anspruch, dass der individuelle Status des Menschen nicht von der Herkunft, sondern von der eigenen Leistung bestimmt sein sollte, steht schließlich in der Tradition der Aufklärung, die unter Emanzipation verstand, dass jeder Mensch sein Schicksal selbst bestimmen kann, statt einer feudalen Geburtslotterie ausgeliefert zu sein, die ihn auf eine bestimmte Lebensbahn zwingt. Mit eigener Anstrengung über den persönlichen Status entscheiden zu können, statt von Willkür, Zufall und dem familiären Background abhängig zu sein, wurde hier nicht nur als eine Bedingung von Gerechtigkeit, sondern auch von Freiheit verstanden.

Eliten gegen »Streber«

Die Idee einer leistungsgerechten Verteilung anstelle herkunftsbedingter Privilegien stützt sich daher auf eine lange progressive Tradition. Sowohl die Emanzipationsbewegung des Bürgertums als auch der Arbeiterschaft wurden von diesem Gedanken getragen, bis er in den fünfziger Jahren des letzten Jahrhunderts in die große Erzählung von der *Leistungsgesellschaft* mündete. Kritik an »Leistungsfanatismus« und »Strebertum« hingegen kam traditionell von den privilegierten Schichten. Schon in den Elitendiskursen des beginnenden 19. Jahrhunderts stand hinter der Abwertung »ehrgeiziger Streber« das kaum versteckte Missfallen an sozialen Aufsteigern, die die Privilegien der wohlhabenden Schichten nicht mehr hinnehmen wollten, sondern sich hocharbeiteten und so den Söhnen und Töchtern aus *besserem Hause* Konkurrenz machen konnten.[13] Leistungsverachtung kann sich eben vor allem leisten, wer aus einer sozialen Schicht stammt, die ihre Nachkommen auch ohne übermäßige eigene Anstrengung absichern kann. Der Aufstieg und die Emanzipation der weniger Begünstigten indessen wird nur dadurch möglich, dass eine Gesellschaft Leistung und Anstrengung belohnt.

Tatsächlich boten die westlichen Gesellschaften der fünfziger bis neunziger Jahre, die auf rationale Kriterien der Leistungsbemessung, auf die Anerkennung guter Arbeit und nachvollziehbare Maßstäbe für das berufliche Weiterkommen setzten, jenen Menschen, die sich bei ihrem beruflichen Aufstieg nicht auf ein ressourcenstarkes Elternhaus und persönliche Netzwerke stützen konnten, weit bessere Chancen auf ein gutes und selbstbestimmtes Leben als die heutigen. Dass auch die linksliberale Linke den Leistungsgedanken verächtlich macht, ist daher nur ein weiterer Indikator dafür, dass sie die Seiten gewechselt hat und mittlerweile eher das gesellschaftliche Oben als das Unten repräsentiert.

Es ist sicher kein Zufall, dass diese Kritik am *Leistungsgedanken* auf die 68er-Bewegung zurückgeht, deren Wortführer in erster Linie wohlhabende Bürger- und Großbürgerkinder waren. Heute ist die Kritik an messbaren Leistungskriterien sowie einer leistungsgerechten Verteilung sicher auch deshalb so meinungsstark, weil sie dem Bemühen der akademischen Mittelschicht entspricht, das eigene soziale Milieu nach unten abzuschotten und den Zugang zu lukrativen Berufen auf die eigenen Nachkommen zu beschränken. Genauso verständlich ist es daher, dass der Leistungsgedanke in der klassischen Mittelschicht und der Arbeiterschaft unvermindert lebendig ist und die Idee eines bedingungslosen Grundeinkommens in diesen Kreisen nahezu keine Unterstützung genießt.

Auch wenn es eine ideale Leistungsgesellschaft vielleicht nie geben kann, weil Zufall und Glück individuelle Lebensbahnen immer mit beeinflussen und Leistung sich nie hundertprozentig quantifizieren und messen lässt, taugt die *Leistungsgesellschaft* als normativer Maßstab für eine gerechte Gesellschaft weit besser als viele andere. Das Ziel sollte also darin bestehen, sich leistungsgerechter Verteilung, leistungsabhängigen Aufstiegschancen und einer an vorangegangenen Leistungen orientierten sozialen Absicherung weitestmöglich anzunähern.

Die Wiederherstellung und der Ausbau der beitragsfinanzierten Solidarsysteme zu einer echten Absicherung des Lebensstandards im Falle von Krankheit, Arbeitslosigkeit und im Alter ist dafür ebenso unerlässlich wie das gesetzliche Austrocknen der Niedriglohnzonen und prekären Beschäftigungsverhältnisse und die Rückkehr zu tariflich regulierter Arbeit als Norm. Auch muss den Millionen Solo-Selbstständigen und Freiberuflern, die meistens nicht genug verdienen, um selbstständig für Krankheit und Alter vorzusorgen, ein attraktives Angebot zur Teilnahme an der gesetzlichen Sozialversicherung gemacht werden. Ein solches bestünde beispielsweise in einer speziellen gesetzlichen Kranken- und Rentenversicherung für diese Berufsgruppen nach dem Vorbild der Künstlersozialkasse. Gerade für die vielen Click- und Crowd-Worker wäre das eine sinnvolle und verlässliche Absicherung, die dafür sorgen würde, dass sie erstmals ebenfalls von den gesetzlichen Solidarsystemen profitieren könnten.

Teurer schwacher Sozialstaat

Für den Sozialstaat gilt übrigens das Gleiche, was wir im vorangegangenen Kapitel über den Staat im Allgemeinen gesagt haben: Ein starker Sozialstaat ist nicht notwendigerweise teurer als ein schwacher. Der Grad an sozialer Absicherung, den wir heute in Deutschland haben, ist ohne Zweifel schlechter als der, den die Bundesrepublik ihren Bürgern in den siebziger und achtziger Jahren geboten hatte. Der Gesamtetat jedoch, der heute für soziale Belange ausgegeben wird, ist gemessen an der Wirtschaftsleistung nicht kleiner. Es werden eben nur andere Dinge finanziert.

Früher hat die öffentliche Hand beispielsweise in großem Umfang selbst Wohnungen unterhalten und Sozialwohnungen gebaut. Heute werden stattdessen immense Mittel dafür ausgegeben, die ständig steigenden Mieten im weitgehend privatisierten Wohnungsbestand über Wohngeld und Wohnkostenzuschüsse zu subventionieren. Mit Hartz IV ist das Geld, das ein Arbeitsloser nach einem Jahr bekommt, deutlich geringer geworden. Anstelle dessen werden jetzt aufwendige Kontrollen finanziert, unzählige Gerichtsverfahren gegen Widersprüche bestritten und eine ganze *Hartz-IV-Industrie* am Leben erhalten, die die sogenannten Fördermaßnahmen als Geschäftsmodell entdeckt hat. Auch die gut 10 Milliarden Euro, die im Jahr für sogenannte Aufstockerleistungen ausgegeben werden, weil die Politik zu feige ist, den Mindestlohn auf ein existenzsicherndes Niveau anzuheben, gehen zulasten des Sozialetats. Statt solche Ausgaben zu finanzieren, die die soziale Sicherheit in keiner Weise verbessern, sollten die Sozialausgaben wieder auf das konzentriert werden, wozu sie da sind: die Bevölkerung für die Risiken des Lebens abzusichern. Zugleich sollten Wohnraum, Bildung, Gesundheitsversorgung und andere elementare Dienste wieder öffentlich bereitgestellt werden.

Zu einer echten Leistungsgesellschaft gehört natürlich auch das im letzten Abschnitt vorgestellte *Leistungseigentum* zumindest in großen Unternehmen der kommerziellen Wirtschaft, also ein Eigentum, das sicherstellt, dass von den Früchten der Arbeit in einem Unternehmen die profitieren, die diese Arbeit leisten, von der Geschäftsführung bis zum einfachen Arbeiter, nicht aber unternehmensfremde Eigentümer, die die Betriebsstätte noch nie von innen gesehen haben.

Bildung: Ausgleich herkunftsbedingter Unterschiede

Eine echte Leistungsgesellschaft setzt ein Bildungssystem voraus, das geeignet ist und aktiv darauf hinwirkt, bereits im frühkindlichen Alter herkunftsbedingte Unterschiede auszugleichen. Das bedeutet: ab dem 3. Lebensjahr eine bestens ausgestattete, kostenlose bilinguale Kita mit individueller Förderung für alle. Ganztagsschulen mit kleinen Klassen und gemeinsamer Hausaufgabenbetreuung. Gezielte Begabtenförderung durch anspruchsvolle Leistungskurse und die Möglichkeit, Klassen zu überspringen, aber Trennung der verschiedenen Schultypen frühestens ab der 8. Klasse. Vor allem aber: Abschied von der Vorstellung, eine Absenkung des Anspruchsniveaus und der Verzicht auf traditionelle Lerntechniken und Noten würde die *kreative* Entwicklung der Kinder fördern.

Die linke Kritik an Lernanstrengung und schulischem Leistungsdruck mag angesichts des schweren Stands, den Kinder aus ärmeren Familien im heutigen Schulsystem haben, gut gemeint sein. Sie führt letztlich jedoch zu dem gleichen Ergebnis wie die Kürzung von Lehrerstellen und die Kommerzialisierung der Bildung: zu immer größeren herkunftsbedingten Bildungsunterschieden. Kinder, deren Eltern kaum Hilfestellung leisten können, schaffen nach Absenkung der Standards zwar vielleicht einen Schulabschluss, können aber trotzdem nicht richtig lesen, schreiben und rechnen, während die mit viel Geld und elterlichem Engagement geförderten Akademikerkinder ein gutes Bildungsniveau erreichen können. Die einen müssen sich dann in harten, eintönigen Niedriglohnjobs durchs Leben schlagen, während die anderen gute Aussichten auf hoch bezahlte Arbeitsplätze und ein erfülltes Berufsleben haben. Es ist nicht links, sondern unsozial, diesen *Status quo* in die Zukunft fortzuschreiben.

Mangelnde Kompetenzen

Nur eine Gesellschaft, die bereit ist, ausreichend Geld in ein gutes Bildungssystem zu investieren, kann auch den Anspruch der Leistungsgerechtigkeit einlösen. Dass in Deutschland heute anteilig zur Wirtschaftsleistung rund 30 Milliarden Euro *weniger* für Bildung aufgewandt werden als in den Jahren der Bildungsexpansion in den späten Siebzigern und noch sehr viel weniger, als etwa die skandinavischen Länder in die Bildung ihrer jungen Generation investieren, zeigt überdeutlich, wie weit das einstige Land der Dichter und Denker sich vom Anspruch der Chancengleichheit entfernt hat.

Unterfinanzierte Bildungseinrichtungen führen allerdings nicht nur zu großen sozialen Ungerechtigkeiten. Sie haben längerfristig auch schwerwiegende wirtschaftliche Folgen. Denn mangelnde Kompetenzen rächen sich. Eine hoch entwickelte, produktive Volkswirtschaft muss nicht nur akademische Dienstleistungsberufe besetzen können, zumal viele von ihnen mit Blick auf den allgemeinen Wohlstand von zweifelhaftem Nutzen sind. Gerade eine Ökonomie, die im internationalen Wettbewerb mit qualitativ überlegenen Industrieprodukten erfolgreich sein möchte, ist auf gute berufliche Ausbildungsstandards in den von der Industrie benötigten Qualifikationen angewiesen. Früher war die deutsche Wirtschaft hier dank eines soliden Bildungssystems und der dualen Ausbildung klar im Vorteil. Aber durch chronischen Lehrermangel, den Niedergang von Haupt- und

Realschulen und eine Inflation von Schrottdiplomen zulasten dualer Ausbildungsgänge hat sich das Bild gewandelt.

Dass inzwischen die Fleischindustrie und andere Niedriglohnproduzenten die am schnellsten wachsenden deutschen Exportzweige sind, während Maschinen- und Autobauer eher Marktanteile verlieren, hat seinen Grund nicht nur, aber durchaus auch in der Bildungsmisere. Das sollte ein Grund mehr sein, einen anderen Weg einzuschlagen. Übrigens spricht viel dafür, dass eine Gesellschaft, die viel Geld in die richtige Bildung investiert, später weniger für Arbeitslosenunterstützung und andere Sozialprogramme ausgeben muss.

Wohin mit den Schulden? Für ein stabiles Finanzsystem

Die Übermacht des Finanzsektors geht darauf zurück, dass Schulden und Vermögen seit Jahrzehnten sehr viel schneller wachsen als die reale Wirtschaft. Die Coronakrise hat diese Fehlentwicklung weiter verschärft und das globale Schuldenwachstum in einen Tsunami verwandelt. Ermöglicht hat das die Geldpolitik der Zentralbanken. Eine produktive Wirtschaft und eine echte Leistungsgesellschaft verlangen eine andere Ordnung des Finanzsystems.

Inmitten der Coronakrise hatte die wachsende Verschuldung wirtschaftlich nachvollziehbare Gründe. Die wiederholten Lockdowns, fragile Lieferketten und weggebrochene Absatzmöglichkeiten haben viele Unternehmen in Schwierigkeiten gebracht. Weil ihre Kosten trotzdem weiterliefen, waren sie auf einen höheren Kreditrahmen angewiesen. Ähnlich ging es vielen Familien, die plötzlich weniger Einkommen hatten und ungeachtet dessen ihre Miete bezahlen mussten. Die Staaten wiederum haben sich mit Rekordsummen verschuldet, um sich dem wirtschaftlichen Niedergang entgegenzustemmen. Bei den Staaten kann man die falsche *Verwendung* vieler Gelder kritisieren, aber *dass* die Staaten Hilfspakete aufgelegt haben, um wertvolle volkswirtschaftliche Substanz über die Krise zu retten, war ganz sicher richtig.

Wenig Spielraum

Möglich wurde das, weil die Zentralbanken alles dafür taten, trotz der hohen Kreditnachfrage die Zinsen niedrig zu halten. Ihr wichtigstes Mittel dafür waren unvorstellbar große Kaufprogramme, in deren Rahmen sie Staats- und Unternehmensanleihen und andere Finanzpapiere erwarben und so den globalen Finanzmarkt mit Billionen an Dollars und Euros fluteten. Während der akuten Krise hatten die Zentralbanken kaum eine Wahl. Steigende Zinsen hätten noch mehr Unternehmen, die vor der Krise eigentlich gesund waren, aber durch die Maßnahmen hart getroffen wurden, womöglich um ihre Existenz gebracht. Auch die Staaten, vor allem hoch verschuldete Staaten, hätten ohne die Geldflut ihre Rettungsprogramme nicht finanzieren können. Die Wirtschaft wäre dann noch stärker eingebrochen, die Arbeitslosigkeit schneller gestiegen. Im Nachhinein hätte auch das die Staatsschulden hochgetrieben, nämlich wegen geringerer Steuereinnahmen und höherer Sozialausgaben.

Wer Zentralbanken wie die EZB einfach für ihre Geldflut schilt, macht es sich daher zu leicht. Denn es stimmt schon: Das extreme Schuldenwachstum 2020, das durch das unerschöpfliche Zentralbankgeld ermöglicht wurde, hat den wirtschaftlichen Einbruch in Grenzen gehalten. Ohne die komfortablen Finanzierungsbedingungen für Banken, Staaten und Unternehmen stünde die Wirtschaft in den westlichen Ländern heute wahrscheinlich noch schlechter da.

Harte Droge

Als Anti-Krisen-Maßnahme in einer wirtschaftlichen Ausnahmesituation war die Politik der Zentralbanken also gerechtfertigt. Das Problem liegt woanders. Es besteht darin, dass wir uns spätestens seit der letzten großen Finanzkrise 2009 praktisch *ununterbrochen* im Krisenmodus befinden und auch die EZB-Maßnahmen in der Coronakrise eben keine Ausnahme waren, sondern eine Fortführung und Erweiterung dessen, was die Frankfurter Währungshüter seit vielen Jahren tun. Das unverhältnismäßig schnelle Wachstum von Schulden und Vermögen, das zu einem immer mächtigeren Finanzsektor führt, ist kein neues Phänomen, sondern eine Fehlentwicklung, die uns schon lange begleitet und die man in den vielen Vor-Corona-Jahren hätte stoppen können und müssen. Stattdessen hat man das Problem politisch ausgesessen und in Europa der EZB die Aufgabe übertragen, es mit immer mehr Geld zuzuschütten.

Auf Dauer aber funktioniert das nicht. Denn das Zentralbankgeld wirkt wie eine harte Droge, von der man nicht nur süchtig wird, sondern auch eine immer höhere Dosis braucht, um den gleichen Effekt zu erreichen. Die aktuellen Dosen sind schon beängstigend hoch. Und die laue Reaktion der Finanzmärkte auf die Injektion der EZB im Dezember 2020 in Höhe von zusätzlich einer halben Billion Euro hat gezeigt, dass die Börsen-Junkies gern noch mehr gehabt hätten. Sobald die Wirtschaft die schlimmste Krise überstanden hat, ist daher dringend Entzug angesagt. Den allerdings kann die Zentralbank allein nicht bewältigen, wenn der Süchtige nicht kollabieren soll. Dafür braucht es einen Rahmen, den nur die Politik schaffen kann.

Ungleichgewicht zwischen Schulden und Realwirtschaft

Das immer größere Ungleichgewicht zwischen Schulden und Realwirtschaft ist letztlich der Grund, weshalb die Zentralbanken die Realzinsen, also die Zinsen abzüglich der Inflation, nicht erst in der Coronakrise, sondern schon seit vielen Jahren in den Negativbereich drücken. Denn nur so kann der Zusammenbruch der Kreditpyramiden verhindert werden. Den Mechanismus kann man leicht verstehen: Wenn Sie 30 000 Euro netto pro Jahr verdienen und 300 000 Euro Schulden haben, können Sie bei einem Zinssatz von null ohne Probleme damit leben und die Schulden allmählich durch Tilgung verringern. Bei einem Zinssatz von 1 Prozent sind zumindest die Zinsen noch zahlbar, die Tilgung wird schon anstrengend. Bei einem Zinssatz von 5 Prozent verschlingen allein die Zinsen Ihr halbes Einkommen. Und spätestens bei Zinsen von 10 Prozent begrüßt Sie der Insolvenzrichter, bei dem Sie Ihre Privatinsolvenz anmelden.

Ganz unabhängig von den aktuellen Problemen gibt es im Euroraum viele hoch verschuldete Unternehmen, die nur überleben, weil sie nahezu keine Zinsen zahlen müssen. Es gibt sie vor allem in Ländern, für die der Euro ein Fluch ist, der seit vielen Jahren wirtschaftliches Wachstum verhindert. 2019 lag das durchschnittliche Pro-Kopf-Einkommen in Italien auf dem Niveau, das das Land *vor* Einführung der Gemeinschaftswährung erreicht hatte. Die niedrigen Zinsen helfen dort auch den Banken, die so ihre Kredite nicht abschreiben müssen. Auch viele Staaten des Euroraums kämen bei höheren Zinsen an den Rand der Zahlungsfähigkeit.

Ähnliche Probleme gibt es auch außerhalb Europas. Der Internationale Währungsfonds (IWF) hat kürzlich ausgerechnet, dass die westlichen Staaten im Verhältnis zur Wirtschaftsleistung Ende 2020 so hoch verschuldet waren wie zuletzt am Ende des Zweiten Weltkriegs. Eine gewisse Zeit kann man diese Entwicklung noch mit der Geldflut der Zentralbanken überdecken und so die Zahlungsunfähigkeit von Staaten, Unternehmen und Banken verhindern. Langfristig sollte man so auf keinen Fall weitermachen. Denn die Nebenwirkungen dieser Strategie sind verheerend.

Kursinflation statt steigender Verbraucherpreise

Meist wird angenommen, dass die wichtigste Folge einer solchen Geldpolitik eine eskalierende Inflation wäre. Kommt viel Geld in Umlauf, steigen die Preise. Das ist auch richtig, aber die Preise steigen nur da, wo diejenigen, die das Geld bekommen, auf Shoppingtour gehen. Würde etwa die EZB ihre Euros als Helikoptergeld verteilen, also jedem Bürger der Eurozone 5 000 Euro auf seinem Konto gutschreiben, würden die Verbraucherpreise zweifellos steigen. Aber der Normalbürger hat aktuell wenig Chancen, das Geld der EZB zu erhalten. Empfänger sind vielmehr die Banken und andere Finanzmarktplayer, die die von der EZB aufgekauften Unternehmens- und Staatsanleihen vorher besessen haben. Und die kaufen mit dem Geld keine Brötchen oder Flachbildschirme, sondern wieder Anlageprodukte: Aktien, Anleihen, Immobilien. In diesem Bereich haben wir tatsächlich eine hohe Inflation, also steigende Preise. Hier liegt auch der wichtigste Grund dafür, dass der Dow Jones und der DAX mitten in der Coronakrise neue Rekordstände erreichten. Die wichtigste Folge der Geldflut der Zentralbanken besteht also darin, dass sie die Finanzblase immer weiter vergrößert und so die unproduktiven Finanzmarktgeschäfte zusätzlich attraktiv macht und alimentiert.

Soweit Finanzprodukte auf dem Sekundärmarkt gekauft werden, also von anderen Finanzinvestoren, zirkuliert die riesige Liquidität allein auf den Finanzmärkten. Nur wo eine *Ausweitung der Neuverschuldung* von Unternehmen und Staaten finanziert wird, kommt das Geld am Ende auch bei realen Produzenten und Konsumenten an. Aber dort landet nur ein Bruchteil, und das ist aktuell zu wenig, um Inflation auszulösen. Das kann sich natürlich ändern. Aber dafür müssten die Einkommen normaler Menschen deutlich steigen oder das Güterangebot sich wegen wegbrechender Lieferketten und anderer Probleme dramatisch verknappen. Zurzeit jedenfalls gibt es keine Inflation auf den Verbrauchsgütermärkten.

Verzerrter Wettbewerb und Immobilienpreisinflation

Aber die Inflation auf den Finanzmärkten und die negativen Realzinsen sind auch dann nicht harmlos, wenn sie nicht von einer Verbraucherpreisinflation begleitet werden. Erstens verändern sich dadurch die Wettbewerbsbedingungen innerhalb des Unternehmenssektors, und zwar zugunsten der Großen und zulasten der Kleinen. Konzerne, deren Papiere Teil des Kaufprogramms der EZB und anderer Zentralbanken sind, verfügen heute über idyllische Finanzierungsbedingungen, die sich von denen kleiner und mittlerer Firmen, die unverändert auf den Kredit der Hausbank angewiesen sind, gravierend unterscheiden. Einen gewissen Unterschied gab es hier zwar immer, aber nie eine derart große Kluft. Immerhin stehen kostenlosen Finanzierungen auf der einen Seite Überziehungszinsen von teilweise mehr als 10 Prozent gegenüber. Wer eine solche Differenz über eine längere Zeit toleriert, muss sich über die zunehmende Marktmacht weniger Großanbieter und massive Schäden für Wettbewerb und Kunden nicht wundern.

Zweitens betreffen die steigenden Preise zumindest *einen* realen Sektor: die Immobilien. Und mit den Immobilienpreisen steigen die Mieten, wie wir jetzt schon seit Jahren erleben. Da die Menschen, die Mieteinkünfte haben, aber im Schnitt deutlich wohlhabender sind als die Menschen, die Mieten zahlen, bedeuten steigende Mieten eine Vergrößerung der Einkommensungleichheit und außerdem für viele Familien weniger Wohlstand und sinkende Lebensqualität, weil man entweder immer größere Teile des Einkommens für Mieten ausgeben oder in die Randbezirke ziehen und längere Arbeitswege in Kauf nehmen muss.

Geschenk für die Reichsten

Drittens hat die Inflation auf den Kapitalmärkten Folgen für die Vermögensverteilung. Es ist ein offenes Geheimnis, dass Kapitalmarktprodukte sich in erster Linie im Portfolio sehr reicher Personen befinden, während die Mittelschicht eher auf sichere Anlagen und damit auf Sparkonten und Anleihen setzt. Das hat auch seine Logik: Die Kurse von Aktien schwanken stark. Wer nicht so viel Geld hat, dass er irgendwann von der Rendite auf sein Vermögen leben kann, sondern im Alter tatsächlich verbrauchen muss, was er vorher angelegt hat, ist mit Investments auf dem Aktienmarkt nicht unbedingt gut beraten. Wenn er Pech hat, sind von mühsam angesparten 40 000 Euro dann vielleicht nur noch 4 000 Euro übrig.

In Deutschland liegen rund 70 Prozent aller privat gehaltenen Aktien in den Depots von genau 1 Prozent der Haushalte. Wenn die Finanzmärkte boomen, werden damit vor allem die Reichen reicher und die Ungleichheit steigt. Das lässt sich an den Statistiken ablesen. Das addierte Vermögen aller Milliardäre weltweit lag laut Berechnungen der Großbank UBS in den Jahren 1998 bis 2002 nahe einer Billion Dollar. Seither steigt es, mit einer Unterbrechung zwischen 2009 und 2011, steil an, 2017 waren es schon neun Billionen. Ausgerechnet im Corona-Jahr 2020 wuchs das Vermögen der Milliardäre nochmals um 1 000 Milliarden Dollar, immerhin im Schnitt 500 Millionen zusätzlich für jeden Milliardär, und das im Jahr der bislang schwersten Wirtschaftskrise, in der Millionen Arbeitnehmer und kleine Gewerbetreibende um ihre soziale Existenz zittern mussten.

Enteignung der Mittelschicht

Der Sparer dagegen, also die Mittelschicht, verliert seit vielen Jahren Vermögen. Negative Realzinsen bedeuten eben, dass Ersparnisse wegschmelzen, je länger sie liegen. Wer heute auf 100 Euro Kaufkraft verzichtet, bekommt dafür morgen nur noch 80 Euro zurück. Und das in einer Zeit, in der die Politik die gesetzlichen Rentenansprüche so stark gekürzt hat, dass davon im Alter viele nicht mehr leben können. Inzwischen drohen Sparern auf immer mehr Konten sogar negative Nominalzinsen, teilweise schon ab Anlagesummen von 10 000 Euro.

Deshalb läuft der Versuch, das Ungleichgewicht zwischen Schulden/Vermögen und Realwirtschaft durch Negativzinsen zu verringern, auf eine kalte Enteignung der Mittelschicht hinaus. Soweit die Schulden nach der letzten großen Finanzkrise verringert wurden, wurde das von den Vermögen der normalen Sparer bezahlt. Zweierlei spricht dagegen, diesen Weg nach der Coronakrise weiterzugehen: Er ist erstens in höchstem Grade ungerecht. Aber, zweitens, er funktioniert auch nicht, weil er bei der aktuellen Höhe der Negativzinsen viel zu lange dauern würde. Und solange es Bargeld gibt, wird sich kein Sparer gefallen lassen, dass sein angelegtes Geld sich durch Strafzinsen womöglich um 5 oder 10 Prozent im Jahr verringert, weil es dann im Tresor einfach besser aufgehoben wäre.

Aus den Schulden herauswachsen?

Wie sieht ein realistischer Ausweg aus dem Desaster aus, der spätestens nach dem Abklingen der Coronakrise beschritten werden sollte?

Wer naiv herangeht, wird sagen, die Staaten sollen halt sparen und die EZB ihre Kaufprogramme beenden. Dann allerdings würde sich der Schuldenüberhang wahrscheinlich in einem großen Crash entladen: Denn die Zinsen würden abrupt steigen, während die Wirtschaft durch staatliche Sparprogramme zusätzlich nach unten gezogen würde. Unternehmen gingen pleite, Banken brächen zusammen, Staaten wären nicht mehr zahlungsfähig. Sehr viele Menschen würden ihre Arbeit und dazu womöglich noch ihre Spargelder verlieren. Wie die politischen Konsequenzen aussähen, möchte man sich lieber auch nicht ausmalen.

Eine andere Variante ist die, auf die Ökonomen und Politik schon lange ihre Hoffnung setzen: Die Wirtschaft und die Staaten wachsen aus ihren Schulden heraus. Erfolgreich praktiziert haben das die USA und Großbritannien in den Jahrzehnten nach dem Zweiten Weltkrieg. Damals gelang es, mit einer Mischung aus Wirtschaftswachstum und leichter Inflation die Verbindlichkeiten allmählich abzutragen. Allerdings: Möglich war das nur, weil das Wachstum damals im Vergleich zu heute sehr hoch war. Auch wenn es mit einer guten Industriepolitik und einer sinnvolleren Ausgestaltung der europäischen Währungsbeziehungen sicher machbar wäre, die mageren Wachstumsraten, die viele europäische Länder in den zurückliegenden Jahren hatten, zu verbessern: Dass das wirtschaftliche Wachstum noch einmal ausreicht, um den extremen Schuldenüberhang in überschaubarer Zeit abzubauen, ist unwahrscheinlich.

FORTSCHRITT STATT FAKE **307**

Möglich wäre das allenfalls im Zusammenspiel mit hoher Inflation. Aber das würde bedeuten, dass erneut die Mittelschicht, und nahezu ausschließlich sie, die Rechnung bezahlt. Man kann davon ausgehen, dass nicht wenige Politiker heimlich auf einen solchen Ausweg setzen. Wünschenswert oder gar leistungsgerecht wäre er nicht.

Aktionäre und Gläubiger müssen haften

Bleibt als einziger Weg die geordnete Restrukturierung der Schulden. Genau das hätte eigentlich schon nach der letzten großen Finanzkrise geschehen müssen. Dabei sollte man sich dessen bewusst sein: Wer Schulden reduzieren will, *muss* letztlich auch Vermögen reduzieren. Es sollten nur endlich einmal nicht die Vermögen der Mittelschicht, sondern die Vermögen der extrem Reichen und der Finanzmarktspieler zum Abtragen der Schulden herangezogen werden.

Das beginnt bei den Banken, die nach Corona noch mehr faule Kredite in ihren Büchern haben werden. Wo das Eigenkapital überfordert ist, müssen Aktionäre und Gläubiger haften, und zwar in voller Höhe der Schulden. Anders, als die EU-Regeln es vorsehen, sollte allerdings eine Gläubigergruppe, die das ja eher unfreiwillig ist, komplett von der Haftung freigestellt werden: die Inhaber der Konten. Dann gibt es auch keine Gefahr von Bank-Runs.

Free Lunch

Auch die Staatsschulden müssen teilweise gestrichen werden, wenn es einen Neuanfang geben soll. Das wird dadurch erleichtert, dass ein beachtlicher Teil der Staatsschulden inzwischen bei der EZB liegt. Auch wenn es unserem intuitiven Verständnis widerspricht: In einem Geldsystem, das keine Golddeckung hat, gibt es den berühmten *free lunch*: einen kostenlosen Gewinn durch Geldschöpfung. Die EZB hat mittlerweile Anleihen in Höhe von rund 3 Billionen Euro in ihren Büchern, ein beachtlicher Teil davon sind Staatsanleihen. Die Zentralbank ist die einzige Bank, die Vermögenspositionen in ihrer Bilanz einfach abschreiben kann, ohne dadurch zahlungsunfähig oder insolvent zu werden. Die Annullierung der Anleihen kostet auch kein Steuergeld, weil die EZB ihre Anleihekäufe nicht mit Steuergeld, sondern mit aus dem Nichts geschöpften Euros finanziert hat.

Staatsfinanzierung durch die Notenbank – letztlich macht die EZB derzeit genau das – ist seit der Hyperinflation der Weimarer Republik in Deutschland geächtet. Tatsächlich führt sie aber nur dann zu Inflation, wenn eine bestimmte Grenze überschritten wird. Die Streichung gekaufter Anleihen hat keine Auswirkungen auf die Verbraucherpreise. Sie befreit die Staaten lediglich von aktuellen Zinsverpflichtungen, die für jüngere Anleihen ohnehin niedrig, für Deutschland sogar negativ sind. Und sie macht die Refinanzierung auslaufender Anleihen überflüssig und damit die Abhängigkeit der Zahlungsfähigkeit der Staaten von extrem niedrigen Zinsen. Die Einzigen, die dadurch weniger verdienen, sind die Investmentbanken, die aktuell das Privileg besitzen, Staatsanleihen am Markt zu platzieren. Für die Zukunft sollten die Staaten sich dann ohnehin nach Finanzierungswegen umsehen, die nicht das Finanzcasino alimentieren. Die früheren Bundesschatzbriefe, die direkt an Sparer verkauft wurden und einen festen Zins hatten, waren solch eine Möglichkeit.

Alle Euro-Länder sollten anschließend mit einer einmaligen Vermögensabgabe zulasten von Vermögen über 10 Millionen Euro Liquidität aus dem Markt nehmen und so die Inflation auf den Vermögensmärkten stoppen. Die genaue Höhe dieser Abgabe sollte sich national an der Höhe der nach dem EZB-Schuldenschnitt verbliebenen Staatsverschuldung orientieren. Wenn alle ihre Schuldenquoten auf höchstens 60 Prozent der Wirtschaftsleistung reduziert haben, ist ein Neustart mit normalisierten Zinsen möglich.

Erneute Schuldenexplosion verhindern

Eine erneut eskalierende Verschuldung muss dann natürlich zwingend verhindert werden. Aber das ist ein kleineres Problem, als es auf den ersten Blick erscheinen mag. Wie wir gesehen haben, war das Missverhältnis zwischen realem und Schuldenwachstum Ergebnis einer zunehmend ideenlosen, unproduktiven Wirtschaftsordnung, in der die Kaufkraft normaler Menschen stagnierte und sich immer mehr Geld bei *Wertabschöpfern* konzentrierte, die dafür keine sinnvolle Verwendung hatten. Die Umsetzung all der in diesem Kapitel geschilderten Maßnahmen wäre daher die wichtigste Garantie dafür, dass sich die Entwicklungen der Vergangenheit nicht wiederholen würden. Notwendig wäre natürlich auch eine solide Steuerpolitik der Staaten, die nicht länger hinnimmt, dass sich ausgerechnet die wirtschaftlich am besten Gestellten, große Konzerne und sehr reiche Familien, um ihre Verpflichtungen drücken können. Außerdem haben wir gesehen, dass handlungsfähige Staaten mit guten Verwaltungen, einem erstklassigen Bildungssystem und einem starken Sozialstaat den Steuerzahler anteilig zur Wirtschaftsleistung wahrscheinlich sogar weniger kosten als die heutigen.

Mit einer sinnvollen Industriepolitik zugunsten nachhaltiger Technologien und einer Re-Organisation der Währungsbeziehungen im Euroraum, die Abwertungen wieder ermöglicht, würden zudem das Wirtschaftswachstum und damit die öffentlichen Einnahmen unterstützt.[14] Als weitere Maßnahme unerlässlich wäre eine harte Regulierung und De-Globalisierung der Finanzmärkte, wie sie in den zwei Jahrzehnten nach dem Zweiten Weltkrieg bereits einmal existierte. Dadurch wäre nicht nur einer erneuten Schuldenexplosion ein Riegel vorgeschoben. Am Ende könnten wir auch wieder in gesellschaftlichen Verhältnissen leben, zu denen Finanzmarktstabilität und solide verzinste Anlagen für sicherheitsbewusste Sparer ebenso gehören wie ein vorteilhafter Rahmen für mittlere und kleinere Unternehmen und eine gestärkte Mittelschicht.

Warum De-Globalisierung unser Leben verbessert

Märkte sind eine überaus nützliche wirtschaftliche Institution, wenn sie funktionieren und in einen angemessenen gesetzlichen Rahmen eingebettet sind. Globale Märkte dagegen kennen keine Regeln, weil es auf globaler Ebene keine machtvollen Regulierungsinstanzen gibt. Spätestens der Ausbruch der Corona-Pandemie hat zudem ein grelles Licht auf die Abhängigkeit und Verletzbarkeit geworfen, in die sich eine Volkswirtschaft begibt, wenn Schlüsselelemente der Fertigung oder auch lebenswichtige Güter wie Arzneimittel oder Schutzmasken nur noch am anderen Ende der Welt produziert werden. Eine De-Globalisierung würde unseren Wohlstand erhöhen und unsere Wirtschaft weniger krisenanfällig machen.

Die Globalisierungs-Erzählung

In Deutschland werden De-Globalisierungs-Forderungen dennoch gern mit dem Argument verworfen, dass gerade eine exportabhängige Wirtschaft wie die unsrige vom internationalen Handel enorm profitiert und daher jede Abkehr von der globalisierten Wirtschaft zu massiven Wohlstandsverlusten führen würde. Die große Erzählung lautet: Freihandel, freier Kapitalverkehr und die Internationalisierung der Produktion bringen reichen wie ärmeren Ländern Vorteile. Handelsbeschränkungen oder Kapitalverkehrskontrollen beeinträchtigen dagegen die *Effizienz der Märkte*. Bis zur Coronakrise galt das nahezu unwidersprochen. Wer Schutzmaßnahmen für die heimische Wirtschaft forderte – etwa, als die Regierung Merkel zusah, wie die deutsche Solarindustrie von Dumpingimporten aus China zerstört oder solide Firmen von angelsächsischen Finanzinvestoren filetiert wurden –, setzte sich dem Verdacht aus, wirtschaftliche Zusammenhänge nicht verstanden zu haben oder gar ein *Nationalist* zu sein.

Zu den Folgen der Coronazeit gehört, dass die Diskussion jetzt differenzierter geführt wird. Sogar die regierende Koalition hat sich der Erkenntnis genähert, dass es durchaus nützlich sein kann, wichtige Güter in Deutschland oder zumindest in Europa herzustellen und dass ausländische Übernahmen unter bestimmten Umständen die wirtschaftliche Substanz schädigen können. Allerdings steht zu befürchten, dass diese Einsichten sich mit dem Abflauen der Krise ebenso verflüchtigen werden wie die Forderung führender Politiker in der letzten Finanzkrise, den Finanzsektor so zu regulieren, dass niemals wieder Steuergeld zur Rettung maroder Banken fließen muss.

Die Hidden Champions

Ohne Zweifel: Globaler Handel erhöht die Vielfalt des Angebots und ermöglicht Spezialisierungen, die sich ohne Aussicht auf einen großen Markt nicht rechnen würden. Gerade in Deutschland gibt es viele *Hidden Champions*, mittelständische Weltmarktführer, die ein spezielles Bauteil oder Investitionsgut anbieten, in dem enorme Entwicklungskosten stecken und das es gar nicht geben könnte, wenn nicht für den Weltmarkt produziert würde. Die Hidden Champions sind eine wichtige Säule unserer Volkswirtschaft, sie sind innovativer als viele börsennotierte Konzerne und bieten gut bezahlte Arbeitsplätze. Sie produzieren, im Unterschied zu multinationalen Konzernen, in der Regel mit hoher Wertschöpfungstiefe hier im Land statt in Betriebsstätten, die aus Gründen der Gewinnmaximierung quer über den Globus verstreut sind. Bei der Forderung nach De-Globalisierung geht es also nicht um den Abschied vom internationalen Handel und Fantasien einer nationalen Autarkie, die das Geschäftsmodell solcher Unternehmen zerstören würde.

Es geht um andere Regeln für den globalen Warenaustausch. Es geht um den Nutzen oder Schaden globaler Wertschöpfungsketten, die den halben Globus umspannen und wesentlich durch Unterschiede zwischen Lohnkosten, nationalen Standards und Steuergesetzen motiviert sind. Denn nicht die Ausweitung des Welthandels als solche ist die Spezifik der Globalisierung der letzten 30 bis 40 Jahre, sondern der Umstand, dass 80 Prozent dieses Welthandels heute *innerhalb der Fertigungskette* großer multinationaler Konzerne stattfinden. Und es geht um die Frage, ob die Liberalisierung der globalen Finanzströme sich bewährt hat.

Reich durch Protektionismus

Viel spricht für Freihandel, wenn Länder sich auf einem ähnlichen Entwicklungsniveau befinden. Anders verhält es sich, wenn ein Land einem anderen technologisch unterlegen ist – oder eben, wenn ein Land die Standards eines anderen unterläuft und genau deshalb billiger produzieren kann. In beiden Fällen führt Freihandel bei dem benachteiligten Partner zu De-Industrialisierung und weniger Wohlstand. Als Deutschland im späten 19. Jahrhundert seine industrielle Rückständigkeit überwinden wollte, tat es das, ebenso wie übrigens die USA, hinter dem Schutz hoher Zollmauern. Nicht Freihandel, sondern Protektionismus hat beide Länder reich gemacht.

Interessanterweise haben auch von der jüngsten Globalisierung ausschließlich Länder profitiert, die *nicht* nach den westlichen Spielregeln – Freihandel, freier Kapitalverkehr, Rückzug des Staates aus der Wirtschaft –, sondern nach eigenen Regeln gespielt haben. China, aber zuvor auch Japan oder Südkorea, haben nationale Industriebranchen äußerst selektiv und immer erst dann dem internationalen Wettbewerb ausgesetzt, als sie ihn auf Augenhöhe bestehen konnten. Die meisten afrikanischen Staaten dagegen sind im globalen Vergleich zurückgefallen, weil sie zu einer Öffnung ihrer Märkte gezwungen wurden, obwohl ihre Industrie und Landwirtschaft in keiner Weise wettbewerbsfähig waren.

Auch die Öffnung für internationales Finanzkapital bringt armen Ländern selten Nutzen. Ein Standardargument für die Liberalisierung des Kapitalverkehrs lautet, dass dadurch Spargelder immer dort ankommen würden, wo es die effizienteste Verwendung für sie gibt. Spätestens seit der letzten Finanzkrise, in deren Vorfeld deutsche Spargelder unter anderem in spanische Betonwüsten und amerikanische Subprime-Kredite geflossen sind, kann man dieses Argument eigentlich nicht mehr ernst nehmen. Doch schon vorher gab es unzählige Beispiele dafür, dass kurzfristig orientiertes Finanzkapital mit seinen jähen Wendungen zu einem Zyklus von Boom und Crash führt, vor dem sich jedes Land, das Wert auf eine gute Zukunft legt, schützen sollte.

Nicht Geld, sondern Technologie

Was weniger entwickelte Länder brauchen, wenn sie aufholen wollen, ist nicht ausländisches Geld, sondern Zugang zu moderner Technologie. China konnte von ausländischen Direktinvestitionen und Produktionsverlagerungen vor allem deshalb profitieren, weil es keinen freien Kapitalverkehr, sondern restriktive Kapitalverkehrskontrollen und staatliche Auflagen gab, die ein klares Ziel verfolgten: ausländisches Know-how ins Land zu holen. So verlangte Peking von ausländischen Investoren lange Zeit, sich auf Minderheitsbeteiligungen in Joint Ventures zu beschränken. Autofirmen, die in China produzieren wollten, mussten innerhalb weniger Jahre einen Anteil von bis zu 70 Prozent chinesischer Bauteile verwenden. So entstand nicht nur eine solide chinesische Zulieferindustrie, sondern BMW und Co. mussten sich selbst darum kümmern, diese auf einen Standard zu bringen, der ihren Qualitätsanforderungen genügte.

Mittlerweile stammt über ein Drittel aller weltweit produzierten Industrieprodukte aus chinesischen Fabriken. Gut die Hälfte aller iPhones wird in einer einzigen chinesischen Stadt zusammengebaut. Im Gegenzug verschwanden die betreffenden Industrien in den westlichen Ländern und mit ihnen Millionen auskömmliche Arbeitsplätze, deren Inhaber in die Arbeitslosigkeit oder in lausig bezahlte Jobs im Servicesektor abgedrängt wurden. Längst ist China nicht mehr nur Billiganbieter, sondern hat in

FORTSCHRITT STATT FAKE **313**

Hightech-Branchen Weltniveau erreicht. Die einzigen relevanten Konkurrenten amerikanischer Digitalkonzerne kommen aus China, kein einziger aus Europa. Chinesische Stadtbewohner haben kaufkraftbereinigt mittlerweile ein höheres Einkommen als die Einwohner Rumäniens, Lettlands oder Litauens.

Es geht nicht darum, das chinesische Modell zu glorifizieren. China ist im Vergleich zur Bundesrepublik immer noch ein relativ armes Land mit großer Ungleichheit, und es pflegt einen Umgang mit Demokratie und Freiheitsrechten, den wir uns für Europa sicher nicht wünschen. Aber es hat, statt sich unseren Regeln der Globalisierung zu unterwerfen, einen eigenständigen Weg gefunden, dank dem das Wachstum schneller verlief und mehr Menschen zugutekam als in jedem anderen Land.

Mittel und Zweck

Und genau das ist es, was Deutschland und Europa von China lernen können. Wir haben es als selbstverständlich hingenommen, die Binnenwirtschaft an den angeblichen Erfordernissen der Globalisierung auszurichten, statt uns zu fragen, was in diesem Verhältnis eigentlich Mittel und was Zweck sein sollte. Wir müssen die Regeln so verändern, dass jedes Land wieder größere Spielräume zur Gestaltung *seiner* Wirtschaftspolitik bekommt. Und wir sollten es nicht länger als Privatangelegenheit großer Konzerne betrachten, was sie wo auf der Welt produzieren. Wer sich schutzlos Importen aussetzt, die die eigenen Standards unterlaufen, ist nicht weltoffen, sondern dumm.

Mindestlöhne sind dazu da, Arbeitnehmer vor Lohndumping zu schützen. Ein Unternehmen, das den Mindestlohn in Deutschland unterschreitet, macht sich strafbar. Ein Unternehmen, das seine Produktion ins Ausland verlagert, um seinen Arbeitern weit weniger als den deutschen Mindestlohn zu zahlen, handelt dagegen heute legal. Auch Arbeits- und Umweltschutzgesetze lassen sich auf diese Weise umgehen. Was sind sie dann überhaupt wert? Einem Mittelständler, der seine Steuern nicht zahlt, macht das Finanzamt die Hölle heiß. Ein DAX-Konzern, der seine Gewinne in Steueroasen schiebt, darf das.

Das Ergebnis dieses Regelwerks ist: wachsende Ungleichheit, zunehmende Konzentration wirtschaftlicher Macht, ein Wegbrechen staatlicher

Einnahmen und eine Aushöhlung der Demokratie. Arbeitnehmer und heimische Anbieter vor Billigimporten und feindlichen Übernahmen zu schützen ist so gesehen demokratische Pflicht. Da es global keine Instanzen gibt, die Märkte regulieren und Standards setzen können, müssen es weiterhin die Nationalstaaten oder Zusammenschlüsse von Nationalstaaten tun. Aber natürlich nicht nur für die Produkte, die auf ihrem Territorium produziert, sondern auch für die, die eingeführt werden. Ein einfaches Mittel dafür wäre, die Kostendifferenz, die sich aus den unterschiedlichen Standards ergibt, durch Zölle auszugleichen.

Wir müssen industrielle Wertschöpfung zurück nach Europa holen und in Schlüsselbranchen wie der Digitalwirtschaft unsere Abhängigkeit überwinden. Natürlich entstehen dadurch nicht alle alten Industriearbeitsplätze wieder, sondern wegen der Automatisierung und Robotisierung deutlich weniger. Aber je höher die Wertschöpfung im Land, desto größer ist der vorhandene Wohlstand und desto besser stehen die Chancen, dass auch Verkäuferinnen und Postzusteller von ihrem Einkommen wieder gut leben können. Viele Jahre war das so, und die Politik kann und muss die Rahmenbedingungen dafür wiederherstellen.

Die Globalisierung der letzten Jahrzehnte war kein Motor für Wohlstand, sondern für wachsende Ungleichheit. Sie hat die Macht global aufgestellter Konzerne in einer Weise vergrößert, dass kleinere lokale Anbieter immer schlechtere Karten haben und eine demokratische Gestaltung unserer Gesellschaft kaum noch möglich ist. Die Globalisierung hat in den Industrieländern den Reichtum einer Minderheit erhöht, während für Beschäftigte mit mittleren Bildungsabschlüssen und die klassische Mittelschicht die Nachteile in Form zerstörter Arbeitsplätze, verschlechterter Wettbewerbsbedingungen und sinkender Einkommen den Vorteil der Verbilligung vieler Massengebrauchsgüter bei Weitem überwiegen.

Aber die Globalisierung schadet nicht nur unserem Wohlstand und unserer Demokratie. Sie ist auch aus ökologischen Gründen ein Desaster. Die global vernetzten Wertschöpfungsketten, in deren Rahmen Produkte während ihres Herstellungsprozesses teilweise mehrfach über Distanzen von Zehntausenden Kilometern hin und her transportiert werden, rechnen sich nur, weil so gesetzliche Standards unterlaufen und Arbeitskosten eingespart werden. Unter Umweltgesichtspunkten sind die endlosen Transportwege eine Verschleuderung von Ressourcen und eine Emission

FORTSCHRITT STATT FAKE **315**

riesiger Mengen an Treibhausgas, auf die wir problemlos verzichten könnten. Der Schiffsdiesel der großen Containerschiffe, deren Fahrtrouten die Lebensader der Globalisierung bilden, ist der wohl schädlichste aller fossilen Brennstoffe, die aktuell im Einsatz sind. Eine De-Globalisierung und Re-Regionalisierung unserer Wirtschaft wäre daher auch zur Rettung von Klima und Umwelt ein richtiger, dringend notwendiger Schritt.

12. EINE DIGITALE ZUKUNFT OHNE DATENSCHNÜFFLER

Sie überwachen alles

Für Amazon-Chef Jeff Bezos war das Coronavirus ein Sechser im Lotto. Allein im zweiten Quartal 2020 schoss der Umsatz seines Unternehmens im Vergleich zum Vorjahr um 40 Prozent auf knapp 90 Milliarden Dollar nach oben. Den Gewinn konnte das größte digitale Kaufhaus der Welt glatt verdoppeln. Als die Schließung des lokalen Einzelhandels in vielen Ländern auch noch den größten Teil des hoch lukrativen Weihnachtsgeschäfts auf seine Plattform hievte, gab es kein Halten mehr. Einen derartigen Zuwachs an Profit und Macht wie im Jahr 2020 hatte der Online-Händler noch nie erlebt. Persönlich ist Bezos seit Beginn der Krise um viele Milliarden Dollar reicher geworden.

Ähnlich wie ihm geht es auch den Eigentümern von Google, Apple, Facebook und Microsoft, den anderen vier großen Digitalkonzernen aus dem Silicon Valley. Überall sprudeln die Gewinne und wachsen die Barreserven, die sich für neue Expansionsprojekte und Unternehmenskäufe nutzen lassen. Die Ursachen liegen auf der Hand: Kein Homeoffice ohne Videokonferenz, kein Homeschooling ohne entsprechende Software. Zoom, Microsoft Teams oder Google Classroom machen's möglich. Fiel der Erlebnisurlaub aus oder traf einen gar Kurzarbeit, blieb jedenfalls mehr Zeit, um Spielfilme bei Netflix oder Amazon Prime zu streamen, YouTube-Videos anzusehen oder im Newsfeed des Facebook-Accounts zu scrollen. Laut einem Bericht der Bank of America war die Menge an digital erzeugten Daten allein zwischen März und Sommer 2020 um 50 Prozent gewachsen.

Schöne neue Welt

Für manche ist das die schöne neue Welt, die die digitalen Technologien uns eröffnen und die durch Corona nur zusätzlichen Schwung erhalten hat: vernetzt, vielfältig, demokratisch. Die Perspektiven scheinen verführerisch: Smarte Fitnessuhren, die uns auf Trab bringen und frühzeitig Alarm schlagen, wenn irgendwas in unserem Körper nicht stimmt. Intelligente Stromzähler, die den Stromverbrauch reduzieren. Lautsprecher wie Amazons Alexa im Wohnzimmer, die uns jeden Wunsch erfüllen, sobald wir ihn nur aussprechen. Kühlschränke, die selbstständig nachbestellen, wenn die Milch zur Neige geht. Selbstfahrende Autos, die in die kleinste Lücke problemlos einparken können. Und natürlich: die unzähligen Apps und Online-Dienste, über die wir Flüge buchen, Taxis und Pizzen bestellen, Rechnungen bezahlen, Dates arrangieren, Informationen suchen, Filme und Musik abspielen, uns mit Gleichgesinnten austauschen oder Andersdenkende beschimpfen können.

In Zukunft, so verheißen uns die Digitalfreunde, soll alles mit allem vernetzt sein und jedes Produkt über Sensoren kommunizieren, wobei die Unmengen an Daten, die dabei entstehen, ständig von Algorithmen analysiert und ausgewertet werden. Nur zu unserem Besten, versteht sich. Irgendwann müssen wir Alexa dann gar nicht mehr sagen, was wir uns wünschen, die Datensammler wissen, wie wir ticken, was wir wollen, wovon wir träumen, denn sie kennen uns besser als wir selbst.

Welche Daten gespeichert werden

Ja, es stimmt, digitale Technologien können unser Leben erleichtern und unseren Wohlstand erhöhen. Aber die entscheidende Frage ist: Welche Art von Digitalisierung wollen wir? Welche Daten sollen gesammelt, gespeichert und analysiert werden? Und: Wer speichert, sammelt und analysiert? Denn *die* Digitalisierung gibt es nicht. Es gibt sehr verschiedene digitale Entwicklungspfade, zwischen denen wir uns entscheiden sollten, statt auf dem einmal eingeschlagenen blind weiterzutappen.

Der Weg, dem wir augenblicklich folgen, entspricht dem Geschäftsmodell und den Interessen der großen amerikanischen Digitalkonzerne und wird von ihnen gebahnt und gestaltet. Es ist ein Weg mit wenigen Gewinnern und vielen Verlierern, und es spricht nichts dafür, dass er unser Leben langfristig verbessern wird. Alternativen dazu gibt es. Wir müssten nur den Mut finden, uns für einen anderen Weg zu entscheiden und diese Entscheidung dann auch umzusetzen.

Daten als Kerngeschäft

Es fällt auf, dass die größten Digitalunternehmen ihre Gewinne überwiegend nicht mit den Diensten machen, die sie uns Nutzern anbieten und die vielfach kostenlos zur Verfügung stehen. Zwar verkauft Amazon reale Produkte, aber die haben Jeff Bezos trotz der Knebelverträge, die er Händlern und Produzenten aufzwingt, und trotz der kläglichen Löhne für die Logistikmitarbeiter bisher nicht reich gemacht. Einträglicher ist da schon Amazon Web Services (AWS), die größte Cloud-Plattform der Welt, über die just all die Dienste laufen, die in der Krise besonders gefragt waren: Videokonferenzen von Zoom oder Messenger wie Slack. Aber auch Volkswagen, Zalando, Nike und unzählige andere Unternehmen nutzen die Cloud. Das bringt Amazon Gewinne, aber auch, was noch viel wichtiger ist, ein unerschöpfliches Reservoir an Daten. Bei Google und Facebook, die ihre Dienste sämtlich kostenlos anbieten, ist das Geschäft mit den Daten das Kerngeschäft.

Das scheint auf den ersten Blick nicht spektakulär zu sein. Immerhin ist die Analyse von Daten die Basis digitaler Dienstleistungen. Ein gutes Navi braucht nicht nur digitale Landkarten, sondern auch Echtzeitdaten und Erfahrungswerte, wie, wo und wann sich Staus typischerweise entwickeln. Eine Suchmaschine kann uns bessere Ergebnisse präsentieren, wenn sie reale Suchvorgänge immer wieder auswertet und so ihre Rangliste verbessert. Die digitale Analyse typischer Fehler oder Schwachstellen, die zu Unfällen führen, mag in verbesserter Bordelektronik und mehr Verkehrssicherheit münden. Und die Vernetzung aller Taxen einer Stadt über eine gute Software, die auch Daten aus der Vergangenheit einbezieht, kann den Fahrern dabei helfen, immer dort zu sein, wo sie gerade gebraucht werden.

Mustererkennung oder Personenprofil

Bei solchen Anwendungen geht es letztlich um die Erkennung von Mustern, von typischen, sich wiederholenden Abläufen, die ein Algorithmus aus unzähligen Daten herausfiltern kann. Diese Art der Digitalisierung ist sinnvoll und nützlich. Wenn wir heute von Digitalisierung reden, geschieht jedoch noch etwas anderes, und dieses andere ist die entscheidende Profitquelle der großen Digitalkonzerne. Hier geht es um *individualisierte* Daten, die sich auf einzelne Menschen, ihren Charakter, ihre Vorlieben und ihre intimsten Lebensumstände beziehen.

Es ist eben ein beachtlicher Unterschied, ob eine Suchmaschine registriert, dass bei der Suche nach dem Begriff »Virus« diese oder jene Webseite bevorzugt angeklickt wurde und das in ihrem künftigen Ranking berücksichtigt. Oder ob sie speichert, dass ein gewisser Herr Maier heute nach »*Erbschaftsteuer vermeiden*«, gestern nach »*Immobilienanlagen*« und vorgestern nach »*Scheidung*« und »*Ziehen in der Brust*« gesucht hat und daraus ein Personenprofil erstellt. Immerhin weiß man allein nach diesen vier Suchanfragen einiges über ihn: Er ist wohlhabend, hat wahrscheinlich Herzprobleme und trennt sich wohl bald von seiner Frau.

Noch besser wird das Profil natürlich, wenn es Daten auch aus anderen Quellen einbeziehen kann, etwa Bewegungsdaten. Ein Navi, das in Echtzeit registriert, wenn viele Fahrzeuge an einer bestimmten Stelle plötzlich sehr langsam fahren, und diese Daten mit Mustern aus der Vergangenheit abgleicht, kann sicher bessere Routenempfehlungen geben als einer, der nur Landkarten gespeichert hat. Aber kein Navi müsste einem zentralen Server melden, dass Herr Maier jeden Werktag zu einer Adresse fährt, an der eine auf Röntgenelektronik spezialisierte Firma ihren Sitz hat, außerdem mit gewisser Regelmäßigkeit einen Ort aufsucht, an dem sich eine psychiatrische Praxis befindet und schließlich schon zwei Mal in der Gartenstraße 12 war, eine Adresse, die auf einen Besuch bei der dort gemeldeten Anwaltskanzlei für Familienrecht hindeutet. Für eine gute Navigation sind solche Daten komplett irrelevant, aber wer wissen will, was Herr Maier für ein Mensch ist, wie es ihm gerade geht und was er wohl als Nächstes tun wird, für den sind sie zentral.

Überwachungskapitalismus

Das große Geschäft der Datenkraken sind also nicht die digitalen Dienste, die wir nutzen. Die brauchen sie, um uns auf ihre Server zu locken. Der eigentliche Rohstoff, der ihr Geschäft antreibt, sind Daten über unsere individuellen Vorlieben, Interessen und Eigenarten, mit denen sie unser Verhalten vorhersagen, aber auch manipulieren können. Diese Daten fließen bei wenigen Unternehmen zusammen, denn die digitale Welt ist die Welt der großen Plattformen, über die Tausende andere Anwendungen und Online-Dienste laufen, die auf sie angewiesen sind. Die Harvard-Ökonomin Shoshana Zuboff spricht deshalb von *Überwachungskapitalismus*.

Sobald wir online gehen, treten wir heute mit mindestens einem der fünf IT-Giganten aus dem Silicon Valley in Kontakt. Bei Smartphones gibt es nur zwei relevante Betriebssysteme, eines von Apple und eines von Google. Wer ins Netz will, muss an ihnen vorbei, oder genauer: Sie begleiten uns und schauen bei allem zu, was wir tun. Ein Unternehmen wiederum, das seine Dienste mobilen Nutzern anbieten will, muss ihre Konditionen akzeptieren und auf ihrer Software programmieren.

Personenprofile und darauf basierende Verhaltensprognosen lassen sich teuer verkaufen. Im relativ harmlosen Fall an Firmen, die Werbung schalten und uns genau in dem Augenblick erwischen wollen, in dem wir für ihr Produkt empfänglich sind. Aber das Spektrum der potenziellen Käufer ist breiter. Wer im Bewerbungsverfahren um einen Job aussortiert wird, wer einen Kredit oder eine bestimmte Krankenversicherung bekommt, wer ins Raster von Strafverfolgungsbehörden gerät … – in immer mehr Bereichen unseres Lebens spielen automatisierte Programme, die mit der Analyse personenbezogener Datenpakete gefüttert werden, eine entscheidende Rolle.

Abzocke per Algorithmus

Algorithmen, die unsere Daten auswerten, lassen sich auch wunderbar nutzen, um uns abzuzocken. Die Uber-Software etwa ist nicht nur so programmiert, dass Taxis dahin gelotst werden, wo mit erhöhter Nachfrage zu rechnen ist – was ja vernünftig wäre. Sie sorgt auch dafür, dass die Fahrpreise steigen, wenn Taxis besonders gefragt sind.

Diese Idee hat natürlich noch viel Entwicklungspotenzial. Beispielsweise könnte ein Algorithmus auch darauf hinwirken, dass Taxis unterschiedlich viel kosten, je nachdem *von wem* und *von wo* sie gerufen werden. Wird das Taxi etwa von jemandem bestellt, der sich gerade in einem Krankenhaus befindet, kann man davon ausgehen, dass er es dringender braucht als einer, der vom Restaurant nach Hause möchte. Ein entsprechend programmierter Algorithmus könnte dem Kranken, der vielleicht gerade eine Chemotherapie hinter sich hat und garantiert nicht auf den Bus ausweichen kann, daher auch mehr Geld aus der Tasche ziehen. Auch bei besonders schlechtem Wetter oder bei Frauen, die nachts bestellen, bieten sich gute Gelegenheiten für Preisaufschläge. Das alles funktioniert natürlich erst dann richtig, wenn Uber in einer Stadt das traditionelle Taxigewerbe zerstört und ein Monopol hat. Aber genau das ist ja das Ziel.

Personalisierte Preise gibt es bei Online-Angeboten schon heute. Wer mit einem teureren Endgerät surft und daher als wohlhabend gilt, dem wird bei verschiedenen Online-Hotelvermittlern ein höherer Preis für das gleiche Zimmer angezeigt. Auch Nachfrageänderungen werden online viel sensibler registriert als in der analogen Welt. Amazons Preisalgorithmus regiert sofort auf anziehendes Kaufinteresse. Wer im Frühjahr 2020 bei dem Online-Händler Schutzmasken ordern oder sich mit Konserven eindecken wollte, bekam für diese plötzlich sehr gefragten Güter echte Wucherpreise angezeigt. Nicht bekannt ist, ob auch schon Algorithmen im Einsatz sind, die neben der geschätzten Kaufkraft von Person X weitere Daten aus ihrem Personenprofil in die Preisbildung einfließen lassen. Der Fantasie kreativer Programmierer jedenfalls wären da keine Grenzen gesetzt. Und je besser sie uns kennen, desto aussichtsloser sitzen wir in ihrer Falle. Aber wollen wir das?

Ja, es gibt kluge und nützliche *künstliche Intelligenz*, die unser Leben erleichtert. Aber auch die genannten Algorithmen sind künstliche Intelligenz, und mit Blick auf solche Programme klingen die politischen Lobgesänge auf die vermeintliche Zukunftstechnologie ziemlich hohl. Es ist also an der Zeit, den unregulierten Wildwuchs zu stoppen. Algorithmen, die nur dazu da sind, uns abzuzocken und die Allgemeinheit zu schädigen, sollten gesetzlich verboten werden.

Der Kampf um TikTok

Selbstverständlich sind Personendaten auch da gefragt, wo Staaten ihre Bürger überwachen und kontrollieren wollen. Auch aus diesem Grund existiert mittlerweile ein Paralleluniversum zu den Big Five aus dem Silicon Valley, das von chinesischen Digitalkonzernen getragen wird. Diese sind heute ähnlich groß wie die US-amerikanischen und stellen prinzipiell die gleichen Dienstleistungen von der Suchmaschine über E-Commerce bis zu sozialen Medien bereit. Und auch sie sammeln und analysieren fleißig Daten über das Privatleben ihrer Nutzer.

Die chinesischen Datenanbieter sind kein Produkt von Marktwettbewerb, sondern einer erfolgreichen Intervention und Förderstrategie des chinesischen Staates. Mit Ausnahme des Netzwerks für Kurzvideos TikTok haben die chinesischen Anbieter allerdings in den westlichen Ländern bisher kaum Marktanteile und die US-Regierung tut alles dafür, dass das so bleibt. Selbst um TikTok tobte 2020 ein echter Wirtschaftskrieg, in dem die Videoplattform in den USA kurz davorstand, verboten zu werden. Eine daraufhin geplante Übernahme des US-Geschäfts durch Microsoft scheiterte am Veto der chinesischen Regierung. Jetzt wird es einen Eigentümerwechsel geben, der auch ohne Microsoft den US-Einfluss auf die Plattform sicherstellt.

Das ruppige Vorgehen gegen die chinesischen Digitalanbieter wird in der Regel damit begründet, dass der chinesische Staat über sie Zugriff auf unsere Privatsphäre, Einfluss auf unsere Wirtschaft und letztlich sogar auf unsere Politik erhalten würde. Das ist richtig. Exakt das gleiche Argument spricht allerdings auch dagegen, unsere Wirtschaft und unsere digitale Kommunikation der Kontrolle von US-Digitalkonzernen auszuliefern, an deren enger Kooperation mit dem amerikanischen Staat und seinen Geheimdiensten spätestens seit 2013, als der Insider Edward Snowden seine Erkenntnisse veröffentlichte, kein Zweifel mehr besteht.

»Die CIA muss im Valley mitschwimmen«

Auch die amerikanischen Datenschnüffler sind übrigens kein Produkt einsamer Garagengenies, wie uns gern erzählt wird, sondern wie die chinesischen Anbieter verdanken sie ihre Existenz Milliardensubventionen aus öffentlichen Töpfen. Das Pentagon hatte die militärische und geostrategische Relevanz digitaler Technologien sehr früh erkannt und entsprechend viel Geld investiert. Auch die Geheimdienste witterten schon in den Neunzigern eine neue Goldader für Informationen, die es unbedingt zu heben galt. 1997 hatte der damalige CIA-Direktor George Tenet das Ziel ausgegeben: »Die CIA muss im Valley mitschwimmen.«

Mittlerweile sind die fünf großen Digitalkonzerne auf staatliche Förder-
gelder natürlich nicht mehr angewiesen. Was sie allerdings brauchen wie
die Luft zum Atmen ist die politische Duldung ihres Geschäftsmodells, das
in seinem ungenierten Zugriff auf die Privatsphäre der Bürger elementaren
Grundfreiheiten und selbstverständlich auch der amerikanischen Verfassung widerspricht. Das Wohlwollen der Politik einschließlich der Freiheit
von jeder gesetzlichen Regulierung erkaufen sie sich dadurch, dass sie den
amerikanischen Staat und seine Dienste an ihren Überwachungserkennt-
nissen teilhaben lassen.

Shoshana Zuboff spricht von einer »Wahlverwandtschaft« zwischen den
US-Nachrichtendiensten und den Überwachungskapitalisten: »Die Nach-
richtendienste wollten um alles in der Welt den rechtsfreien Raum, dessen
sich Unternehmen wie Google erfreuten.«[1] Denn die endlose Datenmenge,
die die Digitalschnüffler aufgrund dieser Rechtsfreiheit über das Leben jedes einzelnen Menschen in beinahe jedem Land dieser Erde speichern können, versorgt eben auch die US-Dienste mit unerschöpflichen Informationen. Darüber, wer sich mit wem wo trifft, wie einflussreiche Politiker und
Unternehmenslenker privat ticken oder wie sich Stimmungen und wirtschaftliche Trends verändern, lange bevor es dazu offizielle Statistiken gibt.
Überwiegend läuft dieser Datenaustausch über inoffizielle Kanäle. Seit dem
Cloud Act vom März 2018 dürfen US-Behörden allerdings von amerikanischen Cloud-Providern auch ganz offiziell die Herausgabe sämtlicher Daten
zu Personen und Unternehmen im In- und Ausland verlangen, an denen sie
ein Interesse haben. Die Betroffenen erfahren davon nichts.

Der Umstand, dass Daten über alle Details unseres Privatlebens und
unserer Wirtschaft auf den Servern privater Unternehmen statt in den Ak-
ten eines totalitären Staates lagern, sollte uns daher nicht beruhigen. Allein
dass solche Daten gesammelt und gespeichert werden, öffnet ihrem Miss-
brauch Tür und Tor.

Körperwaage mit Spionagetool

Und die amerikanischen IT-Giganten wollen noch mehr. Noch mehr Daten und noch mehr Macht. Deshalb arbeiten sie seit Jahren daran, in neue
Bereiche vorzustoßen, die sich zuvor noch außerhalb der Reichweite ihrer Überwachungssoftware befanden. Unsere Wohnung, unser Auto, unser

Kühlschrank, unser Zahlungsverkehr, unsere Bildung, unsere Gesundheit, die öffentliche Verwaltung und tausend ganz normale Gebrauchsgüter, die wir jeden Tag benutzen … Überall sollen künftig Sensoren Daten über unser Verhalten, unsere Vorlieben, unsere Stimmung, unseren Alkoholkonsum, unser Körpergewicht und zahllose andere Details, die Rückschlüsse auf unseren Charakter, unsere körperliche Fitness oder unsere Kreditfähigkeit zulassen, an zentrale Server funken. Ob Personenwaage oder elektronische Zahnbürste: Schon heute wird es immer schwieriger, ein Produkt zu erwischen, das offline und ohne App überhaupt noch funktioniert.

Ohne Frage gibt es in all diesen Gebieten auch nützliche Anwendungen digitaler Technologien. Aber keine davon verlangt, dass individuelle Daten über uns auf irgendwelchen Servern landen und dass mit diesen Daten Geschäfte gemacht werden. Fitnessuhren etwa könnten mit exakt dem gleichen Gebrauchswert für uns funktionieren, wenn wir beim Kauf eine Software miterwerben würden, die wir auf einem Gerät unserer Wahl installieren und die anschließend komplett *offline* die Daten der Uhr analysiert. Aber solche Fitnessuhren gibt es nicht, weil sie für die Datenschnüffler nutzlos wären. Und mitlesen will nicht nur der Verkäufer der Uhr, mitlesen wollen immer auch Google, Apple oder Microsoft, die mit völliger Selbstverständlichkeit auf alle Daten zugreifen und alles speichern, was über ihre Betriebssysteme läuft.

Unter heutigen Bedingungen bedeutet daher jeder zusätzliche Schritt der Digitalisierung, dass wir nur noch gläserner werden und irgendwann den letzten Winkel unserer Privatheit und Intimität verlieren.

Gläserne Autofahrer

Mit »Android Automotive OS« etwa hat Google bereits ein umfassendes System für Fahrzeuge entwickelt, das die komplette Cockpit-Elektronik steuert. General Motors, Fiat Chrysler, Volvo und Renault-Nissan wollen es in künftige Modelle einbauen. Die deutschen Hersteller haben jetzt zwar heroisch angekündigt, ein eigenes System entwickeln zu wollen. Doch der Verdacht liegt nahe, dass es dabei nur darum geht, auch ein Stück vom Datenkuchen abzubekommen – und sei es am Katzentisch.

Mit Software nach dem heute üblichen Schnüffelstandard würde auch das Auto immer mehr zu einem Überwachungsinstrument, das die Bewegungsprofile und das Fahrverhalten eines Menschen in allen Details erfasst und diese Daten an eine Cloud funkt, wo sie dann durch Algorithmen ausgewertet werden. Wie wir fahren, sagt viel über unseren Charakter, wohin wir fahren, viel über unsere Lebensumstände aus. Mit der Analyse solcher Datenpakete lassen sich daher gute Geschäfte machen. Umso mehr von Unternehmen, die diese Einsichten mit den Spuren zusammenbringen können, die der Überwachte zeitgleich im Internet hinterlassen hat oder mit den Informationen, die seine mitteilungsfreudige Fitnessuhr fortlaufend preisgibt.

»Wir wissen, wo du bist. Wir wissen, wo du warst. Wir wissen mehr oder weniger, worüber du nachdenkst«,[2] prahlte der Chef von Google, Eric Schmidt, schon im Jahr 2010, als der ganze Wahnsinn noch in den Kinderschuhen steckte. Seither arbeiten Google und Co. an nichts anderem als daran, dieses Wissen zu perfektionieren. Und je mehr die Datenkraken in unsere Alltagswelt vordringen, desto weniger können wir ihnen entrinnen.

Suchterzeugendes Netzwerk

Aber die großen Digitalkonzerne überwachen uns nicht nur. Sie wollen (und können!) auch Stimmungen steuern und Meinungen manipulieren. Facebook und Co. gehe es um »die Entwicklung von suchterzeugenden und manipulativen Netzwerkdiensten«,[3] schreibt der amerikanische Informatiker Jaron Lanier. Hauptzweck der Manipulationen sei es, Menschen dazu zu bringen, immer mehr Zeit im System zu verbringen. Es ist bekannt, dass Facebook seinen Algorithmus unter Einbeziehung von Erkenntnissen der Suchtforschung programmiert hat. Mit Erfolg. Studien belegen, dass insbesondere junge Menschen, die mit den sozialen Netzwerken aufgewachsen sind, tatsächlich psychische Probleme bekommen, wenn sie eine gewisse Zeit ihre Instagram- oder Facebook-Accounts nicht checken können.

Facebook hat auch damit experimentiert, wie sich durch Veränderungen des Algorithmus und damit des Feedbacks, das Nutzer erhalten, ihre Stimmung und ihr Verhalten verändern lassen. Ob man Menschen dadurch depressiv machen oder ihre Wahlbeteiligung beeinflussen kann. Wer an solchen Projekten beteiligt ist, hat daher gute Gründe, den eigenen Nachwuchs von diesen gehirnvernebelnden Diensten fernzuhalten. »Viele der Kinder aus meinem Bekanntenkreis im Silicon Valley«, berichtet Lanier, »besuchen Waldorfschulen, an denen elektronische Geräte prinzipiell verboten sind.«[4]

Wahrheitsministerium in Kalifornien

Niemand weiß, ob die Algorithmen augenblicklich für politische Manipulationen genutzt werden. Aber allein die Macht, sie politisch nutzen *zu können*, nämlich dafür, politische Strömungen zu pushen oder kleinzuhalten, Personen zum Star zu machen oder zum Verschwinden zu bringen, und das in Medien, die Milliarden Menschen nutzen und zu denen es nahezu keine Alternative gibt, ist mit einer demokratischen Gesellschaft völlig unvereinbar. Facebook entscheidet mittels eines komplett intransparenten Algorithmus darüber, was Milliarden Nutzer zu sehen bekommen. Über die gleiche Macht verfügt Google im Internet mit der Suchmaschine, bei den News oder bei YouTube. Wer viral geht, kann damit am Ende sogar richtig Geld verdienen. Und wer nicht gesehen wird, findet nicht statt.

All diejenigen wiederum, die von Facebook und Co. verlangen, die Posts auf ihren Netzwerken strenger zu zensieren, sollten sich darüber im Klaren sein, was sie da eigentlich fordern: ein Wahrheitsministerium mit Sitz in Kalifornien, das für den Rest der Welt über richtig und falsch entscheidet.

Die andere Digitalisierung: Europas Chance

Europa findet in der Schlüsselbranche des 21. Jahrhunderts schlicht nicht statt. Natürlich gibt es europäische IT-Unternehmen und mehr oder minder sinnvolle Start-ups. Aber sie programmieren auf den großen US-Plattformen, akzeptieren deren Geschäftsmodell, und die besonders erfolgreichen werden irgendwann von ihnen aufgekauft. Das ist ein riesiges Problem. Denn die großen Digitalanbieter sind nicht nur datenhungrige Überwachungsplattformen, die unser Privatleben ausforschen, unsere Meinungen manipulieren und damit Geschäfte machen. Sie haben auch Macht über ganze Märkte und damit über volkswirtschaftliche Entwicklungstrends.

Der Gaia-X-Flop

Die Schlüssel-Infrastruktur des 21. Jahrhunderts einer Handvoll US-Datenkraken zu überlassen bedeutet daher, eine zunehmende Abschöpfung von Werten und Wohlstand zulasten unserer Wirtschaft hinzunehmen und die Chance auf Souveränität und auf eine an den eigenen Interessen orientierte Politik in Deutschland und Europa endgültig zu verspielen. Anscheinend hat das selbst die EU-Kommission begriffen, die sich im März 2020 mit der Warnung vernehmen ließ: »Wer digitale Technologien kontrolliert, wird im 21. Jahrhundert zunehmend in der Lage sein, ökonomische, gesellschaftliche und politische Entwicklungen zu bestimmen.«[5] Da hat sie recht, aber was folgt daraus?

Als ein ganz großes Projekt, das die europäische Wirtschaft unabhängig von den transatlantischen Datenschnüfflern machen sollte, wurde die europäische Cloud-Plattform Gaia-X angekündigt. Auch der deutsche Staat hat mehrere Millionen an Fördergeldern bereitgestellt. Seit Monaten preist Wirtschaftsminister Altmaier bei jedem öffentlichen Auftritt Gaia-X als großen Durchbruch in Richtung europäischer Souveränität. Das klang zunächst vielversprechend, bis die Öffentlichkeit im November 2020 erfahren durfte, welche Unternehmen Gaia-X aufbauen und gestalten sollen. Und siehe da, in vorderster Reihe mit dabei: Google, Amazon und Microsoft. Da kann sich der arglose Beobachter eigentlich nur noch fragen: Sind Politiker, die solche Weichen stellen, einfach nur dumm – oder sind sie gekauft?

Ein eigenständiger Weg

Anstelle einer schönen neuen Welt digitaler Dienste, in der Vielfalt und Demokratie sich entfalten, beschert uns die aktuelle Form der Digitalisierung also einen rüden Überwachungskapitalismus, in dem die USA und China gegeneinander um geostrategische Macht ringen und Europa eine traurige Figur abgibt. Aus dieser Bestandsaufnahme folgt nicht, dass wir die Nutzung digitaler Technologien stoppen und ins analoge Zeitalter zurückkehren sollten. Aus ihr folgt, dass Europa mit einem Großeinsatz von Mitteln und Forschungsanstrengungen einen eigenständigen Weg einschlagen muss.

Dabei sollten wir es ausdrücklich nicht machen wie die Chinesen und einfach nur die US-Digitalkonzerne vom Acker jagen und mit viel Staatsgeld kommerzielle europäische Datenkraken großziehen, die letztlich dem gleichen Geschäftsmodell folgen. Eine echte Alternative zu den Big Five aus dem Silicon Valley wären nichtkommerzielle digitale Plattformen mit öffentlich zugänglicher Software, die individuelle Verhaltensdaten schlicht nicht mehr speichern und damit auch nicht mehr missbrauchen können.

Ende der Datenkraken

Zugleich sollten wir Geschäftsmodellen, die auf dem Ausspionieren unseres Lebens und unserer Privatsphäre beruhen, generell die Grundlage entziehen, indem wir die Speicherung *individueller Daten* per Gesetz verbieten. Und zwar nicht nur für europäische Unternehmen, sondern für alle, die in Europa ihre Dienste anbieten wollen. Nichtkommerzielle Plattformen, die kein eigenes Geschäftsinteresse verfolgen und keine Gewinne machen müssen, sollten dann die Grundlage der Digitalisierung und Vernetzung unserer Wirtschaft und Kommunikation werden.

Eine solche Digitalisierung würde letztlich da anknüpfen, wo das Internet einst begonnen hat, als ein Mann namens Tim Berners-Lee einen einheitlichen Code für Internetseiten und deren Verlinkung programmierte. Die Programme von Berners-Lee ermöglichten kommerzielle Webseiten, aber sie selbst waren nie ein kommerzielles Projekt. Sie gehörten niemandem, niemand konnte mit ihnen Gewinne machen, Daten abschöpfen oder die Sichtbarkeit von Seiten manipulieren. Kehren wir zu diesen Anfängen zurück, bekommen wir die Chance auf eine Digitalisierung, die Freiheit, Wettbewerb und Demokratie fördert, statt all diese Werte zu untergraben.

SCHLUSS

In den letzten Jahrzehnten hat sich die Art, wie die Menschen in den westlichen Gesellschaften leben und arbeiten und wie die Früchte ihrer Arbeit verteilt werden, erheblich verändert. Diese Veränderungen sind nicht in erster Linie Ergebnis technologischen Wandels, sondern Resultat politischer Weichenstellungen. In vielen Bereichen ist das Gegenteil dessen herausgekommen, was uns versprochen wurde. Das neoliberale Credo der *Wettbewerbsfähigkeit*, mit dem die Globalisierung, der Wirtschaftsliberalismus und die Privatisierungen begründet wurden, hat den fairen Wettbewerb zurückgedrängt. Der blinde Glaube an die *Weisheit der Märkte* hat marktbeherrschende Großunternehmen und übermächtige Digitalmonopolisten entstehen lassen, die heute allen anderen Marktteilnehmern ihren Tribut auferlegen und die Demokratie zerstören. Statt einer dynamischen ist eine innovationsfaule Ökonomie entstanden, die sehr viel Geld in Geschäftsmodelle versenkt, die der Allgemeinheit schaden, und die es uns nahezu unmöglich macht, die wirklich wichtigen Probleme zu lösen.

Refeudalisierung von Wirtschaft und Gesellschaft

Wachsende Ungleichheit und zunehmende Armut prägen heute die westlichen Länder. Aus dem gesellschaftlichen Miteinander ist ein von Misstrauen und Feindseligkeit geprägtes Neben- und Gegeneinander unterschiedlicher Milieus geworden, die in ihrer jeweils eigenen Welt leben und sich privat kaum noch begegnen. Durch die Abschottung der wohlhabenden Schichten und die Wiederkehr des Bildungsprivilegs werden Lebenschancen wieder in erster Linie von der Herkunft und nicht von eigener Leistung und Anstrengung bestimmt. Anstelle von Selbstbestimmung und größerer Liberalität erleben wir eine *Refeudalisierung* von Wirtschaft und Gesell-

330 DIE SELBSTGERECHTEN

schaft, die die Mehrheit der Bevölkerung nicht eigenverantwortlicher, sondern abhängiger, nicht freier, sondern unfreier gemacht hat.

Verlierer dieser Entwicklung sind vor allem die sogenannten einfachen Leute: Menschen ohne Abitur und Hochschulabschluss, Arbeiter, für die es früher in den prosperierenden Industrien sichere, gut bezahlte Arbeitsplätze und echte Aufstiegsmöglichkeiten gab, Geringverdiener im Servicebereich, die trotz eines extrem harten Arbeitsalltags oft am Existenzminimum leben. Mehr Nach- als Vorteile gibt es auch für viele Handwerker, kleine Selbstständige und Gewerbetreibende. Selbst viele junge Akademiker, die aus nicht-privilegierten Schichten kommen, erreichen heute keine solide Lebensbasis mehr, sondern arbeiten als Click Worker oder in befristeten, schlecht bezahlten Jobs. Vor allem Arbeiter und Geringverdiener haben keine politische Vertretung mehr, seit die linken Parteien die Seiten gewechselt haben.

Früher gehörte es zum linken Selbstverständnis, sich in erster Linie für die weniger Begünstigten einzusetzen, für Menschen ohne hohe Bildungsabschlüsse und ohne ressourcenstarkes familiäres Hinterland. Heute steht das Label *links* meist für eine Politik, die sich für die Belange der akademischen Mittelschicht engagiert und die von dieser Schicht gestaltet und getragen wird. Doch die akademische Mittelschicht ist neben der Oberschicht die *Gewinnerin* der Veränderungen der letzten Jahrzehnte. Sie profitiert von Globalisierung und EU-Integration, von hoher Zuwanderung und zumindest teilweise auch vom wirtschaftsliberalen Status quo. Genau die Entwicklungen, die der einstigen Wählerschaft linker Parteien das Leben schwerer gemacht haben, sind Bedingungen des Aufstiegs und der privilegierten Position des urbanen akademischen Milieus.

Im Interesse der akademischen Mittelschicht

Das, was heute Linksliberalismus genannt wird, ist die große Erzählung der akademischen Mittelschicht. In ihr spiegeln sich ihre Werte, ihre Lebenswelt und ihre Interessen. Daher sieht der Linksliberalismus die Geschichte der zurückliegenden Jahrzehnte aus der Perspektive der Gewinner: als Fortschritts- und Emanzipationsgeschichte. Daher stehen im Mittelpunkt des Linksliberalismus die individualistischen und kosmopolitischen Werte, die das Lebensgefühl moderner Großstadtakademiker prägen. Daher geht es im Rummel um Diversity und Quoten immer nur darum, bereits privilegierten Frauen und Minderheiten bessere Chancen im Kampf um gut dotierte Stellen zu verschaffen.

Frauen und Einwandererkindern aus ärmeren Verhältnissen dagegen nützen die identitätspolitischen Debatten nichts. Ihre Chancen auf beruflichen Aufstieg und ein halbwegs gutes Leben sind heute geringer als vor 30 Jahren, und sie werden durch die Identitätspolitik zusätzlich verschlechtert. Denn wer die Bevölkerung nach Abstammung und sexuellen Vorlieben separiert und ein unüberbrückbares Gegeneinander von Minderheiten und Mehrheit konstruiert, zerstört Zusammenhalt und Solidarität.

Aber ohne Zusammengehörigkeit und Vertrauen gibt es keine erfolgreichen Lohnkämpfe. Ohne Wir-Gefühl und gemeinsame Identität verlieren Demokratie und Sozialstaat ihr wichtigstes Fundament. Und ohne Gemeinsamkeit gibt es auch kein *Gemein*wohl, das der öffentlichen Hand den Auftrag und die Befugnis gibt, besonders wichtige Bereiche des gesellschaftlichen Lebens aus der kommerziellen Logik herauszulösen. Indem der Linksliberalismus Individualismus und Kosmopolitismus zur gesellschaftlichen Leitlinie und zum Maßstab von *Progressivität* überhöht, sind sie nicht mehr nur Ausdruck persönlicher Präferenzen und Lebensstile. Sie werden zu einem politischen Statement. Denn mit diesen Werten lässt sich einer in den Grenzen des Nationalstaats verfassten Sozialstaatlichkeit ebenso die Legitimität entziehen wie einem republikanischen Verständnis von Demokratie. Unter Rückgriff auf diesen Wertekanon können Wirtschaftsliberalismus, Globalisierung und Sozialabbau in eine Erzählung eingebettet werden, die sie als *progressive* Veränderungen erscheinen lässt: eine Erzählung von der Überwindung nationaler Abschottung, provinzieller Borniertheit und unterdrückender Gemeinschaftlichkeit, eine Erzählung von Weltoffenheit, individueller Emanzipation und Selbstverwirklichung.

Affront für Nichtakademiker

Hier liegt der Grund für die Ablehnung, mit der vor allem Nichtakademiker auf die linksliberalen Botschaften reagieren. Sie tun das nicht, weil sie überholten oder gar rechten Ideen anhängen, sondern weil der Linksliberalismus ein Affront für Menschen aus diesen Schichten ist: Er ist ein Angriff auf ihre sozialen Rechte, weil er just die Veränderungen, die ihnen

Wohlstand und Sicherheit genommen haben, als *progressive Modernisierungen* beschreibt. Und er ist ein Angriff auf ihre Werte und ihre Lebenswelt, die in der linksliberalen Erzählung moralisch herabgesetzt und als rückschrittlich abqualifiziert werden. Denn sowohl in der Arbeiterschaft, bei Angestellten der einfachen Serviceberufe als auch in der klassischen Mittelschicht sind die traditionellen gemeinschaftsorientierten Werte und Gerechtigkeitsvorstellungen nach wie vor lebendig. Selbst die Sprache von Nicht-Akademikern wird vom Linksliberalismus niedergemacht, weil sie die immer neuen, immer abseitigeren Vorgaben für politische Korrektheit nicht erfüllen kann.

Niemand unterstützt Parteien, von denen er sich sozial im Stich gelassen und kulturell verachtet fühlt. Deshalb hat die linksliberale Linke ihren Rückhalt und ihre Wähler in den nicht-akademischen Schichten weitgehend verloren. Viele Arbeiter und Geringverdiener haben sich aus Enttäuschung ganz von der Politik abgewandt, andere wählen aus Wut und mangels Alternative heute rechts. Die wichtigste Ursache der politischen Rechtsentwicklung ist also das Versagen der *linksliberalen* Linken, all den Menschen, die durch die Politik der letzten Jahrzehnte aus der Bahn geworfen oder deren Leben zumindest erschwert und verschlechtert wurden, ein attraktives Programm anzubieten. Ein Programm, das an ihre sozialen Interessen, aber auch an ihre Wertvorstellungen anknüpft.

Denn beides passt und gehört zusammen. Die traditionellen Gemeinschaftswerte sind weder rückwärtsgewandt noch überholt, sondern die unerlässliche Basis für eine auf mehr sozialen Ausgleich und eine Korrektur von Marktergebnissen orientierte Politik. Anders als die Werte des Linksliberalismus, die eher dazu taugen, den globalisierten Kapitalismus progressiv umzudeuten, eignen sich die Gemeinwerte tatsächlich als Leitlinie für einen fortschrittlichen Gegenentwurf zur entfesselten Marktgesellschaft.

Respekt vor Gemeinschaftswerten

Im zweiten Teil dieses Buches wurden Eckpunkte eines Zukunftsprogramms skizziert, das zur Kenntnis nimmt, dass gemeinschaftsorientierte Werte nach wie vor für die Mehrheit der Menschen identitätsstiftend sind. Ein Programm, das von dem Respekt und der Achtung vor diesen Werten getragen wird und auf dieser Grundlage gesellschaftliche Verände-

SCHLUSS   333

rungen vorschlägt, die den Anspruch einer innovativen Ökonomie und einer echten Leistungsgesellschaft einlösen könnten. Die Umsetzung dieses Programms würde die Lebensverhältnisse der großen Mehrheit verbessern. Nicht nur die der Arbeiter, der Servicebeschäftigten und der klassischen Mittelschicht, sondern auch die der wachsenden Zahl schlecht verdienender Akademiker und sogar von Teilen der akademischen Mittelschicht.

Persönliche Lebensstile sind Privatsache und sollten nicht länger politisiert werden. Sie hängen meist von Lebensumfeld, Ausbildung und Beruf und natürlich auch von den finanziellen Möglichkeiten ab. Zu allen Zeiten haben Akademiker anders gelebt als die meisten Nichtakademiker. Menschen mit höheren Bildungsabschlüssen legen in der Regel größeren Wert auf Unabhängigkeit und Selbstbestimmung als auf traditionelle Gemeinschaften, sie sind eher mobil als sesshaft, sie kennen unterschiedliche Kulturen und definieren sich daher in geringerem Grad über die eigene nationale. Schon in der Weimarer Republik lagen Welten zwischen dem urbanen Leben und den Wertvorstellungen linker Intellektueller und der Kultur und Lebensart der Arbeiterschaft. Aber die linken Intellektuellen jener Zeit wären nicht im Traum auf die Idee gekommen, ihre Unterstützung linker Parteien davon abhängig zu machen, dass diese Parteien *ihre* kulturellen Wertmaßstäbe übernehmen. Wenn auch die linksliberalen Akademiker unserer Zeit einsehen würden, dass sie kein Recht haben, ihren Lebensentwurf zum Maßstab progressiven Lebens zu machen und auf alle herabzuschauen, die anderen Werten folgen und eine andere Sicht auf die Welt haben, wäre viel gewonnen.

WEITERFÜHRENDE LITERATUR

Folgenden Büchern verdanke ich wichtige Anregungen, die mir dabei geholfen haben, die in diesem Buch formulierten Gedanken zu entwickeln. Dem interessierten Leser seien sie daher zur weiterführenden Lektüre empfohlen.

Stéphane Beaud, Michel Pialoux: Die verlorene Zukunft der Arbeiter. Die Peugeot-Werke von Sochaux-Montbéliard (Konstanz 2004)

Paul Collier, Alexander Betts: Gestrandet. Warum unsere aktuelle Flüchtlingspolitik allen schadet – und was jetzt zu tun ist (München 2017)

Paul Collier. Exodus. Warum wir Einwanderung neu regeln müssen (München 2014)

David Goodhart: The Road to Somewhere. The New Tribes Shaping British Politics (London 2017)

Michael Hartmann: Die Abgehobenen. Wie die Eliten die Demokratie gefährden (Frankfurt 2018)

Nils Heisterhagen: Die liberale Illusion. Warum wir einen linken Realismus brauchen (Bonn 2018)

Arlie Russell Hochschild: Fremd in ihrem Land. Eine Reise ins Herz der amerikanischen Rechten (Frankfurt 2017)

Lutz Raphael: Jenseits von Kohle und Stahl. Eine Gesellschaftsgeschichte Westeuropas nach dem Boom (Berlin 2019)

Owen Jones: Prolls. Die Dämonisierung der Arbeiterklasse (Mainz 2012)

Dirk Jörke: Die Größe der Demokratie. Über die räumliche Dimension von Herrschaft und Partizipation (Berlin 2019)

Cornelia Koppetsch: Die Gesellschaft des Zorns. Rechtspopulismus im globalen Zeitalter (Bielefeld 2019)

Cornelia Koppetsch: Die Wiederkehr der Konformität. Streifzüge durch die gefährdete Mitte (2013)

Friederike Bahl: Lebensmodelle in der Dienstleistungsgesellschaft (Hamburg 2014)

Marc Lilla: The Once and Future Liberal (New York 2017)

Mariana Mazzucato: Das Kapital des Staates (München 2014)

Jean-Claude Michéa: Das Reich des kleineren Übels. Über die liberale Gesellschaft (Berlin, 2. Aufl. 2017)

Robert Pfaller: Erwachsenensprache. Über ihr Verschwinden aus Politik und Kultur (Frankfurt/Main 2018)

Thomas Piketty: Kapital und Ideologie (München 2020)

Michael J. Piore: Birds of Passage. Migrant Labour and Industrial Societies (Cambridge 1979)

Robert D. Putnam: Our Kids. The American Dream in Crisis (New York 2016)

Andreas Reckwitz: Das Ende der Illusionen. Politik, Ökonomie und Kultur in der Spätmoderne (Berlin 2019)

Dani Rodrik: Das Globalisierungsparadox. Die Demokratie und die Zukunft der Weltwirtschaft (München 2011)

Nick Srnicek: Plattform-Kapitalismus (Hamburg 2018)

Philipp Staab: Digitaler Kapitalismus. Markt und Herrschaft in der Ökonomie der Unknappheit (Berlin 2019)

Franz Walter: Im Herbst der Volksparteien (Bielefeld 2009)

Franz Walter: Die SPD. Biographie einer Partei (Hamburg 2018)

Richard Wilkinson, Kate Pickett: Gleichheit ist Glück. Warum gerechte Gesellschaften für alle besser sind (Berlin 2010)

Shoshana Zuboff: Das Zeitalter des Überwachungskapitalismus (Frankfurt 2019)

ANMERKUNGEN

Vorwort

1 ZEIT vom 9. Juli 2020.

1. Moralisten ohne Mitgefühl

1 Allensbach Institut; exakt waren es 58 Prozent, die diese Frage positiv beantworteten
2 Harald Welzer: Wir sind die Mehrheit. Für eine offene Gesellschaft, Frankfurt 2017, S. 65.
3 Open Society Foundation: »Deutscher Nationalstolz – ein schwindendes Tabu?«, Februar 2019.
4 SPON, 5.12.2019.
5 Ebd., S. 28.
6 Clemens Traub: Future for Fridays? Streitschrift eines jungen »Fridays for Future«-Kritikers, Köln 2020, S. 18.
7 FoF-Tweet vom 23.12.2019: »*Warum reden uns die Großeltern eigentlich immer noch jedes Jahr rein? Die sind doch eh bald nicht mehr dabei.*«
8 Welt online, 13.10.2018
9 ND online, 5.12.2018.
10 Zu den Ersten, die das kritisiert haben, gehört der sozialdemokratische Publizist Nils Heisterhagen. Siehe: Nils Heisterhagen: Die liberale Illusion. Warum wir einen linken Realismus brauchen, Bonn 2018.
11 Taz vom 18.10.2017.
12 FAZ vom 28.1.2012.
13 ZEIT online, 21.9.2020.

2. Große Erzählungen

1 Siehe: Jared Diamond: Kollaps. Warum Gesellschaften überleben oder untergehen, Frankfurt/M. 2005.
2 Siehe auch: Daniel Kahnemann: Schnelles Denken, langsames Denken, München 2011.
3 Siehe: Franz Walter: Im Herbst der Volksparteien? Eine kleine Geschichte von Aufstieg und Rückgang politischer Massenintegration, Bielefeld 2009.

3. Solidarität, Triumph und Demütigung

1 Siehe: Klaus Dörre, Anja Happ, Ingo Matuschek (Hrsg.): Das Gesellschaftsbild der LohnarbeiterInnen. Soziologische Untersuchungen in ost- und westdeutschen Industriebetrieben, Hamburg 2013; oder: Werner Kudera, Sylvia Dietmaier (Hrsg.): Alltägliche Lebensführung. Arrangements zwischen Traditionalität und Modernisierung, Wiesbaden 1995.

2 Werner Kudera, Sylvia Dietmaier (Hrsg.): Alltägliche Lebensführung, a.a.O., S. 294.

3 Der Begriff wurde 1953 von dem Soziologen Helmut Schelsky geprägt.

4 Siehe: Lutz Raphael: Jenseits von Kohle und Stahl. Eine Gesellschaftsgeschichte Westeuropas nach dem Boom, Berlin 2019.

5 Ebd.

6 Der Anteil der industriellen Wertschöpfung in Großbritannien lag 2018 nur noch bei 10 und in den USA bei 11 Prozent. In Deutschland waren es immerhin noch 23 Prozent, selbst Italien, das seit der Euro-Einführung unter fortschreitender De-Industrialisierung leidet, kam noch auf 16 Prozent.

7 Siehe: Friederike Bahl: Lebensmodelle in der Dienstleistungsgesellschaft, Hamburg 2014.

8 Alle Zitate: Ebd., S. 135, 150, 151, 154.

9 Siehe: Stéphane Beaud, Michel Pialoux: Die verlorene Zukunft der Arbeiter. Die Peugeot-Werke von Sochaux-Montbéliard, Konstanz 2004.

10 Siehe: Anne Case, Angus Deaton: Deaths of Despair and the Future of Capitalism, Princeton 2020.

11 ZEIT online, 7.4.2020.

12 Klaus Dörre, Anja Happ, Ingo Matuschek (Hrsg.): Das Gesellschaftsbild der LohnarbeiterInnen, a.a.O.

13 Friederike Bahl: Lebensmodelle, a.a.O., S. 133 und 138.

14 Ebd., S. 172.

15 Siehe: Heinz Bude: Die Ausgeschlossenen. Das Ende vom Traum einer gerechten Gesellschaft, München 2008.

4. Die neue akademische Mittelschicht

1 Siehe: Andreas Reckwitz: Die Gesellschaft der Singularitäten. Zum Strukturwandel der Moderne, Frankfurt/M. 2017.

2 Siehe: Robert D. Putnam: Our Kids. The American Dream in Crisis, New York 2016.

3 Zahlen aus: Owen Jones: Prolls. Die Dämonisierung der Arbeiterklasse, Mainz 2012.

4 Clemens Traub: Future for Fridays?, a.a.O., S. 100.

5. Der Linksilliberalismus – Maggy Thatchers größter Erfolg

1 Siehe: Amitiai Etzioni: Die Entdeckung des Gemeinwesens. Ansprüche, Verantwortlichkeiten und das Programm des Kommunitarismus, Stuttgart 1995.

2 FAZ vom 22.10.2020.

3 Michael Hartmann: Die Abgehobenen. Wie die Eliten die Demokratie gefährden, Frankfurt/M. 2018, S. 141.

4 Siehe: Nicolas Carnes: White-Collar Government: The Hidden Role of Class in Economic Policy Making. Chicago Studies in American Politics, 2013.

5 Marc Lilla: The Once and Future Liberal. After Identity Politics, New York 2017, S. 129.

6 Interview mit Robert Kuttner, in: The American Prospect: »The Democrats, the longer they talk about identity politics, I got 'em. I want them to talk about racism every day. If the left is focused on race and identity, and we go with economic nationalism, we can crush the Democrats.«

7 »What If Steve Bannon Is Right?«, New York Times vom 25.8.2017.

8 Arlie Russel Hochschild: Fremd in ihrem Land. Eine Reise ins Herz der amerikanischen Rechten, Frankfurt/M. 2017, S. 192.

9 Kenan Malik: Das Unbehagen in den Kulturen. Eine Kritik des Multikulturalismus und seiner Gegner, Frankfurt/M. 2017, S. 83.

10 FAZ vom 30.1.2020.

11 Rechtsextreme, christlich-fundamentalistische Bewegung in den USA, deren Anhänger Gewalttakte bis hin zum Terrorismus verüben.

12 Siehe: Judith Butler. Krieg und Affekt, Zürich 2009.

13 Siehe: Paul Collier: Exodus. Warum wir Einwanderung neu regeln müssen, München 2014.

14 Kenan Malik: Das Unbehagen in den Kulturen, a.a.O.

15 Owen Jones: Prolls, a.a.O., S. 282.

16 Siehe: Branko Milanovic: Die ungleiche Welt. Migration, das Eine Prozent und die Zukunft der Mittelschicht, Berlin 2016.

17 Siehe: Jean-Jacques Rousseau: Émile oder Über die Erziehung, Ditzingen 1998 (Originalausgabe: Amsterdam 1762).

18 Frankfurter Rundschau vom 28.8.2018.

19 Michael Hartmann: Die Abgehobenen, a.a.O., S. 90 ff.

20 Nach einer Studie des DIW wird das Familieneinkommen von Männern heute zu fast 50 Prozent von ihrer Herkunft bestimmt. Beim Bildungserfolg liegt der Erklärungsbeitrag der Herkunft sogar bei über 50 Prozent. Beide Werte liegen geringfügig niedriger als in den USA und knapp zweieinhalbmal so hoch wie in Dänemark mit seinem nach wie vor starken Sozialsystem. Die Herkunftsabhängigkeit des Einkommens ist seit Beginn der neunziger Jahre immer weiter gestiegen (DIW: Herkunft prägt beruflichen Erfolg, 2013).

6. Zuwanderung – wer gewinnt, wer verliert?

1 https://www.undp.org/content/undp/en/home/librarypage/democratic-governance/ScalingFences.html

2 https://www.spiegel.de/politik/ausland/migration-afrikas-beste-kommen-uno-befragung-von-illegalen-einwanderern-a-1292018.html

3 Handelsblatt vom 21.9.2019.

4 Ebd.

5 Paul Collier: Exodus, a.a.O., S. 212.

6 Hannes Hofbauer: Kritik der Migration. Wer profitiert und wer verliert, Wien 2018, S. 207.

7 https://www.solidarwerkstatt.at/arbeit-wirtschaft/europa-hat-uns-zerstoert

8 Nadeem Ilahi, Anna Ilyina, Daria Zakharova: »Emigration Slows Eastern Europe's Catch Up With the West«, 20.7.2016.

9 Paul Collier, Alexander Betts: Gestrandet. Warum unsere aktuelle Flüchtlingspolitik allen schadet – und was jetzt zu tun ist, München 2017, S. 101.

10 Conrad Schuhler: Die große Flucht, Köln 2016, S. 79.

11 Hannes Hofbauer: Kritik der Migration, a. a. O., S. 65.

12 Ebd., S. 73.

13 Siehe: Michael J. Piore: Birds of Passage. Migrant Labour and Industrial Societies, Cambridge 1979.

14 Siehe: Friederike Bahl: Lebensmodelle in der Dienstleistungsgesellschaft, Hamburg 2014.

15 Siehe: Karina Becker, Klaus Dörre, Peter Reif-Spirek (Hrsg.): Arbeiterbewegung von Rechts? Ungleichheit – Verteilungskämpfe – populistische Revolte, Frankfurt 2018.

16 Ebd., S. 222.

17 Lebensmodelle in der Dienstleistungsgesellschaft, a. a. O., S. 261.

18 Paul Mason: Es ging nicht um Europa. Drei Gründe, warum die Hälfte der Briten für den Austritt gestimmt hat, Le Monde diplomatique vom 7.7.2016.

19 Owen Jones: Prolls, a. a. O., S. 114.

20 David Goodhart: The Road to Somewhere. The New Tribes Shaping British Politics, London 2017, S. 15: »When I was at the Treasury I argued for the most open door possible to immigration. ... I think it's my job to maximise global welfare not national welfare.«

21 David Goodhart: The Road to Somewhere, a. a. O., S. 140.

22 Handelsblatt vom 21.9.2018.

23 https://www.vox.com/2015/7/28/9014491/bernie-sanders-vox-conversation: »Open borders? No, that's a Koch brothers proposal ... What right-wing people in this country would love is an open-border policy. Bring in all kinds of people, work for $2 or $3 an hour, that would be great for them. I don't believe in that ... I think from a moral responsibility we've got to work with the rest of the industrialized world to address the problems of international poverty, but you don't do that by making people in this country even poorer.«

24 Owen Jones: Prolls, a. a. O., S. 270.

25 Siehe: Marcel Helbig, Stefanie Jähnen: Wo findet »Integration« statt? Die sozialräumliche Verteilung von Zuwanderern in den deutschen Städten zwischen 2014 und 2017. Discussion Paper P 2019–003, Berlin: WZB 2019.

26 Siehe: Marcel Helbig, Rita Nikolai: Bekommen die sozial benachteiligten Schüler die »besten« Schulen? Eine explorative Studie über den Zusammenhang von Schulqualität und sozialer Zusammensetzung von Schulen am Beispiel Berlins, Discussion Paper, März 2019.

27 Dirk Jörke: Die Größe der Demokratie. Über die räumliche Dimension von Herrschaft und Partizipation, Berlin 2019, S. 215.

28 So lag der Anteil von Kindern aus Einwandererfamilien, deren Erstsprache eine andere ist als Deutsch, in Duisburg-Marxloh bei 74,4 Prozent, in Bruckhausen bei 87,5 Prozent und in Hochfeld sogar bei 87,9 Prozent. In diesen Bezirken stammen 70 bis 80 Prozent der Kinder in den Schulklassen aus dem Einwanderermilieu.

29 Auch diese OECD-Studie weist darauf hin, dass der Schulerfolg von Kindern in Deutschland weit stärker durch die soziale Schicht der Eltern beeinflusst wird als in anderen Industrieländern. Schüler aus dem oberen Viertel der Gesellschaft hätten hierzulande einen sehr viel größeren Leistungsvorsprung gegenüber Schülern aus dem ärmsten Viertel, als es im Durchschnitt der Industrieländer der Fall ist. Diese Diskrepanz hat natürlich verschiedene Ursachen. Aber die immer stärkere Separierung der Wohnbezirke, in denen die verschiedenen sozialen Schichten leben, und die Verschärfung der Probleme an den Schulen der Armutsviertel infolge hoher Migration gehören in jedem Fall dazu.

30 David Goodhart: The Road to Somewhere, a.a.O., S. 131.

31 Beaud, Pialoux: Die verlorene Zukunft der Arbeiter, a.a.O., S 185.

7. Das Märchen vom rechten Zeitgeist

1 Harald Welzer: Wir sind die Mehrheit. Für eine offene Gesellschaft, Frankfurt/M. 2017, S. 102.

2 https://www.bertelsmann-stiftung.de//de/publikationen/publikation/did/populaere-wahlen

3 Karina Becker, Klaus Dörre, Peter Reif-Spirek (Hrsg.): Arbeiterbewegung von rechts?, a.a.O., S. 217.

4 Siehe: Thomas Piketty: Kapital und Ideologie, München 2020.

5 Karina Becker, Klaus Dörre, Peter Reif-Spirek (Hrsg.): Arbeiterbewegung von rechts?, a.a.O.

6 Karina Becker, Klaus Dörre, Peter Reif-Spirek (Hrsg.): Arbeiterbewegung von rechts?, a.a.O., S. 141, 142.

7 Siehe: Owen Jones. Prolls. Die Dämonisierung der Arbeiterklasse, Mainz 2012.

8 Siehe: Ulrich Kober, Orkan Kösemen: Willkommenskultur zwischen Skepsis und Pragmatik. Deutschland nach der »Fluchtkrise«, Bertelsmann Stiftung, Gütersloh, August 2019.

9 Siehe: Yascha Mounk: Der Zerfall der Demokratie, München 2018.

10 Siehe: Thomas Piketty: Kapital und Ideologie, a.a.O.

11 Siehe: Paul Collier: Exodus, a.a.O.

12 Slavoj Žižek: Der Mut der Hoffnungslosigkeit, Frankfurt/M. 2018, S. 17.

13 Thomas Piketty: Kapital und Ideologie, a.a.O., S. 985.

14 Ebd., S. 1053.

15 EU vor Bewährungsprobe – Was erwarten, worum sorgen sich die Bürger? Eine repräsentative Acht-Länder-Studie der Friedrich-Ebert-Stiftung, durchgeführt von policy matters, 2017.

16 Jörke, Nachtwey (Hrsg.): Das Volk gegen die (liberale) Demokratie, Baden-Baden 2017, S. 84.

17 Siehe: Yascha Mounk: Der Zerfall der Demokratie, a.a.O.

18 20th Annual Edelmann Trust Barometer, conducted between October 19 and November 18, 2019.

19 »I worry about people like me losing the respect and dignity I once enjoyed in this country.«

20 https://www.spiegel.de/wirtschaft/soziales/ungleichheit-was-tun-gegen-die-kluft-zwischen-arm-und-reich-a-c5d83291-fe88-4242-97f8-1945060333b3

21 https://civey.com/umfragen/1930/wie-wurden-sie-einen-allgemeinen-mindestlohn-von-12-euro-in-der-stunde-in-deutschland-bewerten
22 David Goodhart: The Road to Somewhere, a. a. O., S. 39ff.
23 Tagesspiegel vom 12.1.2017.
24 https://de.wikipedia.org/wiki/Homosexualit%C3%A4 t_in_Polen#cite_note-Polen-Analysen139-25
25 https://www.focus.de/politik/deutschland/seit-2015-umfrage-wie-hat-sich-die-ein stellung-gegenueber-fluechtlingen-in-deutschland-veraendert_id_12360732.html
26 https://civey.com/umfragen/4641/finden-sie-das-engagement-der-17-jahrigen-kli maaktivistin-greta-thunberg-unterstutzenswert
27 Siehe u. a. Karen Stenner: The Authoritarian Dynamic, Cambridge Studies in Public Opinion and Political Psychology, 2010.

8. Warum wir Gemeinsinn und Miteinander brauchen

1 Siehe: Paul Collier: Exodus, a. a. O.
2 Robert D. Putnam: *E Pluribus Unum*: Diversity and Community in the Twenty-first Century. The 2006 Johan Skytte Prize Lecture, 15. Juni 2007.
3 Joseph Henrich: Does Culture Matter In Economic Behavior? Ultimatum Game Bargaining Among the Machiguenga of the Peruvian Amazon, in: American Economic Review, Jg. 90, Heft 4, S. 973–979.
4 Siehe: Adam Smith: Theorie der ethischen Gefühle, Hamburg 1985 (Originalausgabe: London 1759).
5 Der Zusammenhang von wachsender Ungleichheit und sinkendem Vertrauen zu den Mitmenschen wurde mehrfach untersucht und lässt sich sowohl im Zeitablauf als auch im Ländervergleich belegen. So ist das Vertrauen der Menschen untereinander in Ländern mit geringerer Ungleichheit wie Schweden deutlich höher als in solchen mit großen sozialen Unterschieden. 1960, als die Ungleichheit in den Vereinigten Staaten erheblich geringer war als heute, vertrauten immerhin 60 Prozent der Amerikaner ihren Mitmenschen. 2004 waren es nur noch 40 Prozent, heute dürften es noch viel weniger sein. Dabei war der Rückgang des sozialen Vertrauens unter Ärmeren größer als bei Besserverdienern und bei Jüngeren deutlich stärker als bei den Älteren. Siehe: Richard Wilkinson, Kate Pickett: Gleichheit ist Glück. Warum gerechte Gesellschaften für alle besser sind, Berlin 2010.
6 Paul Collier: Sozialer Kapitalismus!, München 2018, S. 271.
7 Roger Scruton: Von der Idee, konservativ zu sein, München 2020, S. 61.
8 Edmund Burke: Betrachtungen über die Französische Revolution, Hohenzollern 1794, S. 148 (Originalausgabe: London 1790).

9. Nationalstaat und Wir-Gefühl

1 Siehe: Michael Bröning: Lob der Nation. Warum wir den Nationalstaat nicht den Rechtspopulisten überlassen dürfen, Bonn 2018.
2 Michael Bröning: Lob der Nation, a. a. O., S. 10.

3 Siehe: Friedrich A. Hayek: Individualismus und wirtschaftliche Ordnung, Salzburg 1976 (Originalausgabe: Abingdon-on-Thames 1948).

4 Der Feststellung von Cornelia Koppetsch, auf dem Weg in die Moderne demokratischer und sozialstaatlich abgesicherter Gesellschaften sei »die Identifikation mit der Nation ... eine progressive, keine regressive Kraft« gewesen, ist daher uneingeschränkt zuzustimmen (Cornelia Koppetsch: Die Gesellschaft des Zorns. Rechtspopulismus im globalen Zeitalter, Bielefeld 2019, S. 186).

5 Siehe: Thilo Bode: Die Diktatur der Konzerne. Wie globale Unternehmen uns schaden und die Demokratie zerstören, Frankfurt/M. 2018.

6 Zitat in: Slavoj Žižek: Der Mut der Hoffnungslosigkeit, a. a. O., S. 48.

7 Von dem Politikwissenschaftler Dirk Jörke stammt die interessante Idee, für einen solchen Umbau der EU die alte US-Konföderationsverfassung zum Vorbild zu nehmen, die keinen Souveränitätstransfer vorsah und darauf ausgerichtet war, gemeinsame Anliegen wie die Regulierung des Binnenhandels, des Außenhandels und der auswärtigen Politik sowie eine gemeinsame Verteidigungspolitik mit dem Schutz der Handlungsfähigkeit der beteiligten Staaten zu vereinbaren. Siehe: Dirk Jörke: Die Größe der Demokratie. Über die räumliche Dimension von Herrschaft und Partizipation, Berlin 2019.

10. Demokratie oder Oligarchie

1 Lea Elsässer, Svenja Hense, Armin Schäfer: »Dem Deutschen Volke«? Die ungleiche Responsivität des Bundestags , Online publiziert, 21. Juli 2017.

2 Der Spiegel vom 5. Mai 1965.

3 Sehr gut und plastisch werden diese Zusammenhänge und die subtilen Formen der Einflussnahme auf Wissenschaft und Forschung beschrieben in: Christian Kreiß: Gekaufte Forschung. Wissenschaft im Dienst der Konzerne, Berlin 2015.

4 Ebd., S. 22.

5 Alexander Rüstow: Die Religion der Marktwirtschaft, Walter Eucken Archiv – Reihe zweite Aufklärung, 2009, S. 34.

6 Koppetsch: Die Gesellschaft des Zorns, a. a. O., S. 54

7 https://www.br.de/nachrichten/bayern/kontaktnachverfolger-spricht-von-katastrophalen-zustaenden,SHwKDp0

8 Noam Chomsky: Requiem für den amerikanischen Traum. Die 10 Prinzipien der Konzentration von Reichtum und Macht, München 2017, S. 84.

9 Vollständig lautet die Aussage von Madison einschließlich ihrer Begründung: »In England, at this day, if elections were open to all classes of people, the property of landed proprietors would be insecure. An agrarian law would soon take place. If these observations be just, our government ought to secure the permanent interests of the country against innovation. Landholders ought to have a share in the government, to support these invaluable interests, and to balance and check the other. They ought to be so constituted as to protect the minority of the opulent against the majority. The Senate, therefore, ought to be this body; and to answer these purposes, they ought to have permanency and stability.« – »Wenn heutzutage in England die Wahlen allen Klassen offenstünden, wäre das Eigentum der Landbesitzer nicht mehr sicher. Es würde bald ein Agrargesetz geben. Falls diese Beobachtungen richtig sind, sollte unsere Regierung die dauerhaften Interessen des Landes vor Neuerungen bewahren.

Grundeigentümer sollten Anteil an der Regierung haben, um diese unschätzbar wertvollen Interessen zu schützen und gegenüber den anderen auszubalancieren und einzuhegen. Sie sollten so aufgestellt sein, dass die Interessen der Minderheit der Reichen vor der Mehrheit geschützt sind. Diese Körperschaft sollte daher der Senat bilden; und um diesem Zweck gerecht zu werden, sollten sie dauerhaft und stabil sein« (*James Madison, zitiert nach Robert Yates:* Notes of the Secret Debates of the Federal Convention of 1787).

10 Siehe: Helmut Rittstieg: Eigentum als Verfassungsproblem. Zu Geschichte u. Gegenwart des bürgerlichen Verfassungsstaates, Darmstadt 1975.

11 Siehe: David Van Reybrouck: Gegen Wahlen. Warum Abstimmungen nicht demokratisch sind, Göttingen 2016.

11. Fortschritt statt Fake

1 Siehe auch: Andreas Reckwitz: Die Gesellschaft der Singularitäten, a. a. O.

2 Jan De Loecker, Jan Eeckhout: The Rise of Market Power and the Macroeconomic Implications. NBER Working Paper 23687: http://www.nber.org/papers/w23687.

3 K. Blind, J. Edler, R. Frietsch, U. Schmoch: Erfindungen contra Patente. Schwerpunktstudie »zur technologischen Leistungsfähigkeit Deutschlands«, Fraunhofer-Institut für Systemtechnik und Innovationsforschung, Karlsruhe 2003.

4 Siehe u. a.: Daniel Stelter: Die Schulden im 21. Jahrhundert. Frankfurt 2014, S. 78.

5 Die enge Liaison von Finanzsektor und Digitalwirtschaft wird ausführlich beschrieben in: Philipp Staab: Digitaler Kapitalismus. Markt und Herrschaft in der Ökonomie der Unknappheit, Berlin 2019.

6 Ebd., S. 100; Quants sind in der Regel ausgebildete Mathematiker, die in Investmentbanken oder Investmentfonds dafür verantwortlich sind, komplexe Finanzprodukte zu analysieren und zu optimieren.

7 Anhand vieler Beispiele belegt wird diese These von Mariana Mazzucato, die als Professorin für Innovationsökonomie an der Universität Sussex lehrt. Siehe: Mariana Mazzucato: Das Kapital des Staates. Eine andere Geschichte von Innovation und Wachstum, München 2014.

8 Dani Rodrik: Das Globalisierungsparadox. Die Demokratie und die Zukunft der Weltwirtschaft, München 2011, S. 209.

9 Mariana Mazzucato: Das Kapital des Staates, a. a. O., S. 22.

10 Handelsblatt vom 16.12.2019.

11 Die überproportionale Belastung Ärmerer bei weitgehender Wirkungslosigkeit unter Klimagesichtspunkten bestätigt eine Studie des DIW. Siehe: Stefan Bach, Niklas Isaak, Claudia Kemfert, Nicole Wägner: »Lenkung, Aufkommen, Verteilung: Wirkungen von CO_2-Bepreisung und Rückvergütung des Klimapakets«, DIW, Oktober 2019.

12 Ausführlich wurde dieses Eigentumskonzept dargestellt in: Sahra Wagenknecht: Reichtum ohne Gier, Frankfurt/M. 2016.

13 Siehe auch: Nina Verheyen: Die Erfindung der Leistung, Berlin u. München 2018.

14 Über ein an der Nachkriegsordnung von Bretton Woods angelehntes neues tragfähigeres Euro-Währungssystem siehe das Kapitel »Wir können anders: Gemeinwohlbanken«, in: Sahra Wagenknecht: Reichtum ohne Gier, Frankfurt/M 2016.

12. Eine digitale Zukunft ohne Datenschnüffler

1 Shoshana Zuboff: Das Zeitalter des Überwachungskapitalismus, Frankfurt/M. 2018, S. 144.

2 »We know where you are. We know where you've been. We can more or less know what you're thinking about.« Interview mit James Bennet (The Atlantic) beim »Second Annual Washington Ideas Forum« am 1.10.2010.

3 Jaron Lanier: Zehn Gründe, warum du deine Social Media Accounts sofort löschen musst, Hamburg 2018, S. 18.

4 Ebd., S. 21.

5 Handelsblatt vom 11.3.2020.

Mariana Mazzucato
Mission
Auf dem Weg zu einer
neuen Wirtschaft

2021. ca. 304 Seiten.
Hardcover gebunden
Auch als E-Book erhältlich

Auf dem Weg zu einer neuen Wirtschaft

Was wäre, wenn die gleiche Innovationskraft, die vor 50 Jahren die Menschheit auf den Mond brachte – die große Ziele setzt und ebensolche Risiken eingeht – auch auf die Herausforderungen unserer Gegenwart angewendet würde?

Wir müssen weg vom Schubladendenken, nach dem der Staat das Geld gibt und die Privatwirtschaft kreativ ist, sagt die Starökonomin Mariana Mazzucato. Stattdessen müssen wir sicherstellen, dass Unternehmen, Gesellschaft und Regierung ein gemeinsames Ziel ins Auge fassen – mit geteiltem Risiko und geteilter Belohnung! Mazzucatos Zukunftsformel ist radikal, aber dank ihr können wir dem Klimawandel, der Ungleichheit oder bedrohlichen Krankheiten entgegentreten.

campus.de

Frankfurt. New York

Elisabeth Niejahr,
Grzegorz Nocko (Hg.).
Demokratieverstärker
12 Monate, 21 Ideen:
Eine Politikagenda für hier und jetzt

2021. 245 Seiten.
Klappenbroschur
Auch als E-Book erhältlich

Eine Politikagenda für hier und jetzt

Demokratie braucht Offenheit, Konfrontation und klare Spielregeln – mühsam und eine Art Stresstest in diesen Krisenzeiten. Dabei steht nicht weniger als das Vertrauen zwischen Bürgerinnen und Bürgern und Politik auf dem Spiel. Wie kann man die Verfassung populismusfester, die Kommunalpolitik elternfreundlicher oder das Beamtentum zeitgemäßer machen? Wie lassen sich da, wo Regeln fehlen, neue verabschieden?

Dorothee Bär, Maja Göpel, Nico Hofmann, Karl Lauterbach, Marina Weisband und viele andere: Hier kommen kluge und erfahrene Persönlichkeiten aus einem breiten politischen und gesellschaftlichen Spektrum mit ganz konkreten Ideen zu Wort. Einzige Bedingung: Sie müssen innerhalb eines Jahres umsetzbar sein.

campus.de

Frankfurt. New York